编 委 会

广东省技术市场发展报告

2022

广东省生产力促进中心
暨南大学产业经济研究院　编

暨南大学出版社
JINAN UNIVERSITY PRESS

中国·广州

图书在版编目（CIP）数据

广东省技术市场发展报告.2022／广东省生产力促进中心，暨南大学产业经济研究院编.—广州：暨南大学出版社，2023.5
ISBN 978-7-5668-3614-4

Ⅰ.①广…　Ⅱ.①广…②暨…　Ⅲ.①技术贸易—研究报告—广东—2022　Ⅳ.①F727.65

中国国家版本馆 CIP 数据核字（2023）第 015054 号

广东省技术市场发展报告（2022）
GUANGDONG SHENG JISHU SHICHANG FAZHAN BAOGAO（2022）
编　者：广东省生产力促进中心　暨南大学产业经济研究院

出 版 人：张晋升
责任编辑：黄文科　冯月盈
责任校对：刘舜怡　陈慧妍　黄子聪
责任印制：周一丹　郑玉婷

出版发行：暨南大学出版社（511443）
电　　话：总编室（8620）37332601
营销部（8620）37332680　37332681　37332682　37332683
传　　真：（8620）37332660（办公室）　37332684（营销部）
网　　址：http://www.jnupress.com
排　　版：广州尚文数码科技有限公司
印　　刷：广州市金骏彩色印务有限公司
开　　本：787mm×1092mm　1/16
印　　张：17.75
字　　数：400 千
版　　次：2023 年 5 月第 1 版
印　　次：2023 年 5 月第 1 次
定　　价：88.00 元

（暨大版图书如有印装质量问题，请与出版社总编室联系调换）

前言
PREFACE

党的二十大报告提出，深化要素市场化改革，建设高标准市场体系。技术市场是重要的生产要素市场，是我国社会主义市场经济体系和国家创新体系的重要组成部分，也是高标准市场体系建设的重要组成部分。自 1984 年我国开放技术市场以来，技术市场为促进科技与经济紧密结合、发挥科技第一生产力作用做出了重要贡献。

广东是我国的经济大省和创新强省，市场机制活、产业配套齐、创新能力强。2021 年全省市场主体超过 1 500 万户，形成 7 个万亿元级产业集群，粤港澳大湾区国际科技创新中心和综合性国家科学中心加快建设，鹏城实验室、广州实验室挂牌运作，区域创新能力连续 5 年居全国第一。随着科技创新强省建设进一步加快，广东技术市场规模不断攀升，技术交易量快速增长。2021 年全省认定登记技术合同 49 261 项，合同成交额达 4 293 亿元，继续保持全国第二。技术合同成交额占 R&D 经费的比重由 2015 年的 36.9% 提高到 2021 年的 110.36%，技术合同成交额占 GDP 比重从 2015 年的 0.9% 提升到 2021 年的 3.45%，技术市场对经济高质量发展的贡献进一步凸显。

当前，广东省正着力构建“基础研究 + 技术攻关 + 成果转化 + 科技金融 + 人才支撑”全过程创新生态链，加快推进技术要素市场化配置改革，探索新型举国体制下技术要素市场化的“广东路径”，通过高标准建设技术市场，实现高效配置科技创新资源，促进产业转型升级和经济高质量发展，打造具有全球影响力的科技和产业创新高地。为系统而全面地分析广东技术市场发展的历程、现状、特征与存在问题，提出未来发展的重点方向及对策建议，广东省生产力促进中心联合暨南大学产业经济研究院组织相关研究力量编写本书，为相关政府部门、技术市场从业者和研究人员提供决策参考。

本书由裴启银负责统筹和协调，招富刚负责策划和设计，陶锋担任首席研究员。全书分为总论篇、专题篇、统计篇共三篇二十二章，其中总论篇为第一至七章，专题篇为第八至十八章，统计篇为第十九至二十二章。第一章“技术市场的内涵与理论基础”和第五章“广东省技术市场发展面临的形势”，由王力平负责撰写；第二章“国内外技术市场发展概况”和第三章“广东省技术市场发展回顾”，由谯乔负责撰写；第四章“2021 年广东省技术市场发展现状与存在的问题”，由孙彤负责撰写；第六章“广东省技术市场发展的重点方向”和第七章“加快广东省技术市场发展的对策建议”，由邹智宇负责撰写；第八章“2021 年度广东技术市场五十强榜单”，由刘文兵、罗春兰负责撰写；第九章“广东省电子信息产业技术交易分析”、第十章“广东省先进制造业技术交易分析”和第十四章“广东省环保产业技术交易分析”，由徐扬、王欣然负责撰写；第十一章“广东省新能源产业技术交易分析”、第十二章“广东省生物医药产业技术交易分析”和第十三章“广东省新材料产业技术交易分析”，由徐扬、邱楚芝负责撰写；第十五章“2021 年广州市技术市场发展情况”，由孙玲、卢巍、梁宇杰、区瑞霖负责撰写；第十六章“2021 年深圳市技术市场发展情况”，由钟赟、詹华霖、冼冰负责撰写；第十七章“2021 年东莞市技术市场发展情况”，由袁浩辉、黄森铭、陆松负责撰写；第十八章“华南理工大学科技成果转化情况”，由华南理工大学负责撰写；第十九章“广东省技术合同构成”，由甘月丽负责撰写；第二十章“广东省各地市技术交易”，由罗春兰负责撰写；第二十一章“区域技术交易”，由罗春兰负责撰写；第二十二章“技术交易机构”，由张宗法负责撰写。全书由张宗法、徐扬负责统稿。本书有关技术合同的数据除特别说明外，均来源于全国技术合同认定登记系统。

本书在编写过程中得到了广东省科学技术厅、广东省技术市场协会、各地市科技部门、华南理工大学、广州市科学技术交流馆有限公司、暨南大学出版社等机构的大力支持，在此一并表示衷心感谢！

编　者

2022 年 10 月

目 录

CONTENTS

总论篇

总论篇

第一章　技术市场的内涵与理论基础*

一　技术市场相关概念及分类

（一）技术商品的概念

技术商品是指作为商品在市场经济体系中进行流通交易的技术成果。根据世界知识产权组织编写的《技术贸易手册》，技术商品仅指与社会生产实践和企业经营管理活动有关，能在消费使用中产生经济效益并用于交换的技术。因此技术商品是通过在生产中应用，能为使用者创造经济利益的、具有独占性并以交换为目的、具有使用价值和价值的技术成果。技术成果与技术商品的主要区别就在于技术商品是商品化的技术成果，通过技术市场交易，这类技术成果实现了由劳动产品向技术商品的转化，并能在生产实践和经营活动中为技术供受双方带来经济利益。技术商品作为一种劳动的产出品，主要由无形的知识形态构成，同时也包括未经发表的新型产品、设备等实物形态。

（二）技术交易的概念

技术交易是指法人、具有民事行为能力的自然人和其他经济组织，对其拥有的包括科技成果、专利技术、专有技术和以科技成果投资、风险投资等形成的产权及科技企业的股权等技术商品产权在不同地区、部门和所有制之间进行的有偿转让。

（三）技术市场的概念

关于技术市场的概念，学界对此看法不一，暂无定论。如 Roth（2008）认为技术市场是一个技术交易所，运行良好的技术市场则包含着许多的买家和卖家，且买家和卖家之间能够与多方进行沟通。Arora（2001）认为技术市场是指为使用或创造技术而进行的交易，

* 本章第一执笔人为暨南大学产业经济研究院王力平。

包括从完整的技术包（专利和其他知识产权，以及专门技能和服务）到基本专利许可的交易，并且还包括涉及非专利知识的事务。

而在我国，技术市场的概念通常具有广义和狭义之分。广义的技术市场是包括将技术成果作为商品交易，并使之变为直接生产力的交换关系的总和，包含技术商品从开发到流通应用的全过程，重点强调“交换关系”。狭义的技术市场是指有形市场，指技术商品在一定时间、地点进行技术商品交易活动的场所，如技术交易会、技术交易市场等，重点强调场所。

技术市场在形态上包括有形市场和无形市场。从内容上看，技术市场所体现的交换关系的总和包含从技术商品开发到技术商品应用的全过程。它涉及与技术开发、技术转让、技术咨询、技术服务相关的技术交易活动及各相关主体之间的关系。近年来兴起的技术产权交易也是技术市场的内容之一。从业务范围讲，它包括为科技成果向现实生产力转化、满足用户对技术商品的现实需求和潜在需求所进行的一系列业务活动。目前，在我国设立的技术转移中心、技术交易机构、生产力促进中心、中小企业发展中心等机构，所从事的业务工作都是围绕促进科技成果向现实生产力转化而开展的，理论上属于技术市场的范畴。在这里，尤其要强调的是各级技术转移中心都是技术市场服务体系的组成部分。

目前，我国技术市场的经营方式和范围主要有技术开发、技术转让、技术承包、技术咨询、技术中介、技术培训、技术入股等。

（四）技术市场的分类

技术市场根据不同的划分标准有着不同的分类。

按照技术商品交易范围的不同，技术市场可分为本埠技术市场、省区技术市场、全国技术市场和国际技术市场。

按照技术商品所属行业的不同，技术市场可分为农业技术市场、工业技术市场、交通运输技术市场、建筑技术市场、轻工技术市场、电子技术市场、冶金技术市场等。

按照技术商品形态的不同，技术市场可分为软件技术市场、硬件技术市场和综合技术市场等。软件技术市场一般采取报告会、学术交流会、成果鉴定会、技术信息交流以及技术咨询服务等形式；硬件技术市场一般采取技术成果交易会、展览会和技术协作攻关等形式；综合技术市场是多种新产品、新工艺、新装备和新技术的展销活动。

（五）技术合同的分类

国内现行的对技术合同的界定一般是依据《中华人民共和国民法典》和《科学技术部关于印发〈技术合同认定规则〉的通知》（国科发政字〔2001〕253号）文件，技术合同根据相应的交易类型被划分为技术开发合同、技术转让合同、技术咨询合同和技术服务合同四大类。

技术开发合同一般是指当事双方就新技术、新产品、新工艺、新材料、新品种及其系统的研究开发所订立的合同，具体可以进一步分为委托开发合同和合作开发合同，委托开发合同是一方当事人委托另一方当事人进行研究开发工作并提供相应研究开发经费和报酬所订立的技术开发合同；合作开发合同是当事人各方就共同进行研究开发工作所订立的技术开发合同。二者的差别主要在于成果的产权归属不同，但都能促使技术创新部门加大研发力度，推动技术创新的发展。

技术转让合同指的是当事双方就专利权、专利申请权、专利实施许可和一些秘密技术的转让而签订的合同，技术转让是促进创新成果扩散和技术进步的重要方式，它使得企业使用外部技术的途径大大拓宽，从而有效地改善了企业依靠自身力量单打独斗进行创新，避免了创新资源的重复投入。

技术咨询合同是指一方当事人（受托方）为另一方（委托方）就特定技术项目提供可行性论证、技术预测、专题技术调查、分析计价所订立的合同。技术咨询提升了技术购买方的决策合理性，避免了技术需求方在自身不擅长的领域盲目购买不需要的技术商品，使创新资源的投入趋向合理，带动产业创新绩效的提高。

技术服务合同是一方当事人（受托方）以技术知识为另一方（委托方）解决特定技术问题所订立的合同，可进一步细分为技术服务合同、技术培训合同和技术中介合同。提供技术服务的机构以国内高校、科研单位为主，技术服务促进了智力资源的充分利用，有利于企业在技术创新过程中无须专门为某个专业性问题成立研究部门或者聘请研究人员，可以较低成本解决技术难题，更加合理地安排创新资源的投入，从而提高创新的成功率，促进企业创新绩效提升。

二 技术市场的特点及功能

（一）技术市场的特点

1．技术商品的特点

（1）技术商品的所有权具有垄断性。与一般商品可大批量和重复生产不同，技术商品是特殊的，不能在特定范围内复制。大多数技术商品的所有者只有一个，可以通过保密准则或法律手段进行垄断。

（2）技术商品可进行重复出售。由于技术商品更多的是像知识、信息之类的无形资产，一项技术一旦开发成功，持有人出售该项技术商品后，往往仍然拥有这项技术，不会实现完全技术转让，后续可以进行重复交易，直到新的技术取代原技术才彻底退出市场。

（3）技术商品的生产和持有具有特殊风险。技术商品往往投资高、周期长，导致技术投资不一定完全成功，并且技术商品的价格完全取决于市场的认可，与开发过程中消耗的成本无关，需要采取特殊保护措施。

（4）技术商品拥有很强的时效性。技术商品随着时间发展而贬值速度加快，一项新技术从产生并开始运用于生产后就会迅速有人在此基础上研发更先进的技术。如果技术商品的持有者不及时使用或更新，在新的技术出现后就会迅速丧失所持有的技术商品价值。类似地，有保护期的专利技术在保护期限内如果没有及时对外推出，过期后也会失去其市场价值。

（5）技术商品具有一定的公共属性。在技术商品顺利产业化后，产权持有者往往也很难阻止其他生产方的合理仿制，“搭便车”现象时常发生：一方面技术商品的公共属性促进了创新的扩散，可以提升产业的创新绩效；但另一方面也会使得生产者难以弥补其成本，导致技术商品供应不足。

（6）技术商品使用价值的间接性。技术商品不同于普通商品可以直接被购买方消耗使用。技术产品的购买者在引进先进技术后，必须将其整合到一定的劳动资料和劳动对象中进行消化吸收以生产新产品，此时方可显示出技术商品的使用价值。

2. 技术合同的特点

（1）技术合同是典型的关系性合同。关系性合同是由麦克尼尔首先提出的概念，通常关系性合同的履行不是依靠第三方的强制实施，而是依赖于有关当事人在规范、习惯及其他行为准则的约束下致力于维护长期关系的努力的结果。因为技术商品通常拥有较高的技术壁垒，技术交易存在信息不对称性，第三方往往难以判断合同的履行结果，这就造成对履行合同进行强制或仲裁存在障碍。基于这种情况，技术交易不仅需要了解技术商品价值的相关信息，还需了解交易对象的信用、履约记录等信息。因此，技术合同与习惯、内部规则、社会性交换、未来收益预期等交织在一起，形成了一个环环相扣的整体。合同的履行和合同纠纷的处理常常是以维护其长期性关系合同为前提。

（2）技术合同具有不完全性。技术合同与普通商品合同最大的区别在于技术合同的不完全性，这主要是由技术交易固有的信息的不对称性、信息的不完全性、技术产权界定的复杂性、技术交易主体的有限理性等因素决定的。而所谓的完全合同，是指合同条款规定了合同各方的权利和义务、风险分担、强制履行合同的方法以及当与合同行为有关的事件发生时合同将要达到的最终结果，这就要求合同双方具有足够的理性，能够准确预测和描述合同过程中可能发生的重大事件，并在这些事件发生时就双方的权利和义务达成协议，并将其写入合同，一旦合同双方签署合同，他们就必须遵守这些条款。然而，由于之前提到的技术合同本身固有的特点，它与完全合同的理想状态有很大不同，有限理性是技术合同参与者的固有特征，签订合同的各方很难准确预测技术交易过程中的各种不确定性并做出合同各方都能接受的客观的、准确的描述，因此很难达成一份完全合同。

（3）技术合同的签订、监督较为困难。由于技术在生产和应用中存在很大的不确定性，技术合同的签订双方又仅具有有限的理性，所以合同的当事人不能准确地预见未来，合同条款也不可能无所不包，这就导致技术合同签订、履行等存在障碍。技术合同签订时的障碍是技术合同不完全性的直接结果，因为技术的不确定性使得技术交易的有关参与人难以准确定义各方的责任和义务，致使合同难以达成。技术合同履行时的障碍则是因为道德风险问题，在技术合同达成后，由于技术合同当事人之间存在着的信息不对称性，所以当不履约所获得的收益大于履约所获得的收益时，合同当事人中的某一方有可能实施机会主义行为，不愿有效地履约。同时，合同的不完全性和参与人行为的不确定性，更加剧了合同履行风险。此外，由于技术商品本身的专业性、复杂性，技术合同违约行为的监督和责任认定也存在障碍，不仅合同当事人不能对对方的履约行为进行有效监督，甚至第三方合同仲裁者也很难对此做出正确判断。基于这种情况，合同当事人一方实施机会主义行为使得对方的利益受损而且极有可能逃脱法律的制裁，这就进一步增加了违约方实施机会主义的可能性。

3. 技术交易的特点

（1）技术交易具有信息不对称性。技术商品通常会表现为知识型商品，其实质是信息，信息不对称性是技术交易的基本特征之一，它普遍存在于技术交易中，技术信息的不对称性是技术交易存在的前提，正是因为卖方拥有买方未获得的信息才有了技术交易。信息不对称是指在技术交易过程中，签订合约的当事人一方拥有另一方不清楚或者没有办法验证的信息。信息的不对称性按发生时间可分为事前不对称性和事后不对称性，即信息不对称既可能发生在技术合约签订之前，也可能发生在技术合约签订之后。按信息内容可分为外生性不对称信息和内生性不对称信息。技术商品所具有的内涵、性质和特征等这些由技术商品本身的特点所决定的信息属于外生性不对称信息，这类信息一般发生在交易行为发生之前。技术合同签订后由于交易当事人中的一方对另一方行为无法观察和监督而导致的信息不对称称为内生性不对称信息。对于作为技术供给方的技术所有者而言，他们往往对技术研发过程中科技人员付出的努力、科研资金的使用情况以及技术成果的属性等十分清楚，而这方面信息对于技术需求方却很难精确获知。换一个视角来看，技术需求方业已具备的生产、管理条件，需求方应用新技术的全过程以及采用新技术后所实现的经济效益增值等情况，技术供给方也是不可能准确认识和观察的。信息不对称性的存在促使人们产生技术交易的需求，但是信息不对称性也阻碍着技术交易的顺利进行。由于技术交易中事前信息不对称性的存在，技术价值评估所需的信息常常是由技术供给方所掌握，为使自己在价格谈判中占据主动，技术供给方必将尽力维持其对技术信息的垄断地位，这就决定了技术需求方只能得到有限信息，而一旦可获得的技术信息太少，势必影响到技术价值评估的准确性，从而影响技术需求方的购买决策，交易谈判就容易陷入僵局，严重影响技术交易的顺利进行。

（2）技术交易具有信息不完全性。技术交易过程中的信息不完全性主要是由于信息不确定性决定的，这里的不确定性是指技术的研究开发过程固有的风险所导致的交易双方共同面对的难以预期的变化。不确定性对交易双方来说都是未知的，难以在签约前预见并纳入合同，这也有可能导致履约过程中对合同的重新修订或谈判。不确定性的大小由所要解决问题的复杂性和问题处理者所拥有的解决问题的知识与能力决定。技术交易的不确定性主要体现在三个方面：一是技术研发过程和结果的不确定性，研究开发是一个探索未知的过程，几乎每个阶段和环节都充满不确定性，没人能保证技术的研究开发一定会成功；二是市场需求和市场主体行为的不确定性，主要表现在竞争对手行为的不确定性、首次买方行为的不确定性、新技术出现的不确定性等；三是技术交易双方行为的不确定性，技术交易过程中技术所有者与技术需求方之间的利益存在博弈问题，技术需求方寻求学习成本与技术收益的平衡点，技术所有者寻找技术权利损失与补偿的平衡点；四是经济环境与政策的不确定性，主要表现为对外关系的不确定性，经济周期的不确定性，货币利率、汇率、财政政策和货币政策的不确定性，这些都对后续经济效益产生影响。

（3）技术交易具有风险递增性。技术从研发、鉴定、试行、生产、销售到被市场认可的过程中，每个阶段都有很强的纵向时序性，在整个技术生产过程表现出风险递增性。因为任何一个阶段的决策或质量等出现问题，都有可能前功尽弃。这就要求技术需求方对技术的质量信息要有相当准确的把握，并于事先用恰当的合约手段规定好技术交易双方发生意外事件时的处理措施，否则技术商品质量的不确定性将会对技术需求方产生巨大的风险。

（二）技术市场的功能

1. 发现技术商品价格

技术市场为发现技术商品价格，实现技术商品的价值与使用价值提供了平台。技术商品的生产需要消耗相应的劳动和资源，技术商品的生产者需要通过交易以补偿这些消耗，并尽可能获得收益，即实现技术商品的价值。技术市场为技术商品的价值、使用价值的实现提供了交易、展示、信息传播的平台，创造了良好的环境体系，使技术商品的价值和使用价值的实现和增值成为现实。技术成果要转化为现实生产力，只有通过市场途径充分流动、扩散，并应用于生产，才能实现其价值与使用价值。而这些价值的实现，是以技术的市场价格为载体，以技术商品供求双方协商一致达成合同为过程。这一双方认可的价格需要在特定的区域内，通过市场公开、规范竞争而形成。与普通商品相比，技术商品是无形的，其价值难以确定，加之信息的不对称和所有权的垄断，使技术交易过程中难以有一个公认的价格评价标准。这就需要技术市场体系中的中介机构，通过考察、分析、判断技术的成熟性、先进性和市场性，通过与技术供给方进行谈判和沟通，从而发现技术的市场价格。同时，市场对创新的参与以及买卖双方的反复交流、博弈，也有助于技术商品真实价格的自然形成。总的来说，技术的定价是保障技术市场运行和技术创新的必要条件，是技术市场的重要基础性功能。

2. 促进资源合理配置

通过市场机制配置技术商品资源，可以使区域范围内的技术商品资源配置效果更加合理化。计划经济体制下的技术商品资源配置，对调研水平、配置客观性等要求更高，执行更为复杂，且虽然计划资源配置是建立在大量调研的基础上的，但是依然不可避免地带有人为的主观意识的影响，重复建设、资源浪费的现象不胜枚举。与计划经济体制下的技术商品资源配置相比，市场经济的配置方式遵循的是资源利用最大化和利益最大化的原则，更加简便，且可以最大限度地避免人为因素的干扰影响。技术市场可以有效结合体系内的各种服务，为技术资源配置营造良好的环境，保障技术交易的顺利进行。如技术创新的过程涉及大量的资源配置工作，技术市场为各类创新主体更加广泛地参与技术交易提供了便利，技术市场机制的运行推动了资源配置的优化。当每个潜在的参与者不单拥有关于某项技术创新效益或者效用的信息，而且充分了解该技术实现转化过程中相关的必要信息的时候，市场竞争的作用会使技术资源流入能够产生最高效益或价值的项目中，技术创新资源的配置将会达到最优。与此同时，技术市场的市场机制类似于自然选择，技术创新的相关主体为了适应竞争的优胜劣汰，确保自身能够在市场中生存并发展壮大，会尽可能地有效利用可以支配的资源，保持压力和动力使得成本效益最大化，这种外在压力会使技术资源配置更加合理，保证整体技术创新的顺利发展。

3. 降低技术交易风险并提升效率

技术商品的研发及应用过程具有高度的不确定性，技术市场的存在能降低相关技术交易风险并提升效率。在技术市场的作用下，技术的研发、中试、规模生产和市场开发这一纵向的过程可以由不同的经济体共同参与，不同的经济体根据自身的优势，以合约的形式进行联合，介入这一过程的对应环节。这种模式分摊了单一市场主体的风险，提高了流程的整体效率。市场参与者分工的细化使其专业化水平得到提升，降低了技术商品研发失败的风险；技术中介的形成与发展更是降低了技术商品的交易成本，提高了技术市场的效率。技术市场体系还通过竞争机制和价格机制引导资源的合理流动和充分有效利用，为技术交易双方当事者提供及时、客观的信息，使其能对市场情况变化做出迅速反应，技术创新成果能更加符合市场需求，有效降低市场风险。且技术市场本身的发展所产生的直接效应是技术交易规模的扩大与技术商品数量和种类的增加，这使得技术交易选择环节的风险有所下降。

4. 促进经济增长和结构调整

技术市场通过将作为生产要素的技术商品合理配置，能够促进经济增长与优化调整产业结构。技术商品本身就是一种重要的生产要素，同时还存在着巨大的正外部性和公共属性，这些都能够推动生产率水平的提高进而促进经济迅速增长。技术市场能通过协调技术商品供求结构使其趋于平衡，进一步放大这种经济增长效应。同时，技术商品在技术市场中受价格机制影响充分自由流动，使得技术商品结构趋于均衡化、合理化，从而推动相应产业结构的调整。此外，技术市场和经济之间存在双相促进效应：一方面，技术市场的规模和质量通常反映了当地的技术水平和科技成果转化的进程，是影响经济增速、结构以及发展模式的重要因素；另一方面，经济增长所带来的体系、机制、配套措施的完善以及科技创新水平的提高，对技术市场的进一步健康发展也起到了显著的促进作用。

三 技术市场主体结构及运行机制

（一）技术市场结构要素

1. 技术市场主体

技术市场主体是指在技术市场上进行技术交易的人或机构，包括技术商品的供给方和技术商品的需求方，目前我国技术市场上的供需主体主要都是企业法人。技术市场供给方可以通过技术创新获取相关的技术成果进行出售，也可以根据自身的专业知识提供咨询和服务。除了企业外，技术市场供给方还包括个人、高校、社会组织和科研机构等，同一家企业的不同部门也可以分别是技术供给主体和技术需求主体。技术市场需求方则是结合市场需求和自身需要，在技术市场上购买技术供给方提供的技术成果或者相关服务以促进生产的完成，进而实现相关技术商品的市场化，推出新产品进而获得收益。

2. 技术市场客体

技术市场客体是技术交易的对象，通常指的是技术商品，包括各类专利、劳务服务、知识产权、未经公开的数据或图纸、科技公司部分股权以及不能或没有申请专利的技术秘密等。技术市场客体既可以是有形的，也可以是无形的。

3. 技术市场中介

技术市场中介是技术市场的润滑剂，指在技术商品进行交易转换过程中，整合技术商品相关的专业知识，为技术商品供给主体和技术商品需求主体提供服务的组织机构或者个人。技术市场中介通过其丰富的知识储备、详细的市场调查以及长期的工作经验，减轻了技术交易供需双方的信息不对称性，促进了技术商品在技术市场供需双方之间的顺利转移，有效提升了技术交易的成交率。技术市场中介涵盖范围广阔，只要是服务于技术交易双方，无论是从事技术交易服务的经纪人，还是为技术开发、转移、交流提供便利的企事业单位、科研部门等，都属于技术市场中介。作为联系技术市场各个要素关系之间的纽带，技术市场中介的发育程度、完善程度直接影响着技术市场的整体运行效率。

4. 技术市场管理者

技术市场管理者一般是指为技术商品的生产、流通、交易等提供相关服务的政府机构。作为技术市场管理者，政府机构依法对技术市场行使管理职能，根据不同情况出台技术发展政策、税收政策、市场准入制度、管理措施等相关政策。政府配合市场配置技术商品资源，规范技术中介机构行为，推动技术交易的有序进行。影响较大的政府宏观政策还会对技术商品的流动规模、速度和方向产生冲击，必要时政府还需用自身信用为技术市场提供担保，保证技术市场运行的公开、公平及公正。适当的政策干预能有效保障技术市场平稳运行，减轻市场经济运行中的负面效应。

（二）技术市场结构要素之间的联系

1. 技术市场主体与技术市场中介之间的联系

技术市场需求方对技术商品的产出成本缺乏了解，技术市场供给方对技术商品的市场效益缺乏了解，双方都存在信息不对称性，而技术市场中介在推动技术成果的转移和扩散中，通过专业化的技术交易服务，对买卖双方的交易期望进行评估，协调匹配供需双方，某些情况还会为技术交易双方提供信誉担保，是技术市场主体沟通的纽带桥梁，减少了技术交易双方的信息搜寻成本，促进技术商品资源的优化配置，从而帮助企业增加经济效益，实现自身的经济价值和社会价值。

2. 技术市场中介与技术市场管理者之间的联系

通常一些大型技术市场中介组织如技术孵化器（Technology Incubator）、科学公园（Science Park）、创业园区（Venture Park）等都是由政府牵头投资建设的。许多国家政府将建立中介机构作为国家创新体系建设的一个重要方面，制定并颁布了一系列政策措施，注重界定政府与科技中介机构的关系，探索建立有效的宏观管理和监督机制来确保技术交易成本最小化。政府对大型技术市场中介服务的管理往往也非常严格，如为保证技术价值评估机构的独立性、公正性和客观性，制定了一系列针对违规行为的严厉惩罚措施。

3. 技术市场主体与技术市场管理者之间的联系

政府通过制定产业技术发展政策、优惠财税政策，对相关参与技术交易的企业进行补贴，同时也对技术商品违规买卖行为进行打击，保证了技术主体的合理权益。税收补贴等政策对技术市场商品交易价格有一定影响进而促进技术市场需求，专利保护制度可以激励技术供给方进行技术商品产出，与产业发展状况相适应的政府政策可以充分发挥技术市场主体在科技创新方面的主导作用，进一步带动经济增长。

（三）技术市场运行机制

技术市场运行机制大致包括供求机制、价格机制、竞争机制和风险机制，由于技术商品、技术交易具有与普通商品不同的特殊性，技术市场运行机制与一般的商品市场运行机制差别很大，关键区别在于技术市场并不是一个完全竞争市场。

在技术市场中，由供求关系形成技术商品的均衡价格或由供给方决定某项技术的垄断价格，价格反映了技术资源的供求情况，并作为反馈信息指导供求关系。同时，供求关系和价格影响供给方之间、需求方之间以及供需双方之间的竞争。风险机制不仅直接影响技术市场的运行，而且通过改变供求机制、价格机制和竞争机制间接影响技术市场运行。技术市场在这四种运行机制的交互作用下达到均衡，此时技术资源得以充分利用，配置效率达到最优。

1. 供求机制

供求机制是技术市场运行的主体机制，技术市场的供给和需求是技术交易的主要动力，有力推进了技术市场的运行。一般而言，技术商品的需求方对技术商品的需求弹性较小。但与普通商品一样，如果某种技术商品的供给超过了当时的市场需要，这种技术商品往往要以低于价值的价格出售，反之亦然。技术商品的需求结构一般会与供给结构相适应，同整个国民经济产业结构相协调，这种协调均衡状态往往也和一定时期内国家技术政策的要求相吻合。比较特殊的是，技术的供给和需求均需要一个过程，并非完全同步。因为技术开发往往需要一个较长的周期，所以供求双方在时间上不会保持严格的同步，同时由于技术商品的专业性、不确定性以及技术供给主体的有限性，还有需求方对技术适用性的挑剔，某项技术需求在本地即可得到满足的情况很少，技术资源往往需要在区域、全国甚至全球的范围内实现配置，这使得供求双方之间具有一定的空间跨度。供求机制作用的发挥还体现在其与技术市场各要素的相互作用上，供求关系与技术市场各要素的相互作用，使供求机制作为双方矛盾运动的平衡机制，通过供求关系的变化影响技术市场各要素的变化，最终调节整个技术市场的运行。

2. 价格机制

技术市场的价格机制是重要的反馈机制，主要在技术市场系统中发挥着反馈技术信息的职能。由于价格机制对技术的供给者和需求者的决策、对技术资源的配置起着至关重要的作用，价格机制同时也是技术市场重要的引导机制。技术价格反映技术资源的供求状况并代表着人们对技术商品的评价。供大于求价格下跌、供小于求价格上升的规律在技术市场中同样适用。人们对某项技术商品的价值评价越高，其在技术市场上的价格也相应越高。技术价格还可以引导技术供求双方调整生产规模或生产方向。比如，某项技术价格提高，技术供给方会选择加大该方面的研发投入力度来增加供给，技术需求方则可能转向寻求购买该技术的替代技术，而技术供给增加后，技术商品的价格又会下降，技术需求方选择继续购买，最终达成平衡。因此，技术市场通过价格机制，可直接引导技术商品的供求双方调整生产规模及需求结构，进而实现技术资源的最优配置。

3. 竞争机制

竞争机制是技术市场运行机制中的动力机制，供求机制、价格机制和风险机制等机制作用的实现都离不开竞争机制的推动。技术市场通过竞争机制对技术商品供给者和需求者的经济利益关系进行调节，只有通过竞争的外部强制作用，才能把技术商品的内在价值属性表现出来。竞争机制保证了供求机制和价格机制的充分展开，使技术商品按照合理的价格和渠道在市场上流通，让所有企业在技术市场上得以公平竞争。理想情况下，竞争机制使得技术商品能够作为自由的商品在技术市场上流通，技术市场不存在进入的障碍和壁垒，没有行政设限，企业能够在政策允许的范围内自由进入和退出市场。但在现实中，对于一些技术商品而言，它们本身就处于垄断地位，竞争机制难以有效地促成价格机制的形成。因此，在保证技术供给方合理利润的前提下，应想办法消除垄断现象，鼓励同一产品尽量由多个技术生产企业进行生产和经营，防止垄断的产生，保持技术商品总供给和总需求的平衡。

4. 风险机制

风险机制是以利益的诱惑力和经济损失的压力作用于市场主体，督促和鞭策市场主体在风险与机会之间权衡选择，承担相应的市场风险。技术创新存在技术风险性和商业风险性，技术风险主要是技术难点和其他技术研发对手竞争导致的，一般由技术供给方承担；商业风险主要是市场对新技术的接受能力不足导致的，一般由技术需求方承担。竞争机制造成优胜劣汰，风险机制则使这种风险对市场交易主体施加压力，在风险机制的充分作用下，各市场主体按照市场的规则进行交易活动、规避市场风险、实现技术商品市场的淘汰与选择功能。一般来说，产品开发周期越长，相应的风险就越高；技术需求方和供给方规模越大，相应的风险就越低；投资者会选择与风险回报相适应的项目进行投资，投资额越高的项目一般开发失败的可能性越低。

四　技术市场理论研究综述

（一）技术市场相关理论

关于技术市场的相关研究，学术界最常引用的基础理论主要有技术转移理论、技术扩散理论、技术溢出理论等传统理论，同时也涉及要素禀赋理论、技术差距理论、技术生命周期理论等有关技术市场发展问题的新兴理论。

1. 技术转移理论

技术转移是指技术在国家、地区、行业内部或之间以及技术自身系统内输出与输入的活动过程，技术转移往往是通过技术市场的交易行为来实现的，因而了解技术市场的发展需要先认识技术转移的规律和特征。技术转移可以发生在科技与生产部门之间，也可以发生在不同的生产领域之间；可以发生在国内不同省份之间，也可以发生在世界不同国家之间；可以通过市场途径进行，也可以通过非市场途径进行。技术转移既可以表现为知识形态，也可以表现为实物形态；既可以是有组织、有计划的过程，也可以是自发的过程。技术转移过程可以看作由三个有机过程组成的整体，即通用知识的转移过程（即所转移技术的支持性知识）、系统知识的转移过程（即特定知识转移活动本身）以及企业特有知识的转移过程（即特定企业随此项技术所发展的专有技术）。

2. 技术扩散理论

对于技术扩散的具体定义，不同的学者有着不同的看法。英国经济学家斯通曼曾将技术广泛应用和推广称为“技术扩散”；技术创新理论的鼻祖约瑟夫·熊彼特把技术创新的大面积或大规模“模仿”视为技术扩散；美国经济学家西奥多·舒尔茨把技术扩散定义为“创新通过市场或非市场的渠道的传播”；国内学者傅家骥把技术扩散的概念描述为“技术创新通过一定的渠道在潜在使用者之间传播、采用的过程”。总的来说，技术扩散的本质大抵是一项技术从首次开发出来到得到大规模商业化应用的全过程，技术市场能够帮助实现这一过程。技术扩散在技术进步过程中起着关键作用，它能促进技术创新在更大范围内产生经济效益和社会效益，从而促进国民经济的发展。

3. 技术溢出理论

技术溢出大致可以从狭义和广义两个层面来进行理解，狭义层面可以直接将技术的外部性理解为“技术溢出”，广义层面更多地被运用于国际贸易和外商直接投资（FDI）领域，指国际贸易与FDI对一国的技术进步所带来的直接或间接的影响。其产生的机制主要有示范模仿效应、竞争效应、人力资本的流动效应以及前后关联效应。前三种效应主要发生在产业内部，统称为“产业内溢出效应”。而前后向关联主要发生在产业之间，因而把由前后向关联效应引起的技术溢出称为“产业间溢出效应”。技术市场本身为技术的正外部性扩大提供了一个平台，是技术溢出的一个放大器，是促进技术溢出的重要载体。

4. 要素禀赋理论

20世纪30年代，瑞典经济学家伯尔蒂尔·俄林在《地区间贸易和国际贸易》中提出了生产要素禀赋理论，用在相互依赖的生产结构中的多种生产要素理论代替李嘉图的单一生产要素理论，生产要素禀赋理论也被称为赫克歇尔—俄林模型。所谓要素禀赋，指的是各国生产要素（劳动力、资本、技术、土地等）的拥有状况。根据生产要素禀赋理论，一国的比较优势产品是它生产的机会成本更低的产品，而进口的产品是它需在生产上密集使用该国相对稀缺且昂贵的生产要素生产的产品。简而言之，劳动丰富的国家出口劳动密集型商品，而进口资本密集型商品，反之同理。这一理论运用在技术市场分析上，就是技术资源丰富的区域则应该出口技术密集型商品，进口资本和劳动密集型商品，一定区域的资源禀赋决定了该区域的技术产品生产能力以及技术交易的参与程度。

5. 技术差距理论

技术差距理论，又称技术差距模型，是把技术作为独立劳动和资本的第三种生产要素，探讨技术差距或技术变动对国际贸易影响的理论。该理论认为技术作为一种生产要素对经济的推动作用不断增强，但是各国的技术水平不同，技术领先国家在技术上占据比较优势，得以出口技术密集型产品，从而引发了技术贸易这种特殊的国际贸易形式。然而，随着技术被进口国模仿，这种比较优势消失，由此引发的技术贸易也就随之结束了。简而言之，技术交易的产生是由于区域之间存在技术差距。

6. 技术生命周期理论

技术生命周期的不同阶段对技术交易的影响呈现不同特征，技术生命周期理论是解释技术市场中交易技术呈现出要素集中化等现象的理论基础。技术生命周期理论由美国哈佛大学教授雷蒙德·弗农提出，他将体现在产品上的技术划分为导入、成长、成熟与衰退四个阶段。M. G. 哈维也从国际贸易和技术转移角度提出技术生命周期，从技术发展本身有内在扩张力出发，将技术生命周期划分为六个阶段：技术开发阶段、技术验证阶段、技术应用启动阶段、技术扩张阶段、技术成熟阶段、技术退化阶段。由于科技和市场在技术生命周期的不同阶段的非均衡发展，使得技术演进以及技术交易在技术生命周期的不同阶段呈现出不一样的动态性特征。

（二）技术市场与科技创新

关于技术市场是否促进了科技创新，国外学术界还存在一定的争议。Teece（2000）认为企业通过交易获得的新知识和新技术会受到政策、市场、替代技术的影响，而技术本身也在不断的改进中，技术转化为收益的过程存在比较大的风险，这些都会导致技术市场不一定能起到促进科技创新扩散的作用，Valente（2014）则进一步指出技术转移并没有通用的研究成果，技术转移所产生的经济效果要视具体的情况而定。但技术交易可以让企业使用外部知识来补充自身技术的缺陷，以制造业为例，大部分这类企业都希望在市场上获取其他组织的创新知识，且在全球协作分工的大经济环境下，单个企业单纯依靠自主创新来提升产品和服务的水平并不容易实现；技术市场中还有专业性的技术中介存在，它可以促进科学与产业的协作，提升产业内的组织在技术供需上的匹配性，在区域技术创新中发挥着重要的作用。Sung 和 Gibson（2015）在分析技术转移和创新的关键要素时，强调技术的转移与扩散对经济发展和技术进步都起到了至关重要的作用。Fu 和 Mu（2014）在研究如何提高中国的创新绩效时，也提出促进技术的转移是政府应该实施的一项重要产业政策，认为技术市场对技术创新存在一定的积极作用。

与国外相关研究不同的是，国内研究基本赞同技术市场的存在对科技创新具有积极意义。早期国内研究大多偏重于从理论方面阐述这一观点，如马松尧（2004）在分析我国成果难的问题时，提到技术市场对改善这类问题可以起到的积极作用；朱远程等（2005）还提出技术市场具有促进技术资源优化配置的功能，对企业的研究开发有重大作用；黄敖齐和金红（2005）通过分析区域技术市场的现状，提出技术市场的主要功能是促进技术创新扩散，但总体上比较笼统，对技术市场内部机理的分析不够透彻。随着研究的深入和研究手段的丰富化，实证研究的方式开始被大量引入技术市场的研究中。徐忠明（2010）运用案例分析法，以汽车行业的技术市场为例，得出企业不但可以利用技术市场获得多样化的外部技术，还可以进一步将外部技术与自主创新相结合，以便在经济竞争中处于有利形势的结论。谭开明和魏世红（2009、2010）运用协整分析方法对我国自主创新能力与技术市场的关系进行了研究，他们认为二者存在长期的动态均衡关系，技术市场在技术创新环境体系中起重要的支撑作用，且越是成熟的技术市场越能提升我国自主创新能力，技术市场与技术创新的发展可以互相促进。张纯记（2015）运用 VAR 模型对宁波市的创新绩效进行了研究，指出技术市场的发育水平对创新绩效有直接的促进作用，尽管不如创新能力的促进效果持久，但比提升国际贸易水平的效果要更加直观。赵志娟（2014）通过构建技术市场对区域创新能力影响机理的模型，运用面板回归分析法，指出技术转移对该地区的区域创新能力有显著的正向影响，相比而言，技术输出的影响比技术输入更大。卢华玲等（2014）的研究则出现了一些不一样的情况，通过论证研究开发投入、专利产出与技术市场发展三者之间关系，建议通过合理配置 R&D 资源以增加专利产出和促进技术市场发展，但技术市场对研究开发和专利产出的支持却未得出明确的结论。

（三）技术市场与经济发展

现有研究大多认为技术市场推动了经济发展，且该推动作用具有一定的迟滞性。刘凤朝、潘雄锋（2006）认为技术市场发展在一定程度上促进了经济发展，但作用不是很大，两者之间不存在明显的因果关系。金为民（2009）运用协整分析方法进行研究，认为技术市场发展与经济增长二者存在长期稳定的均衡关系和格兰杰因果关系，但技术市场的发展滞后于总体经济发展的时间约为 5～6 年，技术市场的发展大致需要 3 年的时间才会拉动经济增长。张优智（2011）发现技术市场发展与经济增长之间存在长期的均衡关系，同时在一定滞后期数上，两者具有双向因果关系，因而为了实现技术市场与其他要素市场之间的互动，应努力使技术商品尽快产业化，缩短技术市场作用于经济增长的时间；大力加强技术市场的改革力度；建设社会化、网络化的科技中介服务体系。彭甲超等（2017）采用莫兰指数分析我国技术市场发展的时空分布特征，发现技术市场对经济增长的正向促进作用随空间变化而有所不同。邓雨露（2021）利用 ADF 检验分析福建省技术市场，发现福建省的技术市场发展和经济增长之间具有长期均衡关系，但在短期内对非均衡误差修正的能力较弱。

第二章　国内外技术市场发展概况*

一　国外技术市场发展概况

（一）基本情况

国外技术市场的发展始于17世纪，早于中国近400年。技术交易制度建立的初衷是通过专利制度的执行来鼓励个人进行技术的买卖，进而改善整个社会的福利。专利起源于15世纪的威尼斯，威尼斯共和国认为，新发明“必须授权给共和国，阻止他人使用”。1474年，威尼斯共和国制定的《威尼斯专利法》是欧洲第一个法定专利制度，它是最古老的记录在案的文件，它规定了一个成文的专利制度并首次以普遍适用的方式和明确的语言编纂。

（二）主要国家情况

1．英国

（1）历史起源。

英国专利制度是第一个承认知识产权以促进发明创造的现代专利制度，是工业革命得以产生和繁荣的重要法律基础。1624年，英国颁布第一个法定专利制度，即《垄断法》，这是世界上第一部正式而完整的专利法。根据规定，专利权应当授予第一个真正的发明人；发明必须是就新产品而做出的；专利权人享有独家生产或制造该产品的权利，有效期为14年，他人在此期间不得利用该项发明。这些规定都是现代专利制度的基本要素。但是《垄断法》规定的专利申请费用极其昂贵，1860年，仅英格兰的专利费就高达120英镑（585美元），约为当时人均收入的4倍。同样覆盖苏格兰和爱尔兰的专利费可能高达350英镑（1 680美元）。增加一个共同发明人很可能会使成本再增加24英镑。这些限制

* 本章第一执笔人为暨南大学产业经济研究院谯乔。本章统计数据来自2017—2018年《全国技术市场统计年度报告》、2019—2021年《全国技术市场统计年报》。

有利于那些拥有财富、政治关系的精英阶层，并有意识地为出身卑微的发明家设置了门槛。专利费为英国政府及其雇员提供了一个重要的收入来源，并创造了一个管理阶层，他们有强烈的动机阻止改革的提议。除了货币成本外，发明人必须遵循复杂的行政程序，这意味着交易成本也很高。仅英格兰的专利申请就要通过从内政大臣到大法官的七个部门，而且需要君主的签名。

《垄断法》显然对希望自己的发明获得保护的普通发明家施加了严格的限制。高昂的费用和复杂的程序基本上限制了对高价值发明的使用，也限制了已经拥有或能够筹集足够资金申请专利的申请人，还抑制了信息的传播，使伦敦以外的发明家很难随时进行专利检索。

尽管《垄断法》争议颇多，但它是专利法史和英国资本主义发展史上的里程碑事件。在 1971 年《欧洲专利公约》颁布之前，该法规一直是英国专利法的核心。

（2）技术市场政策体系。

《东莞市技术市场建设若干问题研究报告》中指出，从 20 世纪 90 年代开始，英国政府开始重视科研成果产业化和技术创新，相应采取了一系列促进科技成果转化、技术转移的政策措施。首先是将促进科技成果转化、技术转移纳入发展战略，战略包括大力推动形式多样的产学研合作，促进科技成果的产业化。进入 21 世纪后，英国制定中期科技发展战略，确保政府投入的有效增长，实施技术计划，成立专门的技术战略委员会。其次是采取了一系列计划促进产学研合作，如“联系计划”“教研公司计划”“法拉第合作伙伴倡议”，这三个计划共同的特点都是强调产学研的合作，使成果在产生的源头上就有明确的市场需求，从而确保了研发出来的科技成果能够顺利地得到应用。

（3）技术转移模式。

英国技术集团（British Technology Group，BTG）是一家总部位于英国的全球领先技术转让公司。BTG 收购、投资、授予专利与许可大学和其他研究机构开发技术，并为 BTG 控股技术的公司在许可下开发提供资本、投资和相关支持提供服务。

BTG 源于 20 世纪 80 年代初两个英国政府机构的合并。其中最古老的是国家研究开发公司（National Research Development Company，NRDC），该公司成立于 1948 年。NRDC 在公共利益需要的情况下，开发/利用公共研究产生的发明，以及公司认为其未被开发/利用或充分开发或利用的任何其他发明。NRDC 是作为贸易委员会的一部分成立的，负责审查英国正在开发的专利和发明，希望发现商业上适销对路的产品。起初，NRDC 的作用主要是确定潜在的候选发明，然后将这些想法传递给英国的行业进行发展。NRDC 还帮助英国技术出口，在世界各地安排许可协议。在整个 20 世纪 50 年代到 60 年代，NRDC 在国家科学突破发展中发挥了越来越积极的作用。到 20 世纪 60 年代中期，NRDC 经常作为合资公司的一部分，在建立和管理工业运营方面发挥直接作用。

20 世纪 70 年代中期，英国政府成立了一个新的国家控制机构，国家企业委员会（National Enterprise Board，NEB），作为当时工党主导的政府的一部分，以巩固政府对英国萎靡不振的行业的控制。随后，备受争议的 NEB 接管了收购许多英国领先公司的任务。例如，1976 年，NEB 开始负责英国政府对劳斯莱斯公司的所有权。NEB 和 NRDC 之间的联系也始于此时。然而，到 1981 年，保守党对 NEB 的不满导致它被合并到 NRDC 中，并创建了一个新的受政府控制的公司——BTG。BTG 最初的职责是监督 NRDC 和 NEB 持有的公司撤资，这两家公司在 BTG 成立的前几年一直存在。到 1984 年，NRDC 和 NEB 的任务已经基本完成，BTG 作为技术转让集团的地位得到了英国政府的正式批准。

根据中国国际科技交流中心对 BTG 的介绍，BTG 的运行机制是通过自身卓有成效的工作，同英国国内各大学、研究院所、企业集团及众多发明人有着广泛的紧密联合，形成技术开发—推广转移（销售）—再开发及投产等一条龙的有机整体，利润共享，真正起到连接开发成果和现实生产力的桥梁与纽带作用。BTG 不仅通过转让技术使用获取价值，而且通过建立新的风险投资企业，把获得的巨大报酬返还给它的技术提供者、商业合伙人和股东。这种运作模式使 BTG 在技术供给方和技术发展方中都拥有能够共同获得利润的合作伙伴，同世界许多技术创新研究中心以及全球主要的技术公司都保持着密切的联系。BTG 的主要做法有以下特点：一是从科研活动中寻找具有重大经济意义的投资机会；二是实施多元化的技术发展战略；三是重视技术来源和技术转让的国际化；四是内部的组织结构高效、精简。

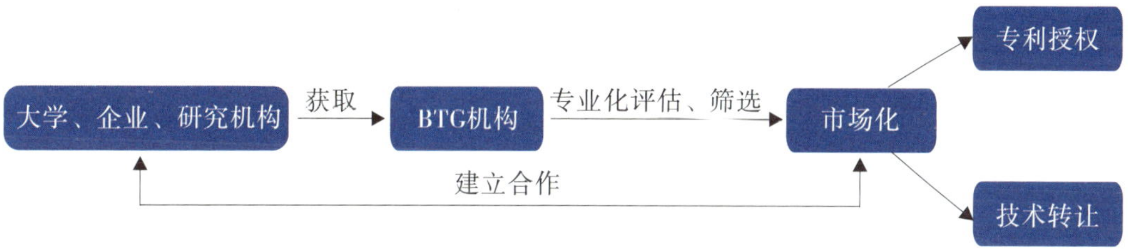

图 2 - 1　BTG 的运行机制

资料来源：鲁冰. 黑龙江省技术市场发展对策研究［D］. 哈尔滨工业大学，2014.

2. 美国

（1）历史起源。

美国的专利制度是世界上最成功的专利制度之一。美国宪法的第一条包括以下条款，即“通过在有限的时间内确保作者和发明家对各自作品和发明的专有权，促进科学和实用艺术的进步”。美国国会于 1790 年 4 月通过了第一部专利法。

美国专利制度的主要特点是所有申请都要符合法律和新颖性的审查。1790 年，一个由国务卿托马斯·杰斐逊（Thomas Jefferson）、总检察长和作战部部长组成的特别委员会对专利申请进行了审查。三年后，它被登记制度所取代。专利的有效性由地方法院决定。1836 年《专利法》规定成立了专利局，只有训练有素、技术合格的雇员才能被授权审查申请。

费用方面，1869 年，美国专利费用为 35 美元，与英国、法国、俄罗斯（450 美元）、比利时（420 美元）和奥地利（350 美元）等欧洲国家的收费相比，明显偏低。在美国，这些费用并不是为了专利定价，也不是为了增加国家收入，而仅仅是为了支付专利局的行政开支。美国专利制度的基本参数是透明和可预测的，这本身就是对那些希望获得专利权的人的帮助。此外，美国立法者还关注确保有关专利知识的信息随时可用并迅速传播。

美国专利制度的优点之一是它有利于技术合同和技术交易。技术交易为美国专利制度的有效性提供了一个直接的指标，因为如果专利权不确定或毫无价值，技术交易就很难增加。一个广泛的全国性的技术交易市场很早就在美国发展起来了，这得益于推翻无用或欺诈性专利合同的法律裁决。1845 年，专利局记录了 2 108 项技术交易，到了 19 世纪 70 年代，平均每年有 9 000 多项技术交易，而在接下来的十年里，增加到每年 12 000 多项技术交易。蓬勃发展的技术市场为发明者提供了发明的动力，这些发明者能够从他们的努力中获得回报，并将专利和生产力增长联系起来。

（2）技术市场政策体系。

美国政府每年为研发活动提供超过 1 000 亿美元的资金，这使得新发明和新技术不断涌现。技术市场使许多技术有可能进一步开发、扩大和商业化。从 1980 年的《史蒂文森－怀特勒创新法》开始，美国国会颁布了一系列促进和激励技术转让的法律。这些法律鼓励私营部门通过技术转让机制，例如合作研发协议（CRADA）、初创公司、专利许可协议、教育合作协议和州/地方政府合作伙伴关系，将联邦资助的技术商业化。

1980 年通过的《史蒂文森－怀特勒创新法》是美国第一部主要的技术转让法。它要求联邦实验室积极参与技术转让活动，将其研究开发预算按一定比例应用于技术转让，并要求每个联邦实验室设立一个研究和技术应用办公室，以协调和促进技术转让。

《拜杜法》也于 1980 年通过，旨在鼓励和加速美国联邦政府资助的研究成果商业化。它允许机构和资助对象，如大学，拥有来自联邦政府资助研究的发明专利的所有权，并且可以将这些发明许可给行业合作伙伴。如果技术成功商业化，这将为研究机构带来一大笔专利使用费。《拜杜法》使美国大学的专利和许可活动显著增长，还促进了为开发和商业化这些由联邦政府资助的技术而成立的初创公司数量的显著增长。

《联邦技术转让法》（The Federal Technology Transfer Act，FTTA）于 1986 年由美国国会颁布，并修订了《史蒂文森－怀特勒创新法》。FTTA 提高了行业获得联邦实验室技术的机会。该法案建立了联邦实验室技术转让联盟，这是一个由 300 多个联邦实验室、机构和研究中心组成的全国性组织，旨在促进联邦实验室技术的商业化。联邦贸易协定还使联邦实验室能够就实验室专利发明的许可进行谈判，并签订 CRADA。CRADA 是一个或多个联邦实验室与一个或多个非联邦方之间的正式书面协议，根据该协议，政府通过其实验室提供人员、服务、设施、设备、知识产权或其他资源。

1995 年出台的《国家技术转让和促进法》，使 CRADA 对联邦实验室和私营企业更具吸引力。这项法律向美国公司提供了保障，保障他们将被授予足够的知识产权，以证明由 CRADA 产生的发明的迅速商业化是合法的。该法案要求所有联邦机构使用合作开发的标准，特别是标准制定组织制定的标准，从而促进了新技术标准的制定。

（3）技术转移模式。

斯坦福大学技术授权办公室（Office of Technology Licensing，OTL）的使命是促进斯坦福大学技术的转让，以供社会使用和受益，同时创造不受限制的收入，以支持研究和教育。这一使命决定了 OTL 的角色是如何最好地转让技术，使公众和大学受益。

斯坦福大学在技术授权方面有着悠久而成功的历史，其特点是与发明家合作和谈判的灵活性。OTL 致力于帮助师生员工掌握专利和许可的过程，目标是将他们的研究成果转移到工业界，以造福社会。斯坦福大学有一套全面而有力的方法和政策，支持对大学知识产权资产的良好管理，同时鼓励创新、创业，并与各种类型的发明家和各种规模的公司建立牢固的关系。

OTL 负责管理斯坦福大学的知识产权资产，并代表该校承担许可的风险和费用。OTL 运行的一个基本要素是，在做出许可决定时，财务利益不是首要考虑因素。OTL 根据大学的指导方针和政策进行专业判断，以促进技术的有效转让。

斯坦福 OTL 成立于 1970 年。从那时起，OTL 已经审查了超过 10 000 项发明披露，完成了超过 3 500 份许可协议，并为斯坦福大学的发明者创造了超过 15 亿美元的回报。没有发明者的聪明才智，OTL 是不可能成功的。这一过程始于发明者披露自己的新想法，并在整个技术生命周期中与 OTL 合作。OTL 会仔细考虑发明者的反馈，并努力让他们在这一过程中了解情况。

发明者与 OTL 的合作方式如下：发明者对某项技术进行描述，并解释它能为社会提供的关键解决方案。在这一阶段，OTL 为发明者提出对技术许可最佳策略的建议。对于来自某个特别首席研究员实验室的发明，即使特别首席研究员不是发明者，该发明也需要得到特别首席研究员的授权。特别首席研究员应该知道提交了哪些披露，以便能够确认由哪个赞助项目（如果有的话）来支持该发明。此外，特别首席研究员应了解实验室的发明和许可活动，因为这些活动可能会影响未来的研究活动或产生利益冲突。

为了评估一项发明的价值，斯坦福大学长期以来的做法之一就是将发明推销给那些可能有兴趣投入资金、人力和资源将发明商业化的公司。这通常采取非保密的营销摘要的形式，由发明者提供发明说明，通过 OTL 的网站提供，并直接发送给潜在商业化合作伙伴。在这一点上，OTL 经常征求发明者关于发明的技术和市场可行性的见解，并为特定的公司提供相关信息。最后，如果一个潜在的公司要求提供额外的技术信息，OTL 将要求发明者对公司做出回应。

如果一家公司决定商业化某项发明，OTL 专业人士将参与许可协议的谈判。在这个阶段，发明者的参与是有限的。OTL 授权专家通常会在与发明者协商许可协议的过程中通知他们，也可以要求发明者帮助评估潜在被许可人开发许可产品的能力。然而，发明者并不直接参与与潜在被许可人许可协议的实际谈判，尤其是在发明者初创企业的情况下。这种方法基于这样一个原则：斯坦福大学的教职员工不能同时代表一家公司和一所大学。此外，如果发明者有潜在的利益冲突（Conflict of Interest，COI），则需要参加 COI 评审。协议签署后，许可条款和公司进度报告通常被视为机密商业信息。在大多数情况下，如果发明者签署了保密协议，可以获得这些信息。

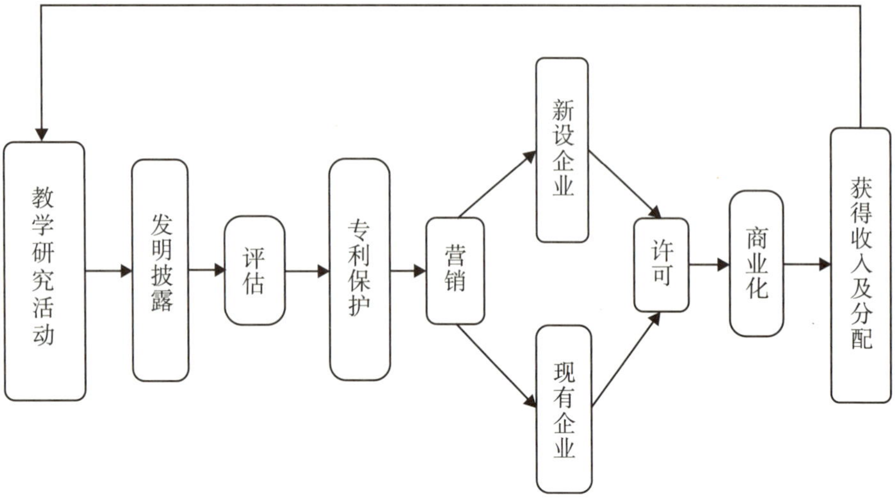

图 2－2　斯坦福大学 OTL 的技术转移流程

资料来源：中国国际科技交流中心。

3. 德国

（1）历史起源。

德意志帝国建立于 1871 年，在最初的六年里，每个地方都采取了各自的专利政策。阿尔萨斯－洛林地区倾向于采用法式系统，而汉堡和不来梅等地则不提供专利保护，德意志帝国于 1877 年通过了统一的《国家专利法》。1877 年的法令设立了一个中央管理机构——专利局，专利局的审查员对申请进行审查，他们都是各领域的专家。在授予专利之前的 8 周，专利申请向公众开放，公众可以提出反对意见，否认专利的有效性。德国故意提高专利费，以消除对无关紧要发明的保护，其在后来更新的制度中要求第一年支付 30 马克，第二年支付 50 马克，第三年支付 100 马克，第三年后每年支付 50 马克。1923 年始，专利期限从 15 年延长到 18 年。

德国的专利政策鼓励特定行业的扩张、增长和创新，以促进经济发展。食品、药品或化学制品不能获得专利，尽管生产这些产品的过程可以得到保护。有关部门还通过在授予专利权之前公布权利要求和说明书来进一步确保专利信息的传播。德国的专利制度也促进了企业对发明的使用，早期实行了“以工代赈”原则，允许企业获得雇员发明的权利和利益。

虽然德国的专利制度与美国的专利制度相近，但它在其他方面更为严格，对侵权的处罚不仅包括罚款，还包括监禁，导致专利授予数量较少，平均价值反而更高了。

（2）技术市场政策体系。

德国是市场经济高度发达的国家，在技术转移和技术商业化方面，完善相关法规，设立相应计划或项目，推动高校科技成果转移转化，改革经费划拨模式，支持协会或机构从事技术转移活动等。德国通过修订《高等学校总纲法》，放宽对高等学校接受企业委托的研究课题的限制，激励企业与国家及州政府资助的研究机构共同从事开发研究。德国相继推出了“R&D 联合研究项目”“知识创建市场行动计划”“政府高科技倡议”“科研创新成果潜力验证计划”“保护商业应用创意计划”等大力促进德国技术转移的活动。

（3）技术转移模式。

史太白技术转移中心（Steinbeis Transfer Centers，STC）成立于 1971 年，是欧洲最大的技术转移机构，为纯私营机构。STC 是由史太白经济促进基金会（StW）和众多史太白专业技术转移中心组成的网络，又称为“史太白网络”。史太白技术转移中心经过 50 年的发展，已由一个州立的技术转移机构发展成为国际化、全方位、综合性的技术转移网络，吸引了各个领域的大批专家学者参与，面向全球提供技术与知识转移服务。史太白具有现代扁平化组织结构，由 6 000 名专家组成，遍及 1 100 家转移企业，年营业收入达到 1. 62 亿欧元。

史太白技术转移模式的核心是把技术专家培养成企业家。其通过独特的系统性双元制高等教育体制，将理论与商业实践相结合，培养技术转移人才。通过人在技术转移中关键作用的发挥，把技术导入产业实现商业价值。同时，STC 也为企业提供能力提升方面的系统培训。

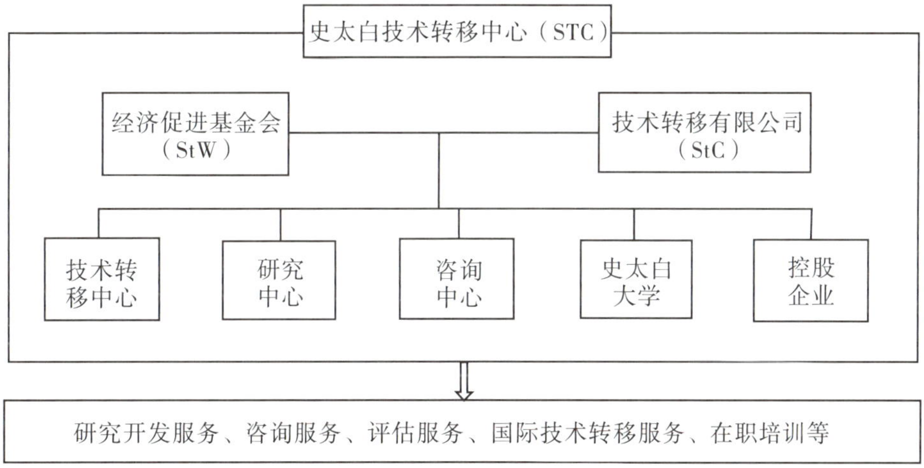

图 2 - 3　德国史太白的技术转移流程

资料来源：《东莞市技术市场建设若干问题研究报告》。

4. 日本

（1）历史起源。

日本从明治时代开始模仿当时先进的工业国家设计专利制度，于 1888 年通过了第一部国家专利法，并复制了美国专利制度的许多特点，包括审查程序。然而，在第一部法规中，明显地存在着日本优先权。例如，专利权不授予外国人，食品或药品无法获得专利保护，3 年内未生效的专利可能被撤销，对侵权行为采取了严厉的补救措施。日本成为《巴黎公约》的签署国后，于 1899 年通过了一项新的法律，修正了现有的立法，使之符合《巴黎公约》的协议，并将保护范围扩大到外国人。

现代日本专利制度是从世界主要专利机构中汲取特点的混合体。专利申请被提交后，申请人有 7 年的时间申请审查。1996 年以前被审查的专利是在实际授予之前公布的，并且可以在最终授予前予以反对；但反对意见只能在首次拨款后的前 6 个月提出。此外，专利法还为实用新型发明授予专利权，这些发明只需要满足较低的新颖性标准，并且能够更快地商业化。

（2）技术市场政策体系。

1995 年，日本颁布了《科学技术基本法》，明确提出将“科学技术创造立国”作为基本国策，这部法律可以视为日本建立国家创新体系的开端，日本开始注重基础理论和基础技术的研究开发，用具有创造性的科学技术持续性推动经济发展。该法在其框架结构下启动了三期科学技术基本规划，第一期：侧重增加有竞争力课题所需的经费和培养 1 万个课题研究青年负责人；第二期：依据创造知识、创出活力、造福社会的三个理念设立重点课题，以及倍增竞争性领域资金投入；第三期：围绕科学技术战略重点化、人才培养、科学发展和持续的技术革新，加强基础研究。

1998 年，日本出台了《大学技术转让促进法》，该法的核心内容是推进科技成果转让中介机构 TLO（Technology Licensing Organization）的设立，同时确立政府从制度与资金方面对大学科技成果转化工作机构予以支持。随后，陆续出台《产业活力再生特别措施法》和《产业技术力强化法》等法律法规，形成了一套相对完善的技术转移法制体系。

（3）技术转移模式。

TLO 是一个以获取大学科研人员的研究成果专利权并将其转让给公司为目的的组织。TLO 产生的背景是，许多研究资源集中在日本的大学和其他机构，许多研究成果包含了新产业的“种子”，然而它们并没有在工业中得到充分利用。TLO 需要为研究成果申请专利，并将其转让或许可给公司。通过建立 TLO，研究人员可以通过研究成果的专利化和产业化，获得额外的研究经费又投入研究，这就是所谓的“智力创造周期”系统。TLO 作为“智力创造周期”的驱动力，创造由大学开发的新产业，并将一部分收益返还给研究人员，从而产生研究资金并进一步振兴大学研究。TLO 在工业界和学术界之间起着中介作用，并有望形成产学研合作的核心。

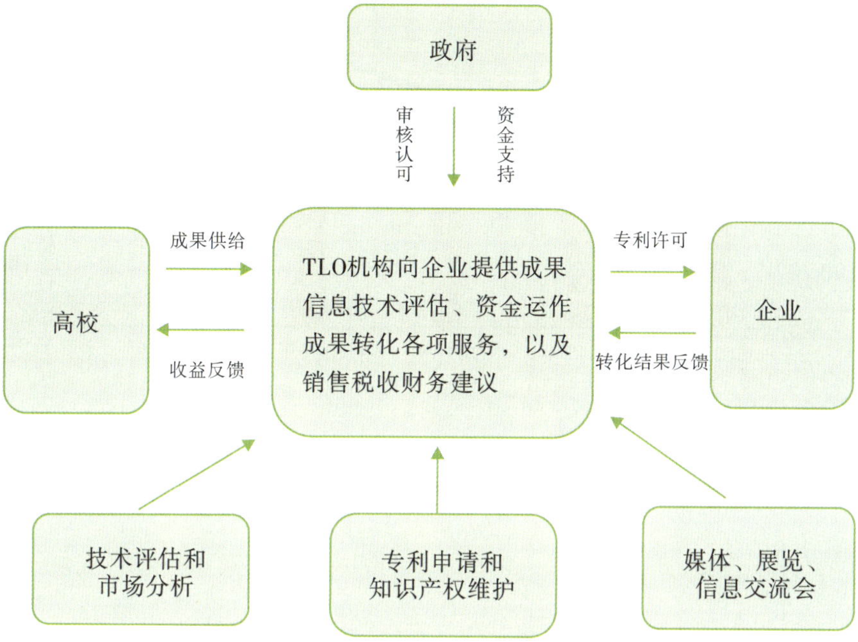

图 2－4 日本 TLO 的技术转移流程

资料来源：李晓慧，贺德方，彭洁．日本高校科技成果转化模式及启示［J］．科技导报，2018，36（2）：8－12．

二 国内技术市场发展概况

（一）基本情况

国内技术合同成交额在过去几年上涨迅速，在 2016 年突破 1 万亿元，在 2019 年突破 2 万亿元，尤其是在 2017 年以后，每年成交金额增幅不断提升。签订合同数量在 2018 年后增速快于 2018 年前，合同数于 2018 年突破 40 万项，于 2020 年突破 50 万项。平均每项技术合同成交额呈逐年上升态势，在 2018 年突破 400 万元，2020 年突破 500 万元。据统计，2020 年全年共签订技术合同 549 353 项，成交额为 28 251.5 亿元，分别同比增长 13.5% 和 26.1%；平均每项技术合同成交额从 2019 年的 462.7 万元增长到 2020 年的 514.3 万元。

全国技术合同成交额占国内生产总值的比重由 2016 年的 1.5% 上升至 2020 年的 2.8%；技术合同成交额占 R&D 的比重由 72.8% 快速上升至 115.7%，技术合同成交额自 2019 年首次超过同年 R&D 经费支出。

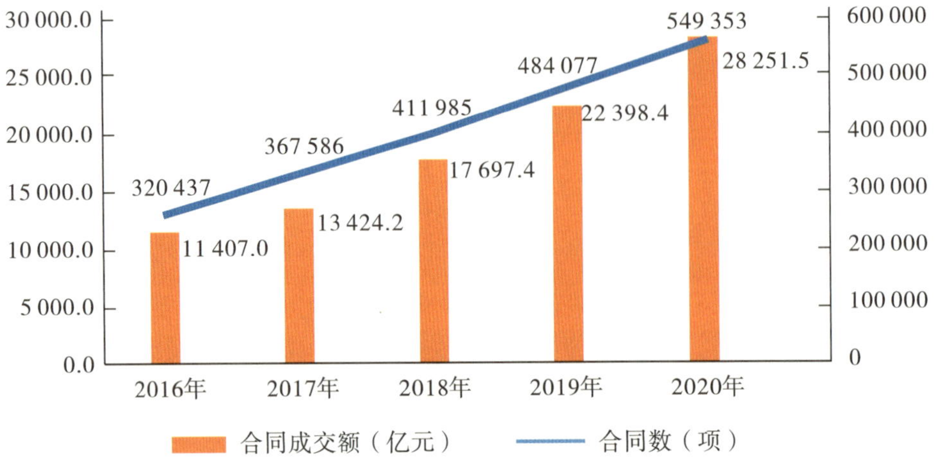

图 2-5　2016—2020 年全国技术合同成交额和合同数情况

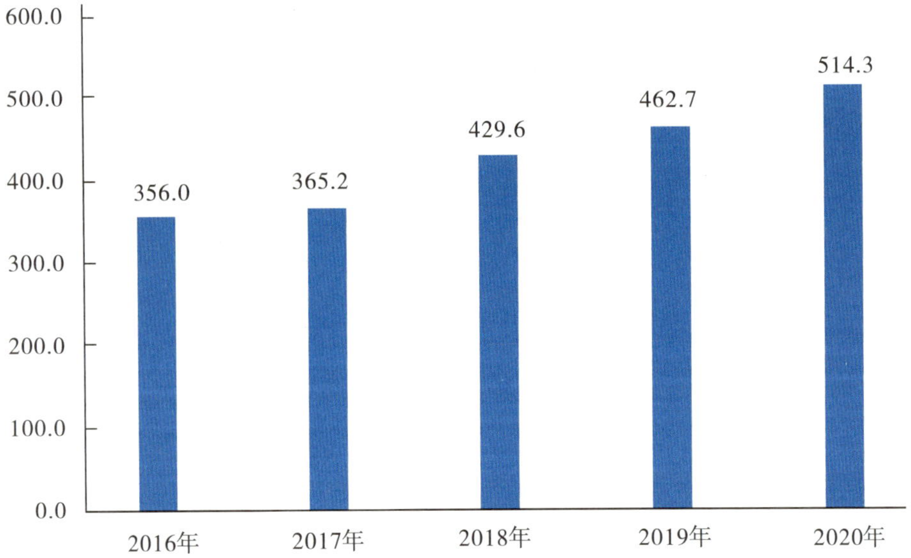

图 2-6　2016—2020 年平均每项技术合同成交额情况（单位：万元）

表 2-1　2016—2020 年全国技术合同成交额占比

	2016 年	2017 年	2018 年	2019 年	2020 年
国内生产总值 GDP（亿元）	746 395. 1	832 035. 9	919 281. 1	986 515. 2	1 015 986. 2
全社会 R&D 经费（亿元）	15 676. 8	17 606. 1	19 677. 9	22 143. 6	24 426. 0
技术合同成交额（亿元）	11 407. 0	13 424. 2	17 697. 4	22 398. 4	28 251. 5
技术合同成交额/GDP（%）	1. 5	1. 6	1. 9	2. 3	2. 8
技术合同成交额/R&D（%）	72. 8	76. 2	89. 9	101. 2	115. 7

（二）技术合同构成

1. 技术合同类别构成

（1）技术开发合同。

2016—2020 年，技术开发合同数和成交额稳步上升，技术开发合同数逐年稳步上升，于 2017 年突破 15 万项，于 2020 年突破 20 万项，技术开发合同数占技术合同总数的比例在 40% 上下，2017 年后占比稍有下降。技术开发合同成交额每年都以高于 1 000 亿元的增加额迅速增长，技术开发合同成交额占当年总成交额的比例保持在30% ~35% ，2017 年占比达到峰值后有所回落。

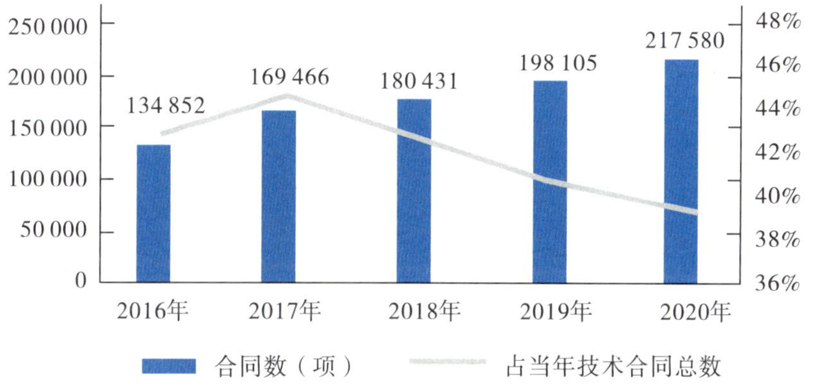

图 2 –7　2016—2020 年全国技术开发类合同数情况

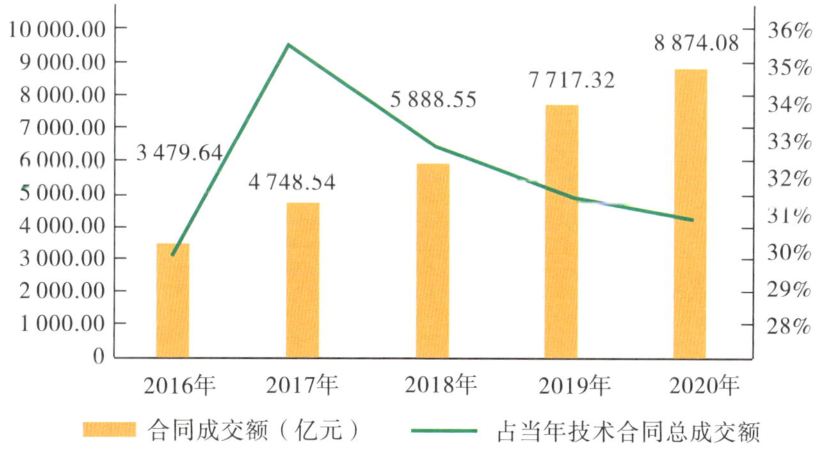

图 2 –8　2016—2020 年全国技术开发类合同成交额情况

（2）技术转让合同。

技术转让合同数和成交额近年来呈波动上升趋势，技术转让合同数占技术合同总数的比例较低，在 4% 左右，技术转让合同成交额占当年技术合同总成交额的比例保持在 10% 左右。

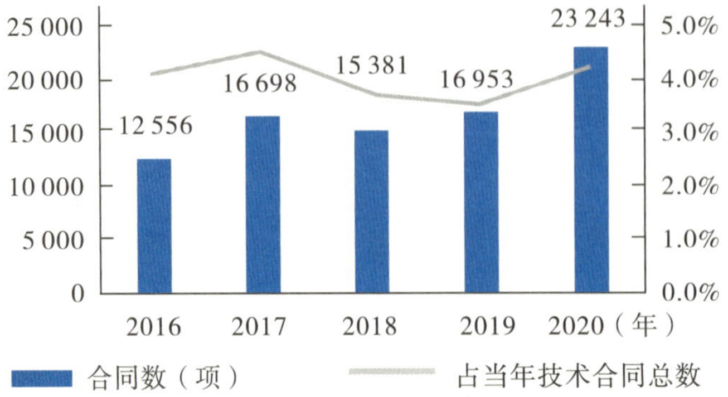

图 2－9　2016—2020 年全国技术转让类合同数情况

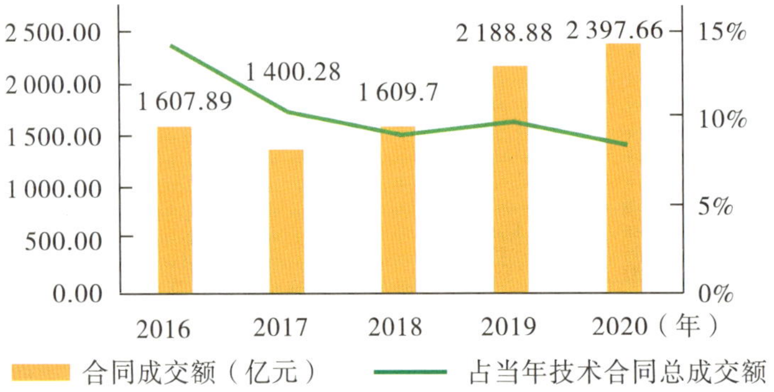

图 2－10　2016—2020 年全国技术转让类合同成交额情况

（3）技术咨询合同。

技术咨询合同数和成交额近年来基本呈上升趋势，技术咨询合同数占技术合同总数的比例在 7% 左右，技术咨询合同成交额占当年技术合同总成交额的比例较低，保持在 3% 左右。

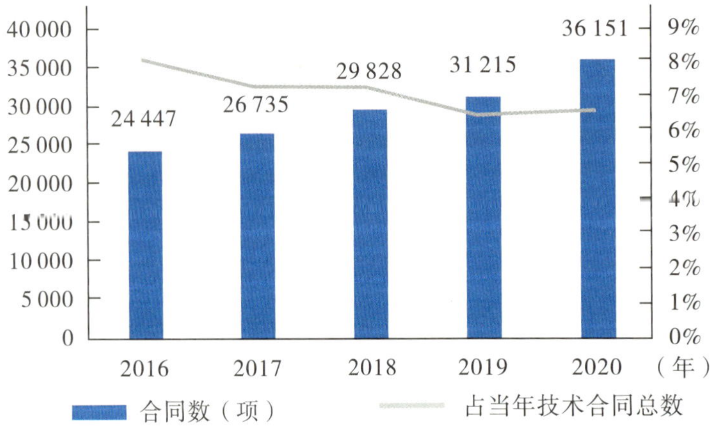

图 2－11　2016—2020 年全国技术咨询类合同数情况

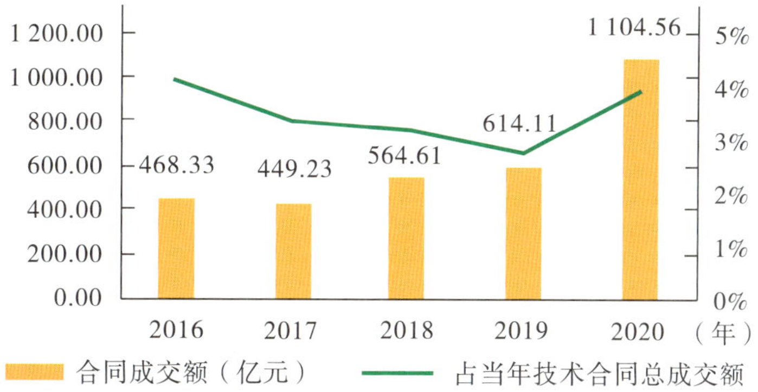

图 2－12　2016—2020 年全国技术咨询类合同成交额情况

（4）技术服务合同。

技术服务合同数和成交额近年来呈大幅度上升趋势，技术服务合同数占技术合同总数的比例在 42% ～50%，技术服务合同成交额占当年总成交额的比例较高，保持在 50% ～60%。

图 2－13　2016—2020 年全国技术服务类合同数情况

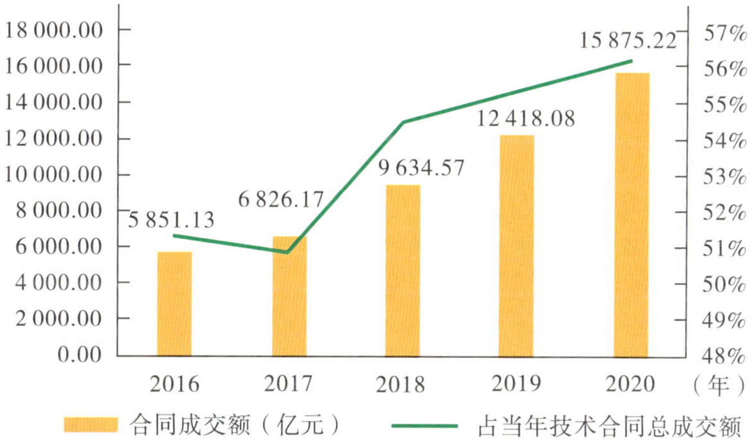

图 2－14　2016—2020 年全国技术服务类合同成交额情况

2. 技术领域构成

电子信息领域合同数近年来数量不断增加，但数量占比从 2016 年的 42.5% 下降到 2020 年的 34.9%；同样地，成交额虽然每年都在增加，且涨幅都在 10% 以上，但成交额占比逐年下降，从 2016 年的 29% 下降到 2020 年的 22%。

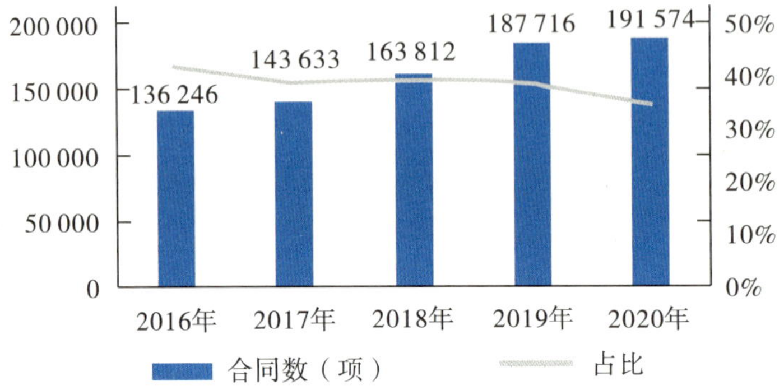

图 2-15　2016—2020 年全国电子信息领域合同数情况

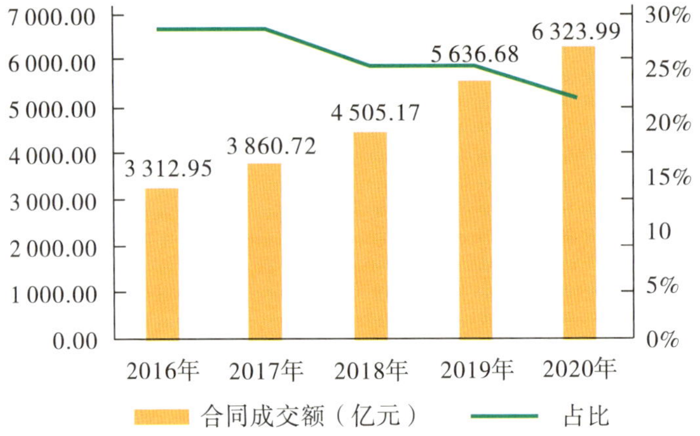

图 2-16　2016—2020 年全国电子信息领域合同成交额情况

城市建设与社会发展领域合同数在 2016—2019 年数量增加较多，2020 年较上一年只有微量增加，数量占比在 2020 年打破了前几年的上升趋势，下降了近 2 个百分点。成交额方面，城市建设与社会发展领域合同成交额每年都在上升，2019 年较上一年增加量超 1 500 亿元，2020 年较 2019 年增加近 1 300 亿元，成交额占比也在不断增长。

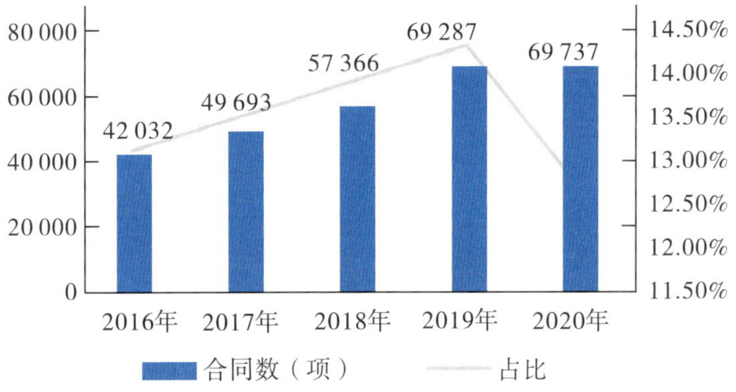

图 2－17　2016—2020 年全国城市建设与社会发展领域合同数情况

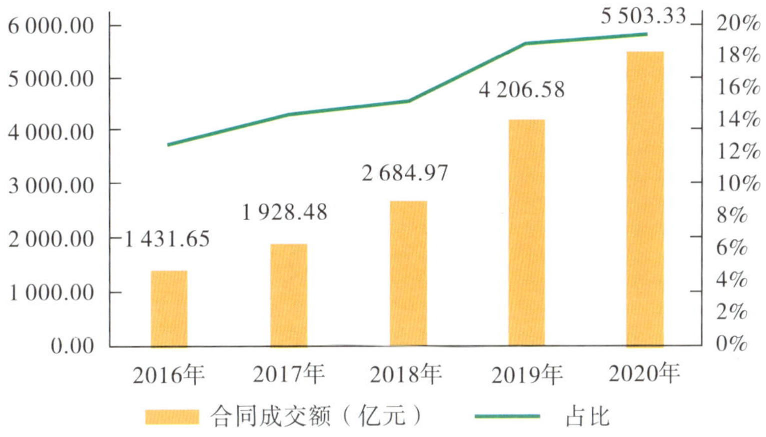

图 2－18　2016—2020 年全国城市建设与社会发展领域合同成交额情况

先进制造领域合同数每年呈稳步上升趋势，占比也逐年攀升。成交金额方面，2018 年和 2020 年成交额涨幅较大，增加值在 1 000 亿元左右，占总成交额比例在 11% ~15% 之间波动。

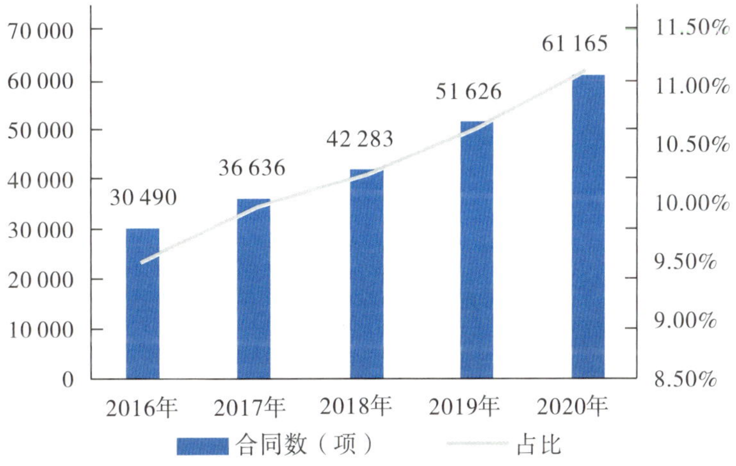

图 2－19　2016—2020 年全国先进制造领域合同数情况

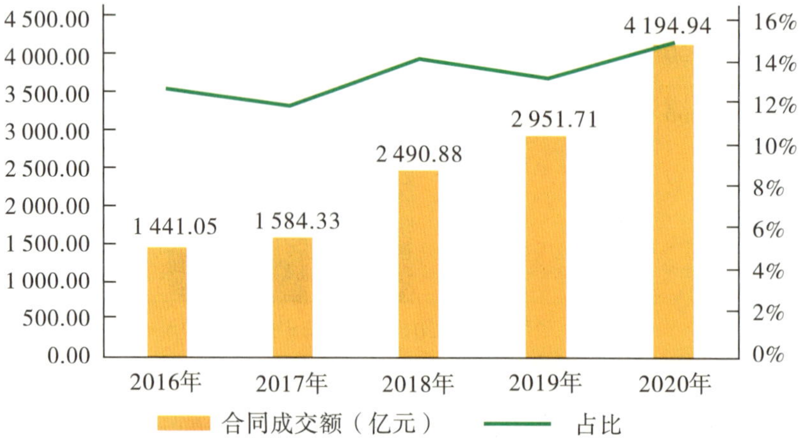

图 2-20　2016—2020 年全国先进制造领域合同成交额情况

生物、医药和医疗器械领域合同数在 2018 年突破 30 000 项，2020 年突破 45 000 项，2018 年占比低于 8%，下降 0.7 个百分点，但随后两年又稳定在 8% 以上。成交额在 2020 年增加较多，占比一直在 4% ~6% 之间波动。

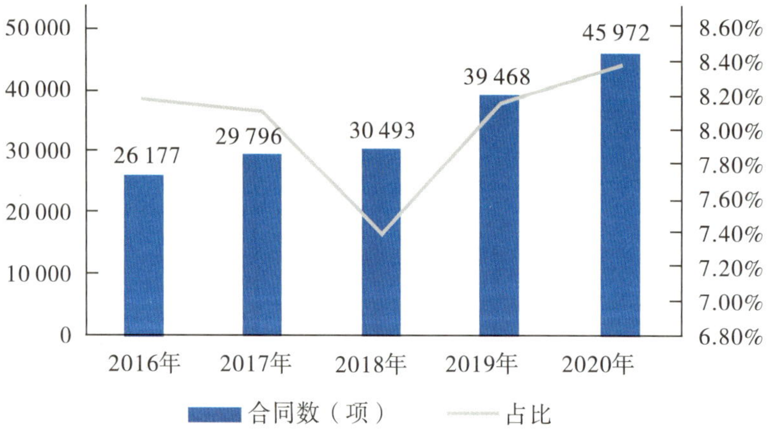

图 2-21　2016—2020 年全国生物、医药和医疗器械领域合同数情况

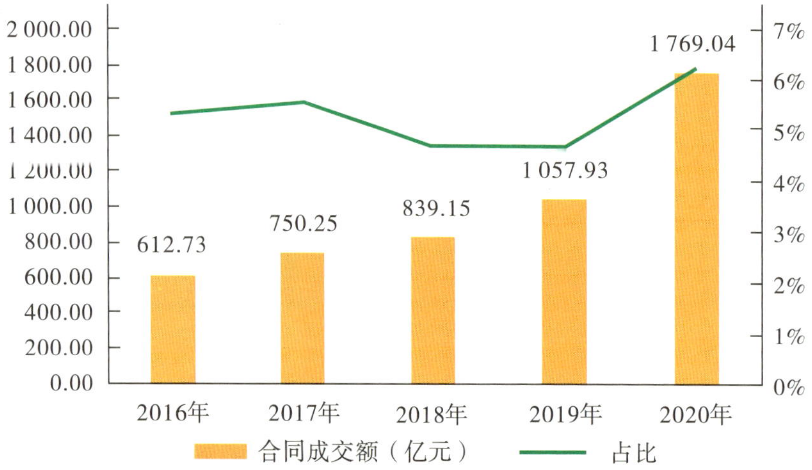

图 2-22　2016—2020 年全国生物、医药和医疗器械领域合同成交额情况

环境保护与资源综合利用领域合同数呈波动上升趋势，在 2017 年突破 20 000 项，在 2019 年突破 30 000 项，占比在 6% ~8% 之间波动。合同成交额虽然逐年上升但占比却略有下降，从 2016 年的 8.1% 下降到 2020 年的 6.5%。

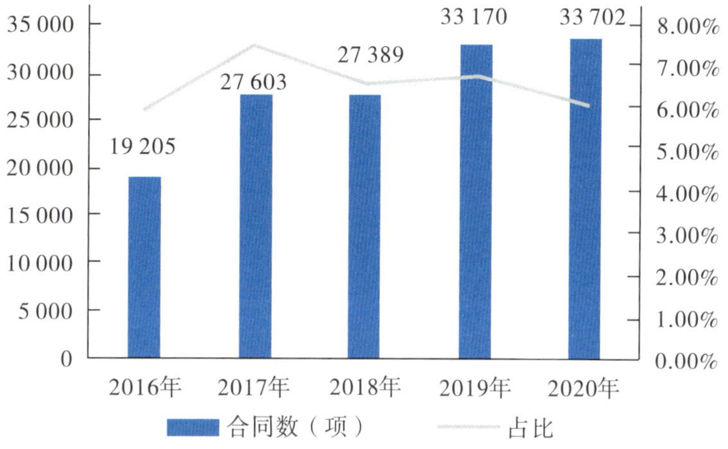

图 2－23　2016—2020 年全国环境保护与资源综合利用领域合同数情况

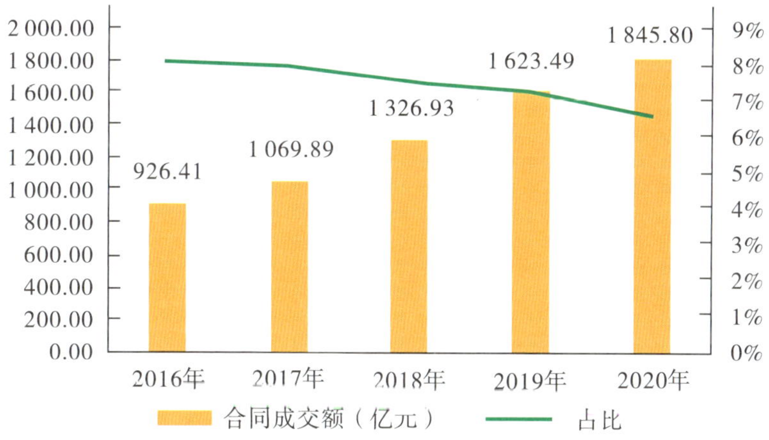

图 2－24　2016—2020 年全国环境保护与资源综合利用领域合同成交额情况

新能源与高效节能领域合同数在 2020 年内有大幅增加，较 2019 年增加近一倍，增加了近 30 000 项，占比也由 6. 35% 提升到 10. 97%。成交额方面，2019 年成交金额陡增，增加额超 1 200 亿元，成交额占比在 10% 上下浮动。

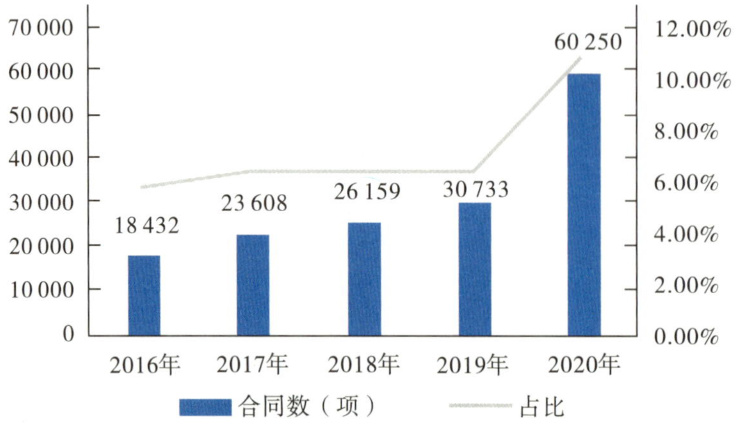

图 2－25　2016—2020 年全国新能源与高效节能领域合同数情况

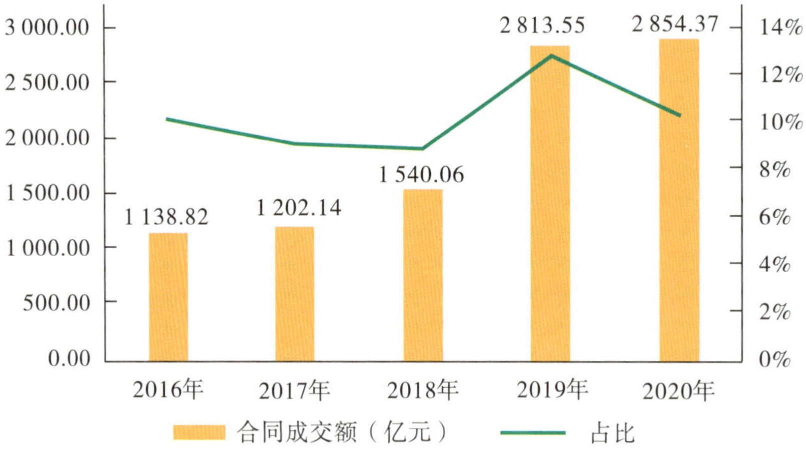

图 2－26　2016—2020 年全国新能源与高效节能领域合同成交额情况

农业领域合同数在 2017 年和 2020 年较上一年增加较多，分别增加了 5 594 项和 7 934 项，占比在 5% 附近波动。成交金额方面，2020 年较上一年增加较多，增加值达到近 250 亿元，成交金额占比在 2% ～3% 之间波动。

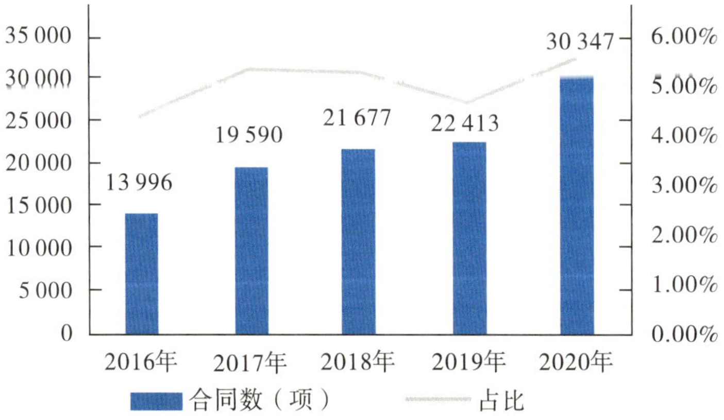

图 2－27　2016—2020 年全国农业领域合同数情况

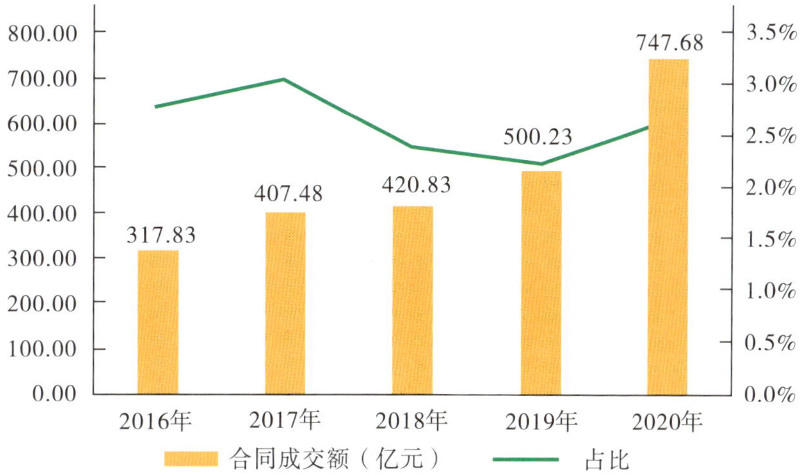

图 2－28　2016—2020 年全国农业领域合同成交额情况

新材料及其应用领域合同数每年稳步上升，2020 年较上一年增加超 6 000 项，占比稳定在 4% 左右。成交额 2020 年较上一年增加约 350 亿元，占总金额比例在 4% 附近波动。

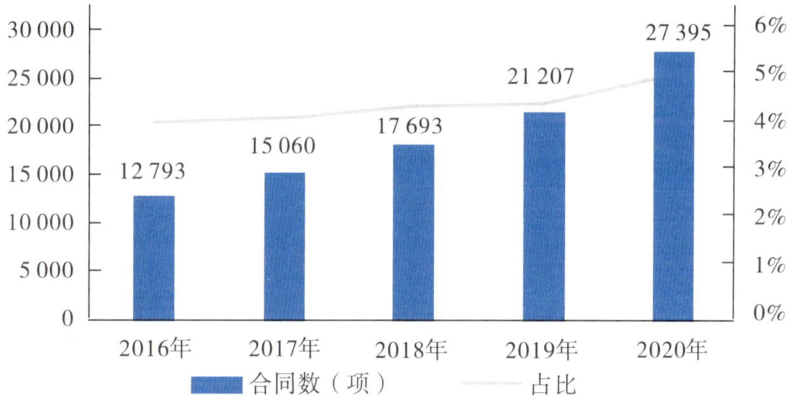

图 2－29　2016—2020 年全国新材料及其应用领域合同数情况

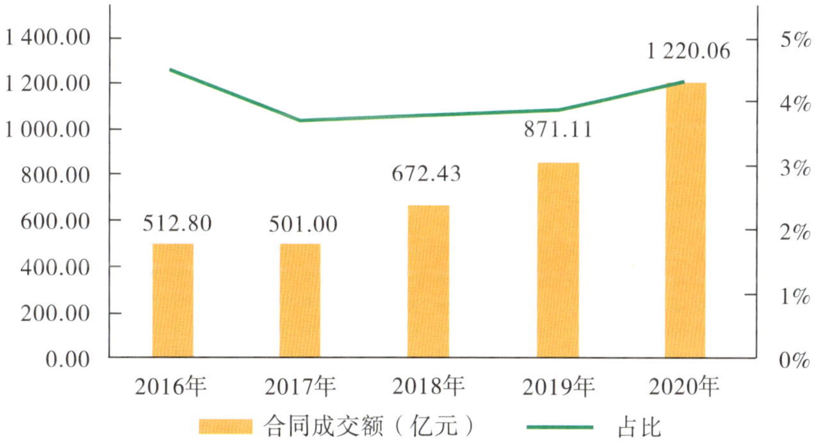

图 2－30　2016—2020 年全国新材料及其应用领域合同成交额情况

现代交通领域合同数整体有小幅度增加，每年的增加量不大，数量占比也很低，大约在3%左右。成交额在2018年突破2 500亿元，在2020年突破3 000亿元，占比最高为2018年的14.4%，最低为2019年的9.3%。

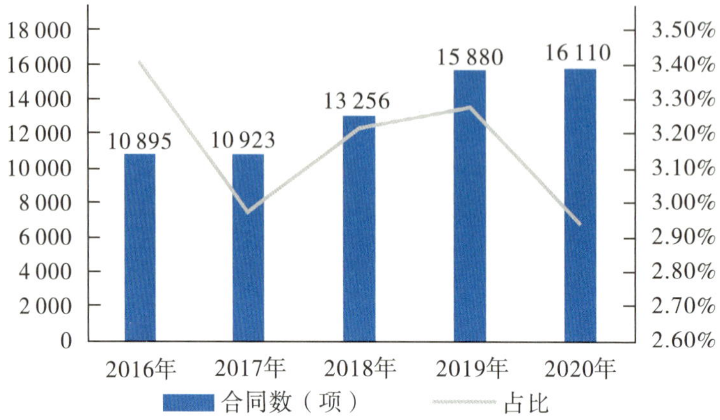

图2-31 2016—2020年全国现代交通领域合同数情况

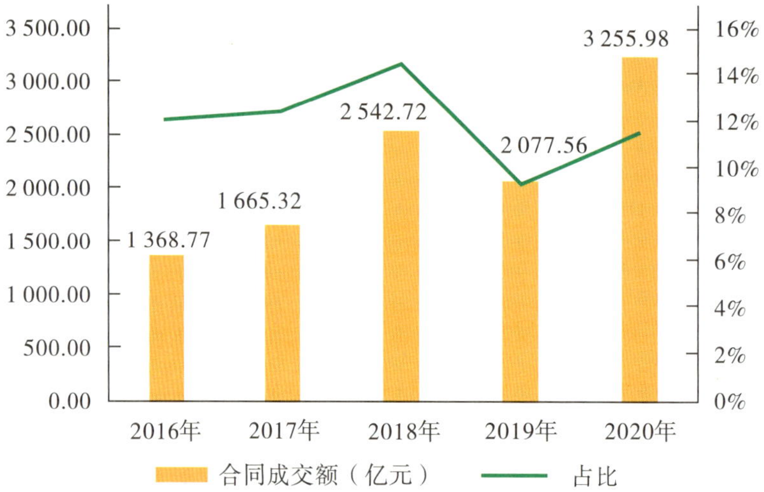

图2-32 2016—2020年全国现代交通领域合同成交额情况

航空航天领域合同数虽然每年有少量增加，但占比却逐年下降，从2016年的3.0%一路下降到2020年的2.3%。成交额起伏较大，最大值为2019年的540.32亿元，最小值为2016年的267.60亿元，占比整体呈下降趋势。

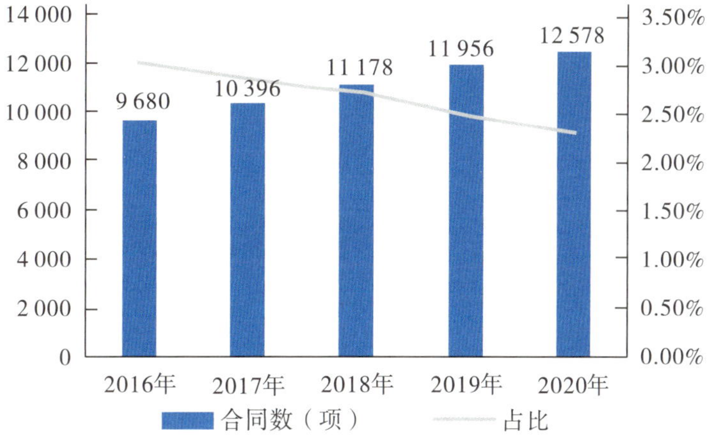

图 2-33　2016—2020 年全国航空航天领域合同数情况

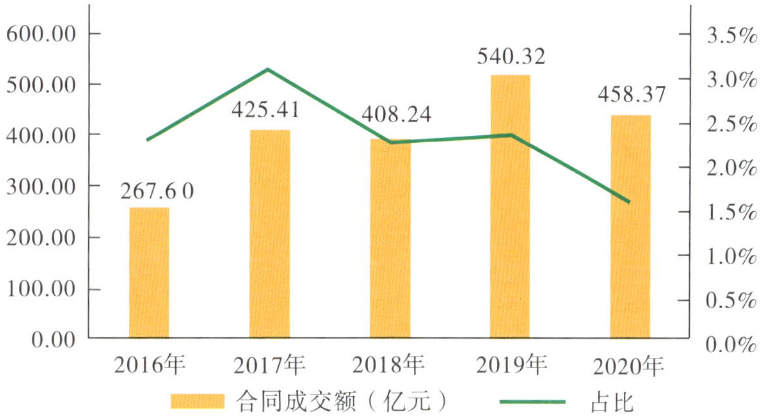

图 2-34　2016—2020 年全国航空航天领域合同成交额情况

核应用领域合同成交数量非常少，在 2018 年达到峰值后又有所回落，占比几乎接近于 0%。成交额方面，2018 年成交金额异常高，达到 266.04 亿元，除了 2018 年，其余年份成交额占比都在 1% 以下。

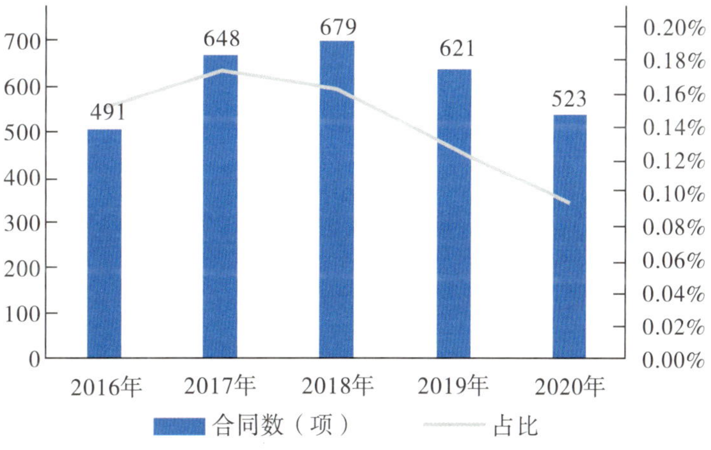

图 2-35　2016—2020 年全国核应用领域合同数情况

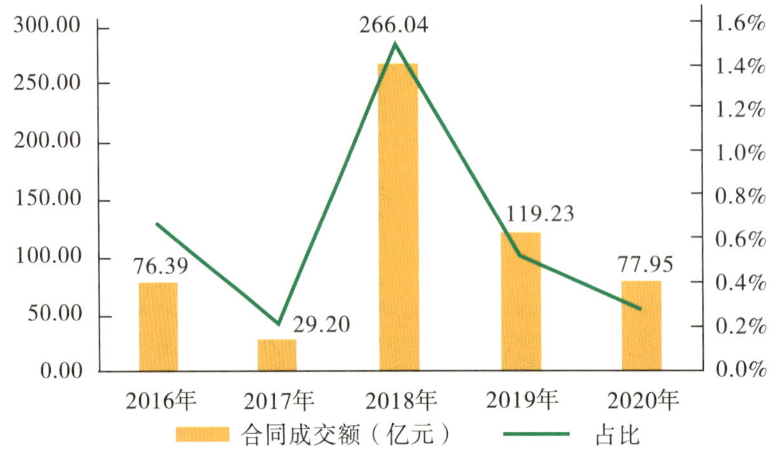

图 2-36　2016—2020 年全国核应用领域合同成交额情况

3. 社会—经济目标构成

2016 年，技术交易聚焦社会发展和社会服务目标。促进社会发展和社会服务的技术交易合同数量和成交额大幅领先其他社会—经济目标。社会发展和社会服务目标成交技术合同 116 742 项，成交额达 3 529.65 亿元，占全国技术合同成交总额的 30.94%。从成交额来看，其次是以其他民用、基础设施以及城市和农村规划和工商业发展为目标的技术合同。据《2017 全国技术市场统计年度报告》，和上一年相比，以促进地球和大气层的探索与利用为目标的技术合同成交额增长迅速，增长 169.18%，增幅居首位。其他目标的技术合同成交额均有所上升。

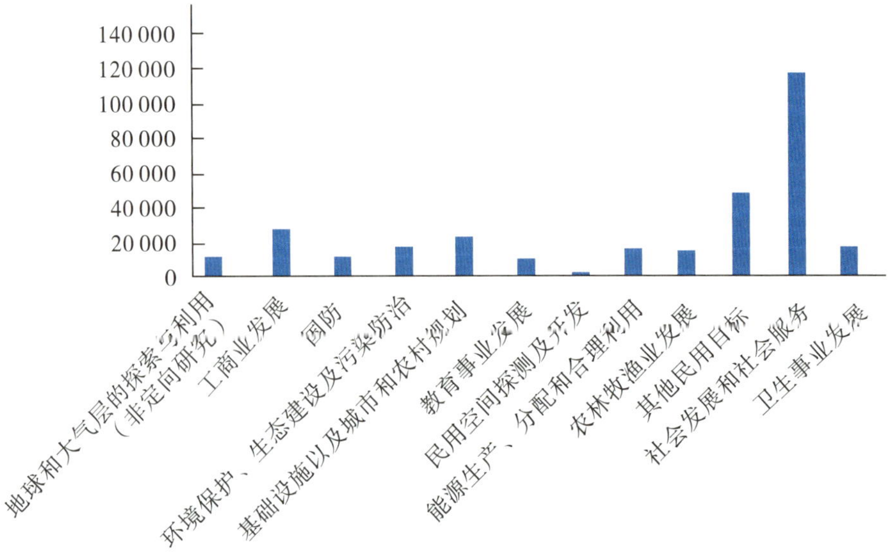

（1）技术合同数量（项）

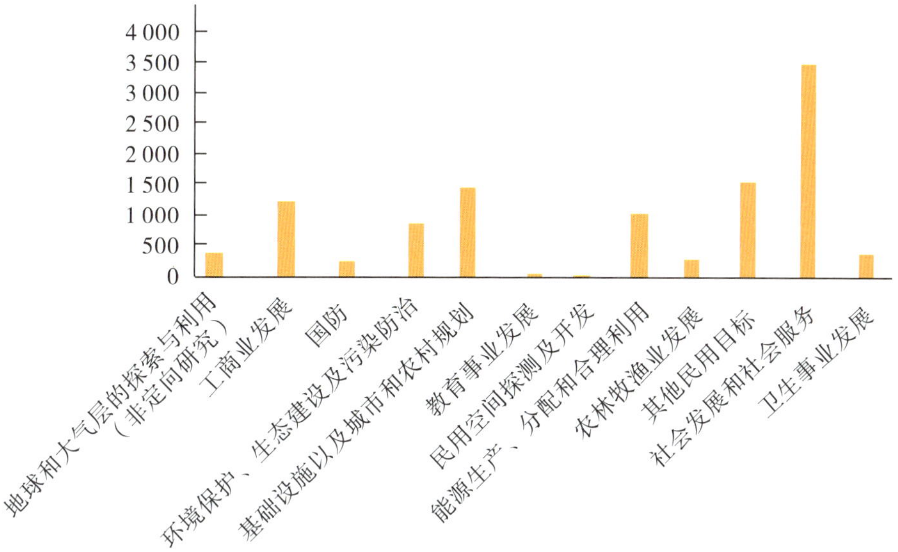

（2）技术合同成交额（亿元）

图 2－37　2016 年全国技术合同社会—经济目标构成

2017 年，技术交易仍然聚焦于社会发展和社会服务目标。促进社会发展和社会服务的技术交易合同数量和成交额大幅领先其他社会—经济目标。根据《2018 全国技术市场统计年度报告》，社会发展和社会服务目标成交技术合同 127 466 项，成交额为 3 882. 15 亿元，成交额增幅为 9. 99%，占全国技术合同成交总额的 28. 92%。服务于其他民用目标的技术合同成交额为 2 006. 36 亿元，较上一年增加 26. 09%，占全国技术合同成交总额的 14. 95%，居第 2 位。服务于工商业发展的技术合同成交额为 1 924. 66 亿元，较 2016 年增加 54. 53%，占全国技术合同成交总额的比例居第 3 位。

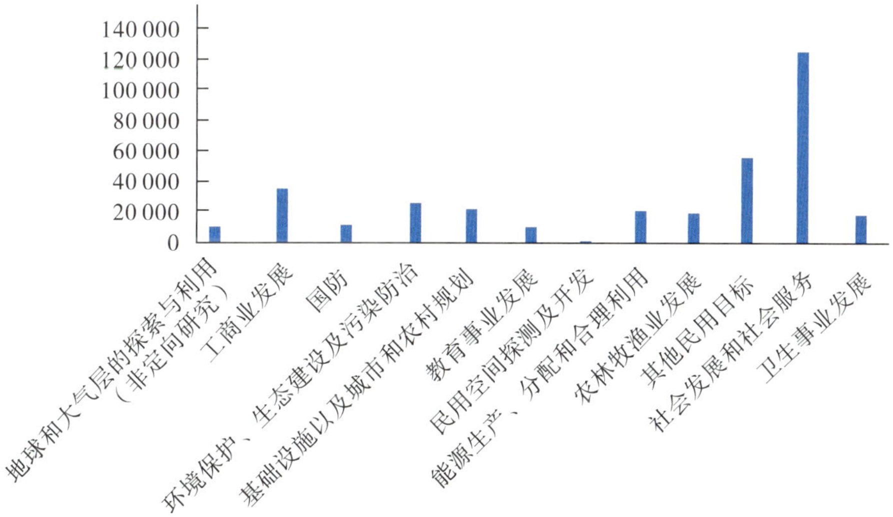

（1）技术合同数量（项）

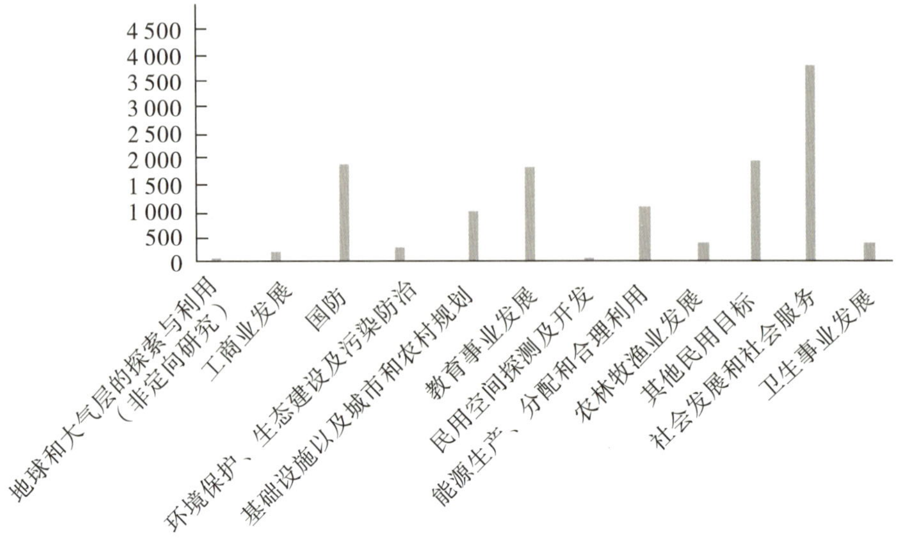

（2）技术合同成交额（亿元）

图 2－38　2017 年全国技术合同社会—经济目标构成

2018 年，促进社会发展和社会服务是技术交易的主要目标。《2019 全国技术市场统计年报》中提到，各类社会—经济目标中，促进社会发展和社会服务的技术合同143 094项，成交额为 4 171.83 亿元，占全国技术合同成交总额的 23.57%；服务于基础设施以及城市和农村规划的技术合同成交额居第 2 位，为 3 029.71 亿元，比上年增长 59.18%，占全国技术合同成交总额的 17.12%；服务于其他民用目标的技术合同成交额为 2 904.87 亿元，比上年增长 44.78%，占全国技术合同成交总额的 16.41%。

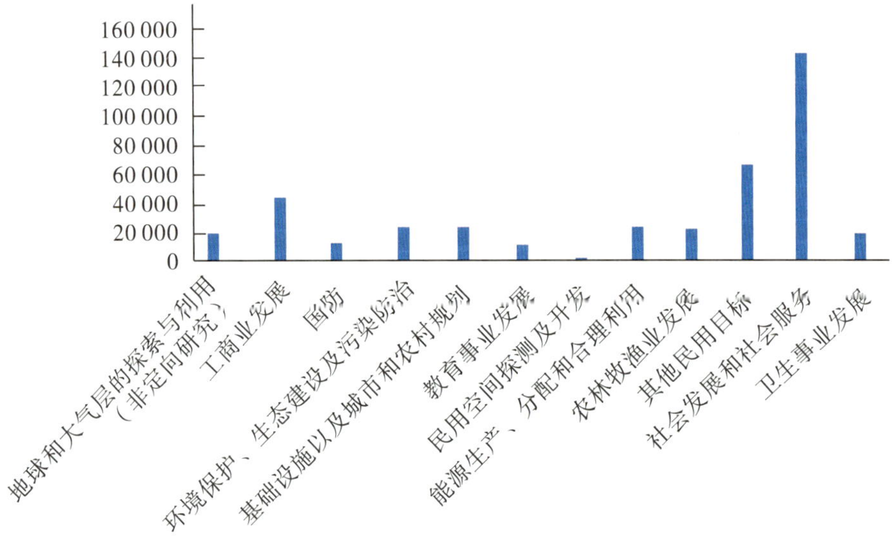

（1）技术合同数量（项）

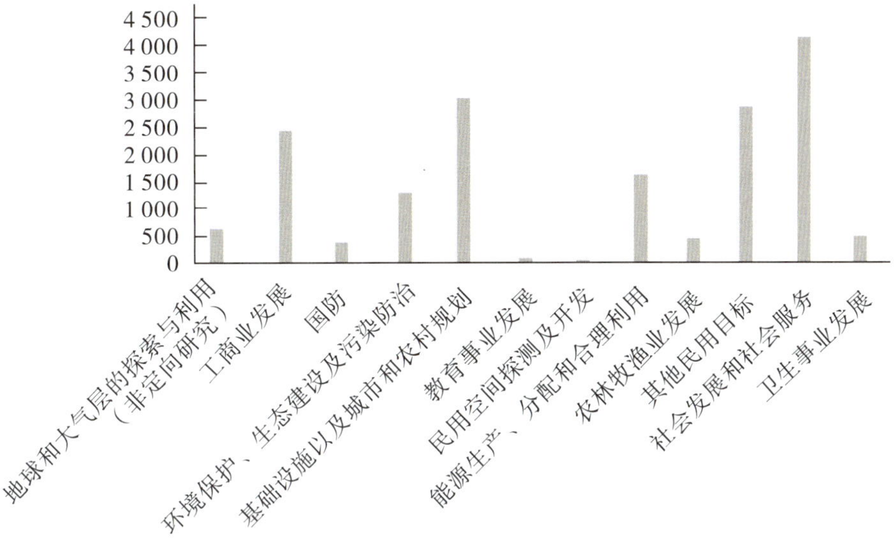

（2）技术合同成交额（亿元）

图 2－39　2018 年全国技术合同社会—经济目标构成

2019 年，社会发展和社会服务仍是技术交易的主要目标领域。根据《2020 全国技术市场统计年报》，促进社会发展和社会服务的技术合同 165 535 项，成交额为5 289.7亿元，成交额同比增长 26.8%，占全国技术合同成交总额的 23.6%；服务于其他民用目标的技术合同成交额居第二位，为 3 876.6 亿元，同比增长 33.5%，占全国技术合同成交总额的 17.3%；服务于基础设施以及城市和农村规划的技术合同成交额为 3 418.7 亿元，同比增长 12.8%，占全国技术合同成交总额的 15.3%，居第 3 位。

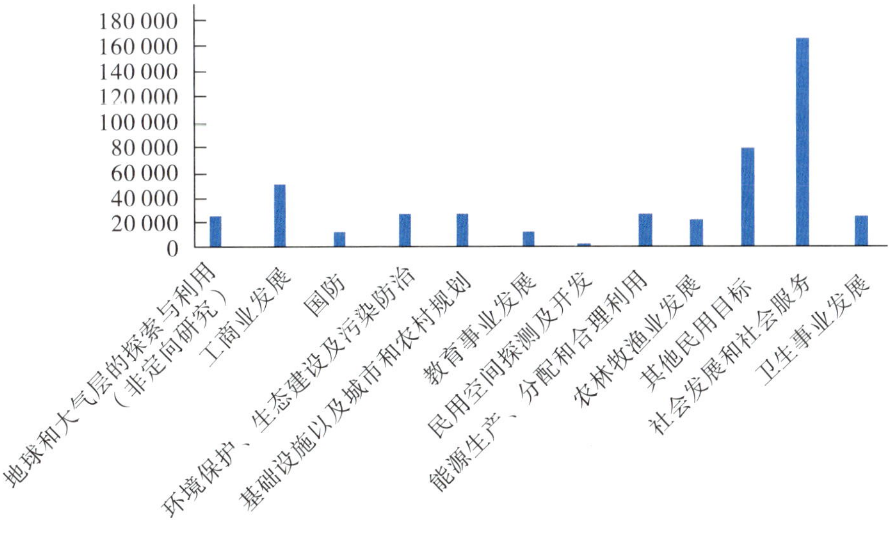

（1）技术合同数量（项）

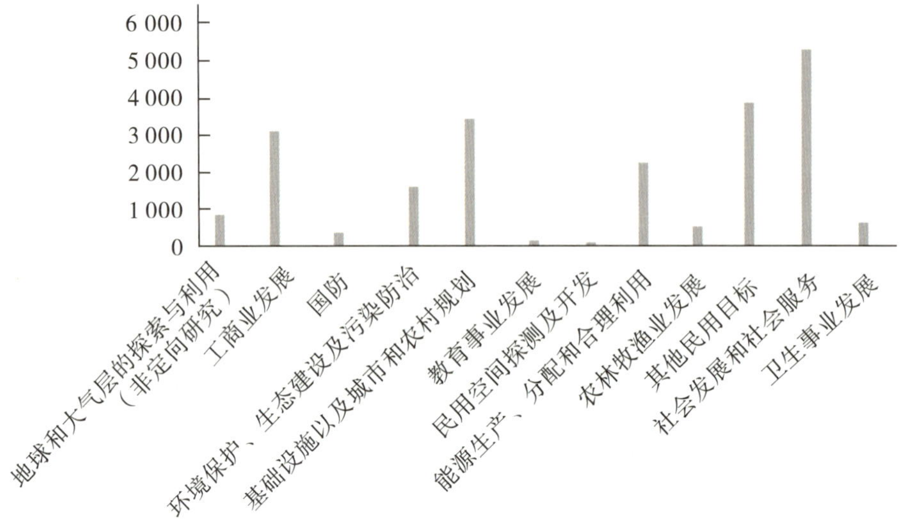

（2）技术合同成交额（亿元）

图 2－40　2019 年全国技术合同社会—经济目标构成

2020 年，社会发展和社会服务依然是技术交易的主要目标领域。根据《2021 全国技术市场统计年报》，促进社会发展和社会服务的技术合同共 171 363 项，成交额为6 836. 4 亿元，成交额同比增长 29. 2%，占全国技术合同总成交额的 24. 2%；服务于基础设施以及城市和农村规划的技术合同成交额居第 2 位，为 4 509. 3 亿元，同比增长 31. 9%，占全国技术合同总成交额的 16. 0%；服务于其他民用目标的技术合同成交额为4 366. 2亿元，同比增长 12. 6%，占全国技术合同总成交额的 15. 5%，居第 3 位。

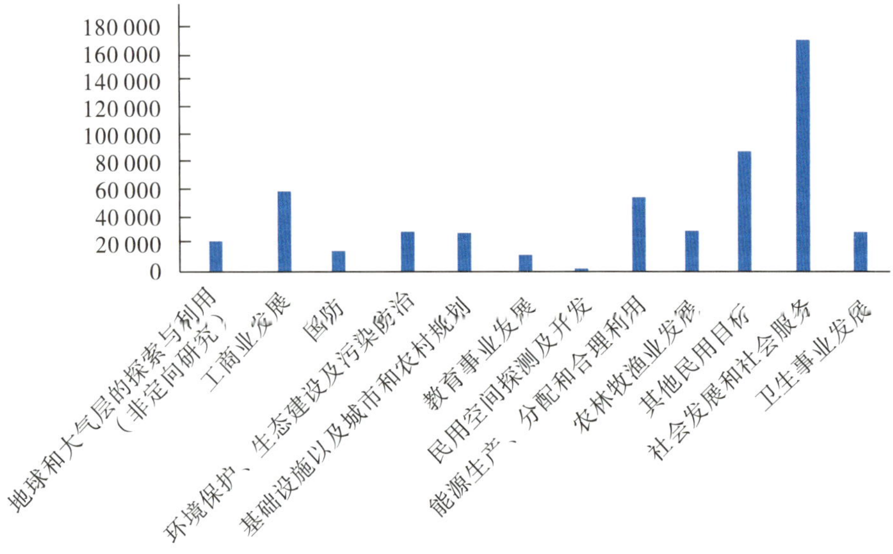

（1）技术合同数量（项）

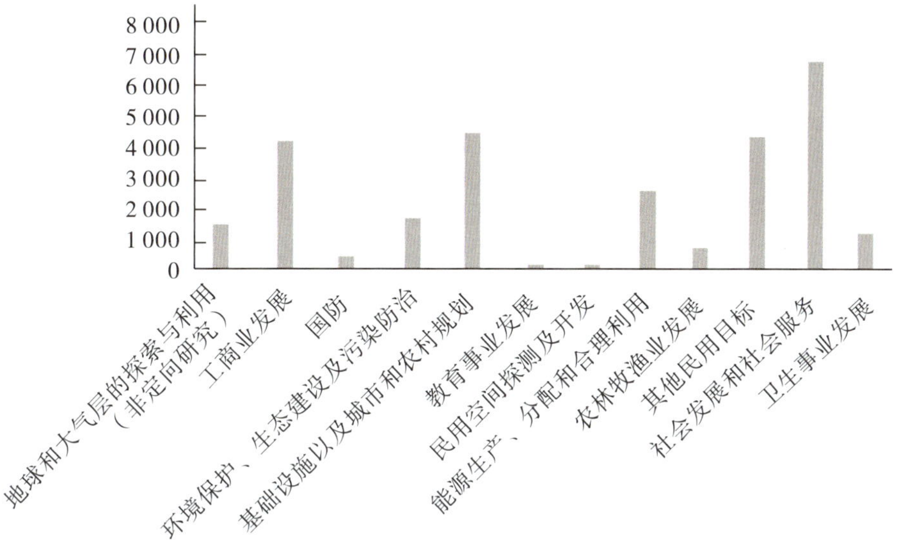

（2）技术合同成交额（亿元）

图 2－41　2020 年全国技术合同社会—经济目标构成

4. 技术交易主体构成

《2021 全国技术市场统计年报》的数据显示，2020 年，企业法人技术输出和吸纳均居首位。其中，企业技术交易主体地位稳固，输出和吸纳技术总量均实现持续增长，成交额分别增长 26.0% 和 30.7%；以高等院校和科研机构为主的事业法人技术输出合同成交额高于技术吸纳合同成交额；机关法人购买服务略有增长，吸纳技术合同成交额为3 554.9 亿元，同比增长 5.5%；社团法人、自然人和其他组织技术需求高于技术输出。

（1）技术输出方。

2020 年，企业法人输出技术合同项数和成交额均高居各类主体榜首；事业法人输出技术合同成交额为 1 899.0 亿元，居第 2 位。

2020 年，企业法人输出技术合同成交额在全国技术合同总成交额中的占比超九成。输出技术合同 385 402 项，同比增长 19.8%，成交额为 25 828.8 亿元，同比增长 26.0%，占全国技术合同总成交额的 91.4%。其中，内资企业技术合同成交额占比最高，输出技术 364 242 项，成交额为 22 555.8 亿元，占企业技术合同成交额的 87.3%；外商投资企业输出技术合同 10 945 项，成交额为 1 730.4 亿元，同比增长 14.0%；境外企业输出技术合同 2 693 项，成交额为 877.8 亿元。境外企业、外商投资企业平均每份技术输出合同成交额分别为 3 259.6 万元和 1 581.0 万元，远高于内资企业 619.3 万元的平均技术输出合同成交额。

事业法人输出技术合同总量明显增加。2020 年，输出技术合同 157 319 项，成交额为 1 899.0 亿元，同比增长 16.8%。其中，科研机构输出技术合同 53 091 项，成交额为 1 111.8亿元，成交额上升明显，增幅为 35.5%；高等院校输出技术合同 90 823 项，成交额为561.0亿元，略有下降；医疗、卫生机构输出技术合同6 169项，同比增长42.0%，成交额为44.5亿元，有所下降。

表2-2 2020年各类卖方机构成交情况

卖方类别		合同数		成交额		
		项数/项	增长/%	金额/亿元	增长/%	占比/%
机关法人		2 160	34.75	229.29	70.17	0.81
事业法人	合计	157 319	0.33	1 898.97	16.84	6.72
	科研机构	53 091	17.61	1 111.79	35.49	3.94
	高等院校	90 823	-11.26	560.98	-5.39	1.99
	医疗、卫生机构	6 169	41.98	44.49	-10.16	0.16
	其他	7 236	45.86	181.71	12.01	0.64
社团法人		1 261	48.88	37.85	243.16	0.13
企业法人	合计	385 402	19.77	25 828.81	26.03	91.42
	内资企业	364 242	20.96	22 555.83	25.46	79.84
	港澳台商投资企业	4 196	-6.07	570.48	49.14	2.02
	外商投资企业	10 945	-4.33	1 730.38	14.03	6.12
	个体经营	3 326	42.20	94.31	40.40	0.33
	境外企业	2 693	12.35	877.81	59.92	3.11
自然人		1 476	26.80	56.82	35.77	0.20
其他组织		1 735	-8.10	199.76	118.44	0.71
总计		549 353	13.48	28 251.50	26.13	100

（2）技术吸纳方。

2020年，企业法人技术需求持续快速增长，机关法人、事业法人、企业法人和其他组织吸纳技术合同成交额均有不同程度的增长，自然人和社团法人吸纳技术合同成交额有所下降。

企业法人是技术吸纳的主体。2020年，企业法人吸纳技术合同402 020项，成交额为22 767.4亿元，同比增长30.7%，占全国技术合同总成交额的80.6%。其中，内资企业技术吸纳占据主导地位，技术吸纳合同361 101项，成交额为17 677.6亿元，占企业吸纳技术合同成交额的77.6%；境外企业吸纳技术合同成交额为2 935.8亿元，居第二位，同比增长38.3%；个体经营企业吸纳技术合同成交额增幅居首位，同比增长91.4%；外商投资企业和港澳台商投资企业吸纳技术合同成交额分别同比增长76.5%和49.0%，增幅分别位于第2位和第3位。

事业法人吸纳技术总量稳步增长。2020 年，事业法人吸纳技术合同 73 062 项，成交额为 1 554.0 亿元。其中，科研机构吸纳技术合同 27 071 项，成交额为 411.6 亿元，低于上年，占事业法人吸纳技术合同成交额的 26.5%；高等院校吸纳技术合同成交额 145.9 亿元，增幅为 44.3%；医疗、卫生机构吸纳技术合同成交额增幅明显，共吸纳技术 6 428 项，成交额为 68.9 亿元，同比增长 84.8%。

2020 年，机关法人吸纳企业技术超八成。其中，吸纳企业法人的技术合同 39 236 项，成交额为 2 863.8 亿元，居第 1 位，占机关法人吸纳技术合同成交额的 80.6%；吸纳事业法人的技术合同 20 432 项，成交额为 544.4 亿元，居第 2 位，占机关法人吸纳技术合同成交额的 15.3%。

表 2-3　2020 年各类买方机构成交情况

买方类别		合同数		成交额		
		项数（项）	增长（%）	金额（亿元）	增长（%）	占比（%）
机关法人		62 128	9.19	3 554.94	5.45	12.58
事业法人	合计	73 062	1.38	1 554.03	23.80	5.50
	科研机构	27 071	-3.29	411.62	-18.21	1.46
	高等院校	14 206	-8.73	145.88	44.25	0.52
	医疗、卫生机构	6 428	-7.14	68.86	84.81	0.24
	其他	25 357	17.43	927.67	51.17	3.28
社团法人		2 044	-6.71	42.75	-34.06	0.15
企业法人	合计	402 020	17.03	22 767.42	30.70	80.59
	内资企业	361 101	17.83	17 677.55	26.14	62.57
	港澳台商投资企业	5 187	31.95	646.01	48.95	2.29
	外商投资企业	11 845	3.18	1 364.68	76.48	4.83
	个体经营	8 653	13.45	143.38	91.35	0.51
	境外企业	15 234	8.59	2 935.80	38.31	10.39
自然人		4 052	24.22	68.41	-38.40	0.24
其他组织		6 047	13.48	263.95	49.13	0.93
总计		549 353	24.22	28 251.50	26.13	100

（三）各省（市）技术交易

1. 合同登记情况

2020 年，全国大部分省（市）登记技术合同成交额较 2019 年保持增长。2019 年，技术合同成交额排名前 10 位的省市依次为北京、广东、江苏、上海、陕西、湖北、四川、山东、浙江和天津。《2021 全国技术市场统计年报》数据显示，2020 年，技术合同成交额排名前 10 位的省市依次为北京、广东、江苏、山东、上海、陕西、湖北、浙江、四川和天津。前 10 位中，山东登记技术合同成交额由去年的第 8 位跃升至第 4 位；浙江上升 1 位，居第 8 位。2020 年，前 10 位省（市）登记技术合同项数与成交额总和分别占全国的 78.4% 和 82.0%，同比略有增长。

表 2－4　2019—2020 年全国技术合同认定登记情况

地区	2019 年			2020 年		
	合同数（项）	成交额（亿元）	排名	合同数（项）	成交额（亿元）	排名
北京	83 171	5 695.3	1	84 451	6 316.2	1
广东	33 796	2 272.8	2	39 845	3 465.9	2
其中：深圳	10 217	705.0		11 797	1 043.9	
江苏	49 622	1 675.6	3	57 412	2 335.8	3
山东	35 505	1 152.2	8	73 947	1 953.9	4
其中：青岛	7 736	170.6		7 547	270.8	
上海	36 324	1 522.2	4	26 811	1 815.3	5
陕西	53 004	1 467.8	5	52 036	1 758.9	6
湖北	39 511	1 449.6	6	39 749	1 687.0	7
浙江	19 220	974.4	9	25 970	1 478.2	8
其中：宁波	3 077	159.5		3 184	167.2	
四川	13 232	1 216.2	7	20 456	1 248.8	9
天津	13 977	922.6	10	9 822	1 113.0	10
湖南	9 023	490.7	12	11 741	735.9	11
安徽	19 563	452.7	14	16 717	672.2	12
辽宁	16 914	571.2	11	17 621	645.1	13
其中：大连	7 941	210.4		7 582	249.8	
河北	7 270	382.5	15	7 486	558.6	14

（续上表）

地区	2019 年			2020 年		
	合同数（项）	成交额（亿元）	排名	合同数（项）	成交额（亿元）	排名
吉林	4 549	474.1	13	5 361	462.2	15
河南	9 310	234.1	17	11 751	384.5	16
黑龙江	3 799	235.8	16	5 127	267.8	17
贵州	2 906	227.2	18	3 438	249.1	18
江西	2 799	148.6	21	4 087	233.4	19
甘肃	5 921	196.4	19	7 403	233.2	20
福建	8 786	145.9	22	10 943	183.9	21
其中：厦门	4 826	92.5		5 727	108.8	
重庆	3 822	150.4	20	3 592	154.2	22
广西	2 649	77.6	25	3 405	91.7	23
云南	3 327	82.8	24	3 331	50.1	24
内蒙古	1 217	26.0	26	1 506	48.2	25
山西	967	109.8	23	1 059	45.0	26
宁夏	1 930	16.7	27	1 874	22.5	27
海南	398	9.1	28	529	20.2	28
青海	836	9.1	29	1 073	10.6	29
新疆	687	7.8	30	743	9.5	30
其中：新疆兵团	125	1.6		365	3.3	
西藏	42	1.0	31	67	0.8	31
合计	484 077	22 398.4		549 353	28 251.5	

资料来源：《2021 全国技术市场统计年报》。

2. 技术输出情况

2020 年，全国大部分省（区、市）技术输出成交额稳步增长，据《2021 全国技术市场统计年报》，全国输出技术合同成交额排名前 10 位的省（市）依次为北京、广东、江苏、山东、陕西、湖北、上海、浙江、四川和天津，共成交技术合同 428 127 项，成交额为 22 320.4 亿元，分别占全国技术合同总成交项数和总成交额的 77.9% 和 79.0%。其中，北京、广东、江苏技术输出成交额领先全国。北京、广东、江苏共成交技术合同 180 852 项，占全国技术合同总成交项数的 32.9%；成交额为 11 671.3 亿元，占全国技术合同总成交额的41.3%。

技术输出合同成交额超1 000亿元的省（市）有10个，分别为北京、广东、江苏、山东、陕西、湖北、上海、浙江、四川和天津。全国（除港澳台和国外）技术输出合同成交额平均增速为25.5%，海南和重庆增速超过100%，内蒙古、浙江、江西、山东和河南增幅超过50%。

表2－5　2020年各地区技术交易流向情况

地区	输出技术			吸纳技术		
	合同数（项）	成交额（亿元）	排名	合同数（项）	成交额（亿元）	排名
北京	84 451	6 316.2	1	65 548	3 128.6	2
广东	39 485	3 267.2	2	56 009	4 306.3	1
江苏	56 916	2 087.9	3	53 679	2 217.0	3
山东	73 639	1 903.9	4	67 270	2 048.5	4
陕西	52 035	1 758.7	5	28 879	941.1	8
湖北	39 420	1 665.8	6	25 232	1 403.5	6
上海	26 356	1 583.2	7	28 913	1 162.8	7
浙江	25 725	1 403.3	8	31 592	1 568.6	5
四川	20 415	1 244.6	9	20 050	875.6	9
天津	9 685	1 089.6	10	8 466	617.0	12
湖南	11 741	736.0	11	10 777	523.6	16
安徽	16 667	659.6	12	18 308	737.9	10
辽宁	17 301	632.8	13	14 984	406.6	19
河北	7 468	555.0	14	12 070	706.7	11
吉林	5 361	462.2	15	5 565	529.6	15
河南	11 717	379.8	16	13 660	536.7	14
黑龙江	5 126	265.2	17	6 135	189.9	27
贵州	3 437	249.1	18	6 062	556.1	13
江西	4 084	233.4	19	5 651	344.6	20
甘肃	7 403	233.2	20	8 525	235.6	25
福建	10 753	163.5	21	11 886	513.7	17
重庆	3 515	117.8	22	5 673	225.5	26

（续上表）

地区	输出技术			吸纳技术		
	合同数（项）	成交额（亿元）	排名	合同数（项）	成交额（亿元）	排名
广西	3 404	91.7	23	6 337	474.0	18
云南	3 325	50.0	24	6 277	332.4	21
山西	1 059	45.0	25	5 171	332.3	22
内蒙古	1 494	36.0	26	7 346	251.1	24
海南	529	20.2	27	2 211	79.8	31
宁夏	1 864	16.8	28	3 315	113.5	28
青海	1 073	10.6	29	2 291	84.2	29
新疆	741	9.0	30	4 973	273.5	23
其中：新疆兵团	364	3.3		307	5.4	
西藏	67	0.8	31	1 073	81.2	30
港澳台	315	33.3		1 304	262.0	
国外	2 782	930.5		4 121	2 192.2	
合计	549 353	28 251.5		549 353	28 251.5	

资料来源：《2021 全国技术市场统计年报》。

3. 技术吸纳情况

根据《2021 全国技术市场统计年报》，2020 年，吸纳技术前 10 位的省（市）分别为广东、北京、江苏、山东、浙江、湖北、上海、陕西、四川和安徽，共吸纳技术395 480项，占全国技术合同总成交项数的 72.0%；成交额为 18 389.9 亿元，占全国技术合同总成交额的 65.1%。

技术吸纳合同成交额超过 1 000 亿元的省（市）有 7 个，分别为广东、北京、江苏、山东、浙江、湖北和上海。全国（除港澳台和国外）技术吸纳合同成交额平均增速为 27.0%，宁夏技术吸纳合同成交额增速达到 123.5%，黑龙江、山东、湖南、云南和新疆技术吸纳合同成交额增幅超过 50%。

（四）北京技术市场概况

1. 政策法规

北京是全国最大的科学技术研究基地，拥有中国科学院、中国工程院等科学研究机构，以及号称“中国硅谷”的北京中关村科技园区。20 世纪 70 年代末，北京技术市场开始萌芽，随后蓬勃发展，为推动北京市乃至全国的经济、社会发展做出了巨大的贡献，是中国技术市场建设事业的先行者。北京市技术市场法律、法规和政策体系经历了一个渐进式的完善过程。1986 年 6 月，为加强管理和促进北京技术市场的发展，经北京市政府批准，北京技术市场协调领导办公室成立。1990 年 5 月正式设立北京技术市场管理办公室，负责北京技术市场的日常管理工作，初步形成了北京地区技术市场管理体系。1994 年 10 月，北京市人大颁布《北京市技术市场管理条例》。2002 年 7 月，北京市人大重新制定并颁布了《北京市技术市场条例》，以适应新形势的需要。之后北京市科学技术委员会陆续出台了《北京市技术合同登记机构管理办法》《北京市技术市场行政执法实施办法》《北京市技术市场发展专项资金管理办法》等 7 个配套管理办法，初步形成了一整套地方法规管理体系，为北京市技术市场的健康发展提供了保障。

2019 年 11 月，北京市十五届人大常委会第十六次会议表决通过了《北京市促进科技成果转化条例》（以下简称《条例》），《条例》按照改革于法有据、立法引领改革精神，针对北京市成果转化突出问题，以科研人员积极性调动为核心，以实现“有的转”（解决源头问题）→“有权转”（解决权益问题）→“愿意转”（解决动力问题）→“转得顺”（解决体制机制问题）为主线进行立法制度设计和突破，分为总则、成果权益、转化实施、政府支持和保障、法律责任、附则，共六章 45 条。主要制度创新体现在以下几方面：第一，全方位保障创新主体的合法权益；第二，全维度提升高校院所成果转化动力；第三，全链条支持和服务企业科技成果转化；第四，全要素构建转化良好生态环境；第五，全主体适用科技成果转化工作。《条例》是一部为构建北京市高精尖经济结构和实现首都高质量发展、建设具有全球影响力的全国科技创新中心提供制度保障的具有重大改革精神的地方性法规，在北京市科技创新法治体系建设史上具有里程碑意义，标志着北京市促进科技成果转化、推动高质量发展的法治环境建设进入了崭新阶段。

2022 年，北京市科学技术委员会、中关村科技园区管理委员会等部门印发了《北京市关于落实完善科技成果评价机制的实施意见》（以下简称《实施意见》）。《实施意见》提出 4 个方面 14 项具体举措，包括以下重点内容：一是突出解决“评什么”的问题，明确科技成果评价的对象、范围、内容；二是突出解决“谁来评”的问题，充分发挥各类主体在科技成果评价中的作用；三是突出解决“怎么评”的问题，明确采用分类评价的方式，根据科技成果不同特点和评价目的，三类科技成果在评价上各有侧重和聚焦；四是突出解决“怎么用”的问题，切实用好科技成果评价的结果。如何成为有效“指挥棒”，关键在于如何使用评价结果。该文件发挥科技成果评价“指挥棒”作用，有助于推动高质量成果产出、营造良好创新生态，助力北京国际科技创新中心建设。

同年，《北京市技术转移机构及技术经理人登记办法》（以下简称《办法》）、《关于推动北京市技术经理人队伍建设工作方案》（以下简称《工作方案》）先后发布。《办法》规定，对技术转移机构和技术经理人实施动态管理，每年进行登记和信息填报，可以及时更新北京市技术转移机构和技术经理人信息，掌握行业发展情况，优化相关服务等。《办法》的实施有利于促进北京技术转移机构发展及技术经理人队伍建设，优化技术转移服务体系，提升科技成果转化效率。《工作方案》包括八个重点任务：一是健全技术经理人培养体系；二是明确技术经理人岗位职责；三是建立技术经理人激励机制；四是完善技术经理人职称评价制度；五是探索技术经理人社会化评价；六是拓展技术经理人资源网络；七是推动技术经理人参与科研项目全程管理；八是推动各区用好技术经理人。《工作方案》有助于进一步发挥本市技术经理人的作用，全面推动技术经理人队伍建设。

2. 服务体系

在过去的40余年中，北京技术市场服务体系日益完善。北京市特别注重对科技中介机构的扶持和引导并发挥他们的示范带动作用。2005年，北京市设立了“科技中介服务专项”，以无偿资助的方式，支持科技服务机构为企业创新主体提供中介服务，提升专业服务能力。“科技中介服务专项”下设四个子项：科技咨询服务专项、技术转移服务专项、孵化器专项和大学科技园专项。重点支持与科技创新紧密相关的技术集成与经营、技术经纪、技术与投融资咨询、管理与决策咨询、专业信息与市场营销咨询等服务。与此同时，北京地区建立起多家区域技术转移联盟，主要包括：环渤海技术转移联盟、北京技术转移服务联盟、北京市技术转移中心等。这一举措对北京地区技术转移工作起到了显著的推进作用，并被其他地区所借鉴。此外，北京技术市场持续优化认定登记流程，加快技术合同网上登记系统升级改造，精心精细精准服务创新主体；打造高素质专业化登记队伍，选优配强登记人员，加强登记人员业务培训和廉政教育。

3. 取得成果

据北京市科学技术委员会公布的数据，2021年北京市技术市场成果显著。全市认定登记技术合同总量首次突破9万项，达93 563项，比上年增长10.8%；成交额突破7 000亿元大关，达7 005.7亿元，增长10.9%。技术输出热点主要集中在电子信息、城市建设与社会发展和现代交通领域，三个领域输出技术合同63 983项，成交额4 902.5亿元，占全市的70.0%。流向本市、外省市和出口技术合同成交额分别为1 814.2亿元、4 347.7亿元和843.8亿元。其中，流向津冀技术合同5 434项，成交额350.4亿元，占流向外省市的8.1%。

第三章 广东省技术市场发展回顾*

一 广东省技术市场的发展历程

（一）初步建立（1986—1999 年）

早在 1986 年 7 月，广东省人大常委会通过《广东省技术市场管理规定》，明确提出“技术商品”“技术市场”的概念。规定科研、教育等事业单位，社会团体，工矿企业和个人均可以不受地区、部门、隶属关系和经济形式等限制参加技术商品交易活动，还提出对从事技术交易和开发新型产品所获得的收入给予一定的税收优惠，同时奖励对技术转让有突出贡献的科技人员。这一规定的实施，解放了科研人员的思想，极大地调动了科技单位工作人员的积极性、主动性和创造性。这是全国第一部关于技术市场管理的地方性法规，为广东技术市场的健康发展提供了法律保障，促进了技术贸易的繁荣，标志着广东技术市场走上了有序发展的轨道。

规范技术市场发展的配套政策也相继出台，1987 年 9 月，广东省出台了《广东省技术交易合同登记办法》，更好地保障了技术交易各方的权益，对交易范围、合同登记手续、中介方和出让方酬金提取、技术合同项目享受的税收优惠等做出了有效规定。同年 12 月，《广东省放宽科技人员政策实施办法》发布，第一次从政策上打破科技人员单位所有和部门所有。

1995 年 7 月 11 日，《中共广东省委、广东省人民政府关于加速科学技术进步若干问题的决定》发布，在全国引起很大反响，文件提出加速科技成果向现实生产力转化，推动经济建设和社会发展。1995 年 9 月 19 日，广东省第八届人大常委会审议通过《广东省促进科学技术进步条例》，“各级人民政府在社会主义现代化建设中必须把科学技术进步放在优先发展的地位”，全省各级财政科学技术投入的增长速度要高于财政收入的年增长速度，

---

* 本章第一执笔人为暨南大学产业经济研究院谯乔。本章统计数据来自《2020 广东技术市场统计年报》。

允许职务发明者在一定时期内对其职务发明占有一定比例的红股。1999 年 6 月，广东省人民政府颁布《广东省深化科技体制改革实施方案》，对科研机构进行重新分类和定位，深化科技拨款方式改革，对科研经费的使用方向进行调整。

（二）快速发展（2000—2015 年）

2004 年 8 月，《中共广东省委、广东省人民政府关于加快建设科技强省的决定》中指出：要把广东省建设成为区域性国际化的科技中心，全国重要的高新技术研究开发基地、成果转化和产业化基地。2006 年 8 月，广东省人民政府、教育部联合出台了《关于加强产学研合作提高广东自主创新能力的意见》，提出“积极探索以市场为导向、企业为主体、高等学校为技术依托、产业化为目标，产学研相结合的新机制和新路子，加速科技成果转化，进一步提高教育部直属高校办学水平和支持地方经济社会发展的服务能力，使广东省成为全国重要的高新技术研究开发基地和科技成果转化基地，提高广东自主创新能力，加快建设创新型广东，促进广东经济社会发展，为全国的产学研合作与发展作出贡献”。

2006 年 11 月，广东省政府《广东省促进自主创新若干政策的通知》提出，“加快《广东省专利条例》和《广东省标准化条例》的立法，制定知识产权行政执法的规范性文件。建立健全发明专利申请资助、知识产权执法协作、知识产权犯罪侦查、商标保护等工作机制。……鼓励发明创造，企事业单位依法发给发明人或者设计人的奖金，企业可计入成本、事业单位可从事业费中列支。引导企业注册、使用自有商标……鼓励广东省行业、区域建立保护联盟，形成强有力的知识产权保护网。……加快发展知识产权中介服务机构。鼓励建立以专利技术为主要交易对象的技术产权交易平台。发展知识产权资产评估机构，加强对知识产权资产评估的管理和引导。加强知识产权信息服务系统建设，提高广东省知识产权信息利用的技术和水平”，通过努力创造和保护知识产权来促进自主创新。

2011 年 11 月，广东省十一届人大常委会审议通过《广东省自主创新促进条例》，全国第一部地方性自主创新法规诞生，为广东的创新发展提供了法规保障。2015 年 5 月，广东省科技厅等 10 个省有关部门联合制定的《关于支持新型研发机构发展的试行办法》印发，将新型研发机构建设作为深化科技体制改革、实施创新驱动发展战略的重要抓手，为广东省探索科研机构有效支撑产业发展提供了新的样本和范例。

（三）深化发展（2016 年至今）

2016 年 12 月，广东省十二届人大常委会审议通过了《广东省促进科技成果转化条例》，提出“利用本省财政性资金设立的高等院校、科学技术研究开发机构对其持有的科技成果享有自主处置权，可自主决定成果的实施、转让、许可或者作价投资等事项，相关主管部门不再审批或者备案”，“财政性资金项目合同中，单位与成果研发团队或完成人可约定转化机制”以及“利用本省财政性资金设立的高等院校、科学技术研究开发机构实施科技成果转化所获收益，全部留归单位”。这些科技成果转化激励机制对平衡高等院校、科研机构与研发团队或完成人之间的利益分配起到积极作用。

2019 年 12 月新制定的《广东省促进科技成果转化条例》明确规定："将科技成果转让、许可给他人实施的，从该项科技成果转让净收入或者许可净收入中提取不低于百分之六十的比例；将科技成果作价投资的，从该项科技成果形成的股份或者出资比例中提取不低于百分之六十的比例；将科技成果自行实施或者与他人合作实施的，应当在实施转化成功投产后连续三至五年，每年从实施该项科技成果的营业利润中提取不低于百分之五的比例。"

2019 年广东省人民政府印发的《关于进一步促进科技创新若干政策措施的通知》中提出，要"打通科技成果转化'最后一公里'……提高科技成果转化积极性，高校独资设立的资产管理公司可将高校委托或划拨的科技成果自主作价投资，对科技人员实施股权激励，所持企业国有股份收益分配及退出由高校自主审批，收益可部分留归公司使用。……试点开展科技成果权属改革，高校、科研机构以市场委托方式取得的横向项目，可约定其成果权属归科技人员所有；对利用财政资金形成的新增职务科技成果，按照有利于提高成果转化效率的原则，高校、科研机构可与科技人员共同申请知识产权，赋予科技人员成果所有权"。

二 广东省技术市场的发展成效

（一）技术交易规模不断扩大

广东省着力发挥市场在创新资源优化配置、高质量科技成果供给、高水平科技成果转化中的决定性作用，引导技术要素市场体制机制创新，技术转移效率显著提升。广东省还制定了进一步加强广东省技术合同认定登记工作的八大措施，为技术市场持续发展提供了重要制度保障，广东省技术交易市场日趋活跃。过去几年，广东省技术合同成交额和技术合同数总体呈上升态势，尤其是在 2017 年以后，增长量大幅提升，技术合同数于 2018 年突破 2 万项大关，2019 年突破 3 万项大关。《2021 广东技术市场统计年报》数据显示，2020 年，广东省共认定登记技术合同 39 845 项，比上年增长 17.90%，合同成交额 3 465.90亿元，比上年增长 52.49%；成交额首次突破 3 000 亿元大关，全国排名第 2，比排名第 3 的江苏多 1 130.1 亿元。

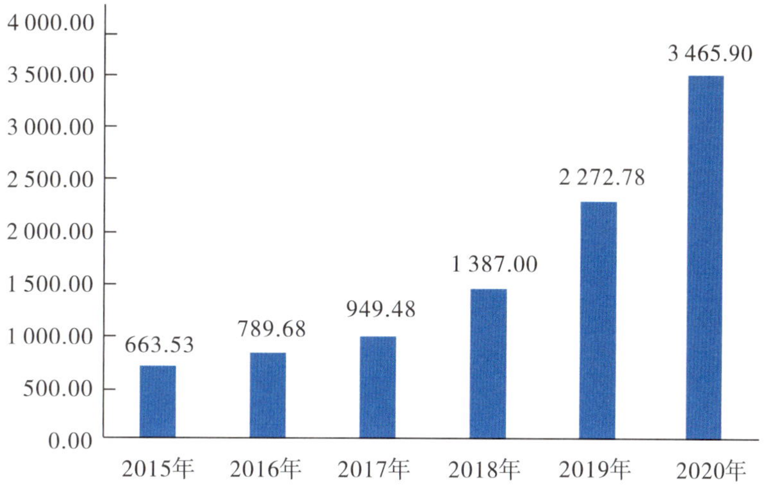

图 3－1　2015—2020 年广东省技术合同成交额变化情况（单位：亿元）

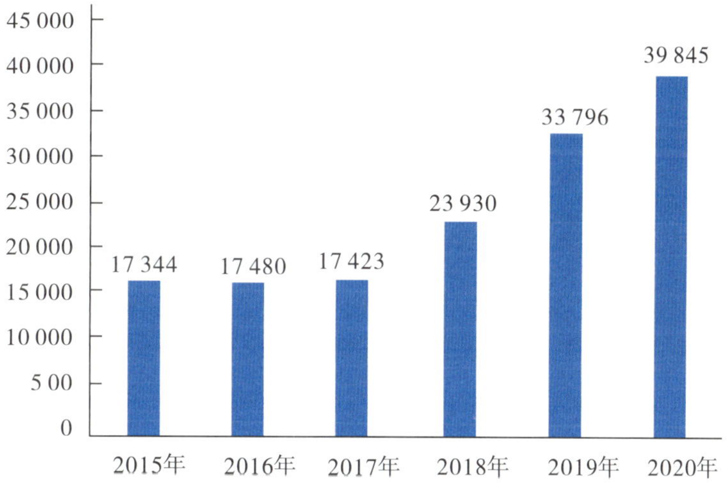

图 3－2　2015—2020 年广东省技术合同数变化情况（单位：项）

（二）技术交易质量持续提升

除了数量，技术交易的质量也同步提升。根据《2020 广东技术市场统计年报》，2019 年，广东省技术交易额占技术合同成交额 86. 27%，高于全国水平（70. 14%），高于北京的 77. 06% 和江苏的 67. 61%。涉及自主知识产权的成交额占全省成交总额的 41. 65%（见表 3－1）；含金量较高的技术开发合同成交额达 1 068. 46 亿元，占全省技术合同成交总额的 47. 01%，成交额和交易额均居四类合同首位；单份 1 亿元及以上的重大技术合同成交额达 1 422. 20 亿元，占全省技术合同成交总额的 62. 58%。

表 3－1　2019 年广东省技术合同知识产权类别构成

类别	成交额（亿元）	占比
未涉及知识产权	1 326.13	58.35%
涉及知识产权	946.67	41.65
其中：技术秘密	600.71	26.43%
其中：专利	181.76	8.00%
其中：计算机软件著作权	119.76	5.27%
其中：生物、医药新品种	31.96	1.41%
其中：设计著作权	10.41	0.46%
其中：植物新品种	0.20	0.01%
其中：集成电路布图设计专有权	1.87	0.08%

（三）技术转移体系不断完善

1. 技术市场全链条服务体系初步形成

广东省技术市场服务体系主要由国家技术转移机构、技术合同认定登记机构、科技成果登记机构、生产力促进中心、科技金融服务机构、知识产权服务机构、技术交易服务平台等组成，目前，已初步形成了较为全面的技术市场全链条服务体系。根据广东省科学技术厅公布的信息，截至 2020 年，全省共有 83 家登记点，进一步便利了技术交易双方开展技术合同认定登记；共有 22 家科技成果登记机构，142 家生产力促进中心，1 036 家科技企业孵化器，986 家众创空间，数量均居全国前列。全省技术市场服务体系的建设为加速广东科技创新与科技成果转移转化发挥了重要作用。

2. 专业化技术转移服务机构建设初见成效

根据广东省科技厅发布的信息，广东省培育技术产权交易服务枢纽型平台，重点推进华南技术转移中心和国家技术转移南方中心建设。广州产权交易所、深圳联合产权交易所、广东金融高新区股权交易中心、广州知识产权交易中心、珠海横琴国际知识产权交易中心、广州现代技术市场等一批具有区域影响力和示范性的技术产权交易平台，已成为广东省促进科技成果转移转化的重要桥梁。目前华南技术转移中心自主研发的“华转网”线上服务平台率先开启科技服务“电商”时代，搭建了项目、需求、人才和服务商四大专业数据库，整合集聚科技成果等创新要素 5 万余项。在省内高校、科研院所培育建设一批运营机制灵活、专业人才集聚、服务能力突出、具有较强影响力的专业化技术转移机构。目前，中山大学、华南理工大学、华南农业大学等相继建立了高校科技成果转化和技术转移基地；佛山市建设的广东高校科技成果转化中心亦初见成效。支持民营中介服务机构发展，一大批民营化、市场化、网络化的知识产权运营机构在广东纷纷涌现并加速崛起，涌现集聚了高航网、博士科技等市场化专业化的技术转移服务机构。截至2020年底，全省共有国家技术转移机构31家，数量居全国第3位，除深圳市11家外，从业人员达3 822人，全年促成技术转移项目20 090项，促成金额达27.03亿元。

3. 技术合同认定登记工作逐渐完善

2019年，广东省科技厅发布了《广东省科学技术厅关于进一步加强全省技术合同认定登记工作的通知》，提出了进一步加强全省技术合同认定登记工作的八项具体措施，包括完善技术合同认定登记服务体系、加强技术合同认定登记点管理、规范技术合同认定登记范围、做好重点企业技术合同登记跟踪管理、补齐高校和科研机构技术合同认定登记短板、落实技术合同认定登记优惠政策、对技术合同认定登记给予激励和惩戒、开展技术合同认定登记评价监测。为进一步规范认定登记工作流程、提升服务质量，广东省技术市场协会编写下发了《广东省技术合同认定登记业务工作手册》。为加强服务能力，提高办事效率，将技术合同认定登记办结时限由30个自然日调整为8个工作日。建立了大额技术合同联合审查机制，组建广东省技术合同认定登记专家库，形成了一支专家队伍。

第四章　2021 年广东省技术市场发展现状与存在的问题*

一　广东省技术市场发展现状

“十三五”以来，广东技术市场体系逐步完善，市场规模不断扩大、交易活动日趋频繁，对经济“提质增效”和产业转型升级提供了有力支撑。

（一）技术交易输出市场现状

1. 技术交易输出主体构成

2021 年广东省技术交易输出主体以企业法人和事业法人为主，其中企业法人占比 64.5%，事业法人占比 34.5%，如图 4－1 所示。与 2020 年相比，企业法人占比下降 4%，事业法人占比增加 4%，广东省技术交易市场事业法人输出主体的参与度有所提升。从企业法人输出主体的结构来看，2021 年占比最高的是内资企业，达 93.5%，其次为港澳台商投资企业（3.3%）和外商投资企业（2.6%），企业法人输出主体的企业性质结构与 2020 年接近；从事业法人输出主体的结构来看，2021 年占比最高的是科研机构，为 43.4%，其次为高等院校，为 25.1%。事业法人输出主体中高等院校占比与 2020 年相比下降近 3%，而科研机构占比提升约 4%，高等院校在广东省技术交易市场中的参与度较低，其原因可以从三方面分析：一方面企业相对高等院校及科研机构有更丰富的实际经营经验，对于技术的吸纳有更加明确的了解与定位，因此其专利研发更具有针对性与实用性，符合市场需要，另一方面，在市场化的条件下，企业间的竞争愈演愈烈，低成本、高科技成为企业间竞争的主要手段，因此企业为了在市场中生存，避免优胜劣汰，必须积极追寻创新，提高企业的竞争力，其对专利的吸纳也就更为紧迫，因此企业的创新产出具有实用性强、产出效率高的特点，而相对的高等院校及科研机构的生存条件非市场化调节，因此其创新的动力和创新成果的产出效率也不及企业；此外，企业以追逐利润为目标，为

---

* 本章第一执笔人为暨南大学产业经济研究院孙彤。本章统计数据除特别说明之外，其他均来自广东省生产力促进中心。

了更高的利润，会投入相匹配的成本，包括人力成本与物质成本，而高等院校或科研机构在经济实力方面与企业存在一定差距，而且人才流动性高于企业，尤其是高等院校，学生毕业后即很有可能放弃其在校间的研究课题，长期的课题研究往往是由几届学生交接完成，因此其技术开发的时间滞后性与稳定性相对企业较差。

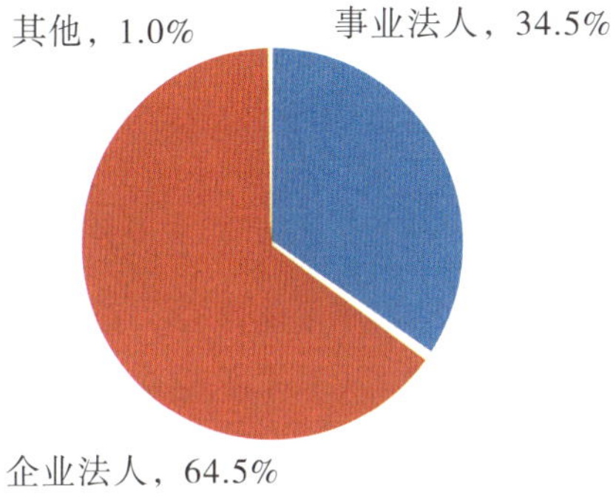

（1）2021年技术输出主体性质构成

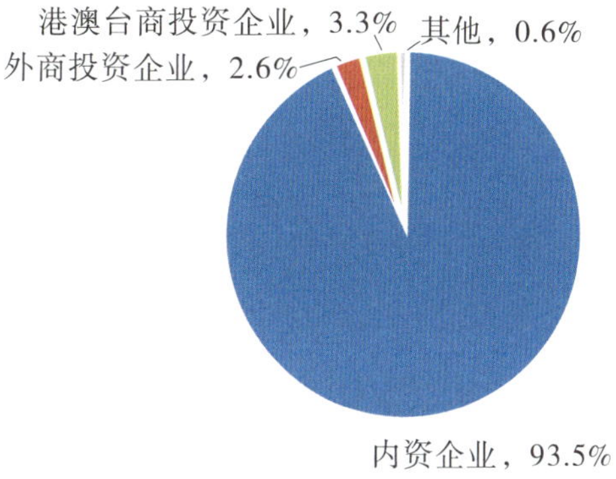

（2）2021年企业法人技术输出主体构成

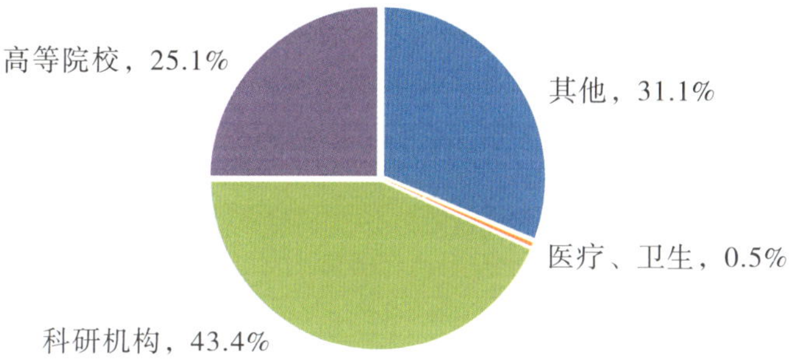

（3）2021年事业法人技术输出主体构成

图4－1 2021年广东省技术交易市场输出主体情况

企业法人在广东省技术交易市场输出方中的主体地位突出，企业通过技术交易市场，整合科技资源，将其转化为现实的生产力，提供相应的产品并满足社会发展吸纳。2021年广东省技术交易市场输出主体中，企业法人的成交额为4 012.1亿元，占2021年广东省技术交易市场输出主体总成交额的97.9%，平均每项技术交易的成交额为1 272.9万元；事业法人的成交额为80.9亿元，占总成交额的比重仅为2.0%，平均每项成交额仅为48.0万元（见表4－1）。广东省技术交易市场输出主体中，事业法人所输出技术的价值远低于企业法人。

表4－1 2021年广东省技术交易市场各类型输出主体成交情况

	成交额（亿元）	输出项目数（项）	平均单项成交额（万元）	成交额占比
企业法人	4 012.1	31 518	1 272.9	97.9%
事业法人	80.9	16 864	48.0	2.0%
其他	6.6	475	139.8	0.2%

2021 年广东省技术交易市场主要输出城市的输出主体性质结构各具特点。其中广州市企业法人和事业法人所输出的项目数量占比分别为 40.5% 和 58.7%。此外，在广州市的事业法人输出主体中，科研机构和高等院校占比分别为 62.5% 和 27.9%，科研机构发挥了更大的作用。深圳市输出主体中企业法人和事业法人占比分别为 91.9% 和 7.2%，二者份额差距较大，这与深圳市发达的民营经济和企业创新活力强有关。然而，与广东省整体情况不同的是，在深圳市的事业法人输出主体中，科研机构和高等院校占比分别为 31.2% 和 65.9%，高等院校相较于科研机构贡献了更大的份额。佛山市输出主体中企业法人和事业法人占比分别为 15.7% 和 84.0%，事业法人超过企业法人在输出主体中占据主要地位，这与广东省整体情况存在差异。此外，在佛山市的事业法人输出主体中，科研机构和高等院校占比分别仅为 4.1% 和 4.4%，这是由于该市事业法人输出主体主要为广东省特种设备检测研究院佛山检测院这一机构，该机构作为事业法人输出主体所成交的项目总数为 3 618项，份额为 91.0%，而该机构既不属于科研机构也不属于高等院校。

表 4－2　2021 年广州、深圳、佛山输出主体性质结构

	输出主体性质	输出项目数（项）	占比
广州	企业法人	10 112	40.5%
	事业法人	14 651	58.7%
	其中：科研机构	6 316	62.5%
	其中：高等院校	2 820	27.9%
深圳	企业法人	14 121	91.9%
	事业法人	1 104	7.2%
	其中：科研机构	344	31.2%
	其中：高等院校	728	65.9%
佛山	企业法人	742	15.7%
	事业法人	3 974	84.0%
	其中：科研机构	161	4.1%
	其中：高等院校	174	4.4%

2. 技术交易输出地域构成

2021 年广东省的技术交易主要流向中国境内，但流向境外的技术单项成交额远高于流向境内的技术单项成交额。如表 4－3 所示，由广东省技术输出主体所输出的 48 857 项技术中，99.25% 的技术流向了中国境内，流向境外的技术仅仅为 0.75%。2021 年广东省全年输出到境外的技术合同为 365 项，与上一年的 358 项基本持平，成交额为 260.1 亿元，较上一年的 289.7 亿元下降了 10.2%。由广东省输出到境外的技术成交数量居首位的为美

国，输出技术合同 100 项，成交额 85. 9 亿元，单项成交额达 8 593. 5 万元。其次为新加坡，输出技术合同 57 项，成交额 43. 0 亿元，单项成交额达 7 538. 7 万元。技术境外输出第三位的国家为日本，输出技术合同 41 项，成交额为 9. 5 亿元，单项成交额达 2 324. 2 万元。广东省向境外输出技术的价值普遍高于向境内输出技术的价值。

表 4－3　2021 年广东省向境内外输出技术情况

	成交额（亿元）	占比	输出项目数（项）	占比	平均单项成交额（万元）
中国境内	3 839. 5	93. 66%	48 492	99. 25%	791. 8
境外	260. 1	6. 35%	365	0. 75%	7 105. 7
其中：美国	85. 9	2. 10%	100	0. 20%	8 593. 5
其中：新加坡	43. 0	1. 05%	57	0. 12%	7 538. 7
其中：日本	9. 5	0. 23%	41	0. 08%	2 324. 2
其中：韩国	27. 1	0. 66%	22	0. 05%	12 298. 3
其中：英国	0. 2	0. 01%	15	0. 03%	136. 1
其中：其他	94. 4	2. 30%	130	0. 27%	7 204. 0

2021 年流向中国境内的技术流向地域以广东省内为主，流向广东省内的技术数量为广东省外（包括港澳台地区）的 2. 4 倍，且技术流向广东省外的平均单项成交额低于流向省内。2021 年，在广东省内输出主体所输出的技术中，70. 9% 流向广东省内，29. 1% 流向省外（见图 4－2）。按金额划分，广东省内的成交额占总成交额的 73. 1%，广东省外的成交额占总成交额的 26. 9%（见表 4－4）。技术输出主体向省外输出的技术成交额与项目数均居首位的是北京市，2021 年广东省向北京市输出项目数 2 384 项，占广东省向境内输出技术总量的 4. 9%，平均单项成交额 918. 3 万元，高于广东省内平均单项成交额 816. 6 万元。其次是上海市，2021 年广东省向上海市输出项目数 1 295 项，占比 2. 7%，平均单项成交额 579. 2 万元。紧随其后的是江苏省（1 190 项）、浙江省（805 项）等对技术吸纳大、经济发展水平高的省市。

近年来，广东省输出的技术更加向省内聚拢，向省外的技术辐射明显减弱（见图 4－3）。2017—2021 年广东省向省外输出的技术交易成交额所占比重从 45. 1% 下降到 26. 9%，向省外输出项目数占比从 2017 年的 36. 5% 下降到 2021 年的 29. 1%。这也在一定程度上反映出省内技术吸纳增强，省内的技术输出更多地流向省内各地市。

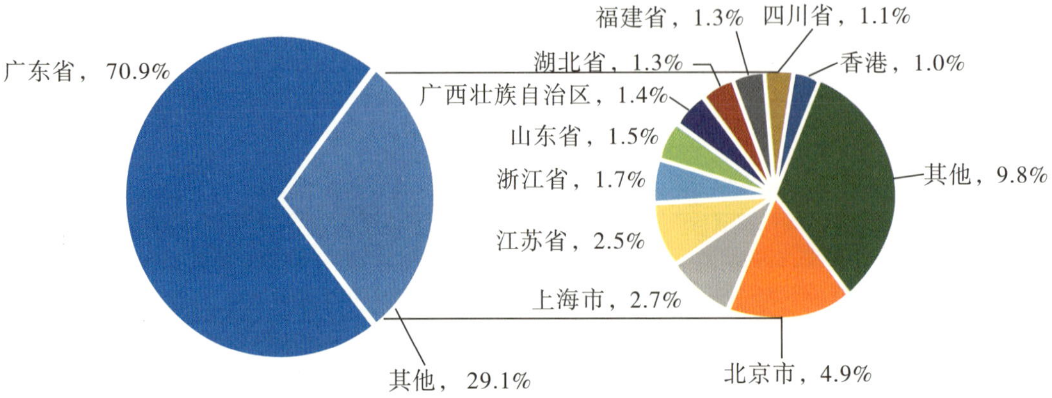

图 4－2　2021 年广东省向省内外输出技术的地域构成

表 4－4　2021 年广东省向省内外输出技术情况

		成交额（亿元）	占比	输出项目数（项）	占比	平均单项成交额（万元）
广东省		2 806.4	73.1%	34 367	70.9%	816.6
广东省外	合计	1 033.1	26.9%	14 125	29.1%	731.4
	北京市	218.9	5.7%	2 384	4.9%	918.3
	上海市	75.0	2.0%	1 295	2.7%	579.2
	江苏省	35.4	0.9%	1 190	2.5%	297.9
	浙江省	41.9	1.1%	805	1.7%	520.8
	山东省	23.2	0.6%	732	1.5%	316.8
	广西壮族自治区	17.5	0.5%	679	1.4%	258.2
	湖北省	39.5	1.0%	637	1.3%	620.3
	福建省	28.5	0.7%	621	1.3%	459.4
	四川省	42.9	1.1%	545	1.1%	786.6
	香港	92.2	2.4%	497	1.0%	1 854.8
	其他	418.0	10.9%	4 740	9.8%	881.9

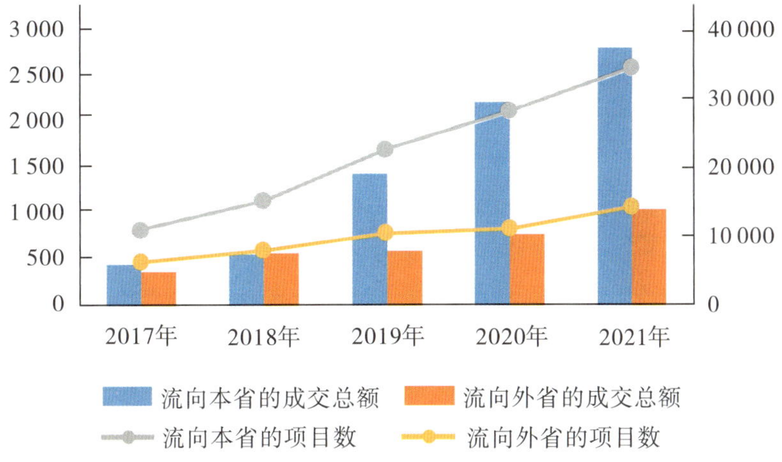

图 4－3　2017—2021 年广东省向省内外技术输出情况

广东省内的技术流向地域分布极不均衡，技术输出集中于经济发达地区和城市。以广东省为输出主体，流向广东省内的技术集中于珠三角地区，而流向粤西、粤北、粤东地区的规模和成交额则远小于珠三角地区。省内技术主要流向广州市（35%）、深圳市（25%）、佛山市（15%）、东莞市（5%）等经济水平位居广东省前列的城市。成交额最高的前四大城市为深圳市（1 215.7 亿元）、广州市（989.1 亿元）、东莞市（117.3 亿元）和珠海市（102.7 亿元），平均单项成交额最高的前四大城市为深圳市（1 426.9 万元）、珠海市（1 224.0 万元）、肇庆市（1 145.4 万元）和汕头市（1 005.5 万元）。值得注意的是，作为省内技术输出项目数排名第一的广州市，平均单项成交额远低于深圳市。此外，项目数排名第三的佛山市平均单项成交额仅为 47.2 万元，原因是向其输出技术的输出方主要为广东省特种设备检测研究院佛山检测院，输出项目数达 3 110 项，该主体所输出的技术服务主要是向项目购买方提供技术检测服务，该种服务所包含的价值量低，从而使得输出到佛山市的技术平均单项成交额过低。

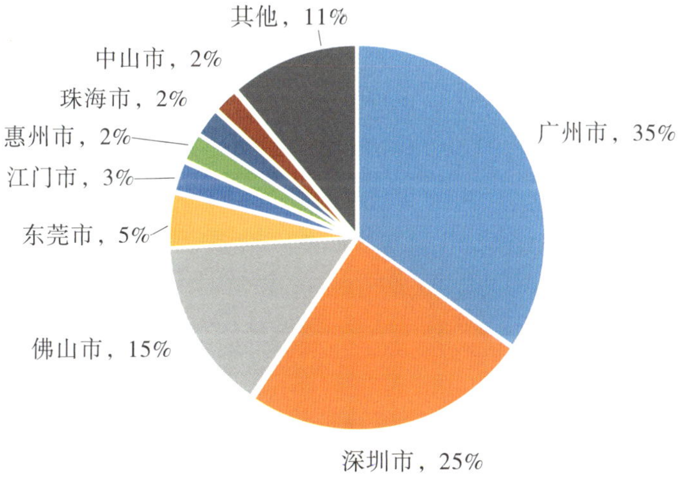

图 4－4　2021 年广东省内输出技术的地域构成

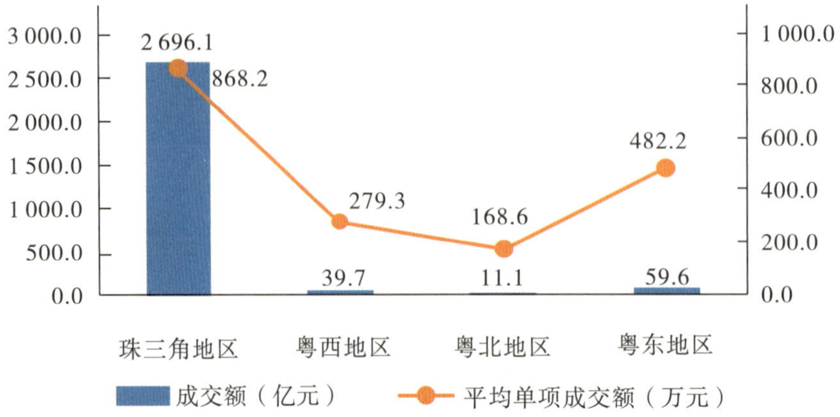

图 4－5　2021 年广东省各地区技术输出成交额及平均单项成交额

表 4－5　2021 年广东省向省内各城市输出技术情况

流向地		成交额（亿元）	占比	输出项目数（项）	占比	平均单项成交额（万元）
珠三角地区	广州市	989.1	35.2%	11 890	34.6%	831.9
	深圳市	1 215.7	43.3%	8 520	24.8%	1 426.9
	佛山市	23.9	0.9%	5 064	14.7%	47.2
	东莞市	117.3	4.2%	1 632	4.7%	718.9
	江门市	84.8	3.0%	901	2.6%	940.8
	惠州市	35.9	1.3%	880	2.6%	408.2
	珠海市	102.7	3.7%	839	2.4%	1 224.0
	中山市	67.4	2.4%	809	2.4%	833.4
	肇庆市	59.2	2.1%	517	1.5%	1 145.4
粤西地区	茂名市	8.7	0.3%	504	1.5%	173.3
	湛江市	24.8	0.9%	423	1.2%	587.2
	阳江市	4.0	0.1%	286	0.8%	139.1
	云浮市*	2.1	0.1%	207	0.6%	101.8
粤北地区	清远市	6.4	0.2%	362	1.1%	175.5
	韶关市	4.8	0.2%	298	0.9%	160.1

（续上表）

流向地		成交额（亿元）	占比	输出项目数（项）	占比	平均单项成交额（万元）
粤东地区	汕头市	34. 8	1. 2%	346	1. 0%	1 005. 5
	梅州市	16. 0	0. 6%	275	0. 8%	582. 2
	河源市	2. 9	0. 1%	218	0. 6%	133. 7
	揭阳市	1. 6	0. 1%	167	0. 5%	97. 2
	汕尾市	2. 1	0. 1%	132	0. 4%	160. 2
	潮州市	2. 1	0. 1%	97	0. 3%	216. 2

* 目前云浮市划归粤北地区，此处原始统计数据将云浮市划归粤西地区，因涉及统计口径不便修改，特此说明。

3. 技术交易输出市场规模

广东省技术输出规模持续增加，占当年 GDP 和 R&D 经费比重快速提升，对经济增长的拉动作用日趋增强。由表 4 -6 近年来广东省技术输出情况统计可知，广东省技术输出项目数从 2017 年的 17 176 项提升至 2021 年的 48 857 项，技术输出的规模扩大 2. 8 倍。技术输出成交额从 2017 年的 937. 1 亿元快速增加至 2021 年的 4 099. 6 亿元，占当年全省 GDP 的比重从 2017 年的 1. 0% 上升到 2021 年的 3. 3% 。技术输出平均单项成交额从 2017 年的 545. 6 万元提升至 2021 年的 839. 1 万元，所输出技术的价值大幅提升。技术输出成交额在 2021 年首次超过当年 R&D 经费支出，占 R&D 经费支出的比重从 2017 年的 40% 上升为 2021 年的 105% ，科技成果转化效率显著提升。

表 4 -6　2017—2021 年广东省技术输出成交额、输出项目数及平均单项成交额情况

年份	成交额（亿元）	输出项目数（项）	平均单项成交额（万元）
2017	937. 1	17 176	545. 6
2018	1 362. 9	23 686	575. 4
2019	2 223. 1	33 321	667. 2
2020	3 267. 2	39 485	827. 5
2021	4 099. 6	48 857	839. 1

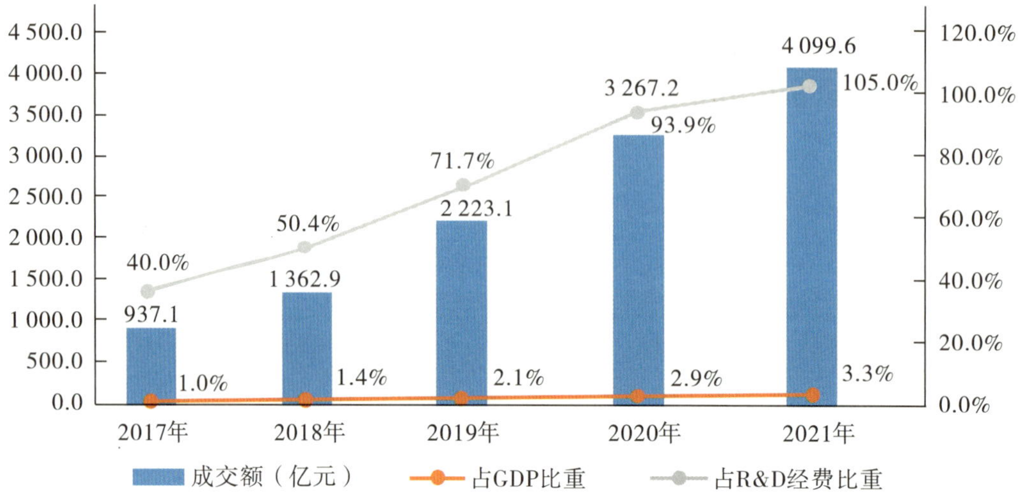

图 4－6　2017—2021 年广东省技术输出成交额及其占比情况

资料来源：国家统计局、广东省统计局、广东省生产力促进中心。

广东技术交易输出市场对经济的拉动作用日趋增强，专利授权量提升为广东省技术交易市场输出规模的提升提供了潜在的增长空间。如图 4－7 所示，以广东省为输出主体的技术输出成交额增速远高于广东省名义 GDP 增速，体现出其对经济增长强有力的支撑和拉动作用。2017—2021 年广东省所授权的专利数量变化趋势与涉及专利的技术交易市场输出项目变化趋势接近（如图 4－8 所示），在一定程度上可以认为专利授权数量的提升为技术交易输出规模的扩大提供了交易对象和来源。

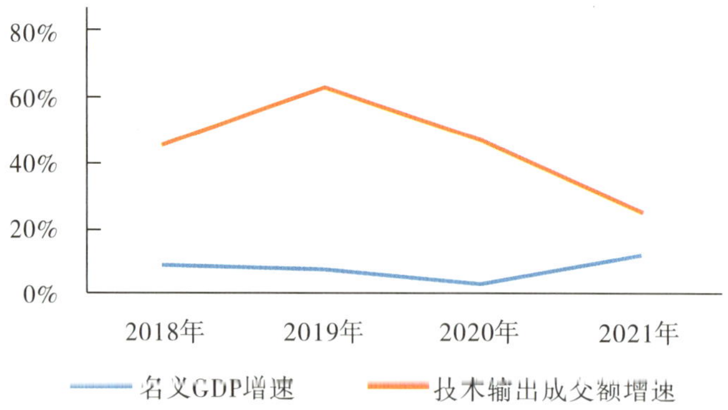

图 4－7　2018—2021 年广东省名义 GDP 增速与技术输出成交额增速变化情况

资料来源：广东省统计局、广东省生产力促进中心。

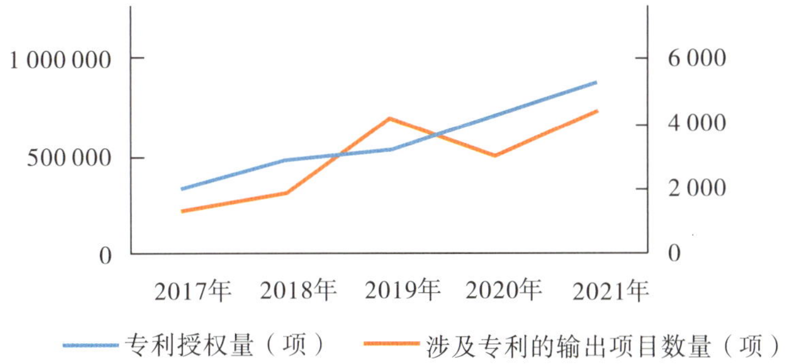

图 4－8　2017—2021 年广东省专利授权量与涉及专利的输出项目数量变化情况

资料来源：广东省科学技术厅、广东省市场监督管理局（知识产权局）、广东省生产力促进中心。

广东省技术交易市场参与输出主体的规模逐年扩大，且企业法人输出主体的规模远高于事业法人输出主体的规模。2021 年广东省技术交易市场输出主体总数为 5 406 个，较 2020 年增长 6.9%。2021 年参与技术交易输出的企业法人共 4 955 个，较 2020 年增加 9.4%；事业法人共 326 个，较 2020 年减少 9.7%。企业在广东省技术交易市场中的参与度逐年提升。在企业法人输出主体中，2021 年内资企业所占的比重达到 91.32%，历年几乎持平。在事业法人输出主体中，科研机构所占比重为 53.37%，高于高等院校的 23.31%，高等院校在技术交易输出市场中的参与度近年来有小幅提升。

表 4－7　2019—2021 年广东省技术交易市场各类型输出主体数量

	2019 年		2020 年		2021 年	
主体类型	主体数量	占比	主体数量	占比	主体数量	占比
企业法人	4 208	88.44%	4 531	89.62%	4 955	91.66%
其中：内资企业	3 869	91.94%	4 151	91.61%	4 525	91.32%
其中：外商投资企业	149	3.54%	170	3.75%	190	3.83%
其中：港澳台商投资企业	148	3.52%	158	3.49%	183	3.69%
其中：个体经营	36	0.86%	43	0.95%	53	1.07%
其中：境外企业	6	0.14%	9	0.2%	4	0.08%
事业法人	332	6.98%	361	7.14%	326	6.03%
其中：科研机构	191	57.53%	176	48.75%	174	53.37%
其中：高等院校	60	18.07%	84	23.27%	76	23.31%
其中：其他	57	17.17%	57	15.79%	57	17.48%
其中：医疗、卫生机构	24	7.23%	44	12.19%	19	5.83%
自然人	107	2.25%	47	0.93%	44	0.81%
社团法人	67	1.41%	60	1.19%	36	0.67%

（续上表）

	2019 年		2020 年		2021 年	
机关法人	33	0.69%	47	0.93%	33	0.61%
其他组织	11	0.23%	10	0.20%	12	0.22%
总和	4 758	100%	5 056	100%	5 406	100%

4. 技术输出领域特征

广东省技术交易市场与广东省“双十”战略性产业集群深度融合。广东省“双十”战略性产业集群分别为十大战略性支柱产业集群，包括新一代电子信息、绿色石化、智能家电、汽车、先进材料、现代轻工纺织、软件与信息服务、超高清视频显示、生物医药与健康、现代农业与食品十大领域，是广东省经济发展的稳定器，以及十大战略性新兴产业集群，包括半导体与集成电路、高端装备制造、智能机器人、区块链与量子信息、前沿新材料、新能源、激光与增材制造、数字创意、安全应急与环保、精密仪器设备十大领域，是广东省经济发展的新动能。2021 年，广东省所输出技术中涉及战略性支柱产业集群的技术领域包括电子信息，生物、医药和医疗器械，农业，成交总额达到 2 144.2 亿元，占当年全省技术输出成交总额的一半以上，输出项目 27 344 项，占输出总项目的 56%，平均单项成交额 784.2 万元；涉及战略性新兴产业集群的技术领域包括新能源与高效节能、先进制造、环境保护与资源综合利用、新材料及其应用，成交总额 498.4 亿元，占当年全省技术输出成交总额的 12.2%，输出项目数 13 072 项，占输出总项目数的 26.7%。涉及战略性支柱产业集群的技术输出项目数、总成交额及平均单项成交额均高于涉及战略性新兴产业集群的技术输出。技术要素对“双十”战略性产业发展的支撑作用凸显。

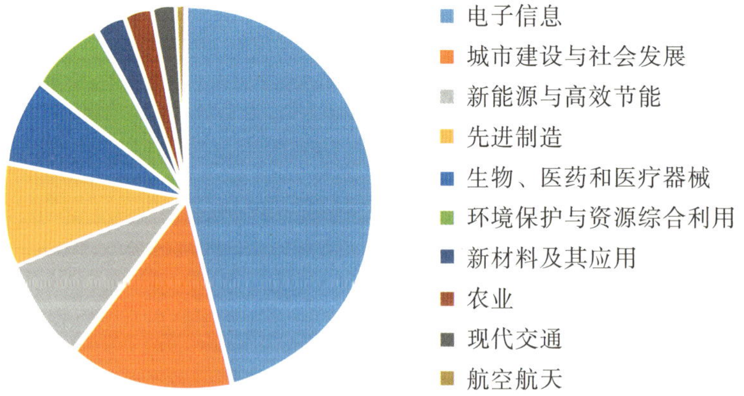

图 4-9　2021 年广东省技术输出项目一级技术领域主要构成

表 4-8 2021 年广东省技术输出项目数量在一级技术领域分布情况

	技术领域（一级）	成交额（亿元）	占比	输出项目数量（项）	占比	平均单项成交额（万元）
战略性支柱产业	电子信息	1 993.2	48.6%	22 577	46.2%	882.8
	生物、医药和医疗器械	143.8	3.5%	3 554	7.3%	404.6
	农业	7.2	0.2%	1 213	2.5%	59.4
	总和	2 144.2	52.3%	27 344	56.0%	784.2
战略性新兴产业	新能源与高效节能	285.9	7.0%	4 287	8.8%	667.0
	先进制造	87.9	2.1%	4 243	8.7%	207.2
	环境保护与资源综合利用	102.4	2.5%	3 255	6.7%	314.5
	新材料及其应用	22.2	0.5%	1 287	2.6%	172.5
	总和	498.4	12.2%	13 072	26.7%	381.3
其他	城市建设与社会发展	840.9	20.5%	6 977	14.3%	1 205.3
	现代交通	565.0	13.8%	1 035	2.1%	5 458.6
	航空航天	43.1	1.1%	402	0.8%	1 071.2
	核应用	8.0	0.2%	27	0.1%	2 979.1
总和		4 099.6	100%	48 857	100%	839.1

从主要技术领域的输出状况来看，电子信息技术领域的技术输出成交额历年稳居第一，并在 2021 年进一步增长。2021 年，电子信息技术领域技术输出成交额 1 993.2 亿元，占全省技术合同成交额的 48.6%，为 2020 年的 1.42 倍，输出项目数为 2020 年的 1.17 倍。一级电子信息技术领域下的二级技术领域输出项目则主要集中在计算机软件行业，其成交额占电子信息技术领域总成交额的比重达 63.3%，输出项目数比重达 79%；而平均单项成交额最高的则为通信行业，平均单项成交额达 5 770.6 万元，该行业技术复杂度高、项目规模大。

表 4-9 2021 年电子信息技术领域下二级技术领域输出技术情况

技术领域（二级）	成交额（亿元）	占比	输出项目数量（项）	占比	平均单项成交额（万元）
计算机软件	1 262.5	63.3%	17 832	79.0%	708.0
其他	131.4	6.6%	1 721	7.6%	763.7
微电子、光电子	84.0	4.2%	979	4.3%	858.5

（续上表）

技术领域（二级）	成交额（亿元）	占比	输出项目数量（项）	占比	平均单项成交额（万元）
通信	465.1	23.3%	806	3.6%	5 770.6
计算机网络	24.4	1.2%	427	1.9%	571.5
电子专用设备及测试仪表	5.4	0.3%	333	1.5%	163.0
计算机硬件	8.4	0.4%	281	1.2%	298.1
数字音视频	11.8	0.6%	183	0.8%	643.6
动漫	0.1	0.0%	15	0.1%	43.4

城市建设与社会发展领域的技术输出规模位列第二，在该一级技术领域下所涉及的二级技术领域输出项目则主要集中在城市建设行业和其他未分类行业，成交项目数分别为2 519项和3 674 项。

表 4－10　2021 年城市建设与社会发展技术领域下二级技术领域输出技术情况

技术领域（二级）	成交额（亿元）	占比	输出项目数量（项）	占比	平均单项成交额（万元）
其他	520.8	61.9%	3 674	52.7%	1 417.5
城市建设	302.7	36.0%	2 519	36.1%	1 201.6
城市安全	14.4	1.7%	662	9.5%	217.4
文教、体育	3.1	0.4%	122	1.8%	250.6

2021 年新能源与高效节能技术领域的技术输出成交项目数量在技术输出成交项目总数中居第三位。成交项目数量为 4 287 项，成交总额为 285.9 亿元，平均单项成交额为677.0 万元。在这一技术领域下，成交项目数量最高的为高效节能行业，但由于该行业所输出技术类型以技术服务类型为主（占比 95.1%），技术附加值较低，因而平均单项成交额仅为 22.0 万元。而成交额最高的电能与电力行业，技术输出类型中技术开发的比重则达到了 38.1%，技术附加值高，项目周期长，可替代性低，因而平均单项成交额达2 817.6万元。此外，新能源汽车行业的输出项目数量最少，仅为 67 项，但单项成交额达到 3 729.7 万元，远高于广东省 2021 年技术输出整体平均单项成交额（839.1 万元），其中技术开发输出占到了 71.6%，体现出该行业高度的成长性。

表4-11　2021年新能源与高效节能技术领域下二级技术领域输出技术情况

技术领域（二级）	成交额（亿元）	占比	输出项目数量（项）	占比	平均单项成交额（万元）
高效节能	5.1	1.8%	2 308	53.8%	22.0
电能与电力	212.4	74.3%	754	17.6%	2 817.6
其他	16.6	5.8%	571	13.3%	290.4
煤炭能源的综合利用	0.1	0.0%	327	7.6%	3.2
新型能源	12.8	4.5%	147	3.4%	872.3
石油天然气勘探开发及应用	13.9	4.9%	113	2.6%	1 232.9
新能源汽车	25.0	8.7%	67	1.6%	3 729.7

平均单项成交额最高的技术领域为现代交通技术领域，这一领域的技术输出项目主要集中在公路、水运、海运和空运，城市交通及轨道交通行业，这些项目均属于城市交通基础设施建设，项目所包含的价值量高、项目规模大，因而平均单项成交额高。

表4-12　2021年现代交通技术领域下二级技术领域输出技术情况

技术领域（二级）	成交额（亿元）	占比	输出项目数量（项）	占比	平均单项成交额（万元）
公路、水运、海运和空运	280.5	49.7%	543	52.5%	5 165.9
城市交通	6.8	1.2%	272	26.3%	251.7
轨道交通	277.6	49.1%	220	21.3%	12 618.6

广东省涉及专利、知识产权和技术秘密的技术输出成交项目数量稳定在40%左右。2021年，广东省所输出的技术项目中涉及专利、知识产权和技术秘密的项目数量为20 374项，同比增长27.3%，其中涉及专利的有3 072项，涉及知识产权的有6 428项，涉及技术秘密的有10 874项。在涉及专利的技术输出项目中，涉及发明专利的项目数量为2 217项，占全部涉及专利的技术输出成交合同的比重为72.2%，平均单项成交额为1 067.5万元，价值量最高；涉及实用新型专利的项目数量为773项，占比25.2%，平均单项成交额为310.1万元；涉及外观设计专利的项目数量为82项，占比2.7%，平均单项成交额为253.8万元。在涉及知识产权的成交项目中，项目数量最多的为计算机软件著作权（5 777项），占2021年广东省技术输出成交项目总数的11.8%。在涉及专利、知识产权和技术秘密的项目中，技术秘密的成交额、成交项目数以及平均单项成交额均居首位，成交额占全省技术输出成交项目总数的22.3%，成交额占33.8%，平均单项成交额为1 272.8万元。

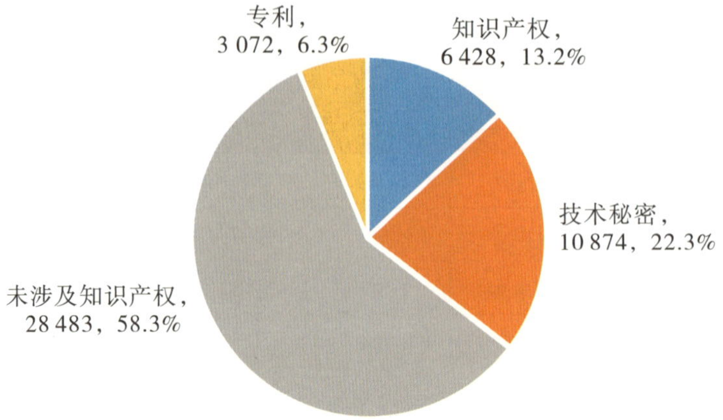

图 4－10　2021 年广东省技术输出项目的构成（单位：项）

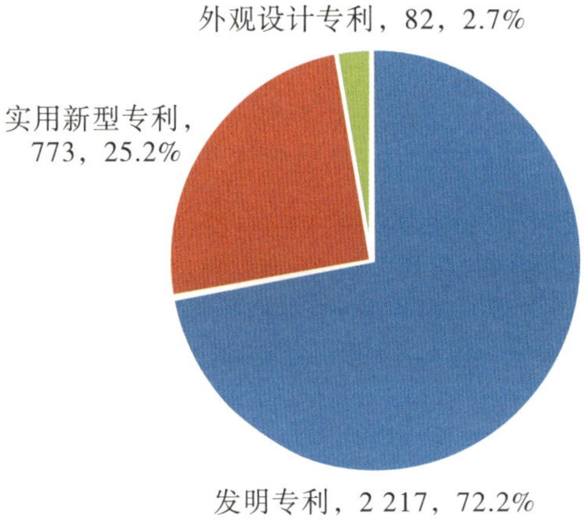

（1）专利

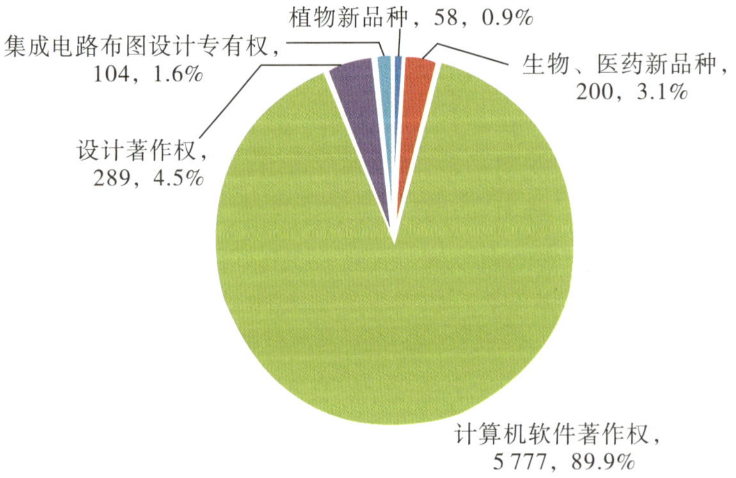

（2）知识产权

图 4－11　2021 年广东省技术输出专利类别及知识产权类别构成（单位：项）

表 4－13　2021 年广东省内技术输出知识产权类型情况

技术领域（二级）	成交额（亿元）	占比	输出项目数量（项）	占比	平均单项成交额（万元）
专利	262.7	6.4%	3 072	6.3%	855.2
其中：发明专利	236.7	90.1%	2 217	72.2%	1 067.5
其中：实用新型专利	24.0	9.1%	773	25.2%	310.1
其中：外观设计专利	2.1	0.8%	82	2.7%	253.8
知识产权	261.2	6.4%	6 428	13.2%	406.3
其中：植物新品种	0.4	0.2%	58	0.9%	76.1
其中：生物、医药新品种	8.9	3.4%	200	3.1%	445.6
其中：计算机软件著作权	238.9	91.5%	5 777	89.9%	413.5
其中：设计著作权	2.8	1.1%	289	4.5%	96.8
其中：集成电路布图设计专有权	10.2	3.9%	104	1.6%	982.1
技术秘密	1 384.0	33.8%	10 874	22.3%	1 272.8
未涉及知识产权	2 191.6	53.5%	28 483	58.3%	769.5

5. 主要技术输出主体特征

2021 年广东省前二十大技术输出主体主要分布在深圳市和广州市，其中深圳市 4 家，广州市 16 家。前二十大输出主体性质均为企业法人，其中外商投资企业 2 家、港澳台商投资企业 2 家，其余均为内资企业。

从前二十大技术输出主体技术输出所涉及技术领域来看，电子信息技术领域成交额及输出项目数仍居首位，成交额在前二十大输出主体中占比为 41.3%，输出项目数占比为 38.2%，技术输出集中度为 38.6%。与总体输出情况不同的是，现代交通技术领域的技术输出超过城市建设与社会发展技术领域的技术输出，居第二位，成交额和输出项目数占比分别为 25.9% 和 30.5%，远高于其在总体情况中的份额（13.8% 和 2.1%），反映出现代交通领域的技术输出集中度高（85.5%）。与总体输出情况之间的第二个差异是，输出技术领域并未涉及农业、新材料及其应用、航空航天和核应用技术领域。

表 4－14　2021 年广东省技术交易市场前二十大输出主体技术输出在一级技术领域分布情况

技术领域（一级）	成交额（亿元）	占比	输出项目数（项）	占比	平均单项成交额（亿元）	技术输出集中度*
电子信息	769.8	41.3%	139	38.2%	5.5	38.6%
现代交通	483.0	25.9%	111	30.5%	4.4	85.5%

（续上表）

技术领域（一级）	成交额（亿元）	占比	输出项目数（项）	占比	平均单项成交额（亿元）	技术输出集中度*
城市建设与社会发展	330.2	17.7%	36	9.9%	9.2	39.3%
新能源与高效节能	192.1	10.3%	62	17.0%	3.1	67.2%
生物、医药和医疗器械	55.8	3.0%	1	0.3%	55.8	38.8%
先进制造	20.5	1.1%	12	3.3%	1.7	23.3%
环境保护与资源综合利用	14.3	0.8%	3	0.8%	4.8	14.0%

*技术输出集中度=前二十大输出主体在该技术领域的输出额/全省技术输出主体在该技术领域输出总额。

（二）技术交易吸纳市场现状

由于数据限制，本部分所描绘的技术交易吸纳市场现状，主要是关于广东省内吸纳主体自广东省内、港澳台地区、境外地区购买技术的市场现状，无法覆盖到自广东省外购买技术的广东省内吸纳主体。2021 年广东省内吸纳主体自广东省内、港澳台地区、境外地区所吸纳的技术交易共 34 771 项，成交额达 2 999.5 亿元。

1. 技术交易吸纳主体构成

企业法人的技术市场主体地位依然稳固。2021 年自广东省内购买技术的主体以企业法人、机关法人以及事业法人为主，各主体的构成与技术输出主体构成存在明显差异。2021 年广东省内吸纳主体自广东省内、港澳台地区及境外地区所吸纳的技术中，企业法人所吸纳的项目占比 82.2%，同比增长 34.1%，机关法人所吸纳的项目占比 8.9%，同比下降 27.8%，事业法人所吸纳的项目占比 7.7%，同比增长 13.2%。与技术交易输出主体性质构成相比，企业法人的占比进一步提高，在技术交易吸纳市场中的主体地位更加突出。在企业法人中，广东省内吸纳的技术交易主体仍然以内资企业为主，但与技术输出主体不同的是境外企业占比大幅增加，达 29.4%，相应地内资企业占比下降为 63.3%；在事业法人中，技术吸纳主体构成也与技术输出主体构成存在差异，表现为技术吸纳主体中占比最大的主体变为“其他”类别，项目数量占比达到五成，而科研机构和高等院校的占比则相应下降为 18.6% 和 11.5%。机关法人占比的提升是技术吸纳主体构成不同于技术输出主体构成的又一差异，在技术输出主体中，机关法人所输出的项目数量占比仅为 0.14%，而在技术吸纳主体中则上升为 8.9%，具体来讲以市级行政机关和县级及以下行政机关为主。

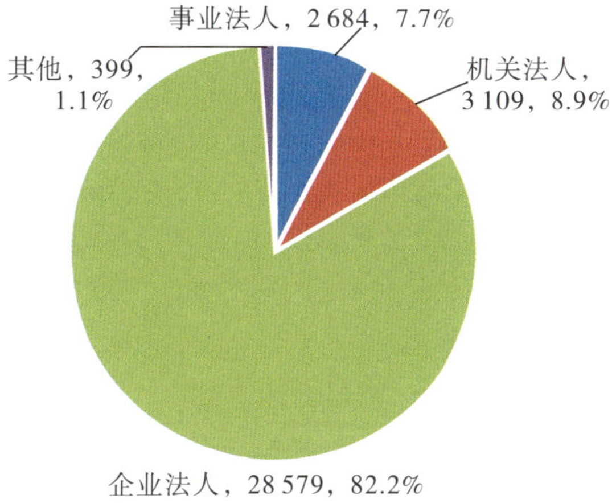

图 4-12　2021 年广东省技术交易吸纳主体类别构成

注：由于已有数据限制，本部分技术吸纳主体仅为自广东省内、港澳台地区及境外地区吸纳技术的主体。

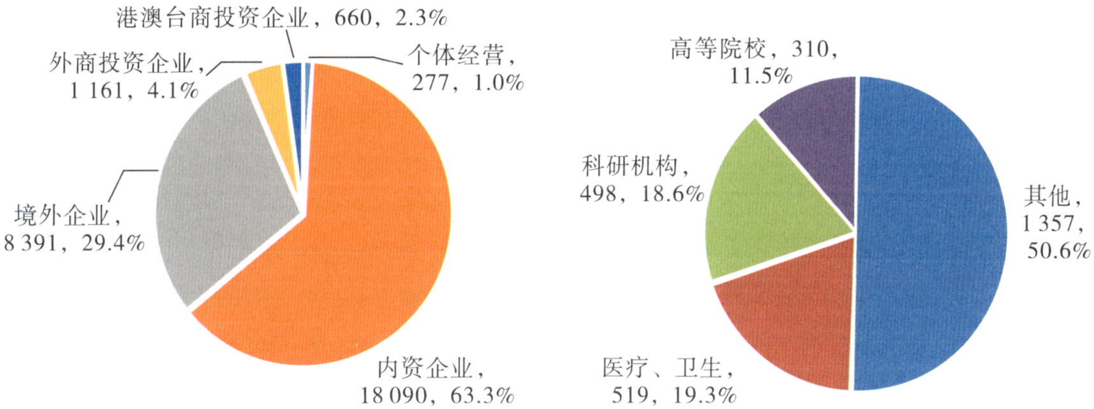

（1）企业法人吸纳主体构成　（2）事业法人吸纳主体构成

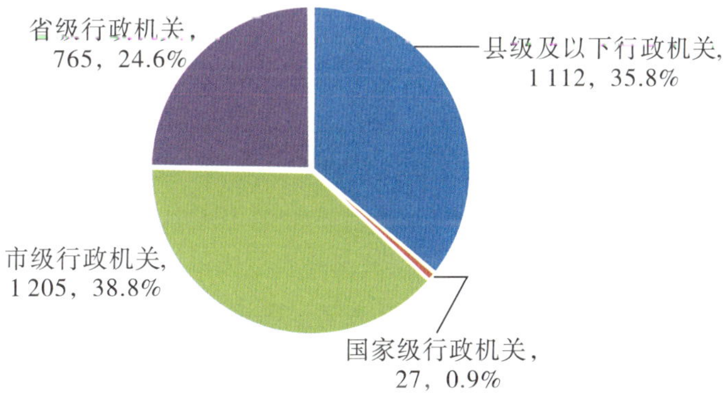

（3）机关法人吸纳主体构成

图 4-13　2021 年广东省技术交易市场吸纳主体情况

企业法人在技术交易市场吸纳主体中的地位更加突出。2021 年，广东省企业法人主体自广东省内、港澳台地区及境外吸纳的技术成交总额为 2 705.4 亿元，占所有主体总额的 90.2%，成交项目数为 28 579 项，占所有主体总数的 82.2%，平均单项成交额为 946.6 万元，略低于企业法人输出主体平均单项成交额 1 272.9 万元；事业法人技术吸纳主体的技术成交总额为 137.1 亿元，占比仅为 4.6%，但其平均单项成交额为 510.6 万元，远高于事业法人技术输出主体平均单项成交额 48 万元；机关法人技术吸纳主体的技术成交总额为 153.1 亿元，平均单项成交额 492.5 万元，略低于事业法人。

表 4－15　2021 年广东省技术交易市场各类型吸纳主体技术成交情况

	成交额（亿元）	占比	吸纳项目数量（项）	占比	平均单项成交额（万元）
企业法人	2 705.4	90.2%	28 579	82.2%	946.6
机关法人	153.1	5.1%	3 109	8.9%	492.5
事业法人	137.1	4.6%	2 684	7.7%	510.6
其他组织	2.9	0.1%	164	0.5%	179.6
社团法人	0.4	0.0%	116	0.3%	37.1
自然人	0.6	0.0%	119	0.3%	50.4

从广东省内各主要技术吸纳地域的吸纳主体性质构成来看，技术吸纳主体的构成也反映了各吸纳地域的经济发展特点。2021 年广东省内自本省、港澳台地区和境外吸纳技术总额和项目数量排名前三的城市分别为广州市、深圳市和佛山市，与技术输出主体中的排名一致。广州市的技术吸纳主体中，企业法人、事业法人和机关法人所吸纳的项目数量占比分别为 74.0%、11.5% 和 12.7%。广州市企业法人技术吸纳主体中仍然是以内资企业为主，占比 83.0%；事业法人吸纳主体中科研机构占比 22.5%，高等院校占比 12.2%；机关法人中省级行政机关占比超过半数，这与广州市作为广东省省会城市和政治中心的定位相关联。深圳市技术吸纳主体中，企业法人的占比达 97.4%，几乎覆盖了深圳市自省内、港澳台地区及境外地区所吸纳的技术成交项目的 100%，而事业法人占比仅为 1.6%。值得注意的是，在深圳市企业法人技术吸纳主体中，境外企业所吸纳的技术交易项目数量占 80.5%，而内资企业仅为 18.3%。佛山市技术吸纳主体中企业法人、事业法人和机关法人占比分别为 89.0%、4.8% 和 5.4%，与技术输出主体中以事业法人为主的情况存在差异。在佛山市企业法人技术输出主体中，也仍然是以内资企业为主。

表 4－16 2021 年广州、深圳、佛山技术吸纳主体性质构成

吸纳主体性质	广州		深圳		佛山	
	吸纳项目数（项）	占比	吸纳项目数（项）	占比	吸纳项目数（项）	占比
企业法人	8 882	74.0%	8 296	97.4%	4 542	89.0%
其中：内资企业	7 374	83.0%	1 522	18.3%	3 864	85.1%
其中：境外企业	745	8.4%	6 676	80.5%	138	3.0%
其中：外商投资企业	500	5.6%	41	0.5%	271	6.0%
其中：港澳台商投资企业	169	1.9%	40	0.5%	208	4.6%
其中：个体经营	94	1.1%	17	0.2%	61	1.3%
事业法人	1 383	11.5%	135	1.6%	245	4.8%
其中：其他	742	53.7%	63	46.7%	112	45.7%
其中：科研机构	311	22.5%	35	25.9%	48	19.6%
其中：高等院校	169	12.2%	24	17.8%	17	6.9%
其中：医疗、卫生机构	161	11.6%	13	9.6%	68	27.8%
机关法人	1 523	12.7%	82	1.0%	275	5.4%
其中：国家级行政机关	17	1.1%	4	4.9%	2	0.7%
其中：省级行政机关	753	49.4%	3	3.7%	2	0.7%
其中：市级行政机关	356	23.4%	43	52.4%	117	42.6%
其中：县级及以下行政机关	397	26.1%	32	39.0%	154	56.0%

2. 技术交易吸纳地域构成

广东省技术吸纳仍以广东省内技术为主，从境外地区所吸纳技术的价值量最高。根据《2022 全国技术市场统计年报》数据，2021 年广东省全省所吸纳的技术交易合同总成交额为 5 490.6 亿元，吸纳项目数量为 71 428 项，平均单项成交额为 768.7 万元，总成交额和吸纳项目数量均居全国首位。同时根据 2021 年广东省技术交易市场记载的技术交易合同数据，2021 年广东省技术吸纳主体自广东省内吸纳的技术交易合同成交额为 2 806.4 亿元，占当年吸纳技术成交总额的 51.1%，吸纳的项目数为 34 367 项，平均单项成交额为 816.6 万元；自港澳台地区吸纳的技术交易成交额为 8.2 亿元，占当年吸纳技术总成交额的 0.1%，吸纳项目数为 48 项，平均单项成交额为 1 705.7 万元；自境外地区吸纳的技术交易合同成交额为 184.9 亿元，占当年吸纳技术总成交额的 3.4%，吸纳项目数为 356 项，平均单项成交额为 5 194.6 万元；自除港澳台地区和广东省之外的中国大陆地区吸纳的技

术交易合同成交额为 2 491.1 亿元，占当年吸纳技术总成交额的 45.4%，吸纳项目数为 36 657项，平均单项成交额为 679.6 万元，略低于从其他地区所吸纳技术的成交额。

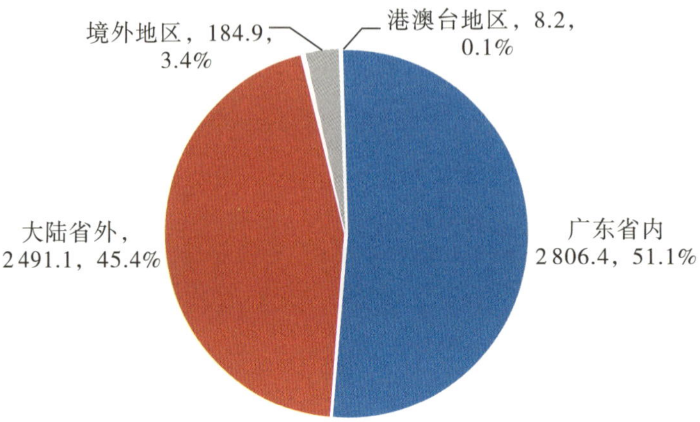

图 4－14 2021 年广东省技术吸纳的地域构成（单位：亿元）

资料来源：《2022 全国技术市场统计年报》、广东省生产力促进中心。

表 4－17 2021 年广东省自不同地区技术吸纳成交情况

	吸纳技术成交额（亿元）	占比	吸纳项目数（项）	占比	平均单项成交额（万元）
广东省内	2 806.4	51.1%	34 367	48.1%	816.6
大陆省外	2 491.1	45.4%	36 657	51.3%	679.6
境外地区	184.9	3.4%	356	0.5%	5 194.6
港澳台地区	8.2	0.1%	48	0.1%	1705.7
总和	5 490.6	100%	71 428	100%	768.7

2021 年，从台湾、香港和境外地区①所吸纳的技术在广东省内的流向较为集中，且自这三个地区吸纳技术的主力军为同一科技公司。从台湾所吸纳的 25 项技术交易合同中 60% 流向东莞市，24% 流向中山市。从香港所吸纳的 23 项技术交易合同中，30% 流向广州市，22% 流向东莞市。从境外地区所吸纳的 356 项技术交易合同中，28% 流向广州市，24% 流向东莞市。

① 2021 年广东省技术交易市场登记在案的技术合同中卖方来自澳门的合同数量为 0。

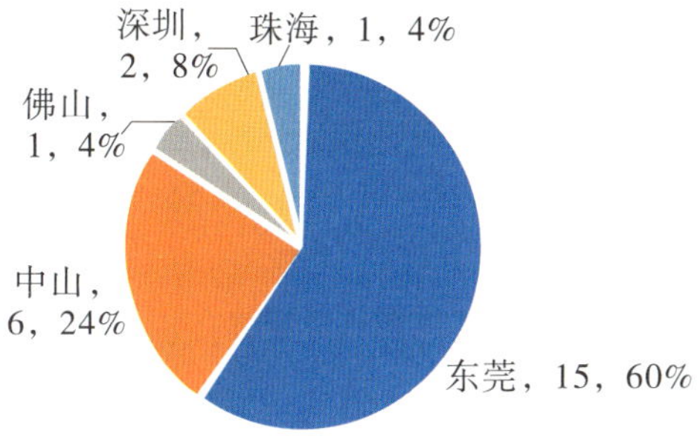

（1）台湾技术在广东省内的流向

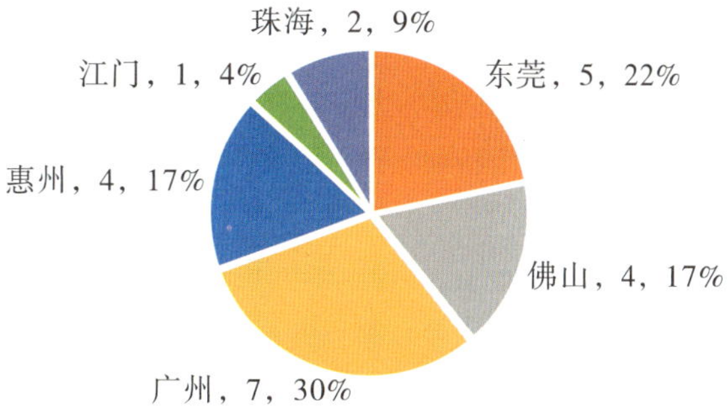

（2）香港技术在广东省内的流向

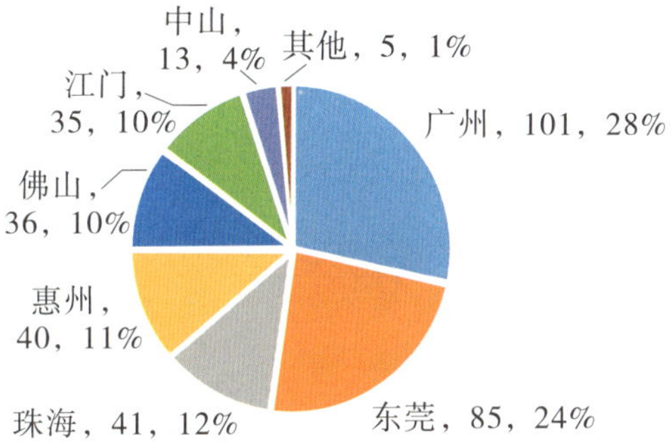

（3）境外技术在广东省内的流向

图 4－15　2021 年自不同地区吸纳的技术在广东省内的流向情况（单位：项）

广东省吸纳技术的境外来源主要集中在亚洲、欧洲和北美地区，且单项合同价值量远高于境内地区。2021 年广东省自境外所吸纳技术中超过半数来自日本，自日本吸纳技术的成交额和项目数在自境外吸纳技术整体中占比分别为 67.1% 和 53.7%，平均单项成交额达 6 492.8 万元；其次为美国，吸纳项目数为 35 项，平均单项成交额为 1 792.4 万元，远低于日本。此外，自芬兰、瑞典、以色列和印度所吸纳技术的平均单项成交额均超过 1 亿元，其中自芬兰、瑞典和以色列所吸纳的技术均只有一项，吸纳方均为同一科技公司。

表 4－18　2021 年广东省自境外不同国家吸纳技术情况

吸纳技术来源国	吸纳技术成交额（亿元）	占比	吸纳项目数（项）	占比	平均单项成交额（万元）
日本	124.0	67.1%	191	53.7%	6 492.8
美国	6.3	3.4%	35	9.8%	1 792.4
德意志联邦共和国	7.8	4.2%	19	5.3%	4 120.1
韩国	9.9	5.4%	17	4.8%	5 840.8
新加坡	0.8	0.4%	14	3.9%	563.8
瑞士	8.7	4.7%	13	3.7%	6 696.1

（续上表）

吸纳技术来源国	吸纳技术成交额（亿元）	占比	吸纳项目数（项）	占比	平均单项成交额（万元）
英国	2.0	1.1%	11	3.1%	1 855.1
意大利	1.8	1.0%	7	2.0%	2 566.1
法国	1.4	0.7%	6	1.7%	2 250.2
波兰	1.0	0.5%	5	1.4%	1 980.4
亚洲其他地区	0.5	0.2%	4	1.1%	1 146.2
俄罗斯	2.9	1.6%	4	1.1%	7 167.4
奥地利	0.1	0.1%	4	1.1%	267.1
比利时	0.4	0.2%	4	1.1%	1 030.4
丹麦	0.2	0.1%	3	0.8%	630.5
印度	4.2	2.3%	3	0.8%	14 033.2
荷兰	0.3	0.2%	3	0.8%	931.8
西班牙	0.2	0.1%	3	0.8%	684.0
加拿大	1.6	0.9%	2	0.6%	8 076.1
澳大利亚	0.0	0.0%	2	0.6%	157.0
以色列	1.8	1.0%	1	0.3%	18 009.0
挪威	0.1	0.1%	1	0.3%	956.2
捷克共和国	0.2	0.1%	1	0.3%	1 918.5
爱尔兰	0.3	0.2%	1	0.3%	3 469.0
瑞典	3.5	1.9%	1	0.3%	34 721.0
芬兰	4.9	2.7%	1	0.3%	49 293.0

2021年广东省从省内所吸纳的技术的来源仍然以经济更为发达、科技投入力度与科技创新能力更强、高校和科研机构更为密集的珠三角地区为主，与技术输出主体的情况相一致，珠三角地区在广东省技术交易市场中的双向主体地位突出。从珠三角地区吸纳的技术在成交额、成交项目数和平均单项成交额上均具有绝对优势。在所有城市中，自珠海市所吸纳的技术平均单项成交额最高，达1 916.8万元，其中价值量高的技术开发合同占比44%。其次为深圳市，平均单项成交额达1 402.1万元，其中技术开发合同占比达到70.1%。与技术输出市场一致，佛山市依然呈现出所吸纳的项目数量多但平均单项成交额低的状况，其中从佛山市所吸纳的技术中，价值量较低的技术服务合同占比达到了87.6%。

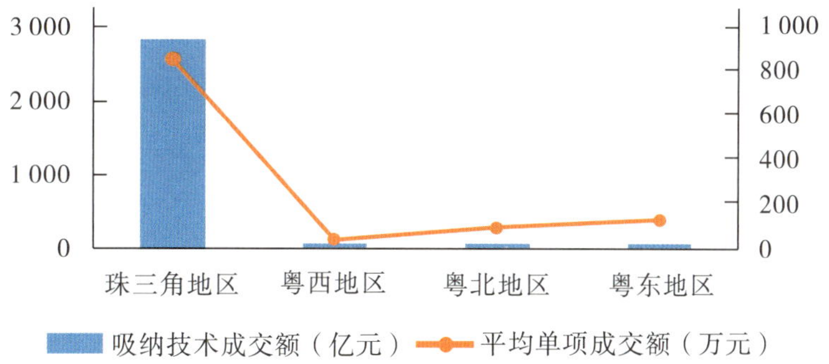

图 4 - 16　2021 年广东省自广东省内各地区吸纳技术情况

表 4 - 19　2021 年广东省自广东省内各城市吸纳技术情况

来源地		成交额（亿元）	占比	吸纳项目数量（项）	占比	平均单项成交额（万元）
珠三角地区	广州市	1 526. 3	54. 39%	18 587	54. 08%	821. 2
	深圳市	1 186. 4	42. 28%	8 462	24. 62%	1 402. 1
	佛山市	14. 6	0. 52%	4 356	12. 67%	33. 5
	江门市	3. 1	0. 11%	546	1. 59%	56. 6
	惠州市	6. 5	0. 23%	483	1. 41%	134. 7
	中山市	8. 8	0. 31%	299	0. 87%	293. 9
	东莞市	10. 0	0. 36%	217	0. 63%	461. 1
	珠海市	40. 4	1. 44%	211	0. 61%	1 916. 8
	肇庆市	4. 2	0. 15%	158	0. 46%	268. 0
粤西地区	茂名市	0. 54	0. 02%	296	0. 86%	18. 3
	湛江市	1. 3	0. 04%	239	0. 70%	52. 6
	阳江市	0. 27	0. 010%	117	0. 34%	23. 3
	云浮市*	0. 32	0. 011%	65	0. 19%	48. 6
北地区	韶关市	0. 54	0. 019%	87	0. 25%	61. 6
	清远市	0. 35	0. 013%	17	0. 05%	206. 6
粤东地区	汕头市	1. 7	0. 060%	147	0. 43%	113. 7
	河源市	0. 53	0. 019%	34	0. 10%	155. 7
	梅州市	0. 14	0. 005%	28	0. 08%	49. 2
	汕尾市	0. 23	0. 008%	10	0. 03%	226. 5
	潮州市	0. 14	0. 005%	5	0. 01%	277. 0
	揭阳市	0. 04	0. 001%	3	0. 01%	135. 5

* 目前云浮市划归粤北地区，此处原始统计数据将云浮市划归粤西地区，因涉及统计口径不便修改，特此说明。

3. 技术交易吸纳市场规模

广东省技术交易市场需求缺口较大，存在长期的技术交易逆差。根据《2022 全国技术市场统计年报》数据，2021 年广东省全省所吸纳的技术交易合同总成交额为 5 490. 6 亿元，吸纳合同项目数量为 71 428 项，输出项目总额为 4 099. 6 亿元，输出合同项目数量为 48 857 项，技术输出小于技术吸纳，存在交易逆差。同时根据广东省技术交易市场记载的技术交易合同数据整理，2021 年广东省内需求主体自广东省内所吸纳的技术总额为 2 806. 4亿元，吸纳的项目数为 34 367 项，因而在吸纳技术总额方面，存在约 2 684. 2 亿元的缺口，在合同项目数方面，存在约 37 061 项的缺口。

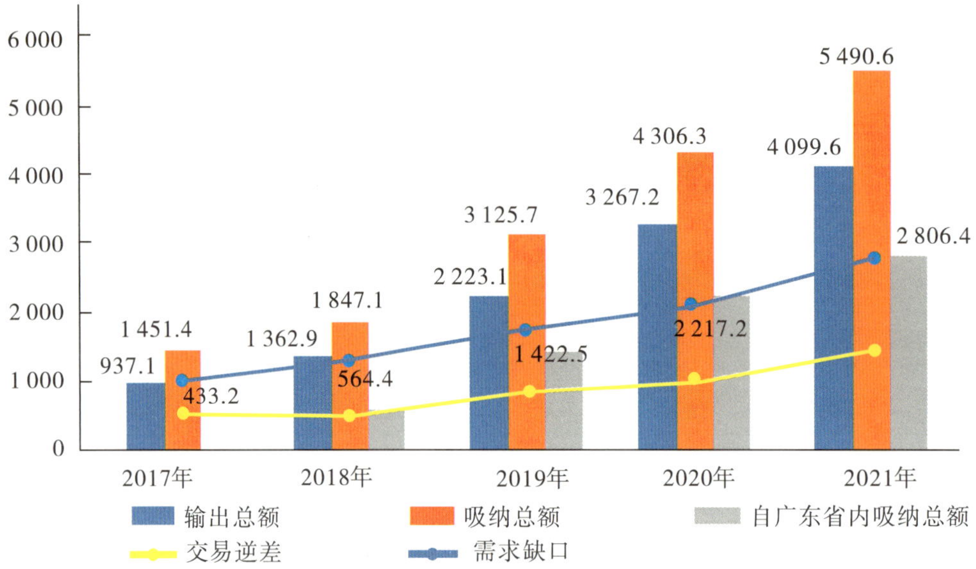

图 4－17　2017—2021 年广东省技术交易输出与吸纳情况对比（单位：亿元）

资料来源：《2022 全国技术市场统计年报》。

广东省技术交易市场中吸纳主体的规模逐年扩大，交易日趋活跃，且技术吸纳市场参与主体的数量明显大于技术输出市场参与主体的数量。2021 年广东省技术吸纳市场的参与主体共 16 047 个，较 2020 年增长 18. 4%，增长幅度快于技术输出市场参与主体数量增长速度（6. 9%）。企业法人仍然在技术吸纳市场中占据主导地位，且占比逐年提升，2021 年企业法人技术吸纳主体数量达 13 325 个，占比 83. 0%，其中仍是以内资企业和境外企业为主；事业法人共 1 283 个，与 2020 年基本持平，其中“其他”类别的技术吸纳主体数量占比接近半数，科研机构和医疗、卫生机构的占比分别 14. 3% 和 22. 1%，高等院校由于本身数量限制，因而在事业法人技术吸纳主体中占比最低，仅为 8. 8%。

表 4－20　2019—2021 年广东省技术吸纳主体性质构成变化情况

主体类型	2019 年		2020 年		2021 年	
	主体数量	占比	主体数量	占比	主体数量	占比
企业法人	7 781	77.8%	10 870	80.2%	13 325	83.0%
其中：内资企业	4 743	61.0%	7 239	66.6%	9 015	67.7%
其中：境外企业	2431	31.2%	2 715	25.0%	3 311	24.8%
其中：外商投资企业	272	3.5%	428	3.9%	466	3.5%
其中：港澳台商投资企业	243	3.1%	352	3.2%	333	2.5%
其中：个体经营	92	1.2%	136	1.3%	200	1.5%
事业法人	826	8.3%	1 277	9.4%	1 283	8.0%
其中：其他	535	64.8%	723	56.6%	702	54.7%
其中：科研机构	84	10.2%	273	21.4%	184	14.3%
其中：医疗、卫生机构	135	16.3%	182	14.3%	284	22.1%
其中：高等院校	72	8.7%	99	7.8%	113	8.8%
机关法人	1 162	11.6%	1 172	8.6%	1 202	7.5%
自然人	105	1.0%	96	0.7%	97	0.6%
社团法人	70	0.7%	78	0.6%	80	0.5%
其他组织	58	0.6%	62	0.5%	60	0.4%
总和	10 002	—	13 555	—	16 047	—

4. 技术吸纳领域特征

技术市场反映了产业经济运行和产业变化的动态和规律，广东省技术交易市场中技术吸纳主体所吸纳的技术紧密围绕广东省“双十”战略性产业。2021 年广东省技术吸纳主体自广东省内、港澳台地区和境外地区所吸纳的技术合同项目中涉及十大战略性支柱产业集群的技术有 17 005 项，成交总额为 1 517.2 亿元，平均单项成交额近 900 万元，高于技术输出主体在这一领域的平均单项成交额。涉及十大战略性新兴产业集群的技术有 11 119 项，成交总额 483.6 亿元，平均单项成交额为 435.0 万元。涉及战略性支柱产业的技术吸纳项目平均单项成交额为涉及战略性新兴产业的技术吸纳项目平均单项成交额的 2.1 倍，战略性支柱产业对经济的支撑作用凸显，战略性新兴产业的技术交易市场具有进一步成长的空间。

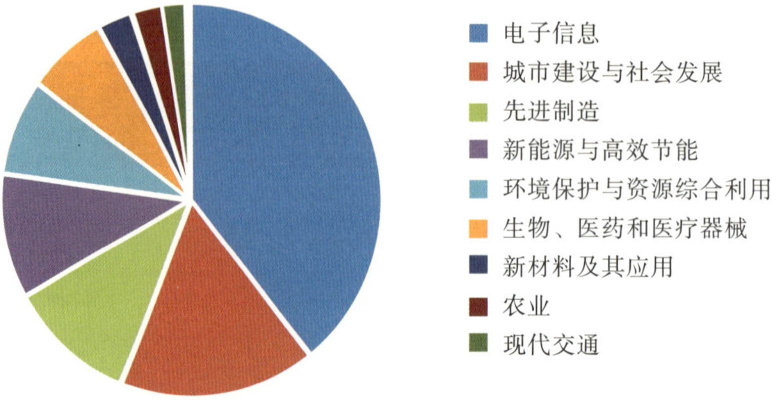

图 4－18　2021 年广东省技术吸纳的技术领域主要构成

表 4－21　2021 年广东省自不同技术领域技术吸纳成交情况

技术领域（一级）		成交额（亿元）	占比	吸纳项目数量（项）	占比	平均单项成交额（万元）
战略性支柱产业	电子信息	1 412.5	47.1%	13 672	39.3%	1 033.2
	生物、医药和医疗器械	99.2	3.3%	2 421	7.0%	409.7
	农业	5.5	0.2%	912	2.6%	59.8
	合计	1 517.2	50.6%	17 005	48.9%	892.2
战略性新兴产业	先进制造	165.0	5.5%	3 781	10.9%	436.3
	新能源与高效节能	224.3	7.5%	3 578	10.3%	627.0
	环境保护与资源综合利用	77.6	2.6%	2 752	7.9%	281.9
	新材料及其应用	16.7	0.6%	1 008	2.9%	166.0
	合计	483.6	16.1%	11 119	32.0%	435.0
其他	现代交通	385.6	12.9%	734	2.1%	5 253.6
	城市建设与社会发展	566.4	18.9%	5 795	16.7%	977.4
	航空航天	38.2	1.3%	98	0.3%	3 896.1
	核应用	8.5	0.3%	20	0.1%	4 263.7
	合计	998.7	33.3%	6 647	19.1%	1 502.5
总和		2 999.5	100.0%	34 771	100.0%	862.7

各主要技术领域技术吸纳主体地域构成反映当地的产业发展状况。在各技术领域汇总成交额和成交项目数最高的技术领域为电子信息技术领域，其在广东省内的技术吸纳主体主要位于深圳市、广州市、东莞市和肇庆市。其中深圳市所吸纳的电子信息技术领域的技术交易项目成交额和项目数均居首位，吸纳技术成交额占比超六成，其中技术开放项目数

量占比为74.5%，项目附加值高，深圳市为广东省乃至全国电子信息技术产业的龙头，电子信息技术交易活跃。其次是广州市，与深圳市相比，广州市的成交项目数和成交额较少，而平均单项成交额仅为深圳市的一半，单项合同平均所包含的价值量低于深圳市。电子信息产业为东莞市的主导产业之一，其平均单项成交额超过深圳市。值得注意的是，平均单项成交额最高的城市为肇庆市，达4 269.1万元，肇庆市所吸纳的技术交易项目以技术服务为主，但技术服务项目单项最高成交额超过30亿元，且为计算机软件技术服务项目。

表4－22 2021年电子信息技术领域技术吸纳主体地域构成

	成交额（亿元）	占比	吸纳项目数（项）	占比	平均单项成交额（万元）
深圳市	886.2	62.7%	6 036	24.9%	1 468.1
广州市	328.1	23.2%	4 401	18.2%	745.5
东莞市	93.8	6.6%	629	2.6%	1 491.9
肇庆市	52.9	3.7%	124	0.5%	4 269.1
佛山市	14.7	1.0%	696	2.9%	210.9
惠州市	9.5	0.7%	237	1.0%	401.3
其他	27.3	1.9%	12 123	50.0%	22.5
总和	1 412.5	100.0%	24 246	100.0%	582.6

注：各城市成交额数据采用四舍五入法保留一位小数，总和数据为精确值。

城市建设与社会发展技术领域的技术吸纳主体主要集中在深圳市和广州市，其中深圳市的平均单项成交额最高，广州市吸纳的项目数量最多。深圳所吸纳的此技术领域的技术交易项目买方集中度高，成交额前十位的合同项目有9项买方企业为深圳市华为技术有限公司，合同项目均为境外委托研发合同，最高单项成交额超26亿元。广州所吸纳的此技术领域技术合同特点是覆盖范围广泛，买方主体也更为分散，前十大成交项目中除两项为同一买方主体外，其余项目均为不同主体所吸纳。广州市的技术吸纳主体性质也与深圳市存在显著差异，广州市前十大技术吸纳主体中机关法人有4个，事业法人有3个，企业法人有2个，呈现出明显的以公共事业为主导的特点。

表4－23 2021年城市建设与社会发展技术领域技术吸纳主体地域构成

	成交额（亿元）	占比	吸纳项目数量（项）	占比	平均单项成交额（万元）
深圳市	254.6	45.0%	676	11.7%	3 766.7
广州市	166.3	29.4%	3 258	56.2%	510.6
东莞市	56.0	9.9%	199	3.4%	2 816.2

（续上表）

	成交额（亿元）	占比	吸纳项目数量（项）	占比	平均单项成交额（万元）
江门市	32.8	5.9%	118	2.0%	2 775.5
汕头市	28.7	5.1%	39	0.7%	7 356.1
其他	27.9	4.9%	1 505	26.0%	185.7
总和	566.4	100%	5 795	100%	977.4

注：各城市成交额数据采用四舍五入法保留一位小数，总和数据为精确值。

在现代交通技术领域的技术吸纳主体中，广州市占据了明显的主导地位，反映出广州市作为广东省省会城市，旧城改造与交通基础设施建设力度大。2021 年成交额 293.8 亿元，在所有现代交通技术领域的吸纳主体中占比为 76.2%，前两大技术成交项目买方主体均为广州地铁集团有限公司。此外，中山市的平均单项成交额超过了 4 亿元，单项成交额最高达到 55 亿元，合同项目为中山市坦洲快线（一期）工程 PPP 项目设计施工总承包项目。

表 4－24　2021 年现代交通技术领域技术吸纳主体地域构成

	成交额（亿元）	占比	吸纳项目数量（项）	占比	平均单项成交额（万元）
广州市	293.8	76.2%	315	42.9%	9 326.3
中山市	56.4	14.6%	13	1.8%	43 386.0
江门市	19.0	4.9%	23	3.1%	8 244.6
深圳市	6.7	1.7%	84	11.4%	799.8
惠州市	5.3	1.4%	16	2.2%	3 311.7
其他	4.5	1.2%	283	38.6%	157.4
总和	385.7	100.0%	734	100.0%	5 253.6

注：各城市成交额数据采用四舍五入法保留一位小数，总和数据为精确值。

新能源与高效节能技术领域技术吸纳主体则以广州市和珠海市为主，广州市的项目覆盖广，而珠海市的大型项目较多。珠海市的平均单项成交额达到了 1.4 亿元，为广州市平均单项成交额的 12.7 倍，吸纳的大型技术项目主要为电能电力和石油天然气勘探开发及应用项目，其中前两大项目均为海上风电，第三大项目为深海石油。

表 4 – 25　2021 年新能源与高效节能技术领域技术吸纳主体地域构成

	成交额（亿元）	占比	吸纳项目数量（项）	占比	平均单项成交额（万元）
广州市	61. 6	27. 5%	548	15. 3%	1 124. 1
珠海市	60. 1	26. 8%	42	1. 2%	14 312. 7
深圳市	20. 9	9. 3%	163	4. 6%	1 280. 4
江门市	19. 4	8. 6%	133	3. 7%	1 462. 3
湛江市	18. 4	8. 2%	28	0. 8%	6 562. 8
惠州市	15. 5	6. 9%	87	2. 4%	1 783. 0
其他	28. 4	12. 7%	2 577	72. 0%	110. 3
总和	224. 3	100. 0%	3 578	100. 0%	627. 0

注：各城市成交额数据采用四舍五入方法保留一位小数，总和数据为精确值。

先进制造技术领域技术吸纳主体中，广州市总成交额最大，珠海市平均单项成交额仍然最高，佛山市所吸纳的项目数量最多。广州市某汽车企业，在广州市所吸纳的先进制造技术领域技术交易项目中表现突出，前十大成交项目中，以该企业为买方的项目占据了 5 项。珠海市先进制造领域技术吸纳的前十大交易项目中，有 4 项的买方主体为某电子科技企业，合同项目均为技术许可与技术支援，有 5 项的买方主体为某纺织业企业，合同项目均为技术秘密转让。

表 4 – 26　2021 年先进制造技术领域技术吸纳主体地域构成

	成交额（亿元）	占比	吸纳项目数量（项）	占比	平均单项成交额（万元）
广州市	69. 1	41. 9%	746	19. 7%	926. 3
珠海市	46. 6	28. 2%	129	3. 4%	3 610. 8
东莞市	19. 2	11. 6%	485	12. 8%	396. 0
深圳市	9. 9	6. 0%	505	13. 4%	196. 5
惠州市	7. 7	4. 7%	104	2. 8%	744. 2
佛山市	4. 4	2. 7%	1 229	32. 5%	35. 8
其他	8. 0	4. 9%	583	15. 4%	137. 5
总和	165. 0	100. 0%	3781	100. 0%	436. 3

注：各城市成交额数据采用四舍五入方法保留一位小数，总和数据为精确值。

广东省技术吸纳主体自境外所吸纳的技术主要应用于先进制造、电子信息、新能源与高效节能等产业的发展，以推动广东省高新技术产业发展，增强主导产业的支撑带动作用，提高能源利用效率，转换经济增长方式和优化经济增长结构。不同于整体吸纳情况的是，先进制造业远超电子信息产业占据了主导地位，且其平均单项成交额为整体平均单项成交额的 16 倍，表现出对产业发展的重要拉动作用。

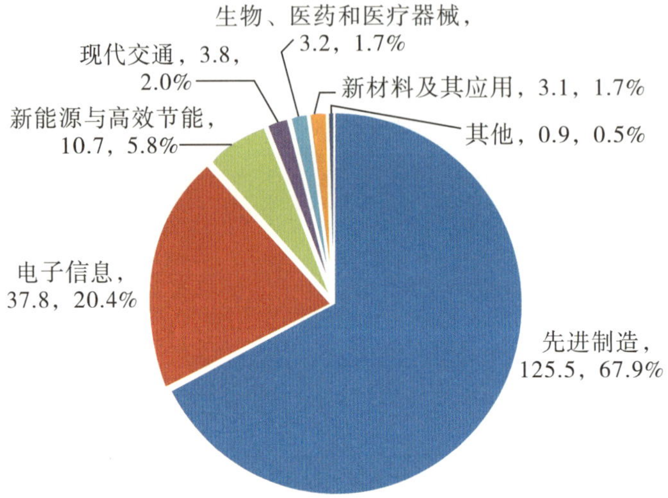

图 4－19　2021 年广东省自境外吸纳技术的技术领域构成（单位：亿元）

表 4－27　2021 年广东省自境外吸纳技术的不同技术领域成交情况

	成交额（亿元）	占比	输出项目数（项）	占比	平均单项成交额（万元）
先进制造	125.5	67.9%	179	50.3%	7 010.6
电子信息	37.8	20.4%	103	28.9%	3 671.3
新能源与高效节能	10.7	5.8%	5	1.4%	21 301.5
现代交通	3.8	2.0%	18	5.1%	2 098.5
生物、医药和医疗器械	3.2	1.7%	16	4.5%	1 998.8
新材料及其应用	3.1	1.7%	27	7.6%	1 135.6
核应用	0.5	0.3%	1	0.3%	5 280.8
环境保护与资源综合利用	0.3	0.2%	4	1.1%	840.1
航空航天	0.1	0.0%	3	0.8%	218.6

5. 主要技术吸纳主体特征

2021 年广东省自广东省内、港澳台地区和境外地区吸纳技术成交额排名前 20 位的吸纳主体主要集中在广州、深圳、东莞、珠海、肇庆等科技创新驱动力强、龙头企业科技创新带动作用明显的城市。前二十大技术吸纳主体平均单项成交额普遍较高，多数主体平均单项成交额超亿元。某科技公司在广东省技术交易输出市场和吸纳市场中均处于龙头领先地位，对广东省技术交易市场具有明显的拉动作用。

广东省重点技术领域技术吸纳集中度高，重点项目为省内少数几个吸纳主体所吸纳。在各个技术领域中，技术吸纳集中度超过50%的有电子信息，现代交通，生物、医药和医疗器械，航空航天。从前二十大技术吸纳主体自广东省内、港澳台地区及境外地区所吸纳技术涉及的技术领域来看，电子信息技术成交额及吸纳项目数仍居首位，成交额在前二十大技术吸纳主体中占比为 53.8%，吸纳项目数占比达到 76.2%，技术吸纳集中度超过六成，远高于电子信息技术领域的技术输出集中度（38.6%）。航空航天技术领域的技术吸纳集中度更是达到了 90.8%，该领域技术规格高、可替代性低、附加值高、价值量大，需要买方具备充足的资金实力，因而技术吸纳集中在少数企业。

表 4－28　2021 年广东省主要技术吸纳主体吸纳技术的技术领域情况

	成交额（亿元）	占比	吸纳项目数（项）	占比	平均单项成交额（万元）	技术吸纳集中度*
电子信息	913.1	53.8%	901	76.2%	1.01	64.6%
现代交通	299.6	17.6%	77	6.5%	3.89	77.7%
城市建设与社会发展	275.2	16.2%	114	9.6%	2.41	48.6%
先进制造	68.7	4.0%	35	3.0%	1.96	41.6%
生物、医药和医疗器械	56.0	3.3%	7	0.6%	8.00	56.4%
新能源与高效节能	50.6	3.0%	18	1.5%	2.81	22.6%
航空航天	34.7	2.0%	4	0.3%	8.66	90.8%
新材料及其应用	0.5	0.0%	21	1.8%	0.02	3.1%
环境保护与资源综合利用	0.0	0.0%	6	0.5%	0.00	0.0%

*技术吸纳集中度＝前二十大吸纳主体在该技术领域的吸纳额/全省技术吸纳主体在该技术领域的吸纳总额。

（三）技术交易市场交易现状

1. 技术交易合同类别构成

广东省技术交易市场合同类型以技术服务为主，科技服务业的地位凸显，技术咨询合同价值最低。2021 年广东省技术交易市场总成交额为 4 292.7 亿元，成交合同数为 4 9261 项，平均单项成交额为 871.4 万元。2021 年，广东省技术服务合同成交额位居第一位，达 2 080.2 亿元，占全省技术合同成交总额的 48.5%，成为技术交易的主要方式。其次是附加值相对更高的技术开发合同，成交额 1 402.5 亿元，占比 32.7%。此外，技术开发合同的增幅最大，成交额较 2020 年上涨 49.1%；技术咨询合同成交额增幅最小，成交额为

41.7亿元，较2020年减少64.8%。在四类技术合同中，平均单项成交额最高的为技术转让合同，最低的为技术咨询合同，二者相差49倍。

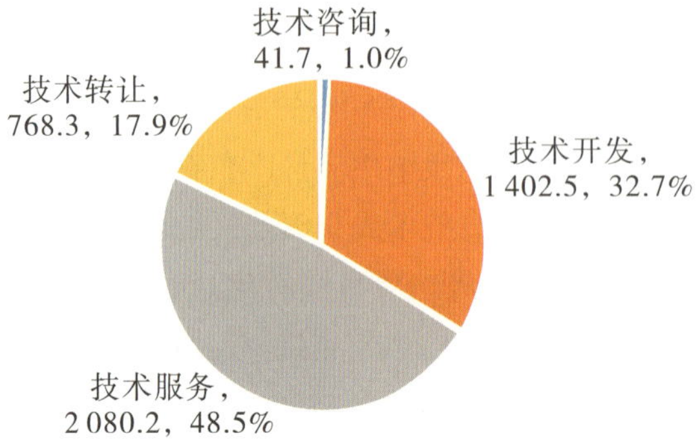

图4-20　2021年广东省技术交易市场合同类型结构（单位：亿元）

表4-29　2021年广东省技术交易市场四大合同类型成交情况

技术合同类别	成交额（亿元）	占比	成交项目数（项）	占比	平均单项成交额（万元）
技术服务	2 080.2	48.5%	22 113	44.9%	940.7
技术开发	1 402.5	32.7%	19 366	39.3%	724.2
技术转让	768.3	17.9%	2 083	4.2%	3 688.6
技术咨询	41.7	1.0%	5 699	11.6%	73.2

从各单项技术合同类别来看，技术服务合同具体类别包括一般性技术服务、技术中介和技术培训，其中一般性技术服务在技术服务合同总成交额的占比为99.99%，趋近于

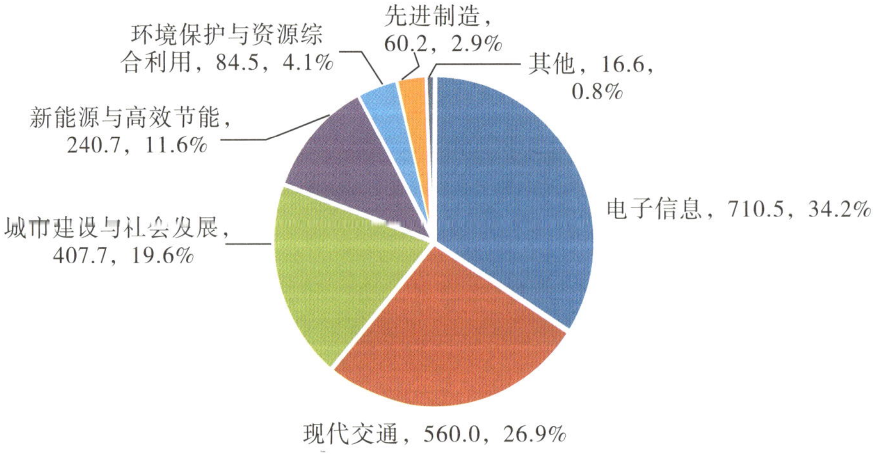

图4-21　2021年广东省技术交易市场技术服务合同一级技术领域构成（单位：亿元）

100%，技术中介和技术培训的份额可忽略不计。此外，技术服务合同主要集中在电子信息、现代交通、城市建设与社会发展、新能源与高效节能技术领域，而生物、医药和医疗器械，农业，新材料及其应用，核应用，航空航天技术领域的交易总额仅为 16.6 亿元，总占比仅为 0.8%。未涉及知识产权的合同占比 79.59%，涉及知识产权的 20.41% 的技术服务合同中，技术秘密、计算机软件著作权、专利的占比分别为 11.90%、5.52% 和 2.90%。

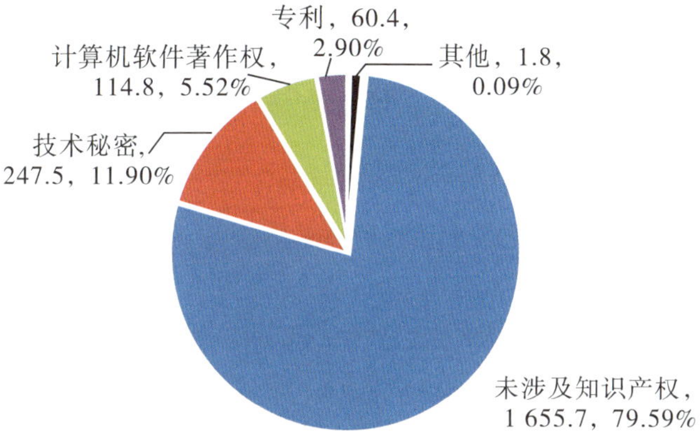

图 4－22　2021 年广东省技术交易市场技术服务合同知识产权类别构成（单位：亿元）

技术开发合同以委托开发合同为主、合作开发合同为辅，合同技术领域集中，技术开发合同知识产权涉及率更高。2021 年技术开发合同中委托开发合同成交额占比 84.1%，合作开发合同的占比为 15.9%。值得注意的是，合作开发合同的平均单项成交额 2 291.2 万元，是委托开发合同平均单项成交额 641.4 万元的 3.6 倍。2021 年成交的技术开发合同高度集中在电子信息和城市建设与社会发展技术领域，二者成交额之和占比达 85.4%。技术开发合同中涉及知识产权的合同占比超过六成，高于技术服务合同，其中涉及技术秘密的份额最大。

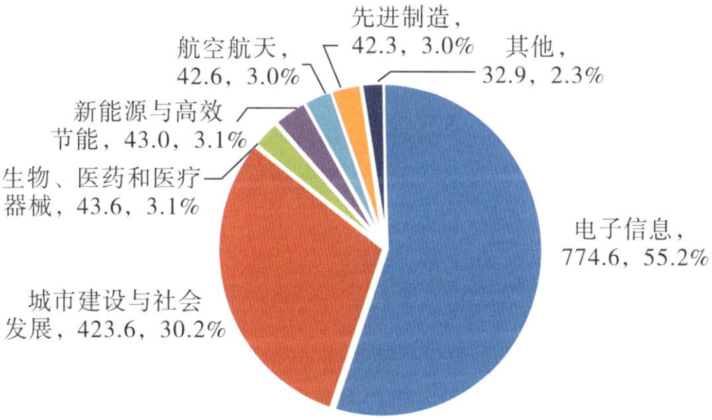

图 4－23　2021 年广东省技术交易市场技术开发合同一级技术领域构成（单位：亿元）

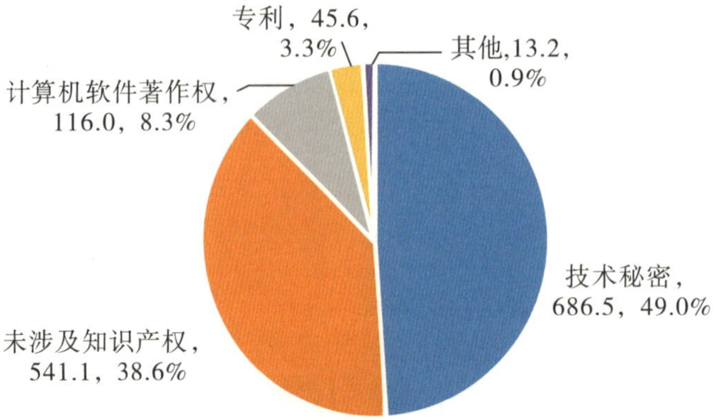

图 4-24　2021 年广东省技术交易市场技术开发合同知识产权类别构成（单位：亿元）

技术转让合同的类别更为丰富，在八类技术转让合同中，成交额占比最大的类别为技术秘密转让，2021 年成交额占比 53.2%。其次是专利实施许可转让和专利权转让，占比分别为 23.0% 和 14.6%。剩余类别包括其他的专利申请权转让，计算机软件著作权转让，生物、医药新品种权转让，植物新品种权转让，集成电路布图设计专有权转让，总占比为 9.2%。技术转让合同技术领域中，占比最高的仍然为电子信息技术领域，占比达到 68.74%，这一份额高于技术服务和技术开发合同。其次是先进制造，生物、医药和医疗器械技术领域，占比分别为 14.38% 和 11.92%。在技术转让合同中，仅有 7.26% 的合同未涉及知识产权。

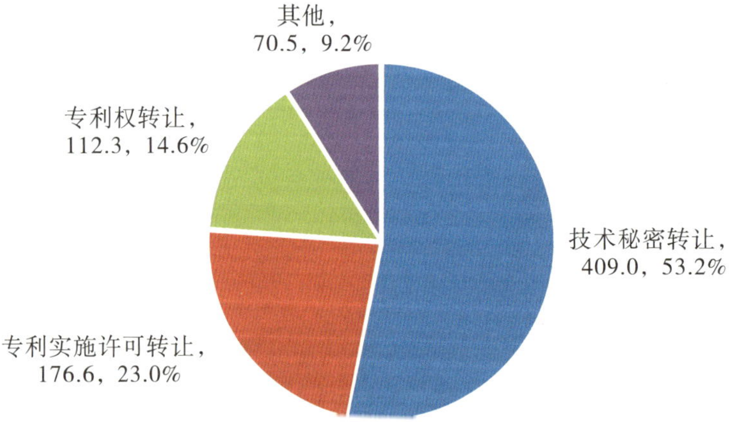

图 4-25　2021 年广东省技术交易市场技术转让合同类别构成（单位：亿元）

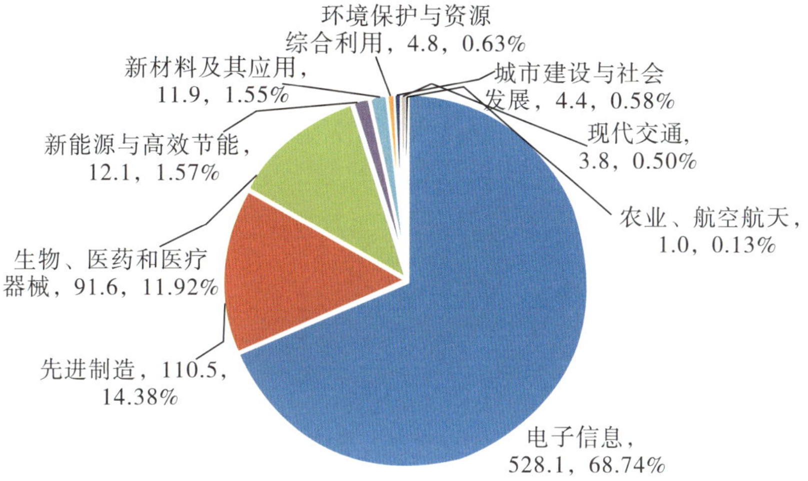

图 4－26　2021 年广东省技术交易市场技术转让合同一级技术领域构成（单位：亿元）

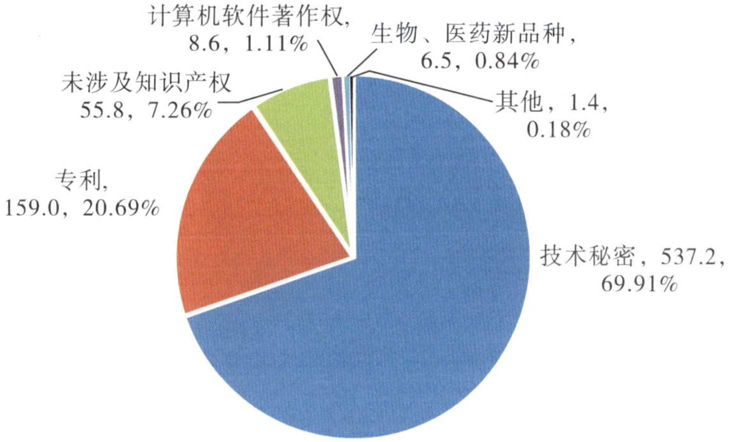

图 4－27　2021 年广东省技术交易市场技术转让合同知识产权类别构成（单位：亿元）

技术咨询合同中电子信息技术领域的技术仍然居于绝对的主导地位，其成交额占比接近六成。环境保护与资源综合利用领域的技术咨询合同占比首次位于前列，占比为 16.5%，远超其该类型技术在技术服务、技术开发和技术转让合同中的占比。由于技术咨询合同本身的性质，未涉及知识产权比例高达 91.6%。

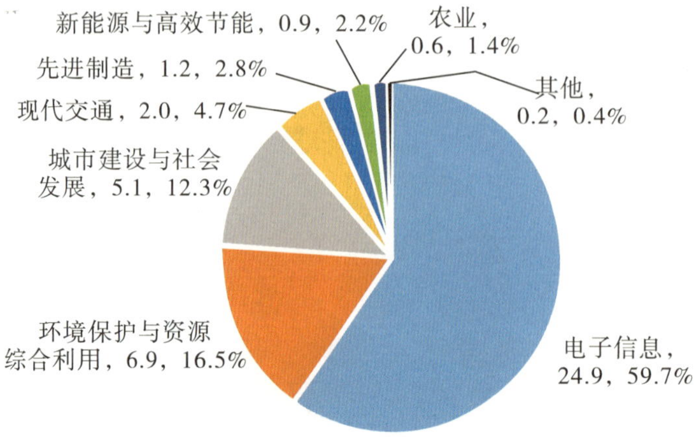

图 4－28　2021 年广东省技术交易市场技术咨询合同一级技术领域构成（单位：亿元）

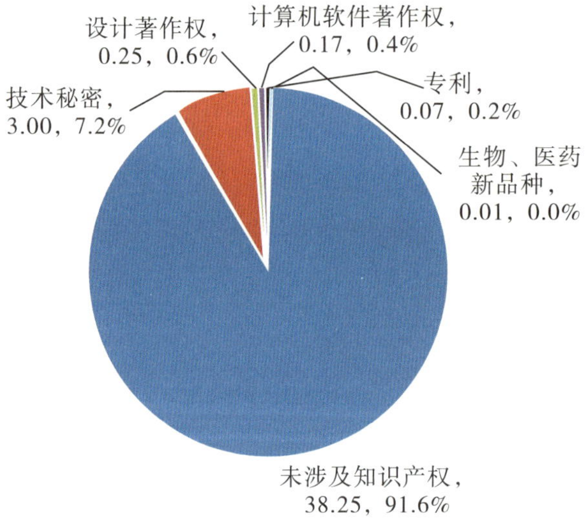

图 4－29　2021 年广东省技术交易市场技术咨询合同知识产权类别构成（单位：亿元）

2. 重大技术交易合同构成

将单项成交额在 1 000 万元以上的技术交易合同划分为重大技术交易合同。2021 年重大技术交易共 2 422 项，占比 4.9%，而合同总成交额为 3 885.9 亿元，占比 90.5%。在重大技术交易合同中，技术开发合同的成交项目数（1 176 项）高于技术服务合同（903 项），而成交总额（1 151.6 亿元）仍然低于技术服务合同（1 962.8 亿元）。

表 4－30　2021 年广东省技术交易市场重大技术交易合同类别构成

合同类型	成交额（亿元）	占比	项目数量（项）	占比	平均单项成交额（万元）
技术服务	1 962.8	50.5%	903	37.3%	2.17
技术开发	1 151.6	29.6%	1 176	48.6%	0.98

（续上表）

合同类型	成交额（亿元）	占比	项目数量（项）	占比	平均单项成交额（万元）
技术转让	744.5	19.2%	319	13.2%	2.33
技术咨询	27.0	0.7%	24	1.0%	1.13

3. 技术交易合同社会—经济目标

广东省技术交易市场社会—经济目标以支撑工商业发展为主要目标，服务于社会发展和城乡建设的合同居于前列。2021年以工商业发展为社会—经济目标的项目成交总额为1 809.9亿元，占比近五成，成交项目数13 290项，较2020年增长。其次为社会发展和社会服务，成交额1 089.1亿元，占比25.4%，成交项目数12 597项。平均单项成交额最高的为非定向研究合同，其2021年平均单项成交额为1 644.2万元。服务于国防的技术合同成交额较2020年增长108.5%，增幅居首位。服务于能源生产、分配和合理利用的技术合同总成交额相较于2020年同比下降53.8%，下降幅度居首位。

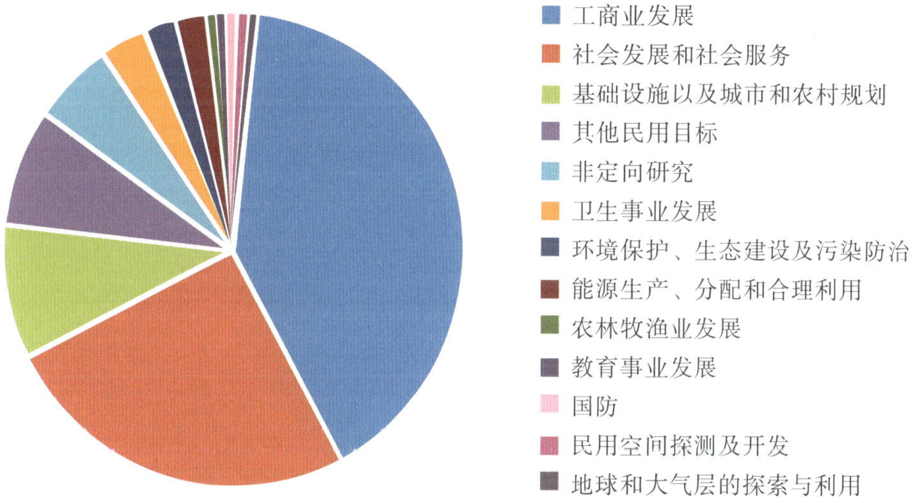

图4－30 2021年广东省技术交易市场成交合同社会—经济目标构成

表4－31 2021年广东省技术交易市场成交合同社会—经济目标情况

社会—经济目标	成交总额（亿元）	占比	成交项目数（项）	占比	平均单项成交额（万元）
工商业发展	1 809.9	42.2%	13 290	27.0%	1 361.9
社会发展和社会服务	1 089.1	25.4%	12 597	25.6%	864.5
基础设施以及城市和农村规划	392.3	9.1%	2 591	5.3%	1 514.3
其他民用目标	348.6	8.1%	6 880	14.0%	506.8

（续上表）

社会—经济目标	成交总额（亿元）	占比	成交项目数（项）	占比	平均单项成交额（万元）
非定向研究	244.7	5.7%	1 488	3.0%	1 644.2
卫生事业发展	140.5	3.3%	2 022	4.1%	695.0
环境保护、生态建设及污染防治	97.1	2.3%	3 409	6.9%	284.7
能源生产、分配和合理利用	94.1	2.2%	4 550	9.2%	206.9
农林牧渔业发展	28.8	0.7%	1 318	2.7%	218.5
教育事业发展	26.6	0.6%	486	1.0%	546.5
国防	12.7	0.3%	270	0.6%	470.3
民用空间探测及开发	6.8	0.2%	238	0.5%	283.7
地球和大气层的探索与利用	1.5	0.0%	122	0.3%	125.3

（四）技术转移机构发展现状

广东省国家技术转移机构数量位居前列，广州市和深圳市为广东省技术转移双核心。根据《2022 全国技术市场统计年报》数据，2021 年广东省国家技术转移机构共 31 家，数量在全国排名第 3 位，其中 12 家位于广州市，11 家位于深圳市，4 家位于东莞市，3 家位于中山市，1 家位于佛山市。

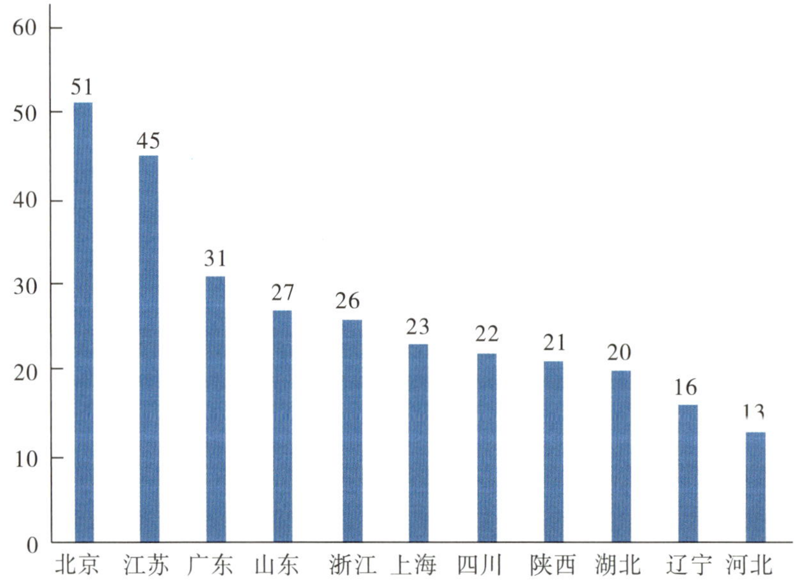

图 4－31　2021 年国家技术转移机构数量前十大省市

资料来源：《2022 全国技术市场统计年报》。

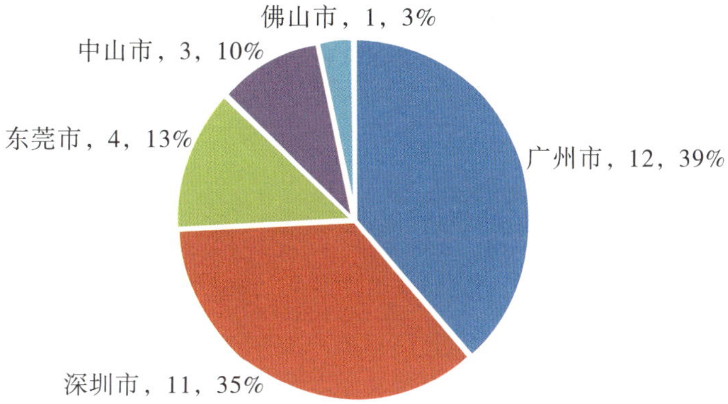

图 4－32　2021 年广东省国家技术转移机构分布情况（单位：家）

资料来源：《2022 全国技术市场统计年报》。

技术（产权）交易机构是以企业和产业吸纳为导向，整合创新要素和创新资源，提供技术孵化、技术转让、技术咨询、技术评估、技术投融资、技术产权交易、知识产权运营及技术信息平台等专业性和综合性服务的机构，是技术转移服务体系的重要组成部分。2021 年广东省共有深圳联合产权交易所股份有限公司和广州产权交易所广州技术产权交易中心两家技术（产权）交易机构。根据《2022 全国技术市场统计年报》数据，2021 年这两家技术（产权）交易机构共成交技术合同项目 192 项，总金额 7.3 亿元，其中 100% 为战略性新兴产业技术成交金额，共组织技术转移培训 215 人次，从业人员共 146 人。因深圳联合产权交易所股份有限公司主营业务为国有股权交易，故成交技术合同项目及成交金额均为 0。

表 4－32　2021 年广东省技术（产权）交易机构交易情况

技术（产权）交易机构名称	成交技术合同项目（项）	成交金额（亿元）					开展技术推广和交易活动（次）	组织培训（人次）	从业人员(人)
		总金额	其中：促成战略性新兴产业技术成交金额	其中：促成公共财政投入计划项目成交金额	其中：促成国际技术转移项目成交金额	其中：促成重大技术转移项目成交金额			
广州产权交易所广州技术产权交易中心	192	7.3	7.3	0	0	0	0	215	5

（续上表）

技术（产权）交易机构名称	成交技术合同项目（项）	成交金额（亿元）					开展技术推广和交易活动（次）	组织培训（人次）	从业人员(人)
		总金额	其中：促成战略性新兴产业技术成交金额	其中：促成公共财政投入计划项目成交金额	其中：促成国际技术转移项目成交金额	其中：促成重大技术转移项目成交金额			
深圳联合产权交易所股份有限公司	0	0	0	0	0	0	0	0	141

资料来源：《2022 全国技术市场统计年报》。

二 广东省技术市场存在的问题

（一）技术交易市场存在供需错配

经济社会发展衍生出的巨大技术吸纳难以在当地得到有效的满足，本地技术输出数量和质量均需大幅提升。2021 年，广东省输出技术项目 48 857 项，成交金额为 4 099.6 亿元，占全国技术输出项目总成交额的 11.0%，其中，技术流向省内共 34 367 项，成交额 2 806.4亿元。广东省吸纳技术项目 71 428 项，成交金额为 5 490.6 亿元，占全国技术合同总成交额的 14.7%。虽然广东省技术流向主要以省内为主，交易项目数占比达七成，但本地技术输出无论是交易项目数还是成交总额，都远小于技术吸纳。

横向对比来看，北京、上海、陕西、天津、湖北等省市高校科研资源丰富，技术辐射扩散优势明显，处于技术贸易顺差地位，其中，北京 2021 年技术贸易顺差为 3 566.6 亿元，居全国首位。相比之下，广东、江苏和浙江等东部发达省份处于技术贸易逆差地位，广东技术贸易逆差最大，达 1 391.0 亿元，这在一定程度上表明广东省内技术输出难以满足本地技术吸纳。进一步地，从技术合同成交额占 R&D 经费比重来看，2021 年广东技术合同成交额占广东省 R&D 经费比重仅为 107.3%，低于全国总体水平 133.4%。可见，广东技术市场对科技成果的转化率及对科技资源的利用率都不高，科技成果与产业结合不紧密，大量技术成果并未走入市场，未形成产业应用，技术输出数量和质量亟待提高。

（二）技术服务与中介机构发展不充分

技术交易服务机构是科技成果转化体系的重要组成部分。根据《2022 全国技术市场统计年报》，截至 2021 年，广东共拥有 31 家国家技术转移机构，居全国第三，低于北京的 51 家和江苏的 45 家。按照所属机构类型划分：政府所属机构 18 家（全国 244 家）；依托科研院所 5 家（全国 36 家）；依托高等院校 4 家（全国 74 家）；技术（产权）交易机构 2 家（全国 6 家）；独立第三方市场化机构 2 家（全国 39 家）。从科技部火炬中心 2020 年对全国技术转移机构进行的考核评价结果来看，广东技术转移机构被评价为优秀等级的数量为 0，7 家良好，15 家合格，9 家不合格，1 家（广大康奈尔中关科技转移中心）被取消资格。与此同时，科技部火炬高技术产业开发中心统计数据显示，广东国家技术转移机构 2019 年促成技术转移金额仅为 0. 23 亿元，其中促成国际技术转移项目为 0，与北京、上海等地区差距较大，技术转移机构服务能力有待增强。

（三）科技成果转化效率不高

一是高等院校和科研机构技术转移意愿不强。2021 年，广东省高等院校和科研机构作为卖方的技术合同成交额仅占全省总成交额的 2. 5%。根据《2022 全国技术市场统计年报》，2021 年全国高等院校输出技术成交额排名前 20 位高校中，广东省高校仅华南理工大学入围，排名第 17 位，而上海市入围高校 4 家，湖北 4 家，江苏 3 家，西安 2 家。广东省高等院校和科研机构作为技术创新体系的重要组成部分和前沿阵地，在技术市场中未能展现其应有的价值。二是从技术合同交易双方构成来看，广东省技术合同的交易双方中，企业法人依然为最大的技术输出方和技术吸纳方。2021 年，以高等院校、科研机构为技术输出主体输出技术，成交量最多的吸纳方为企业法人，但企业法人平均单项成交额不及机关法人单位，即通过政府购买服务等方式自高等院校、科研机构吸纳技术。

表 4 - 33　2021 年高等院校、科研机构输出技术的买方类别情况

	成交总额（亿元）	占比	成交项目数（项）	占比	平均单项成交额（万元）
企业法人	22. 18	75. 9%	5 239	71. 5%	42. 33
机关法人	5. 36	18. 4%	814	11. 1%	65. 89
事业法人	1. 49	5. 1%	1 153	15. 7%	12. 90
自然人	0. 15	0. 5%	59	0. 8%	25. 45
其他组织	0. 02	0. 1%	33	0. 5%	6. 38
社团法人	0. 02	0. 1%	25	0. 3%	6. 02

（四）邻近港澳优势并未得到充分发挥

2021 年香港输出到广东的技术合同为 23 项，成交额 5. 24 亿元，澳门输出到广东的技术合同成交项目数为 0。港澳地区从广东吸纳技术交易项目共 516 项，成交额为 92. 2 亿

元。广东与港澳地区的技术交易无论是从频率，还是成交金额上看都处于较低水平，粤港澳间的互补性优势未能充分发挥。

表 4－34　2021 年港澳地区与广东省技术交易情况

	输出技术			吸纳技术		
	成交额（亿元）	成交项目数（项）	平均单项成交额（万元）	成交额（亿元）	成交项目数（项）	平均单项成交额（万元）
香港—广东	5.24	23	2 278.26	92.18	497	1 854.73
澳门—广东	0	0	0	0.13	19	68.42

注："香港—广东" 输出技术是指香港向广东输出技术情况；"香港—广东" 吸纳技术指香港自广东吸纳技术情况；"澳门—广东" 同理。

（五）专利技术转移实施率处于较低水平

广东省专利技术转移实施率在 2019—2020 年大幅下降之后，2020—2021 年有所回升，但专利技术转移实施率绝对值仍处于较低的水平。较低的专利技术转移实施率表明目前广东省存在专利资源过剩状况，专利资源的市场交易活跃度较低，专利成果扩散效应有待提升，专利市场化交易机制和交易激励机制有待进一步完善。

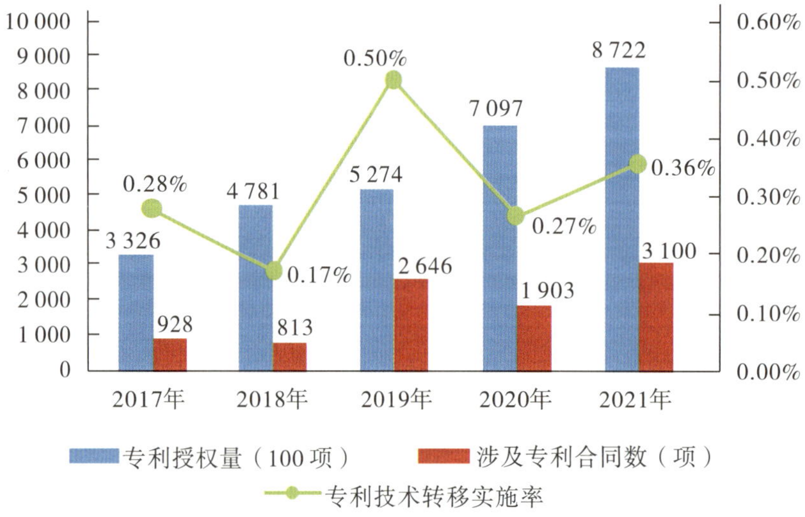

图 4－33　2017—2021 年广东省专利授权量及涉及专利合同数量变化情况

注：本报告专利技术转移实施率的计算方式参考《北京技术市场发展报告（2011）》，专利技术转移实施率 = 当年涉及专利的交易项目数量/当年专利授权量。

第五章　广东省技术市场发展面临的形势*

一　广东省技术市场发展机遇

（一）建立全国统一大市场有利于技术市场繁荣

2022 年 4 月 10 日中共中央、国务院发布了《关于加快建设全国统一大市场的意见》，明确提出要加快培育统一的技术和数据市场，指出要建立健全全国性技术交易市场，完善知识产权评估与交易机制，鼓励不同区域之间进行科技信息交流互动，推动重大科研基础设施和仪器设备开放共享，加大科技领域国际合作力度。同时提出要加快培育数据要素市场，建立健全数据安全、权利保护、跨境传输管理、交易流通、开放共享、安全认证等基础制度和标准规范，深入开展数据资源调查，推动数据资源开发利用。

近几年，我国技术市场得益于国家知识产权体系的完善以及“大众创业、万众创新”的市场环境得到较快发展，例如高校已经有了非常明确的技术转化相关规定与鼓励政策，产学研结合项目也日益增多，但我国技术转化率依然不高，有待进一步优化。建立全国统一大市场将有利于技术市场配置改革，强化全国各区域技术市场体系之间的协同效应，形成全国性规则统一的协调机制，在全国范围内避免各地区、各领域制度创新所导致的潜在市场割据和技术壁垒，降低技术交易行政成本，加快技术要素的交易流通和开发应用，释放技术商品潜力与价值，为技术市场繁荣发展带来新机遇，有力推动我国经济高效率增长和高质量发展。

具体对广东省技术交易市场而言，它长期存在较大的技术需求缺口，依赖省外技术商品供给，建立全国统一大市场有利于降低交易成本，促进其健康发展。根据《2021 全国技术市场统计年报》数据，2020 年广东省全省所吸纳的技术交易合同总成交额为4 306. 3 亿元，输出项目总额为 3 267. 2 亿元，存在 1 039. 1 亿元的交易逆差，同比增长 15. 12%，技术商品需求缺口逐年扩大。而 2020 年广东省自大陆省外吸纳的技术交易合同成交额为

---

* 本章第一执笔人为暨南大学产业经济研究院王力平。本章统计数据来自广东省统计局。

1 890.7亿元，占当年吸纳技术成交总额的43.9%，吸纳的项目数为27 560项，占当年吸纳技术交易项目总额的49.2%，平均单项成交额为686.0万元，省外技术商品是弥补广东技术交易市场技术需求的重要供给来源。建立全国统一大市场，通过打破技术商品资源流通的“地理壁”“规则壁”，纾解技术要素资源在配置中面临的扭曲，破除妨碍技术要素市场化配置的体制机制障碍，将进一步降低广东省获取省外技术商品的制度性交易成本，充分发挥技术市场的规模效应和集聚效应。

（二）要素市场化改革创建技术市场交易新形式

2020年3月，中共中央、国务院印发《关于构建更加完善的要素市场化配置体制机制的意见》，首次对土地、劳动力、资本、技术、数据五大生产要素的市场化配置改革作出顶层部署，充分说明党中央、国务院高度重视技术要素市场发展与科技成果转移转化工作。在此之前，由于产权制度不完善，特别是体制内职务科技成果的产权界定不清晰，以及数据的产权界定规则尚未建立，我国的技术和数据的要素市场发育受到了一定影响。

从以往技术合同的结构组成来看，80%以上是企业之间的交易，当初开放技术市场所希冀的让高校科研院所广泛进入市场，提供市场服务的政策目标其实并没有实现。在这一点上，新的要素市场化改革意见中明确提出，要健全职务科技成果产权制度，深化科技成果使用权、处置权和收益权改革，开展赋予科研人员职务科技成果所有权或长期使用权试点，培育发展技术转移机构和技术经理人，促进技术要素与资本要素相结合，这些措施或将突破我国当前更多局限在企业之间技术交易形势，为我国的技术要素市场化配置改革提供更加系统、多样和有效的解决方案。同时要素化市场改革也提到政府将进一步放权，让被政府配置或是倾向于自我空转的技术要素，变成市场主体可以策动和使用的资源，尤其是需要在整体上有更多的技术要素为企业所用。

在要素市场化改革的大背景下，科研院校有希望进一步深化融入广东省技术市场，提升科技成果的转化率。从技术合同成交额占R&D经费比重来看，2020年广东省技术合同成交额占R&D经费比重仅为93.9%，低于全国平均水平115.7%，而2021年广东省高等院校和科研机构作为卖方的技术合同成交额仅占全省总成交额的2.5%，充分说明广东技术市场对高校科研院所这一重要的科技资源利用效率不高，技术成果与产业结合不够紧密，亟须要素市场化改革。对此，要素市场化改革政策的及时出台或将大幅改良这一现象，为广东省技术市场交易形势带来新发展。

（三）产业转型升级大趋势催生技术交易新需求

随着经济发展水平提高和社会环境变化，我国国际分工有所转变，人口红利逐渐消失，工程师红利开始初步显现，逐步由劳动密集型产业向技术密集型产业转型升级是大势所趋，而产业转型升级离不开技术的支持，由此催生了重点产业对相应技术商品交易的新需求。

数字化转型是中国产业升级的重要方向，相关产业技术交易需求将迎来新增长。中国产业数字化规模逐年上升，2020 年我国产业数字化规模约为 31.7 万亿元，同比增长 10.3%。作为数字化的应用领域之一，中国车联网 2015 年市场规模为 442.3 亿元，2020 年约为 2 126.5 亿元，年复合增速接近 30%。其他相关领域如工业互联网、智能制造、5G、智慧城市等也有着大幅增长，预计未来数字化相关产业也会继续保持增长，进而产生数字技术交易新需求。

“双碳”战略实施的大背景下，重污染企业转型升级带来的绿色技术交易需求日益上涨。在我国提出碳达峰、碳中和目标的形势下，推进绿色技术创新，对石化产业等重污染工业进行转型升级是一个必然选择。相关绿色技术交易需求迎来攀升，全国多地开始建立绿色技术交易市场，类似新能源产业相关的绿色技术商品交易将在未来几年继续保持增长态势。

（四）战略产业集群技术交易占比将进一步提升

2021 年广东省吸纳十大战略性支柱产业集群的技术有 17 005 项，成交总额为1 517.2 亿元，占比 50.6%，吸纳十大战略性新兴产业集群的技术有 11 119 项，成交总额 483.6 亿元，占比 16.1%，预计在将来为了适应广东省产业发展需求，相关战略产业技术交易占比还将有进一步提升，助力广东省培育若干具有全球竞争力的产业集群，推动产业高质量发展。

（五）经费投入增长与科技进步扩大技术商品供给

2021 年，广东区域创新综合能力连续五年位居全国第一，全省研发经费支出从 2017 年的 2 344 亿元增加到 2021 年的超 3 800 亿元，占地区生产总值比重从 2.61% 提高到 3.14%；全省研发人员突破 110 万人；发明专利有效量、PCT 国际专利申请量等指标均居全国首位。经费投入与技术产品供给呈正相关，广东省持续扩大的经费投入将进一步扩大技术商品供给，缓解技术缺口。同时，广东省注重科研院校建设，积极打造产业园区推进产学研合作新形式，也将提高科技成果转化率，增加技术商品供给。

表 5－1 2017—2021 年广东省 R&D 经费投入情况

年份	R&D 经费（亿元）	同比增长
2017	2 344	—
2018	2 705	15.40%
2019	3 098	14.53%
2020	3 480	12.33%
2021	3 800	9.20%

二 广东省技术市场发展挑战

（一）复杂国际形势加剧了国际技术转移障碍

近年来，中美经贸摩擦不断升级，叠加新冠肺炎疫情、俄乌战争、台海动荡等重大事件影响，国际形势愈发复杂，未来国际技术转移障碍或将进一步加剧。作为一个发展中国家，我国曾经很长一段时间技术进步严重依赖于发达国家的国际技术转移，近年来虽然科技发展迅速摆脱了部分依赖，但在关键科技上依然面临着“卡脖子”难题，一些高科技行业暂时还离不开国际技术转移。特别是美国将“十四五”视为“围堵”中国的重要窗口期，联合盟友加大了对中国的技术出口限制，如 2022 年美国《芯片和科学法案》签署成法，限制中美正常科技合作，打压我国芯片产业。从贸易战开始到现在，美国加剧了对中国的技术封锁，阻碍了尖端科技的国际技术转移，对我国科技发展产生了不利影响。

美国是广东省技术市场吸收国际技术转移的主要来源国之一，中美关系恶化对广东省技术市场造成一定冲击。2021 年广东省从美国吸纳技术成交额为 6.3 亿元，吸纳技术项目数为 35 项，平均单项成交额为 1 792.4 万元。虽然还是位居第二，但远低于日本，与美国的科技实力并不相符，未来或许还将进一步降低。如今美国视中国为对其核心价值观和全球经济主导地位最具挑战性的国家，大搞单边保护主义，中美关系将发生深刻变化，竞争与合作成为常态，两国摩擦和碰撞不可避免，美国对我国的围堵和封锁的手段也趋于多样化，不仅限制敏感技术出口，甚至还限制我国对美国高科技企业的并购，这都将在一定程度上减少对我国的技术转移，影响广东省技术市场的发展。

此外，广东省技术市场自国外所吸纳的技术主要应用于推动广东省高新技术产业发展，国际形势转变将延缓我国产业转型升级步伐。广东省技术市场境外技术成交额前三的行业分别是先进制造产业、电子信息产业及新能源与高效节能产业，这些都是我国目前重点关注发展的高科技产业，其中先进制造产业相关成交额为 125.5 亿元，占比 67.9%，国际技术转移的减少或将对我国高科技产业发展带来一定的阻碍。如今国际形势愈发复杂，美国对我国技术封锁或将长期存在且有加剧之势，同时欧日等其他发达国家对中国技术升级与快速追赶也存在疑虑和担忧，这将对我国的技术升级产生影响，尤其是需要国际技术转移的先进制造业等高科技行业更容易受到限制。

（二）政府对技术市场的监督与支持力度不足

我国技术市场管理体制几经变更，现有管理体制对技术市场的发展方向引领不足。我国技术市场管理最初是由 13 个部委组成的“全国技术市场协调指导小组”进行；1986 年，国家科委批准成立“中国技术市场开发中心”（《技术合同法》颁布实施后变更为“中国技术市场管理促进中心”）；1988 年 4 月国务院撤销非常设机构“全国技术市场工作协调指导小组”，撤销科技部成果司技术市场处，决定将“技术市场管理促进中心”作为“国家科委技术市场管理办公室”行使全国技术市场行政管理职能；1998 年，国务院机构改革实行政事分离，国家科委技术市场管理办公室印章上交科技部计划司；2006 年，技术市场管理促进中心、科技型中小企业创新基金管理中心与科技部火炬中心合并，市场处作为火炬中心的下属机构行使对技术市场的监管职责。

回顾我国技术市场管理改革史，可以发现国家层面的技术市场管理权限呈缩小趋势。形成这种局面的原因主要是认为市场经济条件下技术的流通和交易应完全由自由市场进行调节而无须监管，却忽略了技术商品所特有的公共属性和外部性。技术商品的特殊性使得技术市场往往存在市场失灵，需要政府的及时干预，但目前科技部火炬中心下属的技术市场处规格和级别都较小，完全不足以担负起监管全国技术市场的职责，无法对技术市场的发展进行全面规划和顶层设计，只能在原有的框架体系内做一些修补工作，不能在全国层面统筹引领技术市场的发展方向。这也是各地技术商品流通的阻碍因素之一，如果能有一个强有力的机构在全国范围内进行监管，那么地区的行政壁垒将更容易打破。

（三）现有的技术市场体制机制依旧不够完善

相比于西方发达国家，我国技术市场起步晚，现有的技术市场机制体制依旧不够完善，主要表现在以下几个方面：

一是企业的主导作用还未得到充分发挥。目前我国大型科研项目往往还是由国家资助高校或者科研院所设立重大课题，而课题成功结项后往往并没有顺利进入市场由企业进行投产，产学研合作的开展依旧存在问题，科技成果转化率低下。这是因为科研成果转化往往涉及科技成果来源、资金投入、利益分配、产业化运作、经济效益等多方面的因素，目前缺乏相应利益机制的设计及其相关配套制度、法律，现行《中华人民共和国促进科技成果转化法》难以有效落实。

二是现有的知识产权制度对技术供给方的保护程度不够。就我国目前国情而言，产品和技术被侵权的现象普遍存在，法律惩治力度轻微，全社会也缺乏尊重、运用和保护知识产权的意识，由于技术商品开发的不确定性，知识产权保护力度不足将致使技术供给方风险提升，不愿意进行相关技术开发。

三是技术市场中介机构专业度还有待加强。我国技术市场起步晚，像发达国家那样可以提供全方位、多功能的综合性技术中介较少，整体专业能力偏低，主要以技术信息发布为主，深层次的增殖服务水平较低。同时，我国技术市场中的中介机构还存在职能交叉、结构不合理等诸多问题，专业从事技术代理、评价、融资、市场调查等方面的机构较少，总体发展水平很不平衡，并且一部分中介机构存在服务能力不强，服务手段落后，商业信誉差等问题，这些都是技术市场长久发展所必须改进的地方。

第六章　广东省技术市场发展的重点方向[*]

"十三五"以来，在国家与地方政府的引导下，广东省技术市场发展取得了显著的成绩，具体表现为市场规模不断扩大，服务体系不断完善，交易质量不断提高，技术市场对经济的促进作用不断增强。但客观来说，广东省乃至我国仍与发达国家成熟的技术市场有一定的差距。展望"十四五"，广东省应当把握现有建设成果，全面梳理技术市场结构，总结经验，统筹推进技术市场各类主体发展，形成协调统一的有机整体，同时，引导重点产业技术领域健康发展，为技术市场成长提供内生动力，努力将技术市场建设提升到新的高度。本章主要从技术转移体系化、服务机构规模化、人才队伍专业化、技术要素市场化、技术市场国际化、技术供给内生化六个维度提出广东省技术市场发展的重点方向。

一　技术转移体系化

技术转移是一个系统工程，它的高效实施需要各类主体，尤其是供需双方的协作联动，充分发挥市场的作用，促进科技成果资源的合理配置。一方面，高校、科研院所等作为成果供给方应当将研究重点聚焦于广东战略性新兴产业发展前沿的技术领域，产出具有颠覆性、原创性、关键性的技术成果，在"做大供给"的同时，也要保证"做好供给"；另一方面，企业是创新主体也是技术需求方，企业应当加大研发投入，积极参与科技攻关和产业化，持续攻关行业痛点与难点。

（一）推动高校和科研院所科技成果转化

当前，政策层面阻碍科技成果转化的"粗绳子不多，细绳子仍存在"，科技成果权属改革还存在制约。一方面，高校和科研院所对职务科技成果的相关权益仍普遍存在"不想放、不敢放"的问题，担心职务科技成果与国有资产流失界定不清产生廉政风险，担心改革可能引发矛盾或被事后追责。另一方面，部分省属科研机构未调整理顺预算管理关系，存在着预算、资产、人事等管理责权利不统一，财政投入双重管理造成管理职能缺位或重

---

* 本章第一执笔人为暨南大学产业经济研究院邹智宇。

叠的问题；一些科研院所还没有建立现代科研院所制度，还不具有充分的法人自主权，旧制度的弊端给改革带来阻力。所以，未来应当不断深化高校、科研院所改革，加快建立现代科研院所管理制度，明确高校、科研院所使命定位，支持高校、科研院所等科研事业单位试行更灵活的编制、岗位、薪酬等管理制度，面向市场加强技术要素供给主体。同时，总结首批试点的经验与教训，修正下一步的政策规划，充分探索并形成一条可复制、可推广的改革路径。

（二）提升高校和科研院所的成果转化效率

广东省的科技成果转化效率不高，科技投入产出回报率低，与其他省市的差距非常大，但广东企业的创新产出效率领跑全国，因此短板就在于作为创新源头的高校院所，其可应用可转化的科技成果供给不足。相较北京、上海，广东并非一个科研和教育资源丰富的省份，其高校院所成果转化效率不高是切实存在的问题，也是广东技术市场要扩大技术成果有效供给必须突破的一个关键环节。所以，广东省应当从政策体系、管理体系、服务体系等多个方向出发，切实提升高校和科研院所的成果转化效率，释放科研人员的成果转化活力，扩大广东省技术市场的成果源头供给。

（三）强化企业在资源配置中的主导地位

目前，广东省技术市场还面临着技术要素市场化程度总体不高、市场化配置效率较低等问题，但在“放管服”改革持续深化、制度性交易成本进一步降低的背景下，企业拥有良好的营商环境，成为推动技术转移和成果转化的重要力量，是技术市场的重要主体。随着技术要素市场化程度的不断提高，政府应当充分发挥企业的天然优势，鼓励企业站在技术要素资源配置的主导地位，引领创新资源在各个主体之间的自由有序流动。

（四）鼓励企业积极参与产学研协同全过程

广东省技术转移现存在供需对接渠道不畅，纵横联动的技术转移网络尚未建立，技术转移专业机构普遍缺乏成熟商业模式，找不到合适的变现途径，科技成果转化为技术标准的能力不强等问题。这导致高校院所大量技术成果“沉睡”闲置，不能及时向经济、社会领域进行转移；企业尤其是广大中小企业对新技术成果具有旺盛的需求又难以寻求到所需的新技术成果。未来，广东省应鼓励龙头企业牵头组建创新联合体，承担重大科技任务，开展关键核心技术联合攻关，完善基于产业需求的研发任务产生机制，建立健全高校院所、企业间创新资源自由有序流动机制，提高面向市场需求的高质量科技成果供给。

二　服务机构规模化

技术市场服务机构是技术中介组织，在解决信息不对称问题、降低技术交易成本、提高技术交易效率等方面发挥着重要作用，完善的技术市场服务体系是成熟的技术市场的重要标志。

（一）建设高质量的技术转移机构

广东省科技服务业发达，但是市场化专业化的技术转移机构数量少且分布广，全国技术转移机构考评结果反映广东省范围内的国家技术转移机构服务质量偏低。同时，全省对技术转移机构缺乏统一规范管理，缺乏具有公信力和权威性的科技成果评价评估机构，评价方法、评价流程、评价指标等都没有统一的规范标准。国内外技术转移的成功经验表明，要做好科技成果转移转化，市场化专业化的技术转移机构不可或缺。在国内，江苏省在技术转移机构建设方面的创新性举措值得学习和借鉴，比如组建"四不像"的省产业技术研究院，从建设模式、管理运营机制到组织方式、技术转移路径上进行创新，依托省技术产权交易市场设立技术经理人事务所，并制定管理办法对其进行常态化备案和管理，规范其有序发展。在国外，像美国、英国、德国、以色列等的大学设立了独立于大学且大多以公司形式存在的专门从事技术转移的组织，组建了财务、商务、法律、工程化等各种服务团队。未来，广东省应健全对技术转移机构的培育制度，推进技术转移机构高质量发展，培育专业化、高水平、服务能力强的技术转移机构，为技术转移提供交易对接、技术筛选、知识产权等专业化服务。

（二）优化线下技术交易平台布局

全国共有 32 家主要技术（产权）交易市场，而广东仅有 2 家，分别是广州技术产权交易中心和深圳联合产权交易所，由于深圳联合产权交易所主营业务为国有股权交易，已不开展技术性交易，其服务功能和服务范围有待完善。所以，广东省应鼓励地方完善区域市场化专业化技术化交易场所建设，引导省内大型技术交易中心积极参与跨区域的成果供需对接，发挥枢纽型交易市场作用，协助省内大型技术交易中心与粤东、粤西的技术交易平台制定统一数据交易准则，实现互联互通，形成覆盖全省、链接全国的技术交易服务网络，建设统一开放的全省性技术交易平台。

（三）建设更开放共享的技术交易线上平台

近年来，广东各地市先后建设了一批技术交易平台，如高航网、博士科技、佛山众科联、中山科易网等，这些平台大都局限于服务本地区的技术转移工作，技术需求和成果供给信息数量少，智能匹配度低，辐射范围小、作用弱。各地平台需求和成果供给数据仅限本平台使用，标准不统一，科技资源尚未实现共享。广东省技术交易规模的快速增长需要统一开放共享的技术交易平台支撑，集科技成果供需信息收集、筛选、对接，科技成果价值评估和评价，知识产权，科技金融等服务于一体的全省统一开放的线上技术转移平台亟须加快建设。

（四）统筹发展其他技术转移服务机构

2020 年，广东省共设立 83 家技术合同认定登记机构，虽然覆盖全省 21 个地市，但分布不均，主要集中在广州、佛山和江门等珠三角城市。同时，各登记机构服务能力参差不齐，2020 年成交金额 500 万及以下的登记机构有 11 家，设立时间超过半年仍无登记量的登记机构共 2 家，全年没有登记量 1 家。社会化专业化科技成果评估、评价机构数量更少。为了更好地向技术市场提供配套服务，广东省应该将技术合同登记机构、科技成果评估评价等机构的建设与技术转移机构的建设维持在一个合理的比例，让整个服务机构体系成为一个高效运作的有机体。

三　人才队伍专业化

技术市场人才在技术转移工作过中发挥着重要作用，尤其是在成果价值评估、知识产权保护、商务谈判、技术合同执行、科技成果应用等环节。积极探索人才培养新模式、新机制，培育出一批复合型的专业化技术市场人才有助于技术市场服务体系的优化，为技术市场交易提供更优质的服务。

（一）推动技术人才培养管理体系规范化

自 2016 年起，广东省技术人才队伍建设步伐加快，省各级组织联合开展面向高校院所、企业、政府的技术转移人才培训，累计举办培训班十余期，培养技术经纪人 1 200 余名，技术人才队伍已经初具规模。但是短期普及培训的方式难以向技术市场持续输送高质量的技术人才，政府应当在规划引领、顶层设计和规范化管理等方面不断尝试，形成一个从理论培训到时间操作的分层次培养体系，畅通技术人才职业发展与职称通道，建立一个可持续发展的人才培养与管理模式。

（二）培养职业化复合型技术市场人才

随着技术市场的不断成熟，其内容也更专业化、多元化，技术转移涉及技术需求调研、技术研判、市场分析、知识产权分析、授权许可、商业计划制订、合同谈判、投融资等诸多流程，这对技术市场人才提出了较高的要求。国外大学技术转移机构、技术经理人协会、研究促进协会、技术转移机构等都集聚了一批懂市场、经济、投资、法律的人才，他们在成果价值评估、知识产权保护、商务谈判、技术合同执行等环节为技术转移活动提供专业化的服务，有力地支撑了本区域的科研成果产业化和技术创新。广东省应借鉴国外成功经验，立足于产业与需求，综合考量技术人才的资质学历、专业素质、业务能力、从业经验等方面，培养出一批复合型的技术市场人才。

四 技术要素市场化

（一）夯实知识产权工作，激发市场创造活力

技术市场是将技术作为商品流通的市场，作为私人物品，技术商品应当具有排他性与竞争性，所以知识产权对技术所有权的界定与保护是保证技术在市场正常流通的重要前提，只有充分落实知识产权工作，才能更好地激发技术市场主体的积极性。

1．以高标准强化知识产权保护和运用

目前，广东省知识产权保护运用还存在薄弱环节，保护力度与社会期待仍有差距，社会对知识产权重要性的认识仍需提高；知识产权质量效益有待提高，高质量高价值知识产权偏少，知识产权公共服务体系不够便利；知识产权保护协调机制有待加强，市场主体应对海外知识产权纠纷能力仍需提高。未来，广东省应加大知识产权行政执法力度，健全知识产权保护体系，完善知识产权基层建设，提高知识产权队伍素质，继续深入实施知识产权促进运用工作，努力创造更多高效益、高质量的知识产权，将知识产权保护运用工作做到符合社会期待。

2．统筹协调不同产业与区域层面上的知识产权体系

目前，广东省知识产权体系发展并不均衡，具体表现为：产业上，相对于传统产业，工作人员对新兴产业的技术与知识了解不够深入，相关知识产权工作开展困难；区域上，相对于珠三角区域，粤东、粤西等地的知识产权相关人员、设施较为薄弱，成为短板区域。未来，广东省要针对上述问题，聚焦短板领域，优化知识产权布局，为技术市场提供更专业的知识产权服务。

（二）为技术要素注入资本动力，加速科技成果转化

技术、资本、人才、数据是重要的创新要素和生产要素，其中技术要素对资本、人才、数据要素的牵引及配置作用不断增强；资本要素在促进科技成果转化和技术创新价值发现方面的作用越来越明晰。目前，广东省未设立推动科技成果转化、技术市场等专项资金。政府引导基金管理体制还不顺畅，投资决策效率偏低。在资本市场，创业投资规模有待提升，天使投资、风险投资、创业投资等社会资本对早期、中试熟化阶段的科技成果关注或投入过少，大量的科技成果因缺乏中试资金而不能转化。科技金融产品不多，不能满足科技企业特别是中小企业的需求，融资难、融资贵等问题仍存在。广东省政府应该积极引导资金流入技术市场，通过政府专项资金、引导基金、银行借贷等方式为科学技术产业化落地提供动力，促进技术要素与资本要素的深度融合。

五　技术市场国际化

以坚持全方位对外开放为契机，支持技术市场国际化。当前，我国经济从高速发展向高质量发展迈进，以国内大循环为主体、国内国际双循环相互促进的新发展格局逐渐成形，新发展格局不是封闭的国内循环，而是开放的国内国际双循环。站在新的历史起点上，广东省应充分把握中国在全球经济中的地位变化与趋势，努力推动技术要素在全球范围内的流动，将技术要素市场体系建设与深化改革开放紧密结合，广泛借鉴国外成熟技术市场的建设经验，结合我国以及广东省的技术市场特性，打造全球技术交易枢纽，粤港澳大湾区内人才、资金、技术等要素跨境流动示范。将开放型技术交易与“一带一路”倡议相结合，不断提高国际化技术转移能力，为科技支撑中国实施高水平对外开放奠定基础。同时，建立技术要素市场秩序，提高中国科技创新的全球影响力，积极参与全球科技创新治理，促进开放型技术要素市场成为世界科技强国建设及中国参与全球科技治理的有力支撑。

六　技术供给内生化

（一）聚焦重点产业技术领域

根据前文对技术交易合同的分析可以发现，广东省技术交易领域主要集中在电子信息、高端装备、先进制造、生物医药、航空航天等产业领域，其中电子信息产业的技术发展对广东省技术市场的合同数量与成交额的贡献尤为明显，由此不难看出技术市场发展的内生动力来源于各个产业对技术创造和技术转移的需求，产业内技术活动越旺盛，技术市场就越活跃。所以，在完善和健全技术市场制度与体系的同时，广东省应当紧密跟踪新一轮科技革命和产业变革发展趋势，聚焦省内未来新兴产业与传统支柱产业的培育和发展，正确引导重点产业技术领域健康发展。本节内容基于《广东省科技创新“十四五”规划》，对未来广东省重点发展的产业技术领域进行分类整理，分别介绍未来新兴产业与传统支柱产业的发展方向。

1. 未来新兴产业发展方向

新一代信息产业。以增强新一代信息技术创新能力，推动信息产业整体加速迈向价值链中高端为目标，重点在芯片设计与制造、新一代通信与网络、新一代人工智能、半导体材料与器件等方面，围绕重大产品、核心设备、原材料等关键技术领域开展攻关。推动关键软件国产化替代，构建龙头企业牵头、高校院所支撑、各创新主体相互协同的创新联合体，推进应用场景开放、开展核心技术攻关、强化试点应用及推广、打造产业新业态，推动重点领域项目、基地、平台、人才、资金一体化配置。

专栏1　广东省强芯工程与核心软件攻关工程

广东省强芯工程。通过基金、平台、大学、园区建设打造产业“四梁”，从制造、设计、封测、材料、装备、零部件、工具、应用构建产业“八柱”，把广东打造成我国集成电路产业发展第三极，推动粤港澳大湾区与京津冀、长三角地区优势互补、协同发展，为构建新发展格局做好战略支撑。

广东省核心软件攻关工程。立足广东、面向全国，瞄准将广东打造成我国关键软件产业第一极的目标，推动关键软件国产化应用；发挥广东制造业发达、应用场景丰富的优势，强化“应用牵引、产业出题、联合攻关”，着力构建龙头企业牵头、高校院所支撑、各创新主体协同的创新联合体，率先在电子信息、汽车、先进装备、家电等行业开放应用场景，在广州、深圳、佛山、东莞等地建设一批关键软件特色攻关基地，打造上百款国产关键软件产品，加速推动软件迭代升级，形成可复制、可推广的解决方案并逐步向其他行业扩展。

高端装备与智能制造产业。以高端装备、智能装备为切入点，以实现关键零部件和共性技术自主可控为目标，重点在高端数控机床、激光与增材制造装备、工业机器人、服务机器人、轨道交通装备、精密仪器与设备等方面，围绕关键材料、核心器件、制造工艺、重大装备等关键技术领域开展攻关，增强产业链供应链自主可控能力和现代化水平。加快推进广东高档数控机床及关键功能部件创新中心、国家机器人检测与评定中心（广州）、国家无人机质检中心等平台建设，全面推进高端装备标准和品牌建设，把广东打造成世界重要的高端装备基地。

新能源汽车产业。紧跟新能源汽车电动化、网联化、智能化变革趋势，深入实施“双碳”国家战略，围绕纯电动汽车、氢燃料电池汽车、混合动力汽车、智能网联汽车产业发展需求，聚焦基础材料、关键零部件、智能化软件系统、新型平台架构等领域开展科研攻关。以融合创新为重点，突破关键核心技术，提升产业基础能力，构建新型产业生态，完善基础设施体系，推动广东省新能源汽车产业高质量可持续发展。推进建设国家级动力电池及电驱动系统检验检测中心、智能网联汽车测试及试验基地、燃料电池汽车示范城市群，加快建设汽车强省，推动新能源汽车产业迈向全球产业链高端。

新材料产业。以推进建设世界级新材料产业集群为目标，聚焦广东省新一代信息技术、先进制造业等高质量发展需求，重点支撑“广东强芯”工程等重大工程建设。围绕新型电子信息材料、新型半导体材料、先进基础材料、新型复合材料、新型功能材料、新能源材料、生物医药材料、材料基因及材料检测、验证技术等领域，开展核心技术攻关和产业化应用研究。加强低维及纳米材料、增材制造材料、仿生与超材料、超导材料以及其他前沿新材料的科学探索与关键技术研发，开展前沿新材料的制备、加工与应用转化技术研究。加快推进松山湖实验室、化学与精细化工省实验室、季华实验室、阳江合金材料实验室等新材料平台建设，加快突破关键原材料及核心技术，加快发展材料基因工程技术并在新材料研发中应用示范，建设具有全球影响力的新材料创新高地。

数字经济产业。结合数字产业化和产业数字化、数字经济和实体经济深度融合，以国家数字经济创新发展试验区建设为依托，重点在工业互联网、移动互联网、物联网、人工智能、大数据、云计算、区块链、智慧城市、智慧交通等领域开展关键核心技术攻关和融合应用，探索标准规范制定，提升数字技术和数字基础设施水平。搭建云计算集群，推进建设粤港澳大湾区大数据中心、国家健康医疗大数据应用示范中心、物联网技术行业应用示范平台、智慧城市信息服务系统与应用支撑平台等，建设人工智能与数字经济广东省实验室，推动广东成为数字经济强省。

新能源产业。针对风能、太阳能利用关键材料、关键部件、模组、整机、智能控制与运维、生产装备、安装装备和大容量储能等关键技术加强研发，实现产业化。加强副产氢纯化、高效电解制氢、高压气态储运研发，攻克工程技术难题。推动铅铋快堆、海上移动小堆、乏燃料利用等核能技术装备的开发与应用。着力突破地热热电磁技术、地热热伏发电技术，构建地热发电产业生态。强化波浪能、潮流能、温差能发电装备研发，推动海洋能资源大规模利用。

专栏 2　新一轮省重点领域研发计划（2021—2023 年）

接续组织实施新一轮省重点领域研发计划，实施“芯片设计与制造”“工业软件”“现代种业”等战略专项及“碳达峰碳中和关键技术研究与应用”等一批重大、重点（区域）专项，更加聚焦重点领域“卡脖子”技术攻关，协同省内落地的创新创业基金、成果转化基金、中科院母基金等社会资本，重点投向核心技术、关键零部件及重大装备，力争突破 100 项核心技术，一批关键零部件及重大装备打破国外垄断及禁运局面，逐步实现关键技术与装备的自主可控。

2. 传统支柱产业发展方向

现代种业与精准农业。以保障农业科技自立自强为目标，扎实推进现代种业与精准农业重点领域核心技术攻关。实施科技支撑种业振兴行动，聚焦种业亟待攻关的主要方向，有序推进生物育种产业化应用，巩固我省前沿技术创新优势，补齐育种技术短板，突破种源依赖进口的卡点；加快推进精准农业关键技术攻关，重点开展农产品品质提升、农业废弃物资源高效利用、智慧农业与农机装备、高附加值农产品加工等研究；全面推动农业农村生态绿色技术攻关，开展耕地修复及农业面源污染治理、作物病虫害绿色防治、畜禽水产疫病防控、绿色投入品创制等研究，推进农村污染防治、农业应急防灾、数字乡村与绿色宜居村镇关键技术研究；突破营养健康食品与食品安全关键技术，重点开展食品安全与营养健康智慧管理、新食品原料挖掘、食品主动安全与精准营养供给等关键技术攻关，研发食品安全检测、危害识别与精确评估、溯源、预警和智慧监管等新技术。

专栏 3　科技支撑种业振兴行动

以保障粮食安全和深化农业供给侧结构性改革为主线，以自主创新为核心，着力提升种业科技创新水平。加强种质资源保护利用，深度鉴评农业种质资源，推动资源和数据共享。聚焦强优势、补短板、破卡点，突破种业关键核心技术，开展现代生物育种技术创新研究，重点培育突破性新品种，打造具有国际先进水平的基础性、前沿性研究和商业化育种体系。

生物医药产业。以提升广东省生物医药原始创新能力和国际竞争力为目标，充分利用国家临床医学研究中心、国家及省实验室、高校和科研院所以及具有国际竞争力的龙头骨干企业和创新型企业，重点瞄准细胞治疗、基因治疗、生物大分子、微生物制剂、快速检测、新型疫苗、现代中药及天然药物等开展研究，加快推进小分子创新药物等品种、化学药物绿色合成工艺、高端制剂等研发，加强高端医疗器械、中医药现代化研发，推进医药成果转化推广平台建设，促进医学成果转化推广。开展生物制药相关化学合成、新材料、高端辅料和包装材料、设备和检测仪器研发。

专栏4　高端医疗器械、中医药现代化关键核心技术攻关

高端医疗器械。重点开展多模态成像设备、先进诊疗设备、应急医疗设备、智能手术机器人、康复设备等关键技术、核心零部件、系统和产品的研发，研制一批具有自主知识产权的高质量植介入产品、生物医用材料、人工器官与生命支持系统和体外诊断设备与试剂，推动高端医疗器械研发产业化。

岭南中医药现代化。开展中医药基础理论和辨证论治方法的科学研究；加强重大、疑难、罕见疾病和新发、突发传染病等中医药防治研究；支持以经典名方、中医经方和医疗机构中药制剂为主要来源的中药研发创新。研发一批先进的中医器械和中药制药装备。

海洋经济产业。围绕建设海洋强省的战略目标，以科学开发海洋资源、保护海洋生态环境、拓展蓝色经济空间为导向，重点发展抗极端热带气旋大兆瓦漂浮式风电机组整机研制、中压直流风电机组及直流输电等海上风电技术；大力发展海洋卫星通信、导航、遥感装备，发展海洋工程装备技术；加强海洋生物基因、功能性食品、活性物质和创新药物、渔业种质种苗等海洋生物技术攻关，提升海水养殖技术与科研水平，开展现代海洋牧场技术创新与集成应用；支持深海矿产资源开发利用，强化天然气水合物等的勘查、储运和环境监测等技术研发；支持滨海旅游、涉海金融保险服务等现代海洋服务业的科技创新，推动海洋创新链和产业链深度融合发展，支撑海洋产业高质量发展。推进建设天然气水合物国家工程研究中心、天然气水合物资源勘查开发示范基地，支持广州、深圳等市建设海洋电子信息集群化示范基地。

（二）攻关重点领域内前沿技术

经济的高质量发展离不开产业的高级化与现代化，但我国部分产业在前沿科技领域面临“卡脖子”问题，缺乏前沿技术成为制约产业转型升级的关键因素。所以，我们不仅要聚焦重点产业技术领域，还要充分发挥市场对技术研发方向、路线选择、各类创新要素配置的导向作用，将更多的资源导向重点产业领域内的前沿技术方向，提高技术市场中技术商品的价值，促进技术市场的高质量发展。本节内容基于《广东省科技创新“十四五”规划》，对未来广东省重点发展的前沿技术领域进行分类整理，分别介绍5个产业领域内的13个前沿技术方向。

1. 互联网科技前沿技术领域

人工智能。加强以深度学习、类脑智能计算、混合增强智能、群体智能为代表的前沿与颠覆性技术研究，开展跨媒体分析推理、自然语言处理、自主无人智能技术等关键技术攻关，围绕智能制造、智能医疗、智能家居、智能交通等重点领域部署一批面向全球的深度融合应用场景，布局建设一批开放创新平台，力争形成高端引领、开放共享、自主可控、基础扎实的人工智能一流创新生态。

区块链。推进可信数据服务网络基础设施建设，研发自主可控、互联互通的区块链开源平台。聚焦数学、信息科学、密码学等基础科学和应用科学开展研究，强化共识机制、智能合约、加密算法、分布式存储、跨链及分片等关键核心技术攻关，探索区块链与新一代信息技术融合应用，形成区块链技术研发和产业应用高地。

智能传感。整合广东省智能传感应用等方面的优势，聚焦汽车电子、消费电子、工业电子、医疗电子等主要领域，重点开展智能传感器基础理论与技术前沿、共性关键技术、重大产品及系统研究，推进智能传感器技术创新中心建设，推动 MEMS 传感器设计及示范，提升智能传感器及其核心芯片自主化水平。

卫星互联网。面向国家万物互联的天地一体化融合发展战略，重点开展卫星互联网空间段、地面段和用户段的通信技术和核心装备的研究，突破天地一体化融合互联网关键核心技术。推进卫星互联网平台基地建设，加强卫星互联网核心装备研制和综合服务能力建设，在 5G/6G 非地面网络融合发展领域积极探索创新。

2. 信息通信前沿技术领域

空天科技。基于广东省新一代信息技术产业优势和临海地域优势，加强以引力波探测为代表的空天科学研究，构建国际领先的引力波研究中心，推动基础物理与天文研究突破。大力发展新一代无人机系统、大型灭火/水上救援水陆两栖飞机等引领性航空航天装备，积极推进省航空产业创新平台建设，适时创建城市空域飞行示范区。积极开展北斗卫星导航、通导遥一体化等应用，积极推动空天科技与人工智能、大数据、物联网、机器人等领域的融通创新与综合应用。

太赫兹。面向以 6G 为代表的未来超高速大容量通信、新一代雷达遥感与高分辨成像、无损检测、天文成像等领域的发展需求，重点探索太赫兹新理论、新方法、新材料、新工艺，强化太赫兹信号产生、传输、测量等应用技术研发，大力推进太赫兹国家科学中心建设，努力打造具有国际影响力的太赫兹科学源头创新高地。

信息光子。围绕我省先进光子产业发展需求，聚焦光传输、光计算、光存储、光传感、光显示等领域，开展先进光子与集成领域芯片、材料、封装、器件等关键技术及应用研究，增强先进光子、微纳光子功能材料与器件等领域优势，抢占光电信息技术产业链“制高点”。

3. 新能源前沿技术领域

低碳零碳负碳技术（碳达峰碳中和）。面向实现 2060 年碳中和目标，围绕 CO_2 捕集与封存（CCS/CCUS）、CO_2 转化利用、太阳能燃料、非二氧化碳类温室气体减排/替代、生态系统碳汇、传统能源高效利用等前沿和颠覆性技术方向，重点开展低能耗、低成本、大规模碳捕集技术，CO_2 安全可靠封存、监测及运输技术，CO_2 加氢转化制备液体燃料技术，CO_2 光催化或电催化直接转化制备碳氢燃料和化学品技术，高效低成本生物固碳技术、近零碳排放生产工艺与替代产品等创新研究与应用示范，在低碳零碳负碳新技术、新材料、新工艺、新装备等方面取得突破性进展。

天然气水合物。聚焦国家能源资源安全重大需求，围绕天然气水合物勘查开发产业化，开展生产性试采关键基础理论研究，研发近海底高精度探测和矿体精细刻画等关键勘查和储运技术装备、高效产能模拟实验装置，开展深海浅软地层高效开采技术攻关，建设天然气水合物勘查开发国家工程研究中心、深海科技创新中心基地和天然气水合物钻采船深水码头及岩心库，推动我国天然气水合物勘查开发实现从跟跑到领跑的跨越。

氢能。加强氢能产业前沿技术和颠覆性技术研发。开展质子交换膜/固体氧化物电解制氢、大规模风光电制氢、核能制氢、光催化制氢、电催化水电解制氢、钙钛矿催化制氢、超临界水煤气化制氢等前沿技术研究，推动氢气压缩机自主化，突破氢能成本瓶颈。开展液氨/有机物等液体储氢、新型材料吸附储氢等颠覆性技术研究，实现氢安全高效低成本储运。推动固体氧化物氢燃料电池家庭化/工业化商用、大功率氢燃料电池系统在大型船舶和重载汽车商用、氢代替煤炭冶金、氢能城市公共交通等技术研发。

4. 新材料前沿技术领域

材料基因工程。开发并发式自动流程高通量算法、材料高通量计算软件与多尺度计算集成技术，实现新材料成分/结构（组织）/性能等的高效筛选和全局优化提升，促进材料基因工程关键技术和材料研发、制备及产业发展的深度融合与协同，打造一流材料基因工程研究平台，全面提升广东省新材料产业的创新性及竞争力。

5. 生物医药前沿技术领域

合成生物学。开展亚细胞、单细胞以及多细胞等层面人工生命体设计研究，提升合成生物系统的定量可预测设计能力。开展人工基因组设计、设计优化合成使能技术、基因编辑技术等研究，构建高通量、自动化、标准化的合成生物使能技术体系。构建重大人工生物体系，推动合成生物技术在工业生物智造、疾病诊疗、环境安全、能源安全与国家安全等领域的颠覆性前沿技术创新与工程化应用。开展工业酶创制与应用、生物制造工业菌种构建、生物制造原料应用等研发。

干细胞与再生医学。运用单细胞测序、谱系示踪、类器官构建、灵长类动物模型构建等关键技术，系统阐明细胞命运决定、谱系形成与器官发育的调控机制，探究器官发育异常相关疾病的致病机理，发现组织器官稳态维持与衰老发生的作用机理。针对衰老和威胁人民健康的重大疾病，开展成体干细胞、多能干细胞来源功能细胞的分离扩增、功能鉴定与疗效评估研究；建立重大难治性疾病的大动物模型，开展干细胞治疗的安全性、有效性评价和治疗机制研究；开展针对重大难治性疾病的干细胞临床研究，开发干细胞治疗产品。

第七章　加快广东省技术市场发展的对策建议*

一　健全技术要素市场制度体系，提供制度保障

（一）健全技术要素市场化配置的政策体系

一是加强针对广东省技术市场特点与问题的政策研究。加快制定促进技术市场发展的相关文件，研究制定“十四五”广东技术市场发展专项规划，为“十四五”广东技术市场高质量发展指明方向。二是研究省级层面向技术市场人才、技术市场服务机构、科技创业孵化机构等对象的激励措施。设立技术转移奖，加大对技术市场的支持力度。三是加快修订《广东省技术市场条例》，完善技术要素市场管理条例和配套政策。充分调动技术市场各主体积极性，明确各主体责任，规范技术交易行为，强化激励措施。四是研究制定加强全省技术合同认定登记监督管理相关制度。建立技术合同认定登记机构人员、合同档案、抽查等后续监督管理机制，强化技术交易监管，规范技术交易规则，完善技术交易信息披露制度，健全技术交易风险防范处置机制。

（二）健全职务科技成果产权制度

深化科技成果使用权、处置权和收益权改革，扩大赋予科研人员职务科技成果所有权或长期使用权的试点范围。实行以增加知识价值为导向的分配政策，探索职务科技成果产权激励新模式，适时总结试点经验，完善职务科技成果转化激励政策和科研人员职务发明成果权益分享机制，完善高校院所科技成果披露制度，建立高校院所科技成果转化尽职免责负面清单，健全职务科技成果产权制度。

---

* 本章第一执笔人为暨南大学产业经济研究院邹智宇。

二 扩大高质量科研成果供给，建立市场需求导向的资源配置机制

专栏1 国内部分省市关于技术市场发展的政策体系建设

（1）北京市。北京出台《北京市技术市场条例》，促进技术交易，维护技术市场秩序，保障技术交易当事人的合法权益。出台《北京市促进科技成果转化条例》，赋予科研人员更大的成果转化自主权，成果转化人将在落户、住房、子女就学等方面享受保障，成果转化成效将纳入职称评审。印发《北京市工程技术系列（技术经纪）专业技术资格评价试行办法》，在工程技术系列增设技术经纪专业，设置初级、中级、高级专业技术资格，畅通技术转移人才职业发展和职称渠道。发布《技术转移服务人员职业规范》首个团体标准，对从业人员的服务范围、职业特征、职业能力、评价等十个方面进行规范，同时，对从业人员的职业道德、知识与技能、教育、培训与工作经历等提出规范化要求。

（2）上海市。上海出台《上海市促进高新技术成果转化的若干规定》《关于进一步促进科技成果转移转化的实施意见》《上海市促进科技成果转化条例》《上海市促进科技成果转移转化行动方案（2017—2020）》《上海市技术转移服务机构备案管理办法（试行）》《关于服务具有全球影响力的科技创新中心建设实施更加开放的国内人才引进政策的实施办法》等系列政策，完善科技成果转移转化机制，下放高校和科研院所科技成果的使用权、处置权、收益权，开展技术转移服务机构备案，技术经纪人落户激励，依托市技术转移协会对技术转移服务机构（人才）进行备案管理，并开展优秀技术经纪人评选活动。

（3）江苏省。江苏先后出台《关于加快推进全省技术转移体系建设的实施意见》《江苏省技术转移奖补资金实施细则（试行）》《南京市关于设立技术转移奖补资金的实施细则（试行）》《苏州市技术转移体系建设补助实施细则》等系列政策。从省到地市形成一套自上而下的完备政策体系，通过设立奖补资金激发各类技术转移主体活力，推动成果转化落地。

资料来源：《东莞市技术市场建设若干问题研究报告》。

（一）深化高校院所等科研事业单位改革

一是认真落实有关科研院所转企改制的工作任务，进一步调整理顺科研院所预算管理关系。将企业集团所属转制科研院所的预算管理关系调整至国资部门，实现主管部门（单位）预算、资产、行政、人事等管理责权利相统一。引导推动公益类科研院所建立完善现代法人治理结构，探索实行章程式管理，确立章程在单位管理运行中的基础性制度地位。

二是探索赋予科研人员横向委托项目科技成果所有权或长期使用权，充分激发科研院所创新活力。指导督促省内首批国家职务科技成果赋权改革试点单位探索赋权改革实践路径，形成可复制、可推广的经验和做法，将职务科技成果赋权改革及单列管理改革扩大至珠三角国家科技成果转移转化示范区范围内的高校、科研事业单位。

三是鼓励高校、科研院所通过研发合作、技术转让、技术许可、作价投资等多种形式，实现科技成果市场价值。鼓励高校、科研院所以科技成果作价入股等方式参与收益分配，对成果完成人和重要贡献人员给予一定比例的奖励。简化科技人员职务科技成果作价

入股的股权注册登记及变更程序。支持高校、科研院所开展横向科研项目结余经费出资科技成果转化试点，探索“技术入股＋现金入股”方式，建立科技成果转化长效机制。

四是鼓励高校、科研院所、国有企事业单位和新型研发机构的科研人员，经批准后可兼职或领办、创办科技型企业。引导科研人员通过到企业挂职、兼职或在职创办企业以及离岗创业等多种形式，推动科技成果向中小微企业转移。支持高校、科研院所通过设立流动岗位等方式，吸引企业创新创业人才兼职从事技术转移工作。强化创新创业载体技术转移功能，优化孵化器、加速器、大学科技园等各类孵化载体功能，构建涵盖技术研发、企业孵化、产业化开发的全链条孵化体系。

（二）健全市场需求导向项目立项机制

一是改革重大科技项目立项和组织管理方式。深刻把握“十四五”重点发展方向，聚焦“十大战略性支柱产业”与“十大战略性新兴产业”，建立围绕产业链部署创新链、围绕创新链完善资金链的要素配置机制，完善以市场需求为引领、应用为导向，多元化的项目立项机制。二是建立迭代梳理关键核心技术攻关清单制度。常年公开征集企业意见，完善给予产业需求的研发任务产生机制。发挥企业在市场导向类科技项目研发投入和组织实施中的主体作用，推动企业等技术需求方深度参与项目凝练、设计和研发实施全过程，完善重点研发项目“沿途下蛋”机制。三是办好中国（广东）创新挑战赛、科技成果直通车以及“张榜招贤”技术攻关等品牌活动。健全企业需求导向“揭榜”机制，推动项目、基地、人才、资金一体化配置，优化科技成果产出。

（三）强化知识产权保护和布局

一是加大知识产权行政执法力度。加强知识产权海外维权援助，健全知识产权保护体系，强化知识产权行政裁决、行政调解工作，健全知识产权多元化纠纷解决机制和非诉讼纠纷解决机制，加强知识产权信用监管体系建设。推进广州、深圳、东莞建设国家知识产权运营服务体系，推进创新主体和知识产权服务机构共建一批知识产权运营中心，支持建设高校、科研院所知识产权运营中心，推动高水平大学实现运营中心全覆盖。二是加强新一代电子信息、绿色石化、智能家电、汽车、先进材料、现代轻工纺织、软件与信息服务、生物医药与健康等领域自主知识产权创造，强化高质量知识产权布局。加强国家科技计划项目知识产权管理，在立项和组织实施工作中强化重点项目科技成果的知识产权布局和质量管理。改革国有知识产权归属和权益分配机制，扩大科研机构和高等院校知识产权处置自主权。

（四）统筹优化科研资源配置

进一步完善多元化科研投入机制，推动省区市科技资金协同联动，引导更多社会资本加大投入，提高财政资金放大效应。围绕广东省“双十”产业集群及社会民生重点领域发展需求，完善纵向联动与横向协同工作机制，集聚多方资源和科研力量，持续推进“卡脖子”关键核心技术攻关。加强与国家部委及中科院等大院大所的沟通合作，吸引更多高端创新资源到广东布局。通过“大专项＋任务清单”等方式加大倾斜力度，引导创新资源向粤东、粤西、粤北布局。在数字政府框架下优化简化科技管理流程，提升科研资源配置效率。

三 建设统一开放的技术交易市场，促进要素自由流动

专栏2 国内部分省市技术交易平台建设成果

（1）江苏省。江苏建立了统一的省级技术合同登记数据管理体系，联通技术合同登记系统，汇总全省技术交易数据，拥有“江苏省技术合同认定登记服务平台”和“南京市技术市场技术合同认定及税收减免系统”，所有技术合同文本及相关材料均扫描上传到系统中，实现全程“电子化”。此外，专门开设录入计划类项目的账号供各技术合同认定登记机构登记员使用，录入科技部门、发改等其他部门的计划项目。全省重点打造“一平台、一中心、一体系”的“第四方”服务平台——江苏省技术产权交易市场。构建能提供全程化、专业化、个性化服务的技术转移与产权交易服务体系。苏州通过建设“技遇网”成果转化平台，开展科技成果转化项目备案、技术经纪（经理）人补助申请、技术转移机构补助备案等工作。

（2）山东省。山东建设了省科技成果转化服务平台，开展技术需求、科技成果发布、省级服务机构在线注册备案等工作。山东省科技厅联合山东省税务局共同开发了“山东省技术合同认定登记系统”，既实现了技术合同认定登记备案“网上联办、一次办好”，又实现了与税务部门的数据共享。

（3）陕西省。西安通过“公益＋市场”并行模式建设了全国第一个统筹科技资源的西安科技大市场。大市场构建了集创新服务平台体系、技术转移人才体系、科技政策服务体系和创新交流平台的科技创新生态体系，有效促进了科技信息共享化、科技服务集成化、科技交易市场化、科技资源商品化和科技成果产业化。

（4）福建省。厦门打造科技成果转化网上交易平台“科易网”，构建了在线技术交易价格评估系统、网上技术交易系统、区域技术交易模式，通过汇集企业、高校、科研机构等技术交易参与方，集技术信息服务、对接服务、技术经纪服务、交易服务于一体，打通科技成果项目的落地绿色通道。

（一）建设现代交易平台

加快建设现代化高水平技术交易平台，健全歇息定价、挂牌交易、拍卖、资产评估等多元化科技成果市场交易定价模型，发挥交易平台对确权、确价、确内容的作用。充分利用5G网络、大数据、人工智能、区块链等新一代信息技术，推进全流程电子化交易，开发科技成果竞价（拍卖）、在线洽谈、信用评价、在线支付等网上技术市场平台功能，建设新型互联互通的技术交易场所。搭建面向粤港澳三地的枢纽型技术交易信息服务平台，以“互联网＋云服务”的方式集聚科技成果、人才、资金、服务、政策等创新要素，线上

引入三地的科技成果转化及技术交易的服务资源，同时联通省内外其他技术交易网络；线下连接三地高校、科研院所、企业，开展线上线下相结合的技术交易活动。

（二）建立互联互通的区域技术交易市场

一是支持华南技术转移中心建设综合型枢纽技术交易平台。以枢纽型信息平台为依托，加快培育发展功能完善、辐射作用强的技术交易市场，健全互联互通的区域性、行业性技术交易平台，加快粤东西北市、区、县技术产权市场和科技成果转化平台培育。二是鼓励华南技术转移中心到全省各地市设立区域分中心。与重点行业领域企业建立行业分中心，制定统一数据交易准则，链接全国各类、各地技术市场资源，形成覆盖全省、链接全国的技术交易服务网络，整体上推动大湾区与粤东西北地区各类技术转移资源平台互联互通、开放共享，最终形成以大湾区为内核，遍及粤东西北地市的多层次技术市场体系。三是在建设多层次技术市场体系的过程中，充分发挥技术转移示范机构以及科技企业孵化器、大学科技园（尤其是港澳两地的大学科技园）、生产力促进中心、产业技术创新战略联盟等创新载体功能，打造网络化、专业化技术转移服务体系。

（三）提升技术交易场所服务能力

推广科技成果市场化询价定价机制，通过市场发现价值，发挥交易平台对确权、确价、确内容等各方面的风险把控作用，实现市场发现和风险把控的有机平衡。确立技术交易服务机构在技术交易中的地位，制定促进和规范技术交易服务的规则机制，吸引技术交易机构、资产评估、审计、法律、拍卖、招标、咨询、投资等各类机构参与市场服务。健全覆盖产权界定、价值评估、流转交易、担保、诚信监督的综合服务体系。

（四）推进技术市场国际化

一是不断完善国际合作体系。引导全省企业、高校、科研院所等创新主体建立国际化技术经营公司、海外研发中心，与国外技术转移机构、创业孵化机构、创业投资机构开展深度合作，深化基础研究合作，组织实施国际科技创新合作重点专项，探索国际科技创新合作新模式，扩大科技领域对外开放。鼓励粤港澳技术市场主体与欧洲、东亚创新型国家和“一带一路”沿线国家的双边、多边技术交流，促进技术来源多元化，扩大技术出口，在一定程度上削弱对发达国家的科技依赖。二是在政策支持上，定期发布支持设立境外研发机构项目申报指南，每年支持至少6家省内企业设立境外研发机构。配合商务厅等省直部门做好《广东省境外投资管理办法实施细则》《广东省商务厅关于广东省境外经济贸易合作区考核的办法》等鼓励政策的宣贯与实施工作。三是在促进粤港澳大湾区科技创新合作上，继续支持外籍及港澳台科学家牵头或参与申报省级科技计划项目，加快推动创新要素跨境便利流动。

四 完善技术要素市场服务体系，提升专业服务水平

专栏3 专业化技术转移机构建设

（1）开展高校专业化国家技术转移机构建设试点。试点高校可设立技术转移办公室、技术转移中心等内设机构，联合地方、企业设立从事技术开发、技术转移、中试熟化的机构，通过高校全资拥有技术转移公司、知识产权管理公司等方式建立技术转移机构。

（2）优化国家技术转移机构建设布局。修订《国家技术转移示范机构管理办法》，完善《国家技术转移示范机构评价指标体系》，建立动态管理机制，及时跟踪考核评估，优胜劣汰。

（3）培育社会化专业化技术转移机构。鼓励技术转移机构开展技术挖掘、成果对接、科技评价、成果评估、概念验证、技术投融资等专业服务，鼓励众创空间、投资机构、知识产权服务机构等拓展技术转移功能，提升技术转移服务能力。

资料来源：《“十四五”技术要素市场发展专项规划》。

（一）建设高水平新型研发机构

支持科技企业与高校、科研机构合作建立技术研发中心、产业研究院、中试熟化基地、概念验证中心等新型研发机构。通过新型研发机构主动对接高校院所的优质科技成果，并开展中试、熟化等工作。具体来说，一是出台新型研发机构细化支持政策。创新新型研发机构运行体制机制，加强统筹协调，强化省区市协同联动，充分发挥政策叠加优势，更好地扶持推动新型科研机构建设发展。二是积极争取国家层面政策。试点国家级科研机构和部属高校在粤新型研发机构按“属地管理”享受地方政策，破解新型研发机构在运营中由于“双标准”“双身份”等造成的人员、管理限制。三是完善新型研发机构评价指标。建立全国信息平台和数据，引导新型研发机构向集“研发、转化、孵化、服务、产业、资本”等功能于一体的方向发展。四是加大高端创新资源引进力度。推动国家级大院大所、高水平大学等国家战略科技力量来粤组建新型研发机构，并将其努力打造成科技成果转移转化的生力军。

（二）人力发展技术转移中心

一是推进高校院所专业化技术转移机构建设，完善高校院所技术转移管理、运营和利益分配机制。二是鼓励各地培育区域技术转移机构，新建一批社会化专业化技术转移机构，特别是技术需求挖掘、科技成果评价、成果价值评估等机构，集聚高端专业人才，提升技术市场服务能力和服务水平，依据成效给予激励，建立市场化运营机制。三是推动一批技术转移机构提质增效，加强服务能力建设，完善其服务功能，提升其服务能力和服务水平。四是实施技术转移机构备案制度，对备案技术转移机构开展评价，加强管理，规范

其有序发展。五是充分发挥广东省技术市场协会行业组织作用，加强行为规范和行业自律，建设技术市场服务平台。

（三）完善技术交易人才培养体系

一是举办国家和省级技术合同认定登记培训。持续培养一批专业化技术合同认定登记从业人员，扩大专业队伍规模，提升服务水平。二是依托广东国家技术转移人才培养基地，开展技术转移人才分层次培养工作，强化技术转移人才服务实践，常态化开展技术需求挖掘、科技成果评价评估、知识产权运营、技术交易等服务，提升其服务能力和水平。完善技术转移人员职称序列，畅通晋升通道，提高社会对技术转移人才的认可。三是以《国家技术转移专业人员能力等级培训大纲（试行）》为基础，建设覆盖粤港澳、辐射全国，具有湾区特色的技术转移人才网络，为粤港澳大湾区技术市场发展提供人才支撑。四是实施技术转移人才入库备案，对备案技术转移人才开展评价，评选“十大技术经纪人”，营造良好氛围。五是引导有条件的高校设立技术转移相关课程，围绕无形资产价值评估、技术并购等，培养一批懂专业、懂管理、懂市场的复合型技术转移服务后备人才。

五　完善科技成果转化机制，提高成果转化效率

（一）促进科技成果转化体制机制先行先试

加快推进高校和科研院所职务科技成果机制改革，将职务科技成果股权改革及单列管理改革由原有的6家试点扩大至珠三角国家科技成果转移转化示范区范围内高校、科研事业单位，努力提升珠三角国家科技成果转移转化示范区水平，强化科技成果评价与转化机制先行先试，研究制订推进科技成果转化中试基地建设行动计划，明确广东省中试基地建设的总体思路、主要任务和保障措施，系统推进科技成果转化中试基地建设。

（二）完善科技成果评价机制

全面贯彻落实以增加知识价值为导向的收入分配政策，充分尊重科研、技术、管理人才，充分体现技术、知识、管理、数据等要素的价值。推进实施《国务院办公厅关于完善科技成果评价机制的指导意见》，完善市场化社会化的科技成果评价制度，推进科技成果评价服务标准化工作，健全科技成果转化为标准的评价机制。

（三）加强科技成果管理与共享服务

建立健全科技成果信息汇交工作机制，推动各级科技计划、科技奖励成果信息统一发布到网上技术市场，促进汇交、开放、共享和利用，畅通科技成果信息收集、发布渠道。加强科技成果管理与科技计划项目管理的有机衔接。

加快建设科技成果信息共享平台，优化科技成果登记系统，引导接受财政资金设立的科技项目承担者，将产生的科技成果和相关知识产权信息汇交到科技成果共享平台，鼓励利用非财政资金设立的科技项目承担者，将产生的科技成果和相关知识产权信息汇交到科技成果共享平台，推动各类成果互联互通，完善公开科技成果信息共享机制。

六 促进各类要素深层次融合，提升资源配置效率

（一）促进技术与资本要素融合发展

合理安排粤港澳大湾区科技成果转化基金的投资节奏，充分发挥政府引导基金的撬动作用，鼓励社会资本以创业投资方式加强对广东省重点产业技术领域的支持力度。支持有条件的技术转移机构、创新创业载体等与天使投资、创业投资等基金合作设立投资基金、众创空间发展基金等，鼓励投早投小，建立从实验研究、中试到生产全流程的融资模式，促进技术资本化、产业化。

鼓励金融机构创新科技信贷产品，鼓励和支持金融机构采用知识产权质押、预期收益质押等融资方式，提供更多能够促进技术转移转化的知识产权融资产品和服务，建立覆盖全省的知识产权质押融资风险补偿机制，优化和完善知识产权质押融资风险分担模式。丰富投贷联动融资服务模式，鼓励金融机构拓展融资渠道，开展科技成果转化贷款风险补偿试点和科技成果概念验证引导资金试点。继续推进知识产权证券化实践，支持和指导有条件的地市开展知识产权证券化产品及模式创新。

（二）推动技术与数据要素融合

加快推动各地区技术交易数据互联互通，建立健全技术交易数据管理和流通规则，依法推动科技成果、知识产权、技术合同认定登记、创新创业等技术交易数据流通应用。鼓励技术转移机构运用人工智能、大数据分析等技术手段强化成果数据梳理、技术需求挖掘、供需精准对接等能力，提升服务质量和效率。

专题篇

第八章　2021 年度广东技术市场五十强榜单*

一　榜单背景

（一）技术市场与技术合同认定登记

技术市场是重要的生产要素市场，是我国现代市场体系和国家创新体系的重要组成。作为连接科技与经济的桥梁，技术市场在促进科技与经济的结合、增强科技事业的自我发展能力、加快科技的社会传播与普及、增强企业的活力、促进科技人才的流动、发展商品经济等方面都具有重要作用。技术市场发展是评判科技创新投入产出绩效的重要指标，是衡量一个地区科技成果转化能力强弱的主要标志。

为贯彻国家扶持技术市场的政策和规定，保障国家促进科技成果转化优惠政策的正确实施，国家建立技术合同认定登记制度，对技术市场交易的各类技术合同进行认定、登记和统计。技术合同认定登记作为科技统计的重要组成部分，客观地记录技术市场动态，反映科技成果转化的实际成效，在推动技术为经济服务、提升科技创新能力方面有重要的意义。

（二）榜单发布背景

为更好地推动技术市场发展，鼓励各科技创新主体开展科技成果转移转化，积极参与开展技术合同认定登记工作，广东省生产力促进中心、广东省技术市场协会、广州市科学技术交流馆有限公司联合发布“2021 年度广东技术市场五十强榜单”。

榜单旨在对外展示广东技术市场发展情况，推介 2021 年度广东技术市场和技术合同交易的重点参与单位，为广东技术市场的参与者树立科技成果转移转化的标兵和榜样，推动各技术市场参与方进一步提升科技成果转移转化能力。

---

* 本章执笔人为广东省生产力促进中心刘文兵、广东省技术市场协会罗春兰。

二 榜单说明

（一）评价对象

广东地区参与技术市场交易、开展技术合同认定登记的单位。

（二）数据源

广东省技术市场和技术合同认定登记数据。

（三）评价方法

通过定量与定性相结合的评价方法，对广东省技术合同认定登记数据进行分析，评出在广东技术市场活跃程度高、影响力大的机构。定量指标主要包括技术合同成交额、合同成交份数、技术交易额、技术开发转让合同成交额、最大单宗合同成交额等 5 类指标；定性指标主要是评价参与技术市场交易、推动科技成果转移转化的能力。经过综合评价，最终得出 2021 年度广东技术市场五十强榜单。

（四）榜单设置

2021 年度广东技术市场五十强榜单共设置 3 张榜单，包括：

1．2021 年度广东技术市场 30 强企业

企业作为技术创新的重要载体，在科技成果转移转化方面，发挥了主力军的作用。对 2021 年广东地区参与技术市场交易、开展技术合同认定登记的企业进行评价，评选出"2021 年度广东技术市场 30 强企业"，包括华为技术有限公司、中国能源建设集团广东省电力设计研究院有限公司、广州腾讯科技有限公司等 30 家企业，均为广东地区有代表性的科技创新企业，从事领域涵盖了电子信息、现代交通、先进制造、新能源、生物医药等重点发展产业相关领域。

本次 30 强榜单企业的技术合同成交额总计超过 1 800 亿元，占全省登记成交额超四成；其中，成交额超百亿元的企业 5 家，成交额 10 亿～100 亿元的企业 25 家。按分布区域，入榜企业分布在广州（22 家）、深圳（7 家）、珠海（1 家）。

2．2021 年度广东技术市场 10 强高校

根据评价方法，对 2021 年广东地区参与技术市场交易、开展技术合同认定登记的高校进行评价，评选出"2021 年度广东技术市场 10 强高校"，该榜单覆盖了广东省全部 211、985 大学，包括入选教育部所认定的高等学校科技成果转化和技术转移基地的华南理工大学、中山大学、华南农业大学、暨南大学等 4 家大学，其中华南理工大学各项指标表现优秀。

3. 2021 年度广东技术市场 10 强科研院所

根据评价方法，对 2021 年广东地区参与技术市场交易、开展技术合同认定登记的科研院所进行评价，评选出“2021 年度广东技术市场 10 强科研院所”，包括广东省水利水电科学研究院、广州船舶及海洋工程设计研究院、广州特种机电设备检测研究院等。

三 2021 年度广东技术市场榜单

（一）2021 年度广东技术市场 30 强企业

（排名按企业名称首字母排序）

（1）百济神州（广州）生物科技有限公司。

（2）比亚迪汽车工业有限公司。

（3）超讯通信股份有限公司。

（4）广船国际有限公司。

（5）广东海格怡创科技有限公司。

（6）广东华之源信息工程有限公司。

（7）广东省建科建筑设计院有限公司。

（8）广东省水利电力勘测设计研究院。

（9）广州飞机维修工程有限公司。

（10）广州黄船海洋工程有限公司。

（11）广州品唯软件有限公司。

（12）广州趣丸网络科技有限公司。

（13）广州腾讯科技有限公司。

（14）华为技术有限公司。

（15）汇丰软件开发（广东）有限公司。

（16）火烈鸟网络（广州）股份有限公司。

（17）深圳市大疆创新科技有限公司。

（18）深圳市海思半导体有限公司。

（19）深圳市智信新信息技术有限公司。

（20）深圳虾皮信息科技有限公司。

（21）数字广东网络建设有限公司。

（22）宜通世纪科技股份有限公司。

（23）中船黄埔文冲船舶有限公司。

（24）中国能源建设集团广东省电力设计研究院有限公司。

（25）中航通飞华南飞机工业有限公司。
（26）中交第四航务工程局有限公司。
（27）中石化广州工程有限公司。
（28）中铁隧道局集团有限公司。
（29）中通服建设有限公司。
（30）中兴通讯股份有限公司。

（二）2021 年度广东技术市场 10 强高校

（排名按高校名称首字母排序）
（1）广东工业大学。
（2）广东海洋大学。
（3）华南理工大学。
（4）华南农业大学。
（5）华南师范大学。
（6）暨南大学。
（7）南方科技大学。
（8）清华大学深圳国际研究生院。
（9）深圳大学。
（10）中山大学。

（三）2021 年度广东技术市场 10 强科研院所

（排名按单位名称首字母排序）
（1）广东省水利水电科学研究院。
（2）广州船舶及海洋工程设计研究院。
（3）广州特种机电设备检测研究院。
（4）散裂中子源科学中心。
（5）深圳航天科技创新研究院。
（6）深圳华大生命科学研究院。
（7）生态环境部华南环境科学研究所。
（8）中国科学院南海海洋研究所。
（9）中国科学院深圳先进技术研究院。
（10）中国水产科学研究院珠江水产研究所。

第九章　广东省电子信息产业技术交易分析*

一　广东电子信息产业发展的背景

电子信息产业是广东战略性支柱产业，萌芽于20世纪50年代，1980年后进入快速发展时期，成为广东国民经济的支柱工业。至1995年，广东电子工业依托高新技术，其产品质量与技术水平已处于国内领先行列。2021年，广东规模以上电子信息制造业营业收入4.56万亿元，占全国32.3%，已连续31年位居全国第一①；广东电子信息制造业企业有10家营收超1 000亿元，19家企业进入2021年中国制造业500强，24家企业进入2021年全国电子信息百强，33家企业进入2021年全国电子元器件百强，数量均居全国第一，是全省最大的工业行业，部分产品占全国比重较高，如智能手机产量占全国产量的48.4%，微型计算机设备占全国产量的12.5%。广东省拥有华为、中兴通讯、OPPO、vivo、富士康、比亚迪、TCL等重点龙头企业，预计2025年广东省的新一代信息技术产业规模将有望达到6.6万亿元，形成世界级新一代电子信息产业集群。

近几年来，广东电子信息产业的技术交易市场也日益繁荣和活跃，技术合同项数和成交额都取得了明显的进步。2021年，广东电子信息产业的技术合同项数达到22 716项，比2017年增长82%；成交额约2 000亿元，相对于2017年增长191.5%，广东电子信息产业技术交易取得了令人欣喜的成绩。

二　2017—2021年广东电子信息产业技术交易概况

（1）经历2020年小低潮后，2021年广东电子信息产业技术交易市场重现数量、金额“双增长”态势。

经历了2019年的迅速增长后，2020年广东电子信息产业技术交易市场活跃度下降：

---

* 本章执笔人为佛山科学技术学院经济管理学院徐扬、暨南大学产业经济研究院王欣然。

① 广东省工信厅副厅长曲晓杰：电子信息产业已成为广东省第一大支柱产业[EB/OL]. https://baijiahao.baidu.com/s?id=1741324268643622767&wfr=spider&for=pc.

合同总数在经过 2019 年 34.4% 的大幅增长后，有所回落，相对 2019 年的合同总数下降 12.4%；合同涉及的金额几乎与上年持平。经过 2020 年的调整后，2021 年市场表现有所回升，实现合同项数和成交额双增长，与上年相比增长率分别为 17.4% 和 43.9%（见图 9－1）。

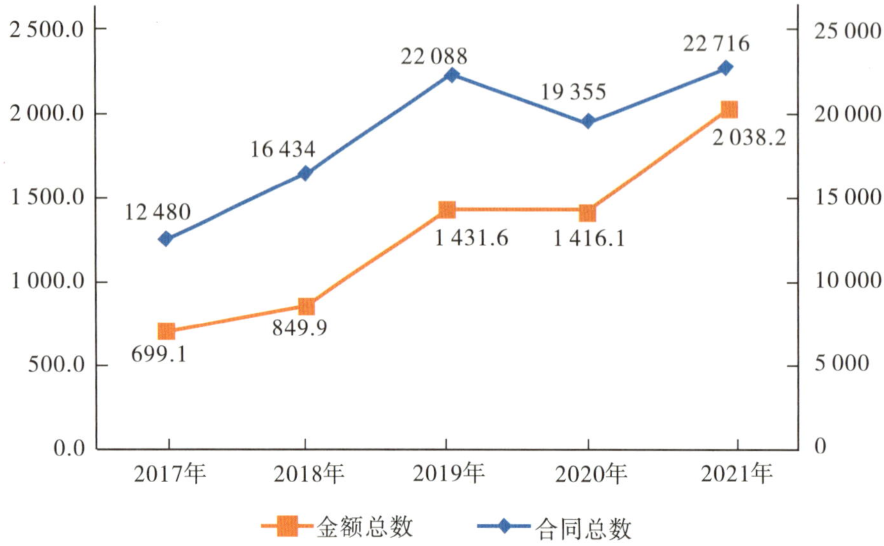

图 9－1　2017—2021 年广东电子信息产业技术交易合同总数和金额变化情况

注：技术合同金额总数以左侧轴为基准，单位：亿元；合同总数以右侧轴为基准，单位：项。

专栏 1　“十四五”期间广东新一代电子信息重点细分领域发展空间布局

（1）半导体元器件。以广州、深圳、珠海为核心，打造涵盖设计、制造、封测等环节的半导体及集成电路全产业链。支持广州开展“芯火”双创基地建设，建设制造业创新中心。支持深圳、汕头、梅州、肇庆、潮州建设新型电子元器件产业集聚区，推进粤港澳大湾区集成电路公共技术研究中心建设。推动粤东粤西粤北地区主动承接珠三角地区产业转移，发展半导体元器件配套产业。

（2）新一代通信与网络。以广州、深圳、珠海、佛山、东莞、惠州、江门等市为依托，重点发展 5G 器件、5G 网络与基站设备、5G 天线以及终端配件等优势产业，补齐补强第三代半导体、滤波器、功率放大器等基础材料与核心零部件产业，打造万亿级 5G 产业集群。支持沿海经济带发展 5G 基础材料、通信设备等产业，北部生态发展区发展 5G 融合应用。

（3）智能终端。以广州、深圳、惠州、东莞、河源为依托建设高端化智能终端产业集聚区。深圳、东莞、河源发展 5G 智能手机。深圳、东莞、佛山、珠海、中山发展智能空调、智能冰箱、智能洗衣机、智能照明、智能音响、智能可穿戴设备等智能家居设备。广州、深圳发展健康监测仪器和检测设备。深圳、广州、惠州、东莞发展前装和后装车载设备。深圳、广州、东莞发展智能水电气表和智能传感器。支持广州、深圳等市发挥通信和卫星技术优势，发展新型应急指挥通信装备。

（续上表）

专栏1　“十四五”期间广东新一代电子信息重点细分领域发展空间布局
（4）信息技术应用创新硬件。以深圳、广州、珠海、云浮为依托，加快推进信息技术应用创新产业发展。深圳重点建设中国鲲鹏产业源头创新中心，建设全国鲲鹏产业示范区，打造鲲鹏生态体系总部基地。广州重点建设“鲲鹏＋昇腾”生态创新中心和通用软硬件适配测试中心，布局建设若干信息技术应用创新产业园。珠海建设新一代信息技术应用联合创新中心，发展鲲鹏产业生态；以南方软件园为抓手，促进信息技术应用创新产业集聚。云浮以省市共建方式打造信创产业园区，引进重大项目，培育信息技术骨干企业。广州、深圳打造网络安全产业集聚区。

资料来源：《广东省制造业高质量发展“十四五”规划》。

（2）在全年技术交易合同中，涉及知识产权的合同数和合同金额都有较大幅度增长。

如表9－1所示，自2017年至今，涉及知识产权的合同项数在经历2019年和2020年小幅度下降之后，2021年又迎来了增加。2021年涉及知识产权的合同项数达到11 418项，占当年总数的50.26%。从成交额角度来看，2017—2021年，广东省电子信息产业涉及知识产权的成交额则基本一路攀升，2021年达到1 197.7亿元，占当年总成交金额的58.76%，相比于上年增长85.89%。虽然从合同项数和成交额占比来看，广东电子信息产业占比相对2017年有所下降，但无论是从合同项数还是从成交额角度来看，都呈现整体增长态势。由此可见，广东电子信息产业在技术市场整体发展态势良好。

表9－1　2017—2021年广东电子信息产业不同类型的技术合同项数和成交额变化情况

	2017年	2018年	2019年	2020年	2021年
涉及知识产权的合同项数（项）	8 734	10 337	10 244	9 612	11 418
涉及知识产权的比例	69.98%	62.90%	46.38%	49.66%	50.26%
未涉及知识产权的合同项数（项）	3 746	6 097	11 844	9 743	11 298
未涉及知识产权的比例	30.02%	37.10%	53.62%	50.34%	49.74%
合同总项数（项）	12 480	16 434	22 088	19 355	22 716
涉及知识产权的成交额（亿元）	507.5	457.4	588.1	644.3	1 197.7
涉及知识产权的比例	72.60%	53.82%	41.08%	45.50%	58.77%
未涉及知识产权的成交额（亿元）	191.6	392.5	843.5	771.8	840.4
未涉及知识产权的比例	27.40%	46.18%	58.92%	54.50%	41.23%
成交总额（亿元）	699.1	849.9	1 431.6	1 416.1	2 038.2

（3）技术交易类型中，以技术开发和技术服务合同为主，技术咨询和技术转让合同所占比重依然很小。

如表9－2所示，技术开发类合同在2021年电子信息产业的技术交易市场上依然占据主导地位，占比达到64.18%，但这一比例相对于前几年的水平已经有了明显的下降。与此同时，技术服务类合同的占比则有所提升，2021 年的份额接近 30% 左右。电子信息产业技术转让和技术咨询类合同项数在市场上的比例非常小，其总和不超过 10%。

表 9－2　2017—2021 年广东电子信息产业各类技术交易合同项数占比变化情况

	2017 年	2018 年	2019 年	2020 年	2021 年
技术开发	84. 26%	75. 28%	58. 99%	61. 36%	64. 18%
技术转让	4. 63%	3. 30%	2. 59%	3. 23%	3. 76%
技术咨询	0. 12%	4. 64%	2. 16%	2. 39%	2. 19%
技术服务	10. 99%	16. 78%	36. 27%	33. 02%	29. 87%

三　广东电子信息产业技术交易特点

（一）技术交易类型分析

无论是从技术市场上的成交项数还是从成交额来看，技术开发和技术服务都是目前广东电子信息产业交易的主流，而技术咨询和技术转让在目前的技术交易中所占比例很小。从合同项数的角度来看，如图 9－2 所示，虽然技术开发类合同的项数 2020 年呈现轻微下滑的趋势，但依然牢牢占据第一的位置，在全部技术交易合同中所占比例保持在 64% 以上，而排名第二的技术服务类合同所占比例在 2021 年接近 30%，虽合同项数较 2020 年有所上升，但与最高峰 2019 年还有一定差距。从技术合同含金量来看，通常技术开发和技术转让合同要比技术服务和技术咨询合同来说要高出许多。图 9－2 显示广东电子信息产业技术交易类型中，技术开发合同成交项数占比超过六成，这在一定程度上说明了广东电子信息产业实力雄劲，发展态势良好。

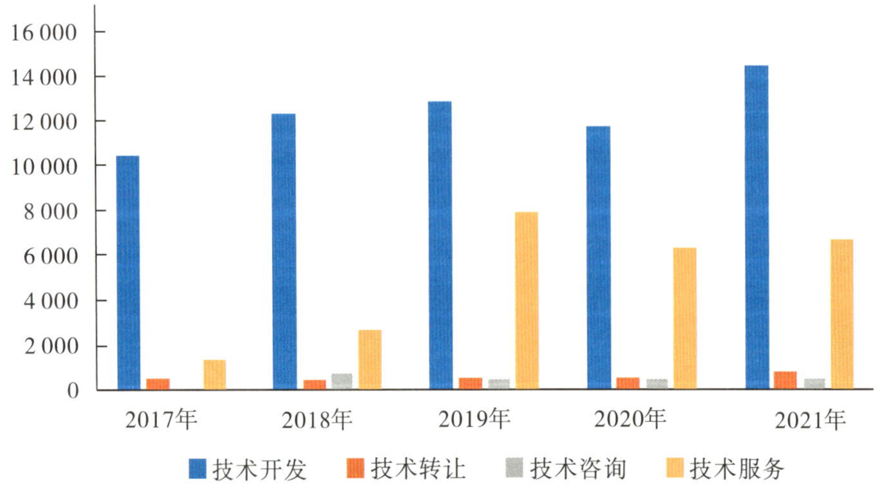

图 9－2　2017—2021 年广东电子信息产业各类技术合同项数变化情况（单位：项）

由于技术转让合同平均涉及的成交额较高，因此，虽然此类合同项数在 2021 年只占 3.76%，但其合同成交额却占到当年广东电子信息产业总成交额的 26% 左右。虽然技术开发类合同在成交合同项数上呈现总体增长趋势，但从成交额占比看，由 2017 年的 62.21% 下降至 2021 年的 38.01%；技术服务类合同则从 2017 年的 5.89% 上升至 2021 年的 34.87%。

市场的认可是技术研发向生产转化并最终创造经济价值过程中的重要一步。从表9－3 所呈现的广东电子信息产业各类技术合同的平均价值来看，技术开发合同从 2017 年的 413.7 万元增长至 2021 年的 531.6 万元，增幅达到 28.5%。技术转让合同从 2017 年的 3 858.1万元上升至 2021 年 6 175.4 万元。与此同时，全部合同平均价值也稳步上升，2021 年达到 897.6 万元，相比上一年增长 22.7%。

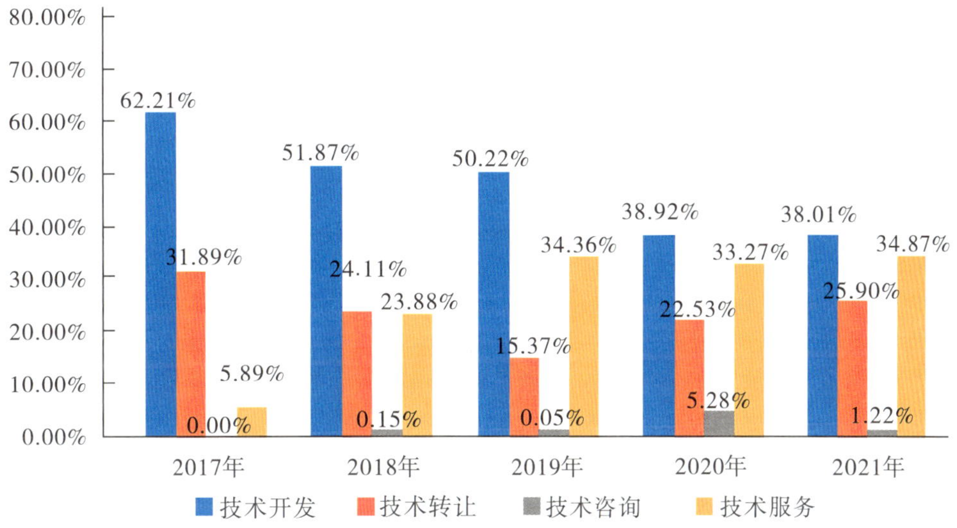

图 9－3　2017—2021 年广东电子信息产业各类技术合同成交额比例变化情况

表 9－3　2017—2021 年广东电子信息产业各类技术合同平均价值情况

（单位：万元）

	2017 年	2018 年	2019 年	2020 年	2021 年
技术开发	413.7	356.5	551.8	463.9	531.6
技术转让	3 858.1	3 782.3	3 852.9	5 104.0	6 175.4
技术咨询	22.1	16.3	16.0	1 619.0	501.0
技术服务	300.5	736.0	614.2	737.0	1 047.7
全部合同平均	560.3	517.4	648.2	731.5	897.6

（二）技术领域分析

从图 9－4 可以看出，2021 年，广东电子信息产业技术交易最明显的特征就是计算机软件领域的成交合同项数占比接近 80%，虽较 2017 年有了一定程度的下降，但依然占据主导地位。2021 年，计算机网络，计算机硬件，电子专用设备及测试仪表和微电子、光电子等技术领域合同成交量虽较 2017 年有了一定的增加，但均未超过 5%，仍属于起步阶段。通讯、数字音视频和动漫等技术领域合同成交量占比则出现下滑，2021 年占比低于 2017 年。总之，目前计算机软件领域技术交易仍占据广东电子信息产业技术交易市场的主导地位。

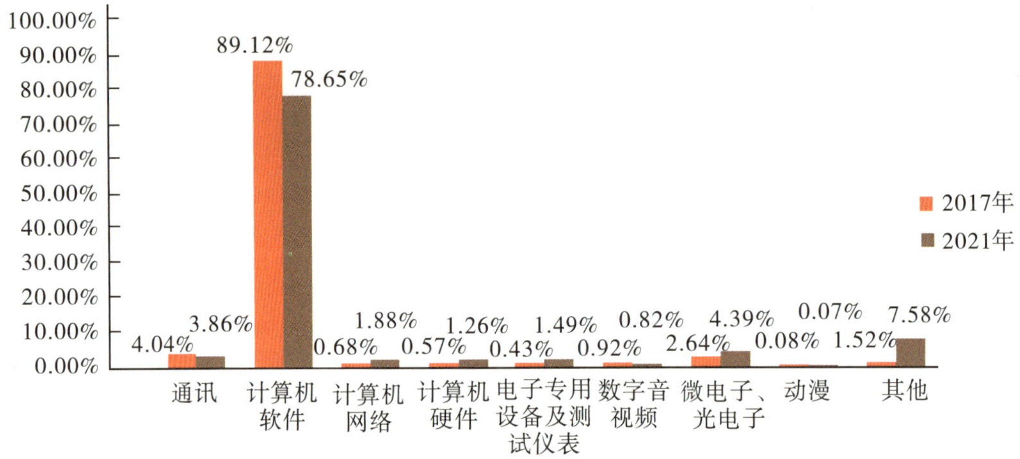

图 9－4　2017 年和 2021 年广东电子信息产业各技术领域（二级）的合同项数占比

从合同成交额角度来看，份额下降明显的是通讯技术领域，尽管合同成交额绝对值在 2017—2021 年有了显著的提升，从 2017 年的 288 亿元上升至 2021 年的 502 亿元，但在市场上的占比却下降了将近 17 个百分点，降至 24.58%。相比较而言，计算机软件领域合同成交额占比却从 2017 年的 52.45% 上升至 2021 年的 62.17%，单项合同平均价值显著提升。

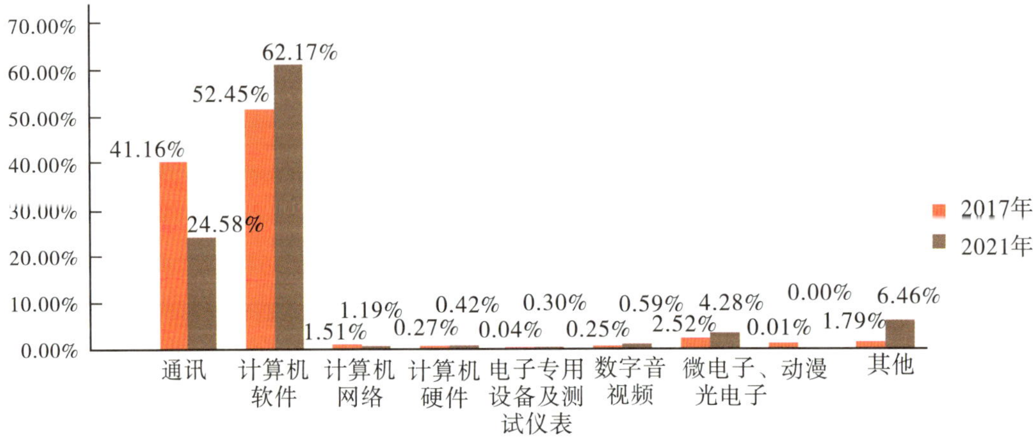

图 9－5　2017 年和 2021 年广东电子信息产业各技术领域（二级）的合同成交额占比

（三）知识产权分析

2017—2021 年广东电子信息产业全年达成的合同中分别有 69.98%、62.90%、46.38%、49.66%、50.26%的合同涉及知识产权。涉及知识产权的合同主要围绕计算机软件著作权和技术秘密两类。其中，计算机软件著作权类的合同占比呈现下滑的趋势，合同项数占比从 2017 年的 59.08%下降至 2021 年的 47.46%。而技术秘密类的合同数量占比则显著提升，从 2017 年的 35.85%增长至 2021 年的 43.39%。专利类合同所占比例极小，虽较 2017 年有小幅度上升，但占比依然不足 10%。总体而言，电子信息产业知识产权仍以计算机软件著作权和技术秘密两类为主，两者合计占比超过 90%（见图 9-6）。以专利为代表的知识产权形式仍有待进一步发展。

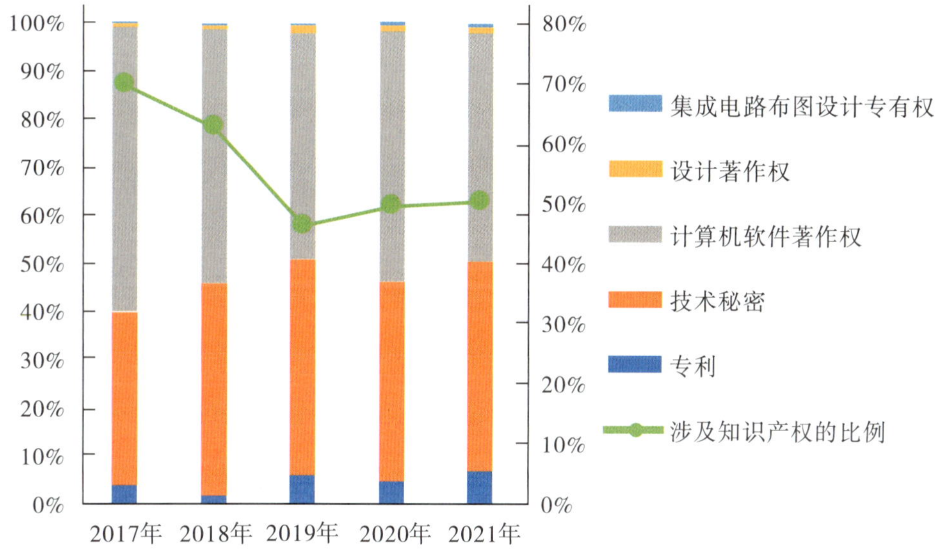

图 9-6　2017—2021 年广东电子信息产业各类知识产权合同项数所占比例变化情况

注：这里探讨的合同项数比例是指四类合同（技术开发、技术转让、技术咨询、技术服务）在所涉及知识产权合同中的比例。涉及知识产权的合同项数比例以右侧轴为基准。

在合同成交额上，虽然涉及计算机软件著作权类知识产权合同的项数占比大大高于技术秘密类。但由于技术秘密类合同平均价值较高，因此在 2021 年及以前技术秘密类合同的年成交额占比基本高于计算机软件著作权类。2021 年，计算机软件著作权和技术秘密类合同占涉及知识产权合同的 91.84%左右（见图 9-7）。

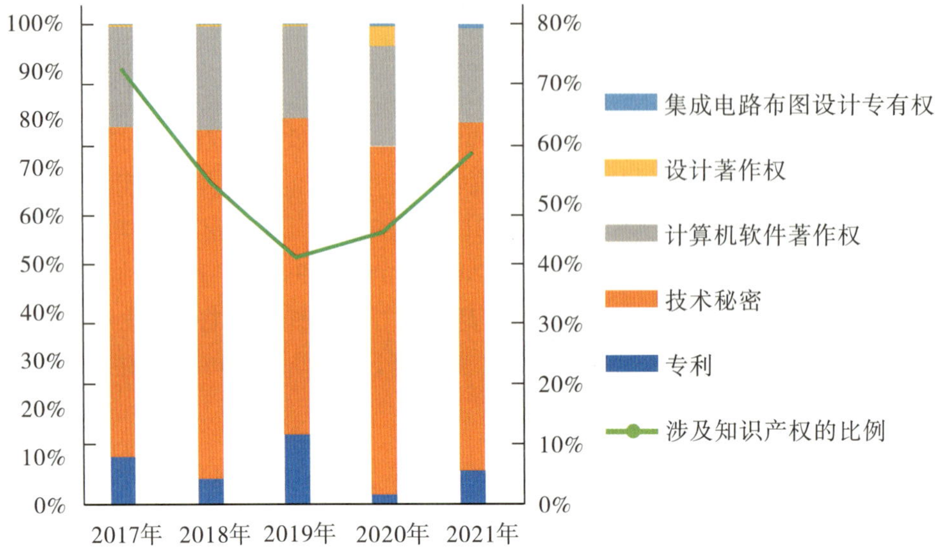

图 9－7　2017—2021 年广东电子信息产业各类知识产权合同成交额所占比例变化情况

注：这里探讨的成交额比例是指四类合同（技术开发、技术转让、技术咨询、技术服务）在所涉及知识产权合同中的比例。涉及知识产权的成交额比例以右侧轴为准。

（四）技术扩散分析

从技术合同的输出去向来看，广东电子信息产业的技术 60% 以上是输出到本地，这一比例虽然近几年有所下降（从 2019 年的顶峰时期的 62. 50% 下降至 2021 年的 60. 19%），但依然遥遥领先于其他省份。北京市和上海市是买方地区中的第 2、3 名。2019 年来，北京市作为买方与广东各企业、科研机构等单位签订的技术合同项数连年增加，占广东全年技术交易合同项数的比重也稳步上升，2020 年和 2021 年分别占 7. 11% 和 7. 54%，是电子信息产业的技术交易市场上与广东合作最活跃的地区之一。作为买方地区，上海市与广东签订的技术交易合同数也保持整体增加态势，只在 2019 年有所减少。除了北京市和上海市以外，江苏省、浙江省和香港也与广东在电子信息产业的技术交易市场上有较为密切的联系和合作（见图 9－8）。香港作为买方，2017—2021 年，与广东签订的技术合同在整个电子信息产业交易合同所占比重长期保持在 2% 左右。

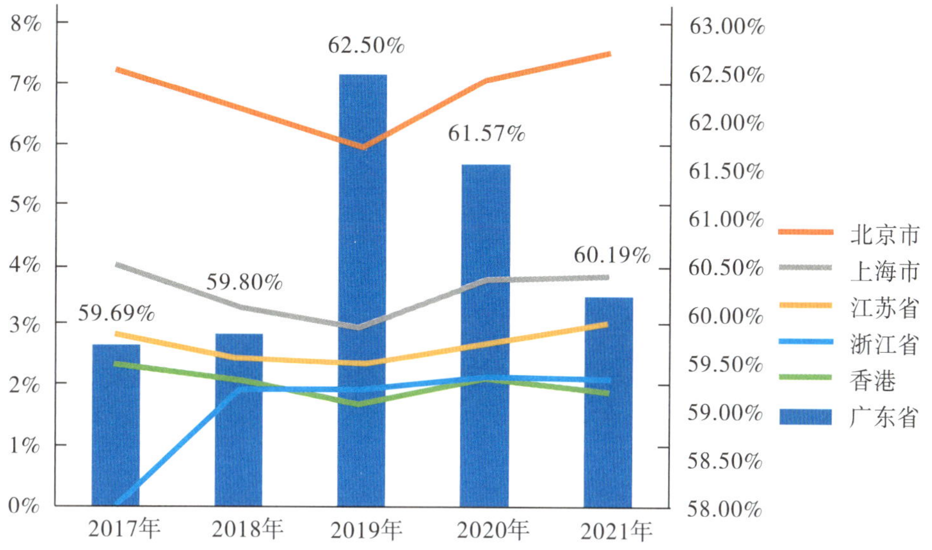

图 9－8　广东电子信息产业技术交易合同买方中主要省份及地区所占比例变化情况

注：由于广东作为技术合同买方的份额远远高于其他地区，因此广东的数据（柱状图表示）以右侧轴为基准，另外五个地区的数据以左侧轴为基准。

从 2021 年广东电子信息产业技术交易供需双方主体来看：技术供给方面，成交额前 20 名主要以广深企业为主，Qualcomm Incorporated 占据首位，年成交额达 194.64 亿元。单项合同平均价值最高的是广州腾讯科技有限公司，达到 40.69 亿元（见表 9－4）。技术需求方面，成交额前 20 名仍以广深企业为主，需求最大的是荣耀终端有限公司，年吸纳技术金额为 294.13 亿元，其中也有部分海外企业，如苹果公司（APPLE Inc.）、汇丰银行等。

总之，广东电子信息技术市场整体活跃，超过 60% 的合同由本地企事业等单位贡献。广东电子信息产业的技术扩散方向主要是北京、上海、江苏和浙江等省市，2021 年，流向这四个省市的技术合同项数占 16.56%。

表 9－4　2021 年广东省电子信息产业技术交易供给方成交额前 20 位

卖方名称	成交额（亿元）	合同项数（项）	单项合同平均价值（亿元）
Qualcomm Incorporated	194.64	7	27.81
广州腾讯科技有限公司	122.08	3	40.69
华为技术有限公司	98.04	75	1.31
汇丰软件开发（广东）有限公司	76.53	18	4.25
深圳市智信新信息技术有限公司	75.29	2	37.65
广州津虹网络传媒有限公司	71.51	3	23.84

（续上表）

卖方名称	成交额（亿元）	合同项数（项）	单项合同平均价值（亿元）
广州趣丸网络科技有限公司	47.36	2	23.68
广州品唯软件有限公司	44.63	2	22.31
Neople，Inc.	38.08	12	3.17
中通服建设有限公司	36.77	106	0.35
中兴通讯股份有限公司	34.83	22	1.58
Smilegate Entertainment，Inc.	31.60	13	2.43
超讯通信股份有限公司	29.36	106	0.28
Riot Games，Inc.	27.44	11	2.49
宜通世纪科技股份有限公司	27.04	313	0.09
广东省广告集团股份有限公司	25.83	8	3.23
深圳虾皮信息科技有限公司	25.79	10	2.58
深圳市海思半导体有限公司	24.37	4	6.09
Huawei Technologies Canada Co.，Ltd.	23.51	1	23.51
火烈鸟网络（广州）股份有限公司	23.19	13	1.78

表9-5　2021年广东省电子信息产业技术交易吸纳方成交额前20位

买方名称	成交额（亿元）	合同项数（项）	单项合同平均价值（亿元）
荣耀终端有限公司	294.13	49	6.00
华为技术有限公司	174.52	419	0.42
腾讯科技（深圳）有限公司	118.21	15	7.88
深圳市腾讯计算机系统有限公司	112.87	90	1.25
华为终端有限公司	79.54	185	0.43
广州欢聚传媒有限公司	71.51	3	23.84
APPLE Inc.	63.01	2	31.50
香港上海汇丰银行有限公司香港支行	39.59	2	19.80
中国移动通信集团河南有限公司	30.59	7	4.37
唯品会（肇庆）电子商务有限公司	30.18	1	30.18
广州游佐网络科技有限公司	26.98	1	26.98
Shopee Singapore Private Limited	22.23	7	3.18

（续上表）

买方名称	成交额（亿元）	合同项数（项）	单项合同平均价值（亿元）
HSBC Global Resourcing（UK）Limited	22.14	1	22.14
安谋科技（中国）有限公司	20.50	6	3.42
唯品会（肇庆）电子商务有限公司	20.44	2	10.22
广州梓游信息科技有限公司等	20.38	1	20.38
深圳市海思半导体有限公司	18.85	21	0.90
中国移动通信集团广东有限公司	18.76	107	0.18
招商银行股份有限公司	16.42	146	0.11
北京字跳网络技术有限公司	15.35	19	0.81

第十章　广东省先进制造业技术交易分析*

一　广东先进制造业发展的背景

党的十八大以来，实体经济特别是制造业发展受到中央的高度重视，党中央做出了建设“制造强国”的重大战略决策。广东省委、省政府将制造业提升到前所未有的高度，旗帜鲜明地提出“制造业立省”。《广东省制造业高质量发展“十四五”规划》指出，着力推动产业由集聚化发展向集群化发展转变，深入实施制造业高质量发展“六大工程”，打造先进制造业基地、制造业创新集聚地、开放合作先行地、发展环境高地，加快实现从制造大省向制造强省的历史性转变，推动广东打造新发展格局的战略支点。

2021 年，广东全部工业增加值突破 4.5 万亿元，继续居全国第一，约占全国的 12.5%；全省规模以上制造业企业突破 6 万家，高居全国第一，比 2017 年增加超万家；规模以上工业增加值同比增长 19.5%，是 2016 年以来首次实现两位数增长、首次超过固定资产投资增速（6.3%）；先进制造业、高技术制造业增加值占规模以上工业增加值比重分别达到 54.2% 和 29.9%，较 2012 年相应提高 6.1 个、5.8 个百分点。

但与此同时，广东先进制造产业高质量发展面临的国内外环境发生了复杂而深刻的变化。经济全球化遭遇逆流，保护主义上升、全球市场萎缩，新冠肺炎感染疫情对全球经济产生巨大冲击，世界进入动荡变革期，国内制造业出口增长受到抑制，发达国家在关键核心领域对国内制造业发展的限制升级，使国内产业链供应链的安全和稳定面临前所未有的压力。广东先进制造业自身也存在产业同构现象突出、空间结构有待优化、产业配套协作有待加强、拥有核心自主知识产权技术较少且关键技术面临“卡脖子”等难题。广东作为我国制造业发展的排头兵，更需要全力做好产业基础再造和产业链提升工作，进一步夯实制造业发展根基和现代化经济体系的底盘，提升产业链供应链的稳定性、安全性和竞争力。

---

* 本章执笔人为佛山科学技术学院经济管理学院徐扬、暨南大学产业经济研究院王欣然。

二 2017—2021 年广东先进制造业技术交易概况

（1）2017—2021 年，广东先进制造业技术合同成交额虽然在 2021 年有所下降，但合同成交数却一路攀升。

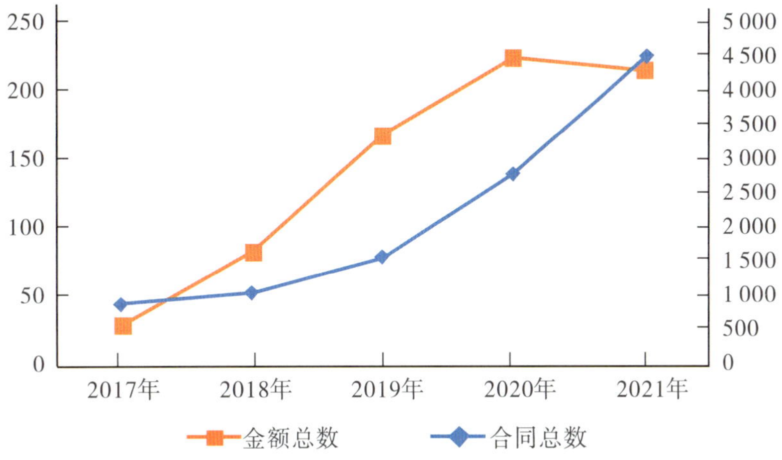

图 10－1 2017—2021 年广东先进制造业技术交易合同总数和金额变化情况
（技术合同金额总数以左侧轴为基准，单位：亿元；合同总数以右侧轴为基准，单位：项）

2017—2021 年，广东先进制造领域技术合同项数呈现快速上升趋势，从 2017 年的 879 项增长到 2021 年的 4 428 项；而技术合同成交额在经历了 2017—2020 年的持续上升之后，在 2021 年有所下降，2021 年技术合同成交额为 214.2 亿元，相比 2020 年下降 4.5%。由此可见，广东先进制造技术市场整体发展态势良好（见图 10－1）。

（2）2017—2021 年，广东先进制造业技术交易合同涉及知识产权的合同数和合同金额占比都呈现下降趋势。

从涉及知识产权合同的合同项数结构来看，如表 10－1 所示，2017—2021 年，其占先进制造产业技术合同项数的比重从 2017 年的 47.55% 下降至 2021 年的 39.84%，中间虽然经历了 2018 年的快速增长，但递减趋势依然不变；从成交额结构来看，2017—2021 年涉及知识产权合同的成交额占比呈现持续波动下降趋势，从 2017 年的占比 51.11% 下降至 2021 年 37.91%。这表明未涉及知识产权合同的合同项数和成交额依然占广东先进制造技术领域较大份额。

表 10－1 2017—2021 年广东先进制造业涉及知识产权的合同数目和合同金额变化情况

	2017 年	2018 年	2019 年	2020 年	2021 年
涉及知识产权的合同数（项）	418	621	857	864	1 764
涉及知识产权项数的比例	47.55%	59.94%	55.58%	31.05%	39.84%

（续上表）

	2017 年	2018 年	2019 年	2020 年	2021 年
涉及知识产权的成交额（亿元）	14.9	51.0	50.1	106.3	81.2
涉及知识产权合同成交额的比例	51.11%	61.78%	29.94%	47.39%	37.91%

（3）技术交易类型中，从以技术开发和技术服务类合同为主向以技术开发、技术服务和技术咨询类合同为主转变，技术转让类合同占比持续走低。

表 10－2　2017—2021 年广东先进制造产业各类技术交易合同项数占比变化情况

	2017 年	2018 年	2019 年	2020 年	2021 年
技术开发	57.34%	55.69%	58.99%	32.52%	21.82%
技术转让	17.06%	17.28%	2.59%	7.33%	6.35%
技术咨询	1.48%	5.89%	2.16%	39.13%	38.82%
技术服务	24.12%	21.14%	36.27%	21.02%	33.02%

2017—2021 年，广东先进制造产业技术合同中技术开发类合同项数占比从 2017 年的 57.34% 下降至 2021 年的 21.82%；同样地，技术转让类合同占比从 2017 年的 17.06% 下降至 2021 年的 6.35%，呈现下降趋势。相比之下，技术咨询和技术服务类合同占比则有所增加，2021 年占比分别为 38.82% 和 33.02%，两者占比之额超过 70%，且有进一步上升的态势（见表 10－2）。

三　广东先进制造业技术交易特点

（一）技术交易类型分析

从图 10－2 来看，2017—2021 年的成交合同项数中，四种类型技术合同数量上均有所增加。技术开发类合同从 2017 年的 504 项上升至 2021 年的 966 项，增长 91.7%。技术转让类合同增长趋势较为平缓，从 2017 年的 150 项增加至 2021 年的 281 项，在四种类型技术交易合同中占比最低，但从技术合同价值分析来看（见图 10－3），技术转让类合同在四种类型技术合同中含金量最高，单项合同成交额从 2017 年的 387.3 万元增加至 2021 年的 3 933.1 万元。技术咨询和技术服务类合同在经历了 2017—2019 年的缓慢增长后，2020—2021 年迎来了井喷式增长，技术咨询类合同项数从 2017 年的 13 项增长至 2021 年的 1 719 项，技术服务类合同项数从 2017 年的 212 项增长至 2021 年的 1 462 项，但从单项技术合同价值来看，技术咨询类合同单项价值仅为 6.8 万元。

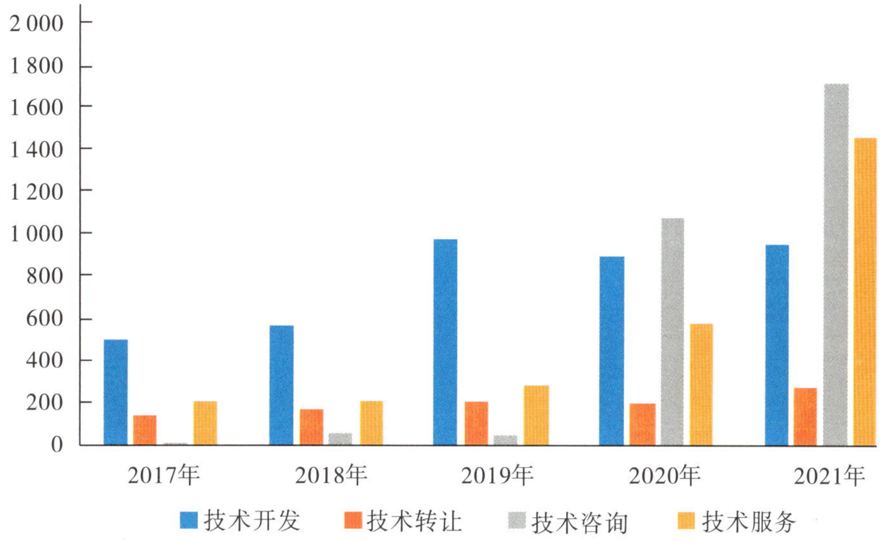

图 10－2　2017—2021 年广东先进制造业各类技术交易合同项数变化情况（单位：项）

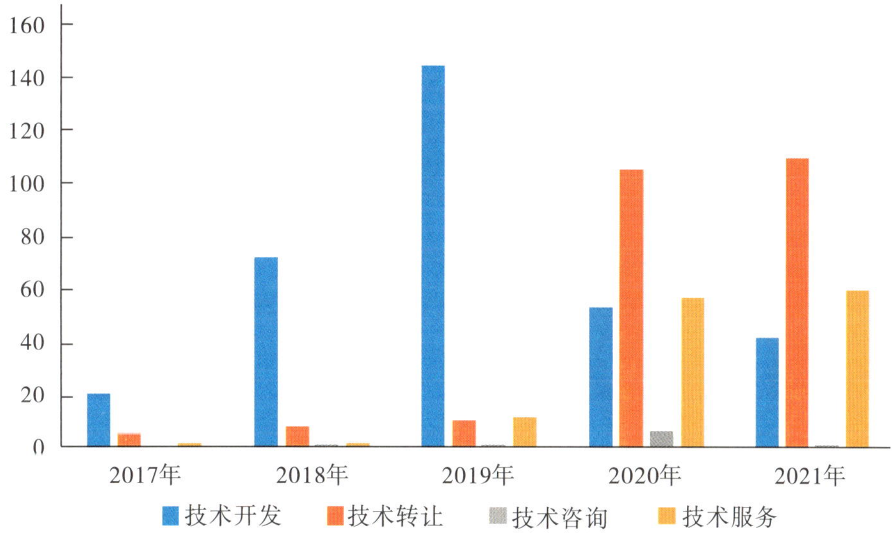

图 10－3　2017—2021 年广东先进制造业各类技术交易合同金额变化情况（单位：亿元）

（二）技术领域分析

从图 10－4 和图 10－5 可以看出，在 2017 年和 2021 年，先进制造业技术交易最明显的特征就是先进制造工艺领域的成交合同项数占比和成交额占比都有了显著提升。其中，2021 年的成交合同项数相对于 2017 年增长近 7 倍，占比增加了约 20 个百分点，在市场上的份额达到 61. 74%；2021 年合同成交额相对于 2017 年增长近 17 倍，占比增加近 45 个百分点，在市场份额上也占据绝对优势，达到 76. 28%。

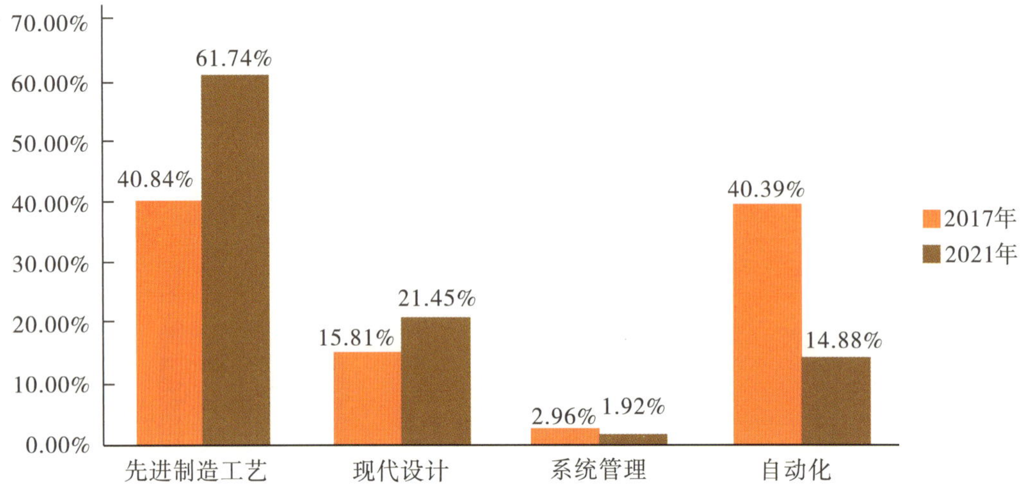

图 10－4　2017 年和 2021 年广东先进制造业各技术领域（二级）的合同项数占比

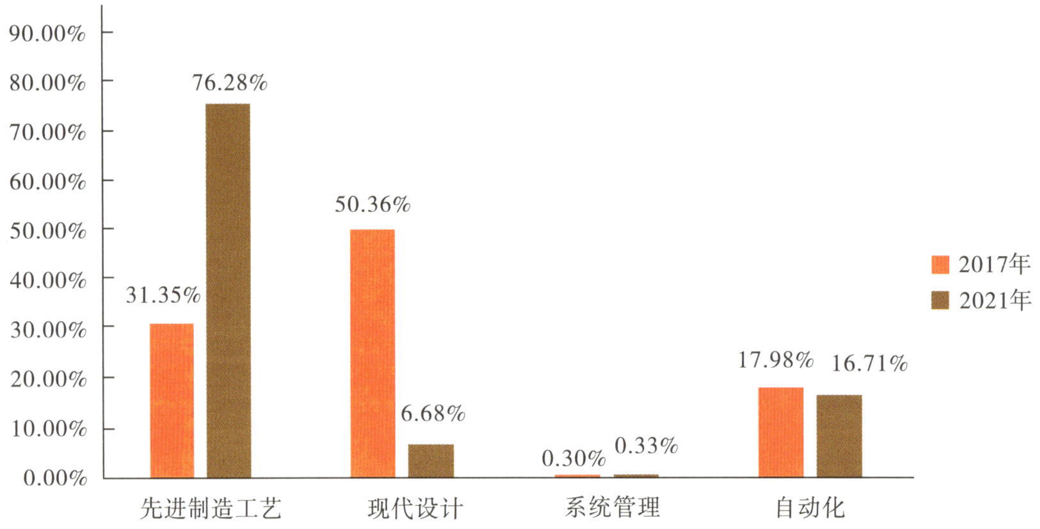

图 10－5　2017 年和 2021 年广东先进制造业各技术领域（二级）的合同成交额占比

从合同成交项数来看，由于先进制造工艺份额增加，自动化和系统管理领域的份额相应下降，分别从 2017 年的 40. 39% 和 2. 96% 下降至 2021 年的 14. 88% 和 1. 92%。而从合同成交额角度看，份额下降明显的是现代设计领域，从 2017 年的 50. 36% 下降至 2021 年的 6. 68%。从合同平均价值来看，先进制造工艺和自动化这两个领域的合同平均价值稳定而明显地高于其他领域，2021 年单项合同平均价值分别为 597. 6 万元和 543. 2 万元。

（三）知识产权分析

2017—2021 年，先进制造业全年达成的合同中分别有 49. 82%、50. 76%、57. 39%、24. 84% 和 31. 71% 的合同涉及知识产权。涉及知识产权的合同主要围绕技术秘密和专利两类。其中，技术秘密类的合同总体处于上升的趋势，2017—2021 年，合同项数增加了 1 062项；而涉及专利知识产权的合同则从 2017 年的 117 项增加至 2021 年的 363 项，增长了 210. 30%，然而占比却呈整体下降趋势，从 2017 年的 27. 99% 下降至 2021 年 20. 58%。

在合同成交额上，由于技术秘密类合同平均单项成交额较高，在 2017—2021 年，技术秘密类合同的年成交额占比基本都远高于专利类合同，2021 年甚至高达 89. 89%。专利类技术合同虽然在 2018 年有过高峰，占比 63. 86%，但 2019 年急剧下降，直至 2021 年降为 9. 01%。其他类型知识产权合同占比不超过 10%。这说明先进制造技术领域的知识产权合同以技术秘密和专利为主。

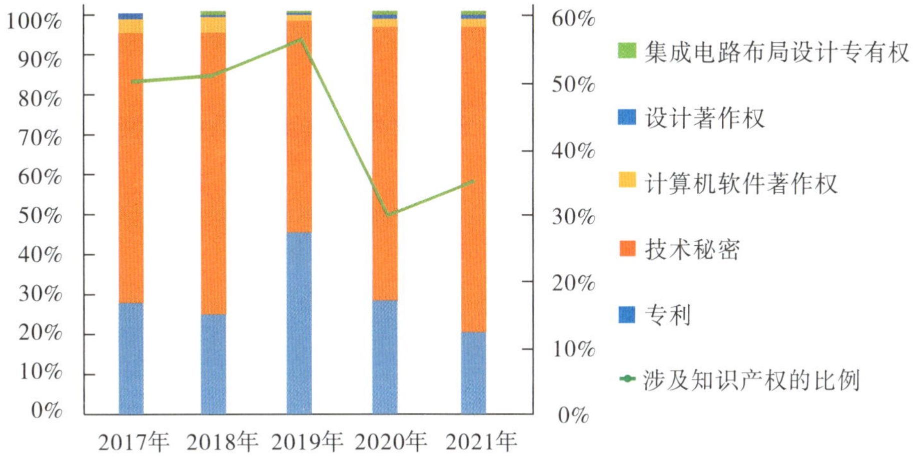

图 10-6 2017—2021 年广东先进制造业各类知识产权合同项数所占比例变化情况

注：这里探讨的合同项数比例是指四类合同（技术开发、技术转让、技术咨询、技术服务）在所涉及知识产权合同中的比例。涉及知识产权的合同项数比例以右侧轴为基准。

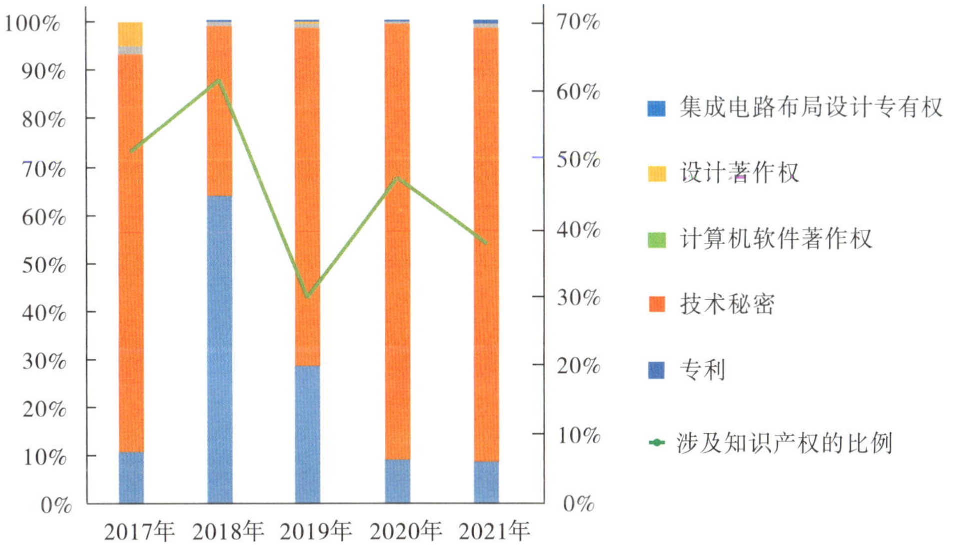

图 10-7 2017—2021 年广东先进制造业各类知识产权合同成交额所占比例变化情况

注：这里探讨的合同成交额比例是指四类合同（技术开发、技术转让、技术咨询、技术服务）在所涉及知识产权合同中的比例。涉及知识产权的合同成交额比例以右侧轴为基准。

（四）技术扩散分析

从技术合同的输出去向来看，广东先进制造业70%以上的技术是输出到本地，这一比例还在逐年上升（从2018年的低峰72.39%上升至2021年的85.39%），遥遥领先于其他地区。这在一定程度上也表明了广东先进制造产业的技术交易主要以省内为主。

2021年，北京市和江苏省是买方省市中的第2、第3名。北京、江苏所占的份额在近几年中有增有减：北京在2019年达到5.25%高峰后开始出现持续的小幅下滑，但依然保持买方第2位；而江苏占比在2018年达到3.19%高峰后也有所回落；近两年两省市的占比之和保持在4%左右。除了上述提到的两省市以外，港澳地区除了2017年占1.48%，之后几年占比呈整体下降趋势。

表10-3　2017—2021年广东先进制造领域合同买方中主要地区项数占比情况

	2017年	2018年	2019年	2020年	2021年
广东省	73.15%	72.39%	77.89%	83.97%	85.39%
北京市	2.16%	3.96%	5.25%	2.34%	1.83%
上海市	2.39%	1.25%	0.71%	0.90%	1.08%
江苏省	1.71%	3.19%	1.82%	1.90%	1.74%
湖北省	0.68%	1.16%	0.71%	0.43%	0.79%
浙江省	2.16%	1.54%	2.14%	1.76%	1.33%
港澳地区	1.48%	0.58%	0.00%	0.14%	0.20%
国外	1.93%	3.96%	0.97%	0.36%	0.43%

从2021年广东先进制造产业技术交易供需双方主体来看：技术供给方面，主要以外商投资企业或境外企业为主，内资企业占比不到一半。成交额排名第一的是日本的NIPPON MEKTRON LTD，年成交额为37.69亿元，内资企业排名第一的是中船黄埔文冲船舶有限公司，年成交额为20.50亿元。这在某种程度上表明广东先进制造领域本土技术优势还有待进一步发展，与先进国家仍存在差距。技术需求方面，排名第一的是外商投资企业珠海紫翔电子科技有限公司，年成交额为37.69亿元。单项合同平均价值最大的是本田技研工业（中国）投资有限公司的10.02亿元。

表10-4　2021年广东省先进制造业技术交易供给方成交额前20位

卖方名称	成交额（亿元）	合同项数（项）	单项合同平均价值（亿元）
NIPPON MEKTRON LTD	37.69	4	9.42
本田技研工业株式会社	23.91	3	7.97

（续上表）

卖方名称	成交额（亿元）	合同项数（项）	单项合同平均价值（亿元）
中船黄埔文冲船舶有限公司	20.50	12	1.71
广船国际有限公司	17.60	2	8.80
广汽丰田汽车有限公司	12.10	8	1.51
本田技研科技（中国）有限公司	10.02	1	10.02
晓星天禧（株）	7.74	8	0.97
雀巢有限公司、雀巢产品有限公司、雀巢产品技术援助有限公司	7.44	1	7.44
住友电装株式会社	7.41	17	0.44
广州汽车集团股份有限公司	6.77	2	3.39
MITSUBISHI ELECTRIC CO., LTD（三菱电机株式会社）	6.25	2	3.13
华为技术日本株式会社	4.29	1	4.29
杜塞尔多夫华为技术有限公司	3.33	1	3.33
散裂中子源科学中心	2.90	3	0.97
宏大君合科技有限公司	1.90	2	0.95
富士机工株式会社	1.82	3	0.61
株式会社京滨	1.80	8	0.22
珠海市大疆创新科技有限公司	1.72	2	0.86
江门市大长江集团有限公司	1.24	1	1.24
ENGINES ENGINEERING S. R. L	0.96	5	0.19

表 10-5　2021 年广东省先进制造产业技术交易吸纳方成交额前 20 位

买方名称	成交额（亿元）	合同项数（项）	单项合同平均价值（亿元）
珠海紫翔电子科技有限公司	37.69	4	9.42
广汽本田汽车有限公司	23.14	4	5.79
广汽丰田汽车有限公司	12.10	9	1.34
本田技研工业（中国）投资有限公司	10.02	1	10.02
中远海运能源运输股份有限公司	9.64	1	9.64
CONGLOMERATE MARITIME LIMITED	7.96	1	7.96

（续上表）

买方名称	成交额（亿元）	合同项数（项）	单项合同平均价值（亿元）
华为机器有限公司	7.62	2	3.81
东莞雀巢有限公司	7.44	1	7.44
广汽乘用车有限公司	6.77	4	1.69
三菱电机（广州）压缩机有限公司	6.25	2	3.13
交通运输部广州打捞局	6.00	1	6.00
晓星氨纶（广东）有限公司	5.88	4	1.47
惠州住润电装有限公司	5.11	6	0.85
韩国 SINOKOR	4.82	4	1.21
中国科学院南海海洋研究所	3.00	5	0.60
台湾建华海运股份有限公司	2.81	2	1.41
惠州住成电装有限公司	1.99	9	0.22
广东明华机械有限公司	1.90	2	0.95
晓星氨纶（珠海）有限公司	1.86	4	0.47
广州常富机械工业有限公司	1.82	3	0.61

第十一章　广东省新能源产业技术交易分析*

一　广东新能源产业发展的背景

2022 年，广东省人民政府办公厅发布的《广东省能源发展“十四五”规划》指出广东省将推进能源产业集聚发展，大力发展先进核能、海上风电、太阳能等优势产业，加快培育氢能、储能、智慧能源等新兴产业，建设差异化布局的新能源产业集聚区。到 2025 年，全省新能源产业营业收入达 7 300 亿元，形成国内领先的新能源产业集群。能源消费总量控制在 4.8 亿吨标准煤以内，非化石能源消费比重争取提升至 40% 左右。

新能源汽车方面，广东作为我国经济发展龙头省份、消费大省以及制造业大省，在新能源汽车领域拥有多家整车和零部件龙头企业，逐渐成为全国新能源汽车产业链企业的集聚高地，在新能源汽车企业数量、规模以及研发能力、融资环境等领域均处于全国领先地位。据上汽研究院统计，在企业数量方面，截至 2022 年 7 月底，广东省新能源汽车产业链上下游企业数量超过 1.77 万家，占全国总量的 12.4%，持续保持全国产业规模首位；在企业质量和产业结构层面，广东省共有新能源汽车领域上市企业 78 家、高成长类企业 157 家、高技术企业 540 家，数量占比均超过全国的 20%，形成了优质企业高度集聚、产业结构稳步提升的良好发展态势；在研发能力层面，广东省新能源汽车领域授权发明专利达到 3 327 件，占全国比例达 13.45%，创新型研发机构数量占全国 18%，研发机构数量持续增长，研发能力不断提升；在新能源汽车融资领域，广东省 2017—2021 年产业融资总金额超 3 100 亿元，全国占比近 30%，成为我国新能源汽车产业投融资高地。

二　2017—2021 年广东新能源产业技术交易概况

（1）2017—2021 年，广东新能源产业技术市场交易表现活跃，全年成交合同总项数和成交总金额同步增长。

---

* 本章执笔人为佛山科学技术学院经济管理学院徐扬、邱楚芝。

2017—2021 年，广东新能源产业技术交易市场的全年成交合同项数实现连续增长，从 2017 年的 449 项增长至 2021 年的 4 293 项；而全年合同成交额则从 2017 年的 11.5 亿元增长至 2021 年的 296.6 亿元，在合同项数和成交总额上实现跨越式发展。

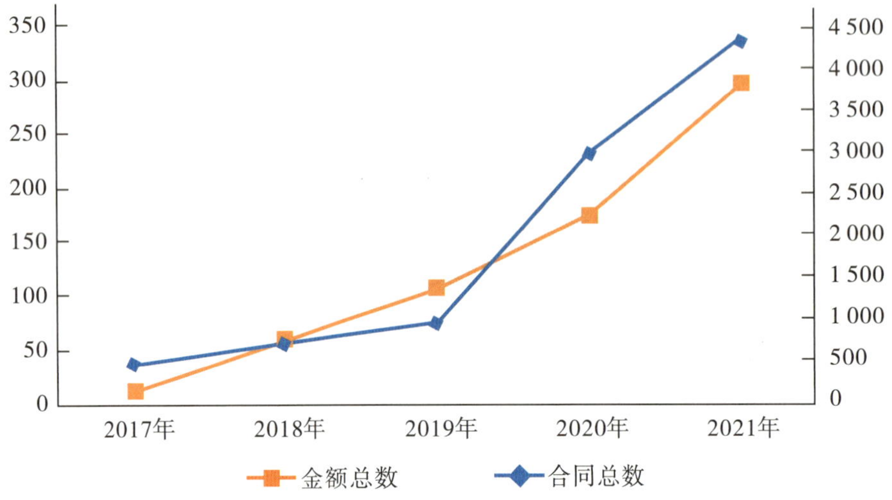

图 11－1 2017—2021 年广东新能源产业技术交易合同总数和金额变化情况

注：技术合同金额总数以左侧轴为基准，单位：亿元；合同总数以右侧轴为基准，单位：项。

从整个广东技术交易市场来看，新能源产业的发展也呈现持续上升的态势，合同项数方面，新能源产业的占比从 2017 年的 2.58% 上升至 2021 年的 8.71%；合同成交总金额方面，新能源产业的占比从 2017 年的 1.21% 上升至 2021 年的 6.91%。合同项数和成交总额都实现了同步增长。

（2）2017—2021 年，新能源产业技术合同涉及知识产权的合同项数和合同成交额一路攀升，但合同成交额占比却一路走低。

2017—2020 年，新能源产业的技术交易中，涉及知识产权的合同项数所占比例总体处于上升的态势，2021 年有所回落，从 2020 年的 73.18% 下降至 66.43%。相比于合同项数，新能源产业涉及知识产权的技术合同成交额占比却呈现下降的趋势，从 2017 年的 69.50% 下降至 2021 年的 29.21%（见表 11－1）。

表 11－1 2017—2021 年广东新能源产业涉及知识产权的合同项数和合同金额变化

	2017 年	2018 年	2019 年	2020 年	2021 年
涉及知识产权的合同项数	184	255	440	2 153	2 852
涉及知识产权项数的比例	40.98%	36.59%	47.01%	73.18%	66.43%
涉及知识产权的成交额（亿元）	8.0	36.1	48.4	95.1	86.6
涉及知识产权合同成交额的比例	69.50%	61.42%	45.88%	54.62%	29.21%

（3）技术服务类合同保持其成交项数、成交额上比例第一的位置，并且所占比重呈现进一步增长态势。

在新能源产业，如表 11－2 所示，2021 年技术服务类合同的合同项数占比具有压倒性优势。2017 年以来，技术服务类合同项数占比从 2017 年的 25.84% 上升至 2021 年的 81.85%。相比而言，技术转让类合同占比持续走低，2021 年下降至 0.84%。

表 11－2　2017—2021 年广东新能源产业各类技术交易合同项数占比变化情况

	2017 年	2018 年	2019 年	2020 年	2021 年
技术开发	63.25%	32.28%	58.99%	12.95%	13.39%
技术转让	6.01%	14.63%	2.59%	2.48%	0.84%
技术咨询	4.90%	4.02%	2.16%	4.83%	3.91%
技术服务	25.84%	49.07%	36.27%	79.74%	81.85%

三　广东新能源产业技术交易特点

（一）技术交易类型分析

从 2017—2021 年的合同成交项数来看，技术服务类合同项数呈现持续上升态势，并且在 2021 年达到最高峰 3 514 项。技术开发类合同在 2017—2021 年大致呈现上升状态，从 2017 年的 284 项增加至 2021 年的 575 项。技术转让类合同 2017—2021 年呈现波动状态，但波动幅度不大，成交最多的是 2018 年的 102 项。2017—2021 年技术咨询类合同呈现良好的增长态势，2021 年技术咨询类合同相对 2017 年增长 6.6 倍（见图 11－2）。

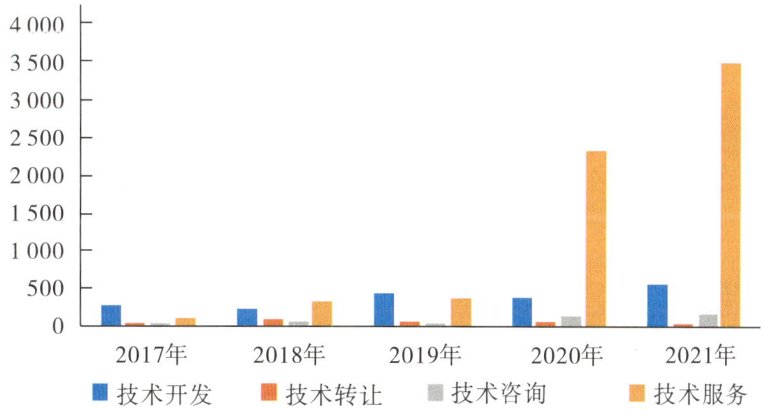

图 11－2　2017—2021 年广东新能源产业各类技术交易合同项数变化情况（单位：项）

从图 11 -3 可以看出，整体上看，除了技术服务类合同以外，其他三类合同在 2017—2021 年都处于相对稳定状态；其中，技术转让类合同成交额在 2018 年经历了较为明显的上涨，又在 2019 年有所回落。技术转让类合同平均价值在经历了 2018 年爆发式增长之后，2021 年有所回落，降至 3 361. 1 万元。同时，技术服务类合同成交额占整个市场年成交额的比例也在逐步增加，由 2017 年 27. 3% 增加至 81. 2% 。技术开发类合同的平均价值和合同成交额都有一定幅度的增长，但小于市场总体的增长幅度，因此这类合同的成交额所占的市场份额依然有减少的趋势，由最高时 2019 年的 37. 0% 下降至 2021 年的 14. 5% 。

从 2021 年的情况来看，市场上平均价值最高的是技术转让类合同，平均每份合同成交额达到 3 361. 1 万元，是第二位的技术开发类合同的 4. 5 倍，而平均价值最低的技术咨询类合同仅为技术转让类合同的 1. 6% 。

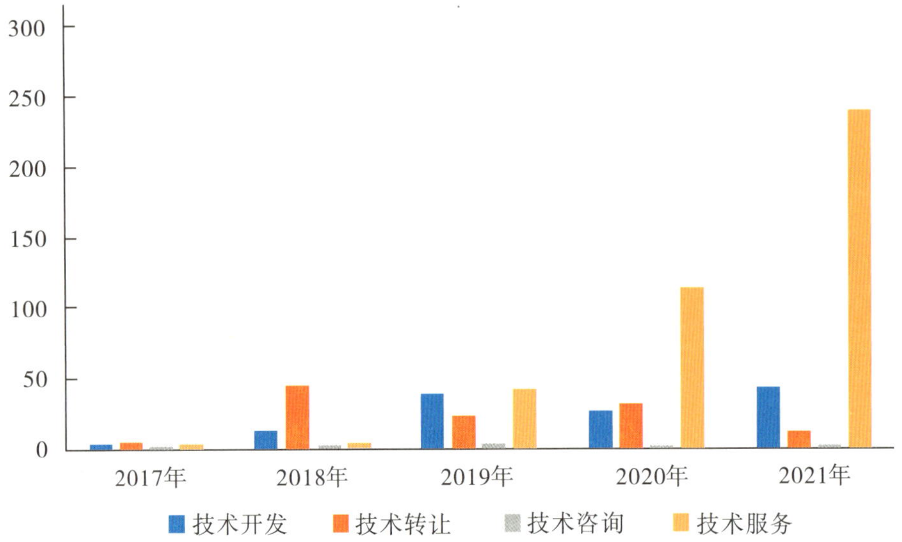

图 11 -3　2017—2021 年广东新能源产业各类技术交易合同金额变化情况（单位：亿元）

表 11 -3　2017—2021 年广东新能源产业各类技术合同平均价值变化情况

（单位：万元）

	2017 年	2018 年	2019 年	2020 年	2021 年
技术开发	126. 8	591. 1	882. 4	679. 8	747. 8
技术转让	1 737. 0	4 372. 5	3 836. 1	4 506. 8	3 361. 1
技术咨询	35. 9	44. 3	300. 0	59. 6	54. 9
技术服务	270. 7	24. 3	1 086. 2	485. 9	685. 8
全部合同平均	256. 3	844. 4	1 127. 1	590. 2	691. 9

（二）技术领域分析

从图 11－4 和图 11－5 可以看出，2017 年和 2021 年新能源产业技术领域（二级）中的新型能源技术、新能源汽车和石油天然气勘探开发及应用的技术交易合同项数相对变化不大。从成交合同项数的占比变化情况来看，电能与电力领域在 2017 年就占到各二级技术领域的第一位，比例达到 53.45%，比第二名的高效节能领域高出 33 个百分点。然而，2021 年该技术领域成交项数占比明显下滑，2021 年电能与电力技术领域占比为 17.56%，高效节能领域合同成交项数占比领先成为第一，为 53.76%。从合同成交额占比来看，一个非常显著的特征是电能与电力领域的金额占比在 2017—2021 年增长非常明显，从 2017 年的 22.25% 上升至具有绝对优势的 71.61%（2021 年）。在成交合同项数上，该领域在 2017—2021 年是呈持续下降的趋势；而成交额自 2017 年以来增长速度惊人，2021 年比 2017 年增加了近 82 倍。

2017—2021 年，新能源产业的技术领域结构还有一点值得关注，那就是石油天然气勘探开发及应用领域的成交合同项数占比和成交额占比都有所下降。这种变化说明，2017—2021 年新能源技术交易市场对石油等不可再生、带来环境破坏的能源关注度有所降低，这在某种程度上也符合低碳经济的发展要求。

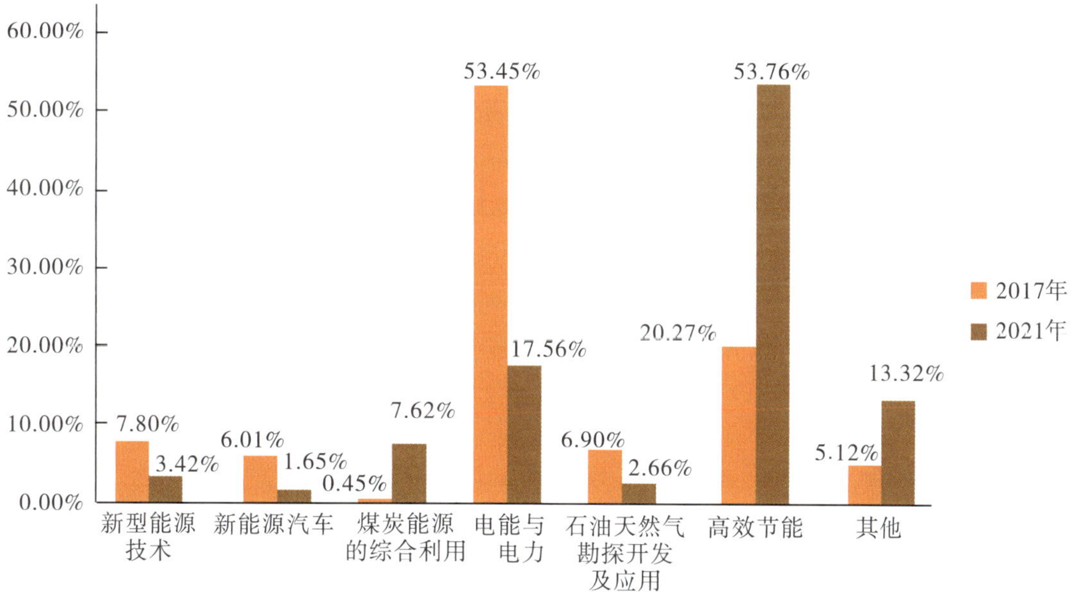

图 11－4　2017 年和 2021 年广东新能源产业各技术领域（二级）的合同项数占比

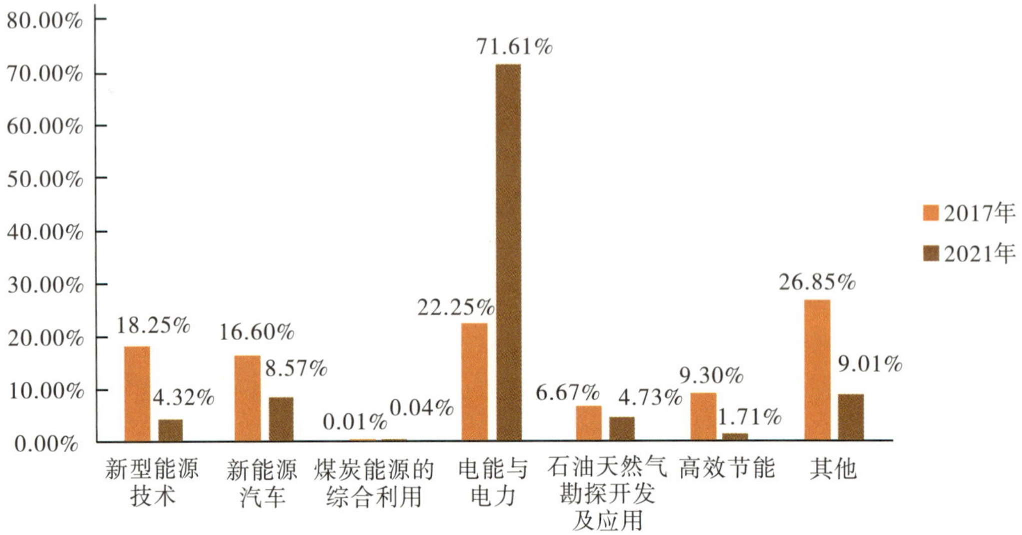

图 11-5　2017 年和 2021 年广东新能源产业各技术领域（二级）的合同成交额占比

（三）知识产权分析

2017—2021 年，新能源产业全年达成的合同中分别有 69.98%、62.90%、46.38%、49.66% 和 50.26% 的合同涉及知识产权。涉及知识产权的合同主要围绕技术秘密和专利。其中，技术秘密类合同呈上升的趋势，2017—2021 年，合同项数已经增加了 2 308 项；而涉及专利知识产权的合同则从 2017 年的 104 项增加至 2021 年的 446 项。

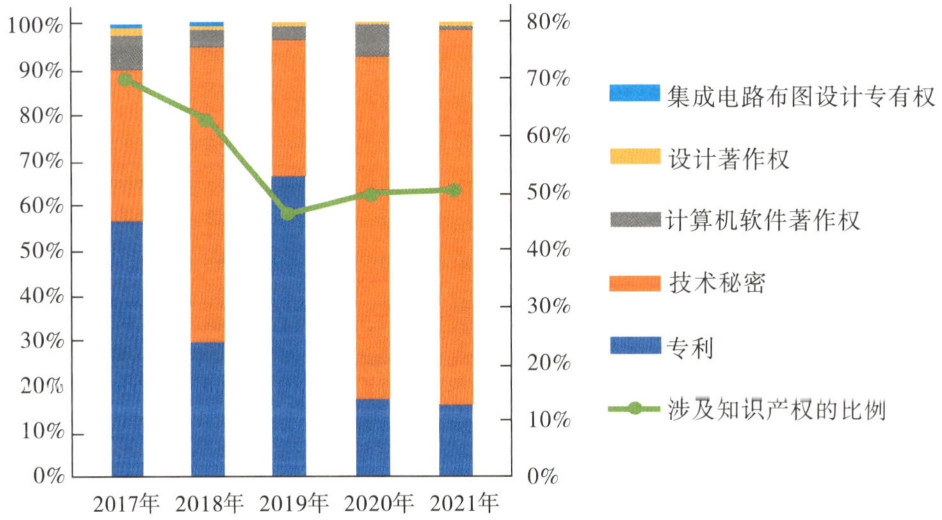

图 11-6　2017—2021 年广东新能源产业各类知识产权合同项数所占比例变化情况

注：这里探讨的合同项数比例是指四类合同（技术开发、技术转让、技术咨询、技术服务）在所涉及知识产权合同中的比例。涉及知识产权的合同项数比例以右侧轴为基准。

在合同成交额上，同样地，也是技术秘密类合同占比最高，2021 年达到 77.80%，虽然近几年有所下降，但始终保持新能源产业成交额占比第一的位置。专利类合同在 2017—2021 年除 2020 年成交额占比为 10.36% 外，其余年份均维持在 24% 左右，波动幅度不大。其余类型合同成交额占比之和不超过 5%。

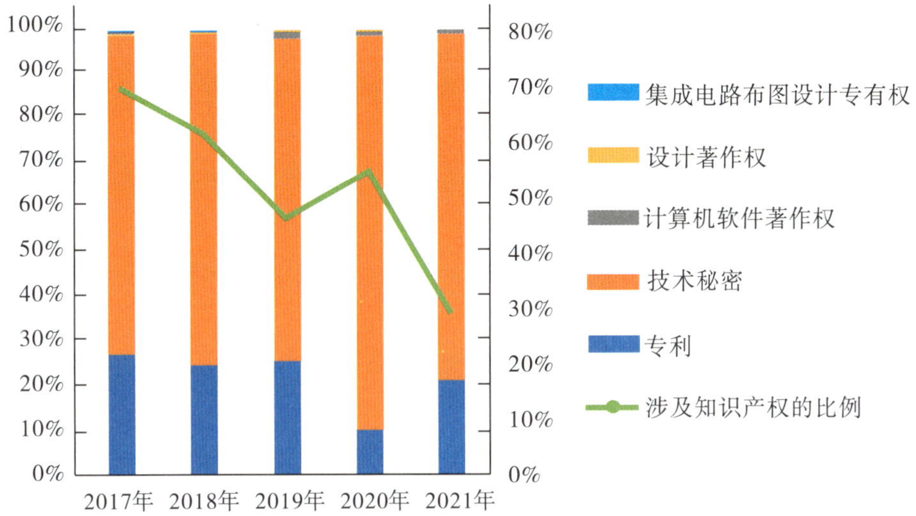

图 11-7　2017—2021 年广东新能源产业各类知识产权合同成交额所占比例变化情况

注：这里探讨的成交额比例是指四类合同（技术开发、技术转让、技术咨询、技术服务）在所涉及知识产权合同中的比例。涉及知识产权的合同成交额比例以右侧轴为基准。

（四）技术扩散分析

通过对合同买方的地域构成进行分析，可以全方位地了解广东新能源产业的技术扩散情况。如表 11-4 所示，2017—2021 年，广东新能源产业技术交易中流向本省的合同项数和成交额都持续上升：合同项数方面，从 2017 年的 300 项增加至 2021 年的 3 578 项；成交额方面，从 2017 年的 8.11 亿元增加至 2021 年的 224.34 亿元。2021 年，流向外省市的合同项数虽然较前一年增长 16%，但合同金额却大幅下降了 50%，恢复到 2018 年的水平；合同成交额占市场成交总额的比例也降至最低值，仅为 12.82%，与最大值 70.93%（2018 年）相距甚远。值得注意的是，流向国外的合同项数和合同成交额在 2017—2021 年有所上升，2021 年成交额占市场成交总额的比例达到 11.56%。

表 11－4　2017—2021 年广东新能源产业技术交易扩散情况

	2017 年	2018 年	2019 年	2020 年	2021 年
流向本省合同项数（项）	300	440	688	2 326	3 578
流向本省合同成交额（亿元）	8. 11	15. 53	59. 95	95. 60	224. 34
流向本省合同成交额占市场成交总额的比例（%）	70. 45%	26. 38%	56. 82%	54. 91%	75. 63%
流向外省市合同项数（项）	147	242	236	598	694
其中：流向港澳台地区合同项数（项）	0	2	0	1	3
流向外省市合同成交额（亿元）	3. 39	41. 73	27. 10	76. 74	38. 02
其中：流向港澳台地区合同成交额（万元）	0. 00	1 863. 30	0. 00	10. 06	201. 36
流向外省市合同成交额占市场成交总额的比例（%）	29. 46%	70. 93%	25. 69%	44. 08%	12. 82%
流向国外合同项数（项）	2	15	12	18	21
流向国外合同成交额（亿元）	0. 01	1. 58	18. 45	1. 75	34. 29
流向国外合同成交额占市场成交总额的比例（%）	0. 09%	2. 69%	17. 49%	1. 01%	11. 56%

从表 11－4 可以明显看出，广东新能源产业的技术扩散流向以本省为主。虽然流向国外的技术合同项数较少，2021 年仅为 21 项，但其合同成交额占市场成交总额的 11. 56%，这表明广东新能源技术流向国外的合同单项含金量高，水平上具有比较优势。从合同项数来看，2021 年广东新能源产业技术流向前五的省市是上海市、江苏省、北京市、贵州省和海南省；而从合同成交额来看，前五的省市分别是江西省、福建省、河南省、山东省和江苏省。

从 2021 年广东新能源产业技术交易供需双方主体来看，技术供给方面，成交金额最大的是中国能源建设集团广东省电力设计研究院有限公司，年成交额为 190. 49 亿元，单项合同平均价值为 3. 17 亿元；前 20 名企业中有 11 家所属城市是广州，深圳 4 家。技术需求方面，成交额最大的是广东粤电珠海海上风电有限公司，年成交额为 44. 87 亿元。

表 11－5　2021 年广东省新能源产业技术交易供给方成交额前 20 位

卖方名称	成交额（亿元）	合同项数（项）	单项合同平均价值（亿元）
中国能源建设集团广东省电力设计研究院有限公司	190. 49	60	3. 17
中国能源建设集团广东火电工程有限公司	12. 72	8	1. 59

（续上表）

卖方名称	成交额（亿元）	合同项数（项）	单项合同平均价值（亿元）
中石化广州工程有限公司	12. 39	17	0. 73
广东寰球广业工程有限公司	11. 62	1	11. 62
比亚迪汽车工业有限公司	10. 56	6	1. 76
株式会社爱德克斯	10. 18	1	10. 18
广州船舶及海洋工程设计研究院	6. 84	2	3. 42
比亚迪丰田电动车科技有限公司	6. 75	1	6. 75
广汽本田汽车研究开发有限公司	5. 14	5	1. 03
广州海颐软件有限公司	3. 46	16	0. 22
南方电网科学研究院有限责任公司	2. 38	65	0. 04
南方电网数字电网研究院有限公司	2. 24	37	0. 06
华为技术有限公司	1. 62	2	0. 81
中广核工程有限公司	1. 60	6	0. 27
华南理工大学	1. 18	186	0. 01
振中建设集团有限公司	1. 06	1	1. 06
肇庆市协创汽车零部件产业研究院有限公司	0. 90	5	0. 18
科力远混合动力技术有限公司	0. 70	1	0. 70
中海油田服务股份有限公司湛江分公司	0. 64	15	0. 04
佛山市飞驰汽车制造有限公司	0. 50	1	0. 50

表 11－6　2021 年广东省新能源产业技术交易吸纳方成交额前 20 位

买方名称	成交额（亿元）	合同项数（项）	单项合同平均价值（亿元）
广东粤电珠海海上风电有限公司	44. 87	1	44. 87
广州发展南沙电力有限公司	25. 62	1	25. 62
顺丰能源投资股份公司	19. 67	1	19. 67
广东粤电曲界风力发电有限公司	17. 30	1	17. 30
中广核工程有限公司	16. 78	5	3. 36
南方海上风电联合开发有限公司	14. 55	2	7. 28
广东江门恒光二期新能源有限公司	11. 72	1	11. 72

（续上表）

买方名称	成交额（亿元）	合同项数（项）	单项合同平均价值（亿元）
惠州荃美石化仓储有限公司	11.62	1	11.62
爱德克斯（云浮）汽车零部件有限公司	10.18	1	10.18
福建古雷石化有限公司	8.51	1	8.51
鄱阳县核博新能源有限公司	8.19	1	8.19
广东省电力开发有限公司	7.61	2	3.81
领裕国际有限公司	7.11	1	7.11
丰田汽车公司	6.75	1	6.75
广东省珠江海运有限公司	6.60	1	6.60
深能（化州）新能源有限公司	5.82	1	5.82
广汽本田汽车有限公司	5.15	8	0.64
中能建（开平）环保科技有限公司	4.39	1	4.39
广州供电局有限公司	3.89	4	0.97
广东省科学技术厅	3.61	30	0.12

第十二章　广东省生物医药产业技术交易分析*

一　广东生物医药产业发展的背景

近年来，广东生物医药产业规模逐步壮大，产业结构不断优化，创新能力不断增强，发展水平位居全国前列。据王喜凤（2021）统计，2000—2019 年，广东生物医药产业年均增速高达 17.48%，高于医药工业年均增速 5.3 个百分点，高于工业增速 4.37 个百分点；2009—2019 年，年均增速达到 10.94%，高于医药工业 0.23 个百分点，高于工业增速 5.22 个百分点。截至 2019 年，全省生物医药产业营业收入超过 2 500 亿元，有效发明专利 9 702 件。产业集聚效应凸显，拥有广州国际生物岛、深圳坪山国家生物产业基地、珠海金湾生物医药产业园、中山国家健康科技产业基地等产业集聚区，拥有 3 家国家临床医学研究中心、2 家省级实验室，建有国家基因库等一批重大科技基础设施。拥有中山大学、南方医科大学等一批知名医科大学，以及广州再生医学与健康广东省实验室、暨南大学粤港澳中枢神经再生研究院、深圳湾实验室（生命信息与生物医药广东省实验室）、广东粤港澳大湾区国家纳米科技创新研究院等生物基础研究科研院所等；在干扰素、碱性成纤维细胞生长因子等一批生物医药产品上形成优势，特别是重组人 p53 腺病毒注射液获批生产被认为是世界基因治疗研究和产业化发展的里程碑；形成一批具有一定国际竞争力的龙头骨干企业和创新型企业。

虽然广东生物医药产业快速增长，但与江苏、上海等国内生物医药产业起步较早的地区相比，在产业规模、创新能力、产业集聚及配套等方面仍有一定差距，还存在创业环境发育不足、投融资体系较为单薄、缺乏世界级大型制药公司、基础科学研究和产业间的衔接不够紧密等问题。

二　2017—2021 年广东生物医药产业技术交易概况

（1）经历了 2017—2020 年的快速增加后，2021 年广东生物医药产业技术交易市场呈

* 本章执笔人为佛山科学技术学院经济管理学院徐扬、邱楚芝。

现数量持平、金额下降的态势。

广东生物医药产业技术合同项数和成交额在经过2017—2020年快速增长之后，2021年合同项数大致与2020年持平，但成交额方面，却出现显著下降趋势，从2020年的194.6亿元下降至2021年的147.0亿元。

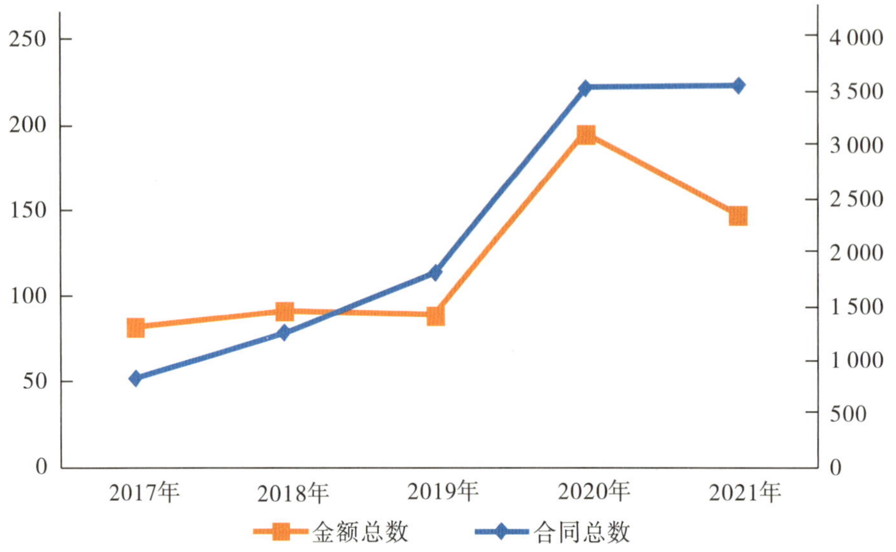

图12-1 2017—2021年广东生物医药产业技术交易合同总数和金额变化情况

注：技术合同金额总数以左侧轴为基准，单位：亿元；合同总数以右侧轴为基准，单位：项。

（2）在全年技术交易合同中，涉及知识产权的合同项数和合同金额占全年比重都有较大幅度的下跌。

2017—2019年，广东生物医药技术合同涉及知识产权合同大致与未涉及知识产权合同相当，然而，2020年涉及知识产权的占比却骤然下降，低至24.84%，2021年有所恢复，增至31.71%。从成交额来看，广东生物医药技术合同成交额占比呈现下降的趋势，从2017年的69.50%下降至2021年的29.21%。

表12-1 2017—2021年广东生物医药产业涉及知识产权的合同数目和合同金额变化

	2017年	2018年	2019年	2020年	2021年
涉及知识产权的合同项数	412	633	1 045	881	1 132
涉及知识产权项数的比例	49.82%	50.76%	57.39%	24.84%	31.71%
涉及知识产权的成交额（亿元）	43.0	48.0	66.4	122.2	109.3
涉及知识产权合同成交额的比例	69.50%	61.42%	45.88%	54.62%	29.21%

（3）市场交易中，以技术开发和技术服务类合同为主，技术咨询和技术转让类合同所占比例较小。

2017—2021年，从合同项数占比来看，技术开发类合同的占比呈现整体下降的趋势，从 2017 年的 66. 75% 降至 2021 年的 26. 78%，同时由 2017 年的占比第一降至 2021 年的占比第二。与技术开发类合同相反的是技术服务类合同，从 2017 年的 13. 54% 上升至 2021 年的 52. 66%。技术转让和技术咨询类合同占比之和未超过 25%。

表 12 - 2　2017—2021 年广东生物医药产业各类技术交易合同项数占比变化情况

	2017 年	2018 年	2019 年	2020 年	2021 年
技术开发	66. 75%	50. 76%	58. 99%	21. 60%	26. 78%
技术转让	19. 35%	13. 95%	2. 59%	5. 16%	9. 69%
技术咨询	0. 36%	6. 17%	2. 16%	9. 11%	10. 87%
技术服务	13. 54%	29. 11%	36. 27%	64. 13%	52. 66%

三 广东生物医药产业技术交易特点

（一）技术交易类型分析

从 2017—2021 年的合同项数和合同金额来看，技术开发类合同项数在经历了 2020 年小幅度下跌之后，2021 年迎来了快速增加，合同金额方面近几年波动不大，维持在 40 亿元左右。技术转让类合同数量和成交额在 2017—2021 年呈现快速增长态势，合同项数从 2017 年的 160 项上升至 2021 年的 346 项，实现翻番，合同成交额则从 2017 年的 21. 42 亿元增长至 2021 年的 91. 58 亿元，同样实现翻番。技术咨询类合同在四种类型合同中无论是合同项数还是成交额都是份额最低的。技术服务类合同项数在经历了 2017—2020 年的快速增长后，2021 年出现了小幅度的下降，降至 1 880 项。

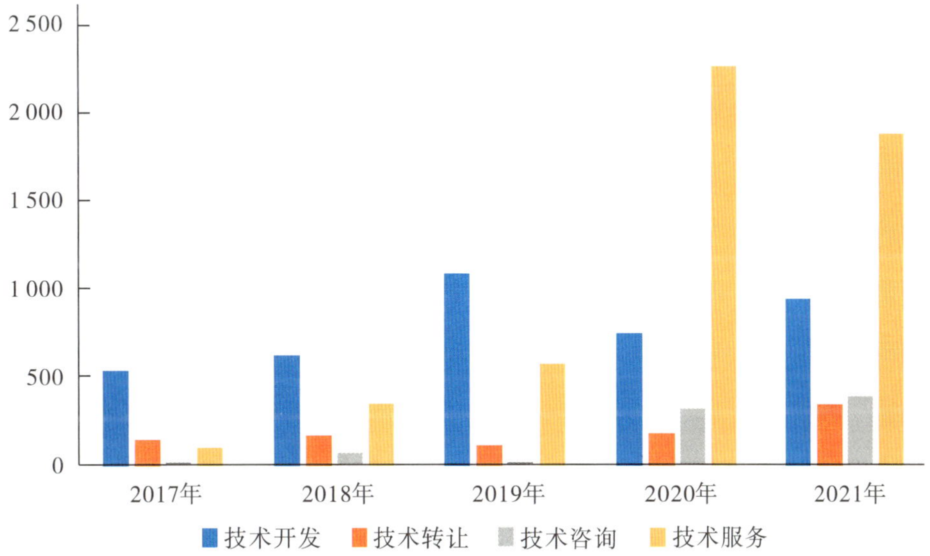

图 12 - 2　2017—2021 年广东生物医药产业各类技术交易合同项数变化情况（单位：项）

从图 12－3 可以看出，整体上来看，除了技术咨询类合同以外，其他三种类型技术合同都有明显的变化：技术开发类合同成交额在 30 亿元至 50 亿元区间上下波动；技术转让类合同在 2017—2021 年总体呈现增长态势，从 2017 年的 21.42 亿元增长至 2021 年的 91.58 亿元；技术服务类合同在经历了 2020 年的快速增加后，2021 年下跌至 11.75 亿元，在 2017—2021 年间并未表现出明显的变化趋势。

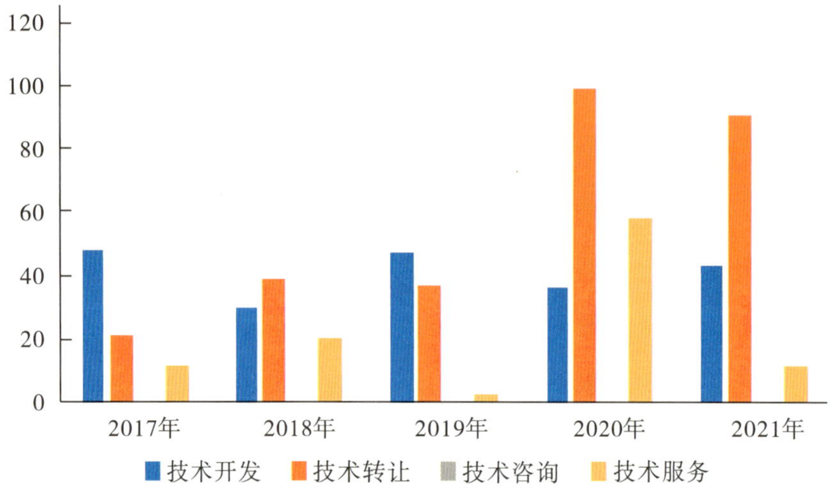

图 12－3　2017—2021 年广东生物医药产业各类技术交易合同金额变化情况（单位：亿元）

事实上，技术开发和技术转让合同代表的技术含金量最高。广东生物医药产业技术交易中技术转让合同价值迅猛增长，2021 年技术转让类合同成交额占生物医药产业技术合同成交额比重的 62.3%，但是平均价值却为 25 437.51 万元，远超其他三种类型的技术合同。这表明广东生物医药产业技术创新水平大幅度提升，生物医药技术市场应用能力不断增强，以技术交易中技术转让合同为载体的技术创新已经成为广东生物医药产业快速发展的重要力量。

表 12－3　2017—2021 年广东生物医药产业各技术合同类型平均价值

（单位：万元）

	2017 年	2018 年	2019 年	2020 年	2021 年
技术开发	876.85	477.14	436.02	471.95	455.65
技术转让	1 338.50	2 283.79	3 129.06	5 442.73	25 437.51
技术咨询	39.00	53.80	100.16	4.74	2.76
技术服务	1 056.80	575.18	52.18	258.29	62.47

（二）技术领域分析

2017—2021 年，广东生物医药产业各类技术领域结构相对稳定。化学药技术合同在近几年有所上升，从 2017 年占比 17.65% 上升至 2021 年的 24.76%。中药技术合同在 2017—2021 年占比有所下降，从 2017 年的 11.85% 下降至 2021 年的 4.65%。新型医疗器械技术合同占比情况在 2017—2021 年总体相对稳定，始终维持在 7% 左右。生物技术合同占比在 2017—2021 年间则有所下降，从 2017 年排名第一的 38.33% 下降至 2021 年排名第二的 20.48%。

从合同成交额上看，生物技术合同占比大幅上升，从 2017 年的 16.02% 增加至 2021 年的 67.23%，占比超过六成，逐渐成为广东生物医药技术市场交易主流。

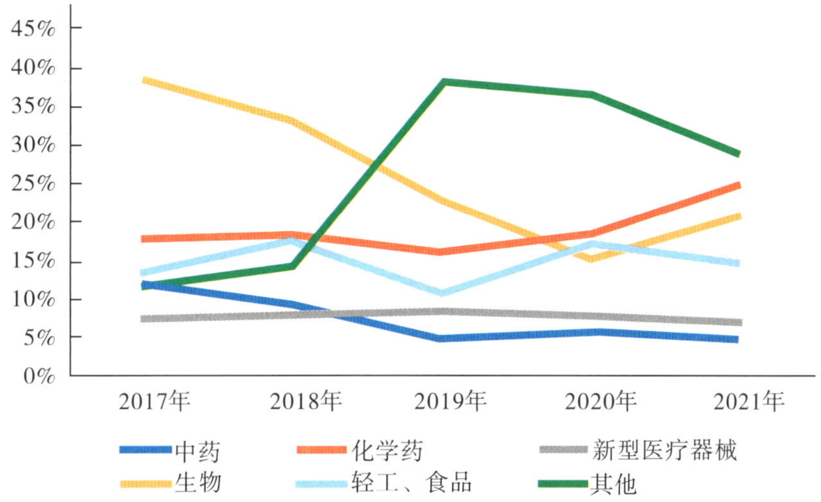

图 12－4　2017—2021 年广东生物医药产业各技术领域合同项数占比变化情况

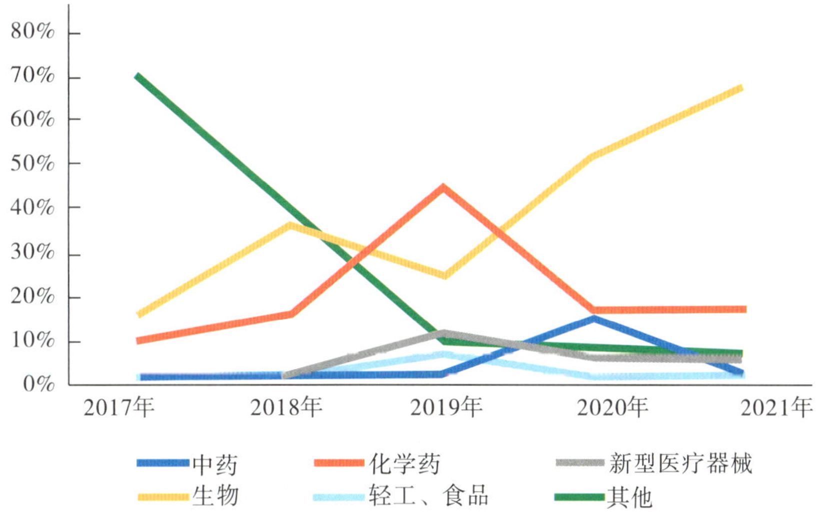

图 12－5　2017—2021 年广东生物医药产业各技术领域合同成交额占比变化情况

（三）知识产权分析

从合同项数来看，广东生物医药涉及知识产权合同以技术秘密，专利和生物、医药新品种为主，2021 年分别占广东生物医药技术合同总数的比重为 46.73%、34.98% 和 16.25%。从成交额来看，技术秘密合同成交额占比为 21.22%，专利占比为 69.95%，生物、医药新品种占比为 8.47%。这表明生物医药专利合同的合同价值要高于技术秘密和生物、医药新品种的合同价值。其中，专利合同成交额在 2017—2021 年呈现持续上升态势，且有进一步增长的可能。生物、医药新品种合同成交额占比一路下跌，从 2017 年的 76.15% 下降至 2021 年的 8.47%。

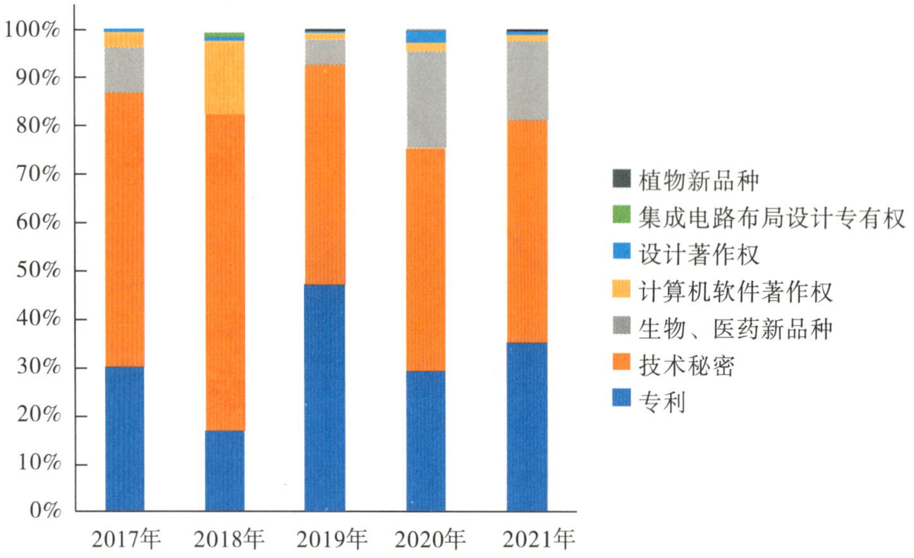

图 12-6　2017—2021 年广东生物医药产业各类知识产权合同项数所占比例变化情况

注：这里探讨的合同项数比例是指四类合同（技术开发、技术转让、技术咨询、技术服务）在所涉及知识产权合同中的比例。

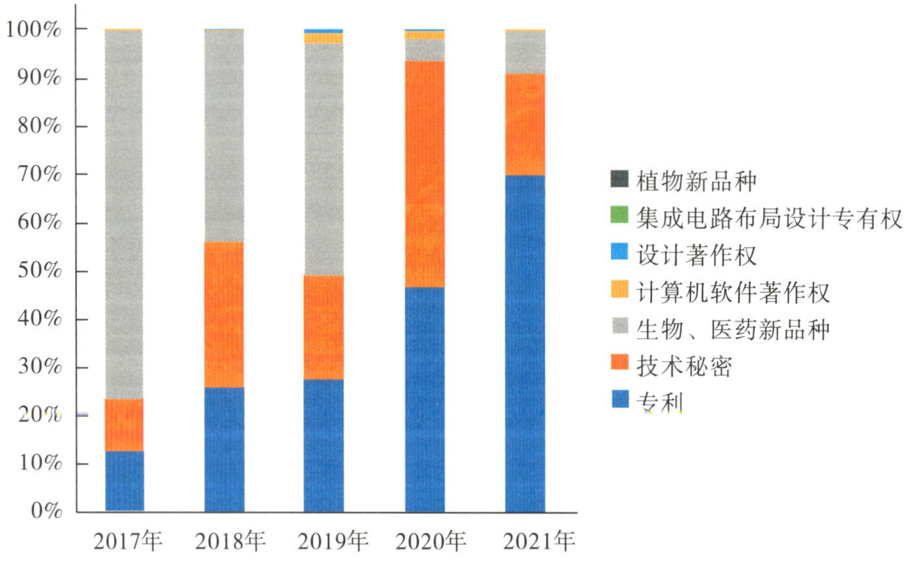

图 12-7　2017—2021 年广东生物医药产业各类知识产权合同成交额所占比例变化情况

注：这里探讨的成交额比例是指四类合同（技术开发、技术转让、技术咨询、技术服务）在所涉及知识产权合同中的比例。

(四) 技术扩散分析

2021 年，广东流向本省生物医药技术合同 2 421 项，成交额 99. 20 亿元；从合同项数占比来看，2017—2021 年，广东生物医药技术合同流向本省的比重由 2017 年的 55. 26% 增加至 2021 年的 67. 82%，成交额比重由 17. 10% 上升至 67. 50%。这表明广东生物医药技术交易流向本省的比重逐年上升，技术对外扩散程度有待进一步加强。其他省份方面，广东生物医药技术主要还流向北京市、上海市、江苏省等东部和中部地区。

表 12 - 4 2017—2021 年广东生物医药产业合同项数买方中主要地区占比情况

	2017 年	2018 年	2019 年	2020 年	2021 年
广东省	55. 26%	64. 07%	66. 78%	78. 03%	67. 82%
北京市	6. 53%	3. 21%	5. 38%	2. 43%	4. 23%
上海市	4. 35%	3. 05%	2. 80%	2. 00%	3. 03%
江苏省	3. 75%	2. 81%	4. 12%	2. 28%	4. 09%
湖北省	3. 26%	1. 04%	2. 03%	1. 07%	1. 74%
浙江省	2. 06%	1. 12%	2. 03%	2. 14%	2. 21%
港澳地区	0. 24%	0. 56%	0. 00%	0. 45%	0. 62%
国外	0. 02%	1. 68%	0. 82%	0. 48%	0. 81%

从 2021 年广东生物医药产业技术交易供需双方主体来看：技术供给方面，主要来自企业和高校科研院所，成交额最大的是百济神州（广州）生物科技有限公司，年成交额为 55. 80 亿元。高校方面，暨南大学和中山大学成交额分别为 4. 50 亿元和 2. 06 亿元。这在一定程度上表明两所高校在生物医药技术成果转化方面表现优异。技术需求方面，同样是以企业需求为主，地域方面主要以广东省内为主，集中在广州市和深圳市。

表 12 - 5 2021 年广东省生物医药产业技术交易供给方成交额前 20 位

卖方名称	成交额（亿元）	合同项数（项）	单项合同平均价值（亿元）
百济神州（广州）生物科技有限公司	55. 80	1	55. 80
中山康方生物医药有限公司	8. 45	2	4. 23
深圳华大基因股份有限公司	6. 58	17	0. 39
暨南大学	4. 50	38	0. 12
深圳华大生命科学研究院	4. 05	12	0. 34
康方天成（广东）制药有限公司	4. 00	1	4. 00
深圳华大基因科技有限公司	2. 70	4	0. 68

（续上表）

卖方名称	成交额（亿元）	合同项数（项）	单项合同平均价值（亿元）
深圳华大智造科技股份有限公司	2.19	2	1.10
广州博济医药生物技术股份有限公司	2.18	33	0.07
广州顺健生物医药科技有限公司	2.14	3	0.71
中山大学	2.06	72	0.03
株式会社 Yakult 本社	1.71	4	0.43
广州昂科免疫生物技术有限公司	1.48	2	0.74
广州金域医学检验集团股份有限公司	1.46	2	0.73
深圳华大因源医药科技有限公司	1.17	6	0.20
广州达安临床检验中心有限公司	1.09	21	0.05
广州玻思韬控释药业有限公司	1.03	23	0.04
广州诺诚健华医药科技有限公司	0.99	3	0.33
广州海博特医药科技有限公司	0.95	53	0.02
深圳贝肯格尔生物工程有限公司	0.92	6	0.15

表 12－6　2021 年广东省生物医药产业技术交易吸纳方成交额前 20 位

买方名称	成交额（亿元）	合同项数（项）	单项合同平均价值（亿元）
广州百济神州生物制药有限公司	55.80	2	27.90
正大天晴康方（上海）生物医药科技有限公司	8.45	2	4.23
BGI HEALTH（HK）CO.，LTD	4.90	6	0.82
深圳华大基因科技有限公司	4.05	12	0.34
中山康方生物医药有限公司	4.01	7	0.57
广东省科学技术厅	2.43	127	0.02
上海海和药物研究开发有限公司	2.25	1	2.25
武汉华大智造科技有限公司	2.16	1	2.16
广州市力鑫药业有限公司	2.00	3	0.67
深圳华大三生园科技有限公司	2.00	2	1.00
信达生物制药（苏州）有限公司	1.94	1	1.94
广州益力多乳品有限公司	1.71	4	0.43

（续上表）

买方名称	成交额（亿元）	合同项数（项）	单项合同平均价值（亿元）
OncoImmune Inc.	1.48	2	0.74
金域检验（香港）有限公司	1.46	1	1.46
华大生物科技（武汉）有限公司	1.45	8	0.18
广东惟楚医疗科技有限公司	1.24	1	1.24
Biogen MA Inc.,; Biogen International GMBH	0.96	1	0.96
重庆中元汇吉生物技术有限公司	0.92	6	0.15
深圳迈瑞生物医疗电子股份有限公司	0.82	8	0.10
安徽希普生物科技有限公司	0.80	1	0.80

第十三章　广东省新材料产业技术交易分析*

一　广东新材料产业发展的背景

新材料（含建筑材料、绿色钢铁、有色金属、化工材料、稀有稀土材料）产业是支撑我国国民经济发展的重要基础原材料工业，是改善民生的基础制品业，是支撑国防、航天航空以及节能环保、新能源、信息产业等战略性新兴产业发展的重要产业。

新材料产业是广东省的重要产业，2019 年全省先进材料产业主营业务收入达 21 540 亿元，工业增加值 5 089 亿元，占全省工业主营业务的 15%，成为支撑广东省经济发展的主导力量之一。据广东省工业和信息化厅、中商情报网统计，2019 年全省建筑材料中水泥产量 1.67 亿吨，全国占比 7.1%，居全国首位；建筑陶瓷产量 21.3 亿平方米，全国占比 21%，全国排名第二；卫生陶瓷产量 5 039.8 万件，全国占比 23%，全国排名第二；平板玻璃产量 9 997.96 万重量箱，全国占比 10.8%，全国排名第三。钢材产量 4 510.45 万吨，全国占比 3.7%；铝材产量 470.48 万吨，全国占比 9%，全国排名第三。化工材料中塑料制品产量 1 339.11 万吨，全国占比 16.4%，居全国首位；合成橡胶产量 75.7 万吨，全国占比 10.3%，全国排名第四；初级形态塑料产量 654.1 万吨，全国占比 6.8%。

《广东省发展先进材料战略性支柱产业集群行动计划（2021—2025 年）》明确提出，到 2025 年，广东先进材料产业发展质量效益再上新台阶，综合实力、可持续发展能力显著增强，在全球价值链地位明显提升，全省形成 1 个年主营业务收入达 28 000 亿元以上、工业增加值达 6 475 亿元的先进材料产业集群，迈入世界级先进材料产业集群行列。

二　2017—2021 年广东新材料产业技术交易概况

（1）2017—2021 年，广东新材料产业技术合同项数持续增加，成交额在 2017—2020 年快速上升后，2021 年有所下降。

---

* 本章执笔人为佛山科学技术学院经济管理学院邱楚芝、徐扬。

2017—2021 年，广东新材料产业技术交易合同项数持续上升，从 2017 年的 504 项增加至 2021 年的 1 319 项；而技术合同成交额自 2020 年后迅速下降，特别是 2021 年新材料技术合同成交额直线下降 47.0%。

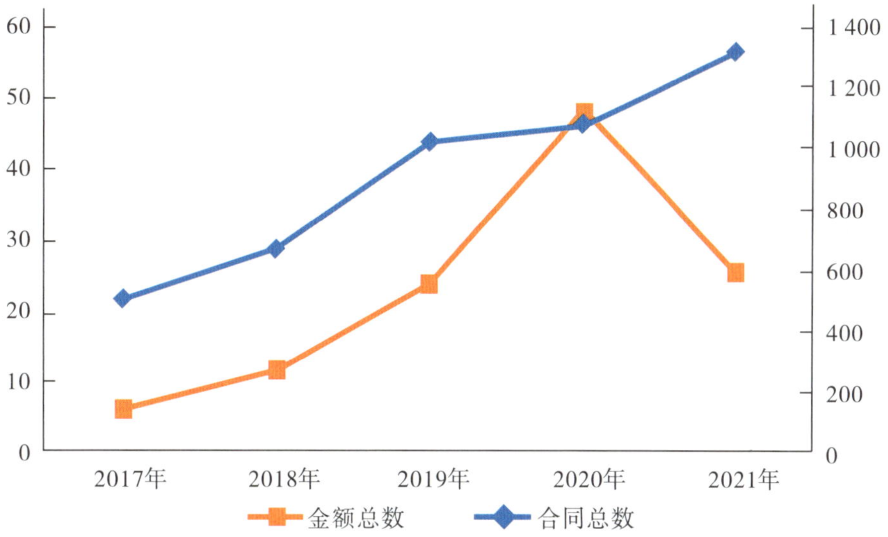

图 13－1　2017—2021 年广东新材料产业技术交易合同总数和金额变化情况

注：技术合同金额总数以左侧轴为基准，单位：亿元；合同总数以右侧轴为基准，单位：项。

（2）2017—2021 年，涉及知识产权的合同项数占比走低，但成交额占比却一路攀升。

2019—2021 年，新材料产业的技术交易中，涉及知识产权的合同项数所占比例一直处于不断下降的趋势：2021 年相对 2017 年的成交合同所占比例减少了约 20 个百分点。尽管合同数占比下滑，但 2017—2021 年涉及知识产权的技术合同成交额占比整体呈现上升态势（见表 13－1）。

表 13－1　2017—2021 年广东新材料产业涉及知识产权的合同数目和合同金额变化情况

	2017 年	2018 年	2019 年	2020 年	2021 年
涉及知识产权的合同项数	272	379	593	389	474
涉及知识产权项数的比例	53.97%	56.32%	57.97%	35.99%	35.94%
涉及知识产权的成交额（亿元）	3.4	8.4	18.6	33.7	18.0
涉及知识产权合同成交额的比例	54.54%	71.26%	77.95%	70.14%	70.47%

（3）市场交易中，技术开发类合同数占比虽然近几年有所下降，但依然保持第一的位置。

技术开发类合同在 2021 年的新材料产业技术交易市场上依然占据主流，占比达到 48.07%，但这一比例相较于前几年已经有了明显的下降。与此同时，技术服务类合同的占比则相对有所上升，2021 年的份额相较于 2017 年增长了 9 个百分点左右。技术转让类合同在 2017—2021 年间占比有所下降（见表 13－2）。

表 13－2 2017—2021 年广东生物医药产业各类技术交易合同项数占比变化情况

	2017 年	2018 年	2019 年	2020 年	2021 年
技术开发	62.10%	55.42%	58.99%	53.84%	48.07%
技术转让	23.02%	18.72%	2.59%	9.71%	13.65%
技术咨询	0.79%	6.84%	2.16%	10.18%	14.63%
技术服务	14.09%	19.02%	36.27%	26.27%	23.65%

三 广东新材料产业技术交易特点

（一）技术交易类型分析

无论是从新材料产业合同成交项数还是从成交额来看，技术开发类合同都是目前技术交易的主流，而技术咨询在目前的技术交易中所占比例很小。从合同项数的角度来看，如图 13－2 所示，尽管技术开发类合同的项数在 2020 年呈现轻微下滑的趋势，但依然牢牢占据第一的位置，2021 年技术开发类合同项数在全部技术交易合同中所占的比例保持在 48% 以上，而排在第二位的技术服务类合同所占的比例在近几年最高不会超过 40%。技术转让类合同在 2017—2020 年整体态势较为平稳，2021 年迎来小幅上升。

从成交额来看，如图 13－3 所示，技术开发类合同在 2018—2020 年呈现快速上升态势，2021 年有所下降。技术转让类合同虽然在合同项数上占比较低，但合同成交额在 2017—2021 年整体呈上升态势，且单项合同平均价值在四类合同中排首位，2021 年单项合同平均价值为 663.6 万元。技术咨询类合同成交额占比很低，可忽略不计。2021 年技术服务类合同虽然合同项数相比 2017 年有所增长，但从合同成交额占比来看，远不如合同项数，仅为 4.3%。

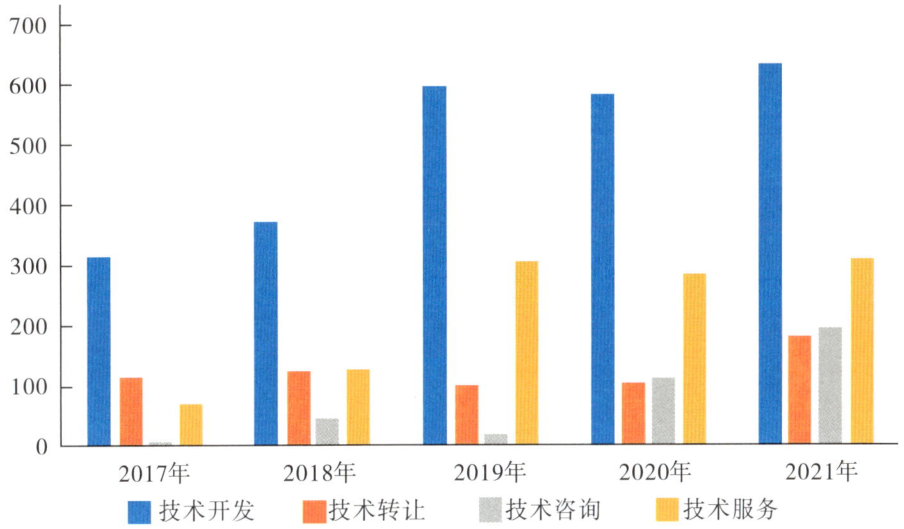

图 13－2　2017—2021 年广东新材料产业各类技术交易合同项数变化情况（单位：项）

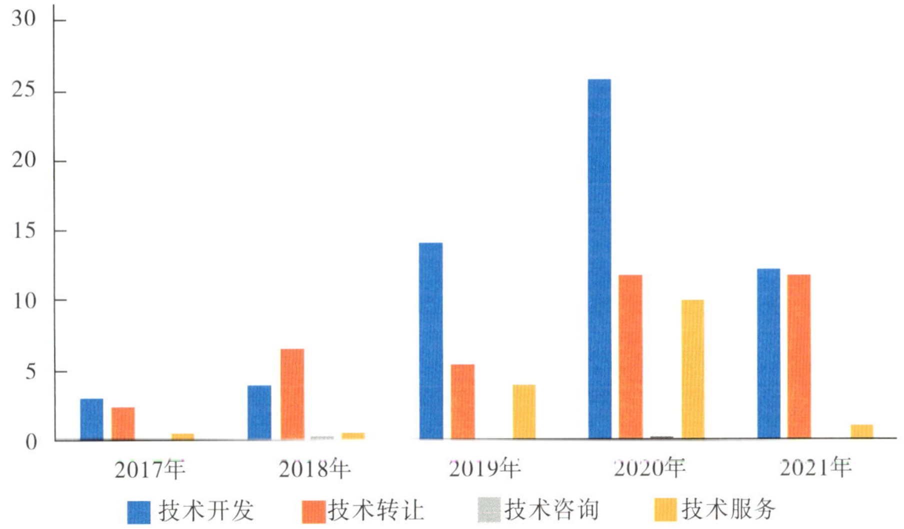

图 13－3　2017—2021 年广东新材料产业各类技术交易合同金额变化情况（单位：亿元）

（二）技术领域分析

2017—2021 年，广东新材料产业各技术领域合同格局基本稳定。在合同项数占比方面，化工新材料较为突出，2021 年占比为 19.03%。其余技术领域合同占比都低于 10%，并无明显区别。在合同成交额占比方面，电子信息材料在 2021 年占比超过 30%，远超其他类型技术领域，化工新材料在 2021 年占比为 22.50%，两者之和超过五成。

表 13－3　2017—2021 年广东新材料产业各技术领域合同项数占比变化情况

	2017 年	2018 年	2019 年	2020 年	2021 年
先进复合材料	15. 08%	11. 74%	7. 72%	10. 55%	6. 44%
先进金属材料	10. 12%	8. 32%	5. 77%	6. 01%	7. 51%
先进陶瓷材料	1. 98%	2. 38%	1. 76%	2. 96%	3. 03%
化工新材料	28. 17%	22. 14%	13. 69%	16. 84%	19. 03%
新型建筑材料	3. 97%	5. 20%	17. 30%	6. 48%	7. 28%
生态环境材料	0. 99%	2. 23%	1. 76%	1. 76%	1. 36%
生物材料	2. 58%	3. 86%	3. 32%	2. 59%	3. 41%
电子信息材料	5. 56%	7. 13%	7. 04%	8. 88%	8. 11%
碳材料	2. 18%	2. 53%	1. 96%	1. 02%	1. 14%
磁性材料	0. 79%	0. 45%	0. 78%	0. 74%	1. 06%
稀土材料	0. 40%	1. 78%	0. 29%	0. 74%	0. 53%
纳米材料及应用	3. 57%	4. 31%	4. 99%	5. 46%	6. 97%
膜材料	1. 19%	2. 38%	2. 93%	2. 59%	3. 94%
节能新材料	6. 55%	4. 31%	3. 71%	4. 53%	4. 17%
超导材料	0. 20%	0. 30%	0. 49%	0. 65%	0. 15%
其他	16. 67%	20. 95%	26. 49%	28. 21%	25. 85%

表 13－4　2017—2021 年广东新材料产业各技术领域合同成交额占比变化情况

	2017 年	2018 年	2019 年	2020 年	2021 年
先进复合材料	18. 65%	9. 08%	3. 14%	9. 23%	8. 52%
先进金属材料	3. 09%	17. 40%	9. 26%	1. 89%	5. 45%
先进陶瓷材料	0. 56%	0. 50%	1. 74%	0. 41%	0. 56%
化工新材料	20. 12%	18. 46%	14. 83%	48. 09%	22. 50%
新型建筑材料	1. 15%	3. 88%	9. 82%	1. 08%	1. 85%
生态环境材料	0. 10%	1. 53%	0. 90%	0. 40%	0. 40%
生物材料	2. 18%	2. 39%	1. 24%	1. 02%	1. 58%
电子信息材料	19. 95%	28. 48%	16. 71%	8. 80%	34. 44%
碳材料	2. 56%	0. 76%	2. 73%	3. 26%	1. 05%

（续上表）

	2017 年	2018 年	2019 年	2020 年	2021 年
磁性材料	0.08%	0.05%	0.18%	0.02%	0.29%
稀土材料	0.02%	0.16%	0.06%	0.22%	0.04%
纳米材料及应用	2.23%	4.59%	3.98%	6.95%	4.74%
膜材料	0.47%	1.80%	1.29%	1.41%	2.57%
节能新材料	16.77%	1.81%	8.41%	1.54%	5.34%
超导材料	0.03%	0.18%	0.00%	4.36%	0.26%
其他	12.04%	8.93%	25.65%	11.31%	10.41%

（三）知识产权分析

从合同项数来看，广东新材料涉及知识产权合同以技术秘密和专利为主，2021 年分别占 44.09% 和 55.06%。计算机软件著作权、设计著作权等占比均在 1% 以下。从成交额来看，技术秘密合同成交额占比为 37.41%，专利合同成交额占比为 62.54%，其他技术领域不超过 1%。这表明技术秘密合同、专利合同的合同价值要高于新材料合同价值的平均水平（见图 13－4、图 13－5）。

专利类合同项数和成交额占广东新材料涉及知识产权合同的比重在 2017—2021 年基本保持在五成以上，而其中代表自主创新水平的专利合同占专利合同的比例不断上升，2021 年达到 48.3%，这在一定程度上表明广东新材料产业自主创新能力不断提升。

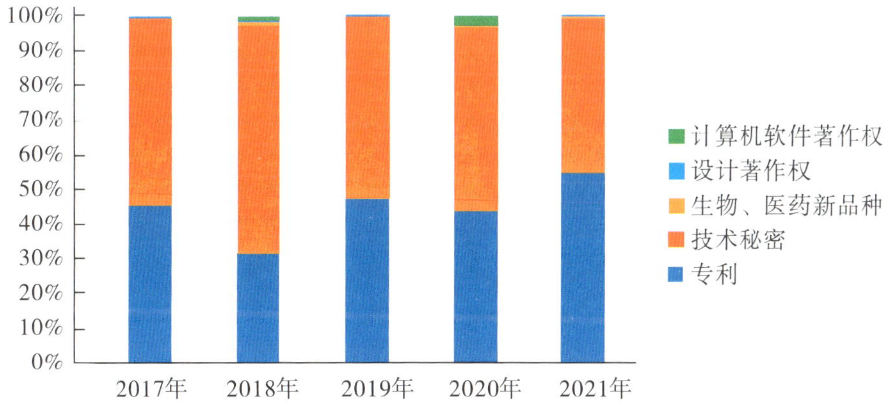

图 13－4　2017—2021 年广东新材料产业各类知识产权合同项数所占比例变化情况

注：这里探讨的合同项数比例是指四类合同（技术开发、技术转让、技术咨询、技术服务）在所涉及知识产权合同中的比例。

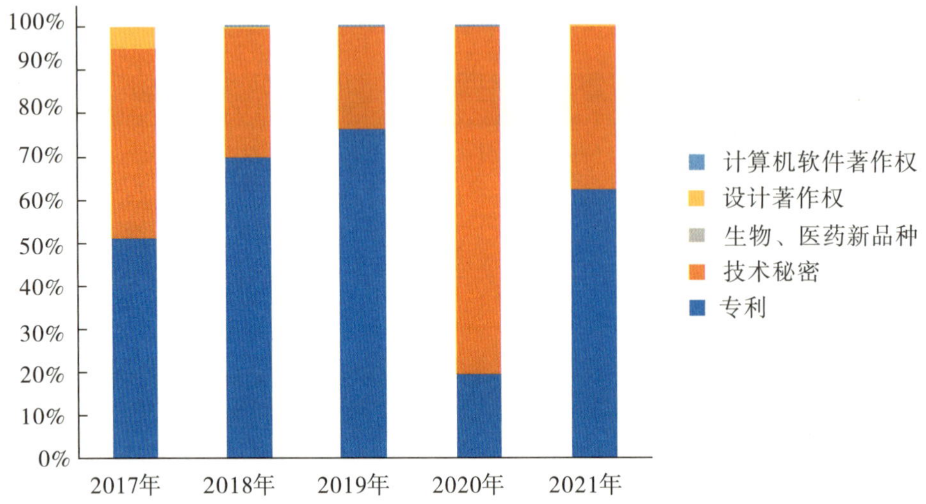

图 13－5　2017—2021 年广东新材料产业各类知识产权合同成交额所占比例变化情况

注：这里探讨的成交额比例是指四类合同（技术开发、技术转让、技术咨询、技术服务）在所涉及知识产权合同中的比例。

（四）技术扩散分析

从技术合同的输出去向来看，广东新材料产业的技术 70% 以上是输出到本省，这一比例虽然近几年来有所下降（从 2019 年顶峰时期的 80. 35% 下降至 2021 年的 76. 42%），但依然遥遥领先于其他省份。江苏省和北京市是 2021 年买方省市中的第 2、3 名，但两者成交合同项数占比之和不超过 8%，且近几年还呈现下降趋势。这表明广东新材料技术交易流向本省的比重较高，生产高端新材料主要是为了本省建设和本地市场需求。流向港澳地区的技术合同常年低于 1%，并未有显著变化。

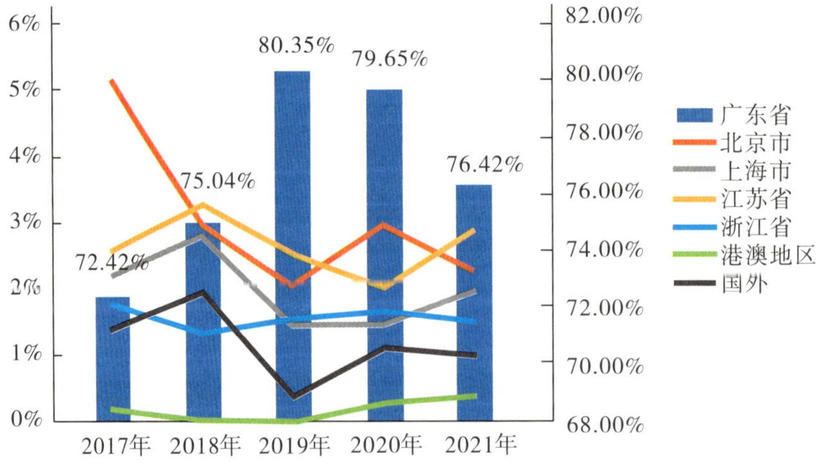

图 13－6　广东新材料产业技术交易合同买方中主要省市及地区所占比例变化情况

注：由于广东作为技术合同买方的份额远远高于其他地区，因此广东（柱状图表示）的数据以右侧轴为基准，另外五个地区的数据以左侧轴为基准。

从 2021 年广东新材料产业技术交易供需双方主体来看：技术供给方面，前 20 名企业中有 11 家来自深圳，深圳在新材料领域具有相当大的竞争优势。科研机构主要是华南理工大学、清华大学深圳国际研究生院、广东省科学院新材料研究所和中国科学院深圳先进技术研究院等，这表明广东高校在新材料技术交易市场表现活跃，技术成果转化参与度高。技术需求方面，主要来自企业。其中，技术需求最大的是 TCL 华星光电技术有限公司，年成交额为 4.22 亿元。买方市场技术辐射面广，地域分布众多。

表 13－5　2021 年广东省新材料产业技术交易供给方成交额前 20 位

卖方名称	成交额（亿元）	合同项数（项）	单项合同平均价值（亿元）
三星显示有限公司	2.93	2	1.47
TCL 华星光电技术有限公司	2.30	1	2.30
中海油惠州石化有限公司	1.89	3	0.63
华南理工大学	1.18	304	0.00
爱索尔（广州）包装有限公司	1.14	2	0.57
AGC 株式会社	0.84	3	0.28
JOLED	0.83	12	0.07
安美特（中国）化学有限公司	0.58	2	0.29
TCL 科技集团股份有限公司技术中心	0.57	8	0.07
清华大学深圳国际研究生院	0.56	10	0.06
广东省科学院新材料研究所	0.52	13	0.04
中国科学院深圳先进技术研究院	0.47	7	0.07
深圳市比亚迪锂电池有限公司坑梓分公司	0.46	1	0.46
东莞材料基因高等理工研究院	0.42	2	0.21
中山大学	0.38	34	0.01
南方科技大学	0.37	9	0.04
深圳市万泽航空科技有限责任公司	0.36	1	0.36
深圳市安博瑞新材料科技有限公司	0.34	1	0.34
深圳市 TCL 高新技术开发有限公司	0.33	3	0.11
格雷斯技术公司	0.33	1	0.33

表 13-6 2021 年广东省新材料产业技术交易吸纳方成交额前 20 位

买方名称	成交额（亿元）	合同项数（项）	单项合同平均价值（亿元）
TCL 华星光电技术有限公司	4.22	18	0.23
苏州华星光电技术有限公司	2.30	1	2.30
广东省科学技术厅	2.22	48	0.05
中国海洋石油集团有限公司	1.89	2	0.95
爱索尔（广州）包装有限公司	1.14	2	0.57
艾杰旭显示玻璃（深圳）有限公司	0.83	2	0.42
Atotech Deutschland GmbH	0.58	2	0.29
华为技术有限公司	0.51	20	0.03
青海弗迪电池有限公司	0.46	1	0.46
深圳市深汕特别合作区万泽精密科技有限公司	0.36	1	0.36
赣州市安博瑞新材料科技有限公司	0.34	1	0.34
东华能源（茂名）有限公司	0.33	1	0.33
东莞伏安光电科技有限公司	0.32	7	0.05
伟福（广州）汽车技术开发有限公司	0.31	1	0.31
新纶复合材料科技（常州）有限公司	0.29	1	0.29
LG 化学（广州）工程塑料有限公司	0.28	1	0.28
东莞新能安科技有限公司	0.27	3	0.09
藹司蒂电工材料（东莞）有限公司	0.25	4	0.06
广州寿藤汽车配件有限公司	0.25	2	0.13

第十四章　广东省环保产业技术交易分析*

一　广东环保产业发展的背景

2020 年 5 月，《广东省人民政府关于培育发展战略性支柱产业集群和战略性新兴产业集群的意见》中指出，培育十大战略性支柱产业集群和十大战略性新兴产业集群的重要任务，其中安全应急与环保产业是十大战略性新兴产业之一。同年 9 月，《广东省培育安全应急与环保战略性新兴产业集群行动计划（2021—2025）》发布，提出发展环保技术装备与服务提升工程、资源综合利用提升工程等重点工程。

据广东省环境保护产业协会发布的《广东省环保产业发展状况报告（2020）》，近年来，广东环保产业发展迅猛，环保产业 2019 年营业收入约 3 000 亿元，2015—2019 年年均营收增长近 15%，产业增长率高于 GDP 增长率。超亿元企业 149 家，占总行业企业数的 11.3%，收入总和 2 903.5 亿元，占总行业企业营业收入的 94.2%。环境服务业方面，年均营收增长率更是超过 30%，远高于 GDP 增长率。广东省环保产业多个领域的企业技术已达到国内领先水平，部分技术更是国际领先，如固废物处理技术、环境监测技术及电镀、线路板、印染、造纸废水处理技术、噪音控制与振动技术等。

企业研发投入方面，根据 2019 年广东环保产业重点企业调查数据显示（621 家环保企业参与调查），有研发投入的企业 371 家，占调查企业总数的 59.7%，研发投入金额为 36.9 亿元，占调查企业总营业收入的 3.8%。拥有专利的企业共有 301 家，占调研企业总数的 48.5%。截至 2019 年底，上市企业（含新三板）58 家，占调查企业总数的 9.3%，收入总和 2 242.6 亿元，占总行业企业营业收入的 72.8%。技术领域分布方面：水污染防治 26 家；固体废物处理处置与资源化 13 家；环境监测 8 家；大气污染防治 7 家；土壤修复 4 家。

二　2017—2021 年广东环保产业技术交易概况

（1）2017—2021 年，广东环保产业技术合同项数和成交额实现快速增长，合同价值

* 本章执笔人为暨南大学产业经济研究院王欣然、佛山市科学技术学院经济管理学院徐扬。

逐步增加。2017—2021 年，广东环保产业技术合同项数和成交额呈现不断上升的态势，合同项数从 2017 年的 429 项增加至 2021 年的 3 259 项；成交额从 2017 年的 3. 2 亿元增加至 2021 年的 102. 7 亿元。单项合同平均成交额从 2017 年的 73. 8 万元上升至 2021 年的 315. 1 万元。这表明广东环保产业技术市场在近几年实现了快速发展。

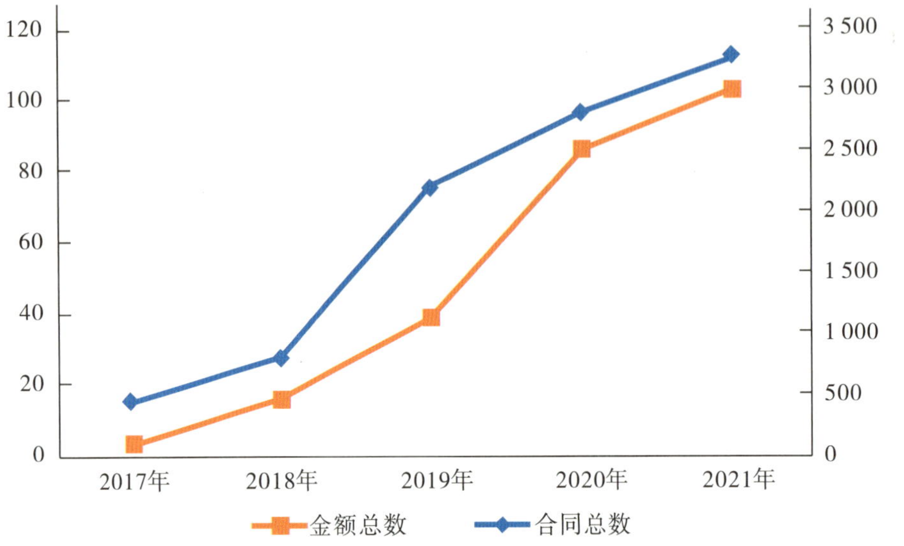

图 14 - 1　2017—2021 年广东环保产业技术交易合同总数和金额变化情况

注：技术合同金额总数以左侧轴为基准，单位：亿元；合同总数以右侧轴为基准，单位：项。

（2）涉及知识产权的合同项数和成交额均在 2017—2021 年实现增长，但涉及知识产权合同占比却无稳定增长态势。

从涉及知识产权合同的合同项数结构来看，2017—2021 年，其占环保产业技术合同项数的比重在 20. 50% ~38. 47% 之间波动，相比于 2018 年的 38. 47% ，2021 年涉及知识产权合同的占比有所下降，仅为 20. 50% ；从成交额结构来看，涉及知识产权合同的成交额占比波动幅度大，最高值为 2020 年的 78. 37% ，最低值为 2019 年的 27. 98% 。

表 14 - 1　2017—2021 年广东环保产业涉及知识产权的合同数目和合同金额变化情况

	2017 年	2018 年	2019 年	2020 年	2021 年
涉及知识产权的合同项数	121	302	618	780	668
涉及知识产权项数的比例	28. 21%	38. 47%	28. 24%	27. 90%	20. 50%
涉及知识产权的成交额（亿元）	1. 0	12. 0	10. 8	67. 5	43. 3
涉及知识产权合同成交额的比例	31. 33%	75. 21%	27. 98%	78. 37%	42. 15%

（3）2017—2021 年，技术开发、技术转让类合同虽然合同项数占比呈下降态势，但合同平均价值却一路增长；技术服务类合同项数占比近年来占据第一的位置。

2017—2021 年，环保产业技术合同中技术服务类合同项数占比持续攀升，从 2017 年的 24.71% 上升至 2021 年的 54.77%，占比超过五成。技术转让类合同占比持续下降，从 2017 年的 9.09% 降至 2021 年的 1.29%，但合同平均价值却从 78.7 万元增加至 1 151.0 万元。技术开发类合同大致与技术转让类合同情况一致，也是在合同项数占比上呈现下降态势，但合同平均价值却逐年递增，从 2017 年的 82.9 万元增加至 2021 年的 203.7 万元。技术开发和技术转让类合同和技术创新并无本质上的区别，更能代表高水平的创新水平。这在某种程度上也间接表明广东环保产业技术创新水平的大幅度提升，环保产业技术市场应用能力不断增强。

表 14－2　2017—2021 年广东环保产业各类技术交易合同项数占比变化情况

	2017 年	2018 年	2019 年	2020 年	2021 年
技术开发	59.67%	32.48%	58.99%	10.37%	9.73%
技术转让	9.09%	5.99%	2.59%	1.36%	1.29%
技术咨询	6.53%	30.70%	2.16%	19.89%	34.21%
技术服务	24.71%	30.83%	36.27%	68.38%	54.77%

三　广东环保产业技术交易特点

（一）技术交易类型分析

2017—2021 年，环保产业技术合同价值快速增长，其主要原因是技术转让类合同价值快速增长，从 2017 年的平均单笔合同成交额 78.7 万元增加至 2021 年的 1 151.0 万元；相比较而言，技术咨询类合同价值偏低，基本稳定在 100 万元以下。技术开发和技术服务类合同平均价值也呈现小幅度的上涨，分别从 2017 年的 82.9 万元、55.6 万元增加至 2021 年的 203.7 万元、473.6 万元（见图 14－2）。

（二）技术领域分析

2017—2021 年，从各技术领域合同项数占比来看，广东环保产业技术合同以环境监测及环境生态保护为主，环境监测及环境生态保护技术合同占比增长明显；从成交额结构来看，2021 年水污染防治占广东环保产业技术合同的五成左右，其余技术领域占比未超过 10%（见表 14－3、表 14－4）。

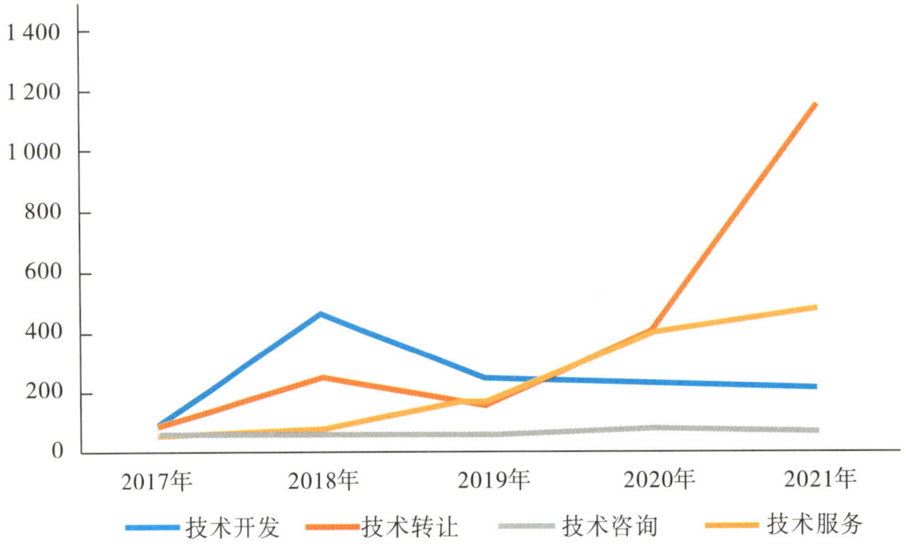

图 14－2　2017—2021 年广东环保产业各技术交易合同类型平均价值变化情况（单位：万元）

表 14－3　2017—2021 年广东环保产业各技术领域合同项数占比变化情况

	2017 年	2018 年	2019 年	2020 年	2021 年
噪声及辐射污染防治	0.93%	0.76%	0.23%	0.21%	0.28%
固体废弃物处理与综合利用	5.83%	4.46%	3.34%	5.22%	3.93%
大气污染防治	20.28%	7.52%	4.30%	4.15%	2.36%
水污染防治	13.75%	7.26%	11.33%	6.19%	10.74%
海洋工程	7.46%	3.06%	2.79%	4.36%	9.11%
环境监测及环境生态保护	28.67%	34.52%	30.30%	45.57%	35.62%
资源综合利用	11.66%	8.79%	4.02%	7.33%	6.38%
其他	11.42%	33.63%	43.69%	26.97%	31.57%

表 14－4　2017—2021 年广东环保产业各技术领域合同成交额占比变化情况

	2017 年	2018 年	2019 年	2020 年	2021 年
噪声及辐射污染防治	0.77%	0.22%	0.04%	0.03%	0.11%
固体废弃物处理与综合利用	2.89%	3.32%	6.63%	20.87%	8.91%
大气污染防治	32.23%	16.83%	6.39%	1.32%	4.06%
水污染防治	11.98%	2.65%	7.52%	55.63%	47.01%

（续上表）

	2017 年	2018 年	2019 年	2020 年	2021 年
海洋工程	7. 38%	45. 28%	4. 09%	3. 31%	4. 66%
环境监测及环境生态保护	28. 25%	14. 38%	67. 10%	11. 37%	7. 53%
资源综合利用	8. 01%	8. 35%	3. 05%	2. 32%	7. 24%
其他	8. 49%	8. 98%	5. 19%	5. 15%	20. 49%

（三）知识产权分析

从合同项数来看，广东环保产业技术涉及知识产权合同以技术秘密为主，其 2021 年占广东环保产业技术合同项数的比重为 66. 02%，专利占比为 22. 60%，计算机软件著作权占比为 9. 43%。从成交额来看，技术秘密类合同占比在 2017—2021 年大部分时间保持第一的位置，2020—2021 年占比九成左右。

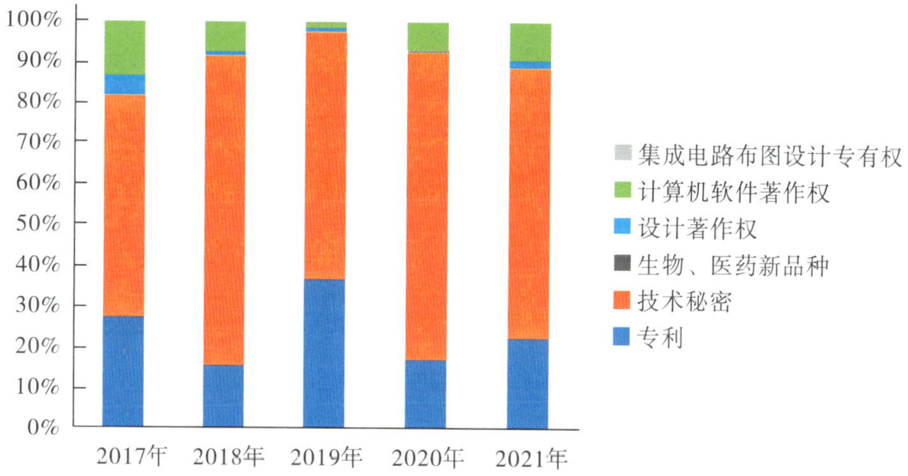

图 14 - 3　2017—2021 年广东环保产业各类知识产权合同项数所占比例变化情况

注：这里探讨的合同项数比例是指四类合同（技术开发、技术转让、技术咨询、技术服务）在所涉及知识产权合同中的比例。

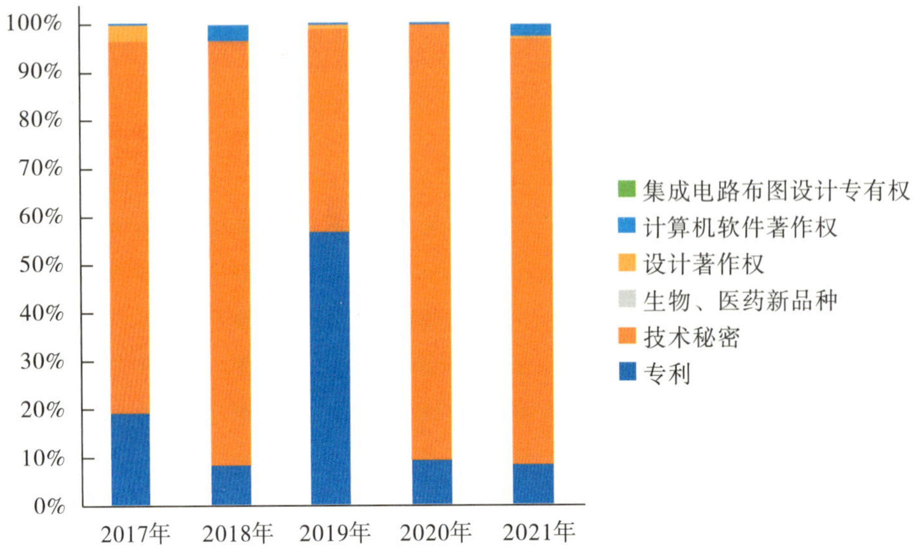

图 14－4　2017—2021 年广东环保产业各类知识产权合同成交额所占比例变化情况

注：这里探讨的成交额比例是指四类合同（技术开发、技术转让、技术咨询、技术服务）在所涉及知识产权合同中的比例。

从专利合同价值来看，2021 年广东环保产业共有 87 项发明专利，单笔合同平均成交额高达 302.3 万元，2020 年和 2019 年分别有 76 项和 183 项发明专利，单笔合同平均成交额分别为 302.6 万元和 296.2 万元。2019—2021 年发明专利合同占比均超过 50%，且合同价值逐年递增，这表明广东环保产业自主创新能力凸显，实力雄厚。

（四）技术扩散分析

2017—2021 年，广东环保产业技术合同扩散的特点是从流向省内向流向省外转变。从合同项数结构来看，环保产业技术合同流向省内的比重在 2017—2019 年逐年递增，从 2017 年的 65.50% 增加至 2019 年的 90.81%，但 2020—2021 年占比有所下滑，2021 年减至 84.44%。2021 年合同项数流向最大的省市为北京市、江苏省和浙江省（见图 14－5）。从成交额结构来看，流向本省的成交额比重在 2017—2021 年分别为 67.87%、57.72%、36.25%、79.68% 和 75.56%。2021 年流向省外的地区主要是浙江省（6.14%）、四川省（5.96%）和北京市（2.77%）。

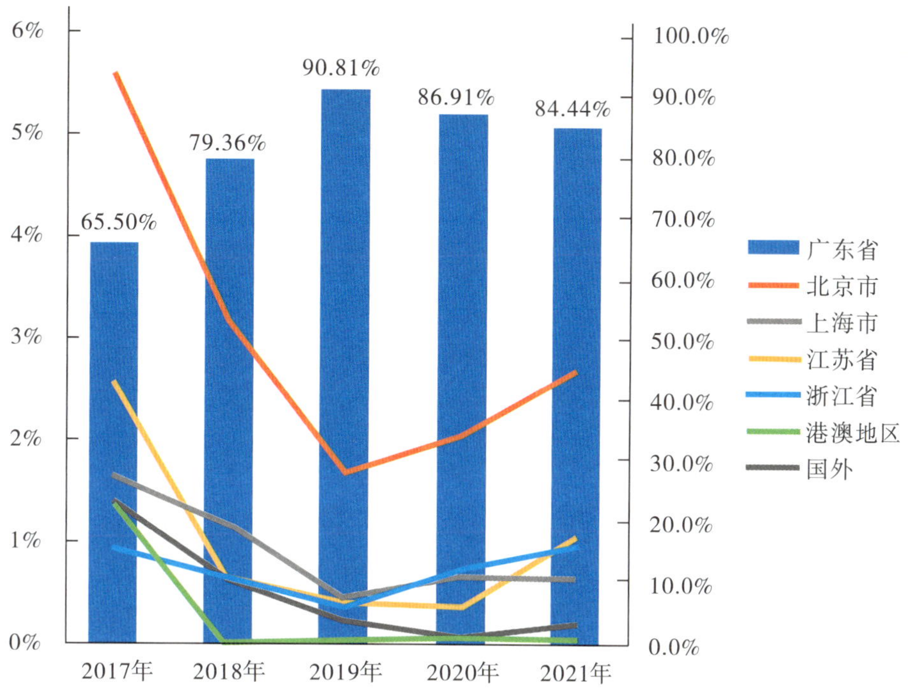

图 14-5 广东环保产业技术交易合同买方中主要省市及地区所占比例变化情况

注：由于广东作为技术合同买方的份额远远高于其他地区，因此广东（柱状图表示）的数据以右侧轴为基准，另外六个地区的数据以左侧轴为基准。

从 2021 年广东环保产业技术交易供需双方主体来看：技术供给方面，技术供给来源主要有企业、高校和科研院所等。其中，企业成交额最大的是广州市净水有限公司，年成交额为 21.54 亿元；高校和科研院所成交额最大的是生态环境部华南环境科学研究所，年成交额为 2.69 亿元。技术需求方面，广州市水务投资集团有限公司为最大的技术需求方，年成交额为 21.54 亿元。

表 14-5 2021 年广东省环保产业技术交易供给方成交额前 20 位

卖方名称	成交额（亿元）	合同项数（项）	单项合同平均价值（亿元）
广州市净水有限公司	21.54	1	21.54
广东省建科建筑设计院有限公司	14.48	5	2.90
广东省水利电力勘测设计研究院有限公司	10.64	6	1.77
中船黄埔文冲船舶有限公司	7.20	2	3.60
中国能源建设集团广东省电力设计研究院有限公司	7.11	1	7.11
中石化广州工程有限公司	7.06	39	0.18

（续上表）

卖方名称	成交额（亿元）	合同项数（项）	单项合同平均价值（亿元）
广州维港环保科技有限公司	6.68	11	0.61
生态环境部华南环境科学研究所	2.69	269	0.01
中国科学院南海海洋研究所	1.57	179	0.01
广东省水利水电科学研究院	1.39	175	0.01
江门市碧源污水治理有限责任公司	0.97	8	0.12
深圳市朗坤环境集团股份有限公司	0.90	5	0.18
广州汇标检测技术中心	0.77	30	0.03
江门市国祯污水处理有限公司	0.74	1	0.74
碧沃丰工程有限公司	0.74	15	0.05
深圳市源清环境技术服务有限公司	0.71	66	0.01
中国水产科学研究院南海水产研究所	0.68	61	0.01
华南理工大学	0.59	117	0.01
珠江水利委员会珠江水利科学研究院	0.55	49	0.01
广东中联兴环保科技有限公司	0.54	6	0.09

表 14－6　2021 年广东省环保产业技术交易吸纳方成交额前 20 位

买方名称	成交额（亿元）	合同项数（项）	单项合同平均价值（亿元）
广州市水务投资集团有限公司	21.54	1	21.54
广州市白云区水务工程建设管理中心	14.48	5	2.90
开平市城市管理和综合执法局	7.11	1	7.11
长江三峡设备物资有限公司	5.90	1	5.90
浙江石油化工有限公司	3.56	6	0.59
丰顺粤海水务有限公司	3.55	1	3.55
南方电网调峰调频发电有限公司	3.10	1	3.10
国网新源控股有限公司	1.79	1	1.79
宁波中金石化有限公司	1.60	2	0.80
南方海洋科学与工程广东省实验室（珠海）	1.30	1	1.30

（续上表）

买方名称	成交额（亿元）	合同项数（项）	单项合同平均价值（亿元）
江门市江海区城市管理和综合执法局	1.05	3	0.35
广东省科学技术厅	1.00	36	0.03
中国石油化工股份有限公司齐鲁分公司	0.99	1	0.99
中山市朗坤环境科技有限公司	0.90	5	0.18
长青（湖北）生物科技有限公司	0.88	1	0.88
广州环科环保科技有限公司	0.84	1	0.84
黄冈 TCL 环境科技有限公司	0.82	1	0.82
湛江市水务局	0.82	3	0.27
湛江市鹤地供水营运有限公司	0.79	1	0.79
惠州 TCL 生态环境科技有限公司	0.68	1	0.68

第十五章　2021 年广州市技术市场发展情况*

2021 年是“十四五”规划的开局之年，广州科技创新工作深入贯彻习近平总书记关于广州实现老城市新活力、“四个出新出彩”的重要指示精神，围绕“共建粤港澳大湾区国际科技创新中心、建设科技创新强市”的战略目标，锚定“科学发现、技术发明、产业发展、人才支撑、生态优化”的全链条创新发展路径，整体科技实力得到大幅提升，技术转移和成果转化工作持续完善，技术转移机制不断健全，技术市场发展提速，广州技术合同成交额逐年迈上新台阶，广州技术要素市场的流动性、活跃度以及创新资源配置效率均显著提高。

2021 年广州市完成技术合同登记 25 418 项，成交额 2 413.11 亿元，其中技术交易额 1 477.32 亿元。据科技部火炬中心发布的 2021 年度全国技术合同交易数据，广州技术合同登记额排名仅次于北京、上海，位居全国第三，连续四年居广东省首位。

一　广州市技术市场工作主要情况

广州市技术市场工作紧紧围绕《粤港澳大湾区发展规划纲要》赋予广州的定位和任务，坚定不移实施创新驱动发展战略，持续增强科技教育文化中心功能，有效推动科技创新强市从形成基本框架体系向强化核心能力跃升。

（一）健全创新政策，优化技术市场运行环境

为完善技术市场发展的顶层设计，广州积极制定、完善地方性法规，初步构建“1 + 5 + N”科技创新法规政策体系。按照全链条创新发展路径，提出了构建新时期广州市“1 + 5 + N”科技创新法规政策体系的思路，形成了“关于构建广州市科技创新法规政策体系的报告”以及广州市“1 + 5 + N”科技创新法规政策体系框架，其中：“1”指地方性法规——《广州市科技创新条例》（以下简称《条例》）；“5”指围绕“科学发现、技术发明、产业发展、人才支撑、生态优化”全链条创新发展路径 5 个方面配置的政策包，对

* 本章执笔人为广州市科学技术交流馆有限公司孙玲、卢巍、梁宇杰、区瑞霖。

《条例》的相关规定予以落实；“N”指围绕主要政策配置的其他细化落实措施或管理办法。《条例》和政策体系的形成，为加快广州技术市场发展，推动广州市科技创新和技术成果转移转化提供有力的法制保障和政策引领。

2021 年 7 月 1 日，《条例》正式施行。《条例》从基础研究、技术创新、科技人才、科技金融、成果转化、创新环境等方面对广州市科技创新工作做了全面部署，是未来广州市科技创新工作的总纲，引领和推动科技政策的制定和实施。其中，针对科技成果转移转化与技术市场发展，提出继续支持科技成果和知识产权交易平台建设，鼓励第三方评估机构发展，扶持技术经纪行业发展，促进交易市场发展等条款，对促进广州市成果转化与科技、产业等政策的衔接，细化技术市场发展指导起到重要指引作用。

（二）集聚技术要素，推进技术交易市场建设

结合国家技术交易网络平台建设，在广州打造国际化、综合型技术转移高端枢纽平台，推动专业技术交易市场建设，依托平台集聚和吸引产业技术创新资源，加快创新资源向周边地区的辐射扩散，加强区域内科技资源共享和科技服务协同。

华南技术转移中心作为广东省科技厅、广州市科技局、广州市南沙区管委会联合支持共建的国有创新服务平台，其上线的“华转网”与港澳线上平台实现互联互通。2021 年在全国率先探索“以企业技术需求为导向”的科技成果转化模式，打造以“人才”为核心的技术转移模式。截至 2021 年 12 月底，华南技术转移中心集聚来自清华大学、北京大学、电子科技大学、华中科技大学、香港生产力促进局、澳门科技大学等 378 家优质特派员派出单位的 4 081 名全球高端科研人才，通过企业科技特派员已成功对接解决 820 余项技术难题，提供针对企业技术需求的解决方案达 1 753 项，共有 1 172 项关键技术成果对接转化，实现技术交易额超过 4 亿元。

（三）加强机构建设，健全技术转移服务体系

加强技术转移和成果转化服务机构专业化能力建设，完善以企业需求为导向、大学和科研机构为源头、技术转移和成果转化服务为纽带、产学研相结合的技术市场服务体系。

进一步完善下放管理自主权，鼓励广州地区高校和科研机构发挥知识创新源头作用，将技术成果和研发能力向全社会转移转化。推动高校和科研院所建立健全科技成果转移转化管理与激励制度，深化科技成果使用权、处置权和收益权改革，探索允许赋予科技人员职务科技成果所有权或长期使用权。推动高校和科研院所建立健全尽职免责制度和风险防控机制，进一步明确科技成果转化过程中的尽职免责范围。

鼓励企业发挥技术创新主体作用，开展组织创新与技术转移和成果转化模式创新。2021 年，广州市高企认定通过率再创新高，突破 1.2 万家，比 2016 年增长 1.6 倍，广州市 68 家国家级专精特新企业全部是高新技术企业，399 家省级专精特新企业中 97.5% 是高新技术企业；2021 年，19 家 IPO 企业中 13 家是高新技术企业，高新技术产品产值达到

10 289.70 亿元，较上年增长 8.10%，约占规模以上工业总产值的 51.05%。累计新增众创空间 62 家、孵化器 32 家。

鼓励技术转移和成果转化服务机构发挥资源整合优势，提升专业化服务能力，为技术转移和成果转化提供全过程服务，鼓励科技中介服务机构向服务专业化、功能社会化、组织网络化、运行规范化方向发展；加快科技成果转化基地建设，高品质建设环华工、环大学城、环中大等科技成果转化基地，其中，广州（国际）科技成果转化天河基地运行态势良好；环大学城科技成果转化基地已正式挂牌，重点依托广工成果转化中心，与中关村青创汇联动建设发展。

（四）培育专业人才，打造技术转移职业团队

推进技术转移人才培养，发挥机构及平台的集聚作用，鼓励国家技术转移机构或有条件的社会组织开展体系化的技术转移专业培训。支持技术转移机构与国家技术转移人才培养基地合作，在广州合作共建完善“大纲＋基地＋教材＋师资”四位一体的国家技术转移人才培养体系，探索技术转移人才培养市场化的新模式、新方向，完善技术市场专业化人才培养机制。

鼓励高校、科研机构、企业、科技服务机构等单位从事科技成果转移转化工作的人员，参与技术转移人才培养培训，为广州地区培养一批具有成果转移转化知识、法律、财务、市场等专业能力的综合性技术转移人才，初步打造符合科技创新、技术转移市场发展需求的专业技术转移人才队伍。近三年，广州市围绕科技成果转化与技术转移人才体系建设共举办 11 场技术经纪人培训班，培训初、中级技术经纪人超过 1 300 人次。

（五）提升金融支撑，激发成果转移转化活力

落实以科技金融为主线的市场化企业支持体系，依托中国创新创业大赛广州赛区赛事，开展“以赛代评”“以投代评”等机制创新，相关工作情况成功入选科技部科技体制改革案例库。2017—2021 年，中国创新创业大赛广州赛区通过“创投周”已促成银行、投资机构为累计千余家大赛企业提供股权、债权融资超 210 亿元，有效支撑科技成果落地转化。

建立覆盖种子期、成长期、成熟期以及并购重组等全生命周期的风投创投基金体系，将广州市科技成果产业化引导基金调整为广州科技创新母基金，以广州科技创新母基金为抓手，大力引导社会资本投向广州市科技创新领域。推动粤港澳大湾区科技成果转化基金运营。

优化科技信贷风险补偿运作机制，引导和鼓励银行增加科技信贷供给、适当降低资金池补偿门槛、扩大资金池覆盖面，拓宽科技型中小企业融资渠道，进一步加大对科技型中小企业的支持力度，初步实现科技、金融、产业的良性发展。广州市科技型中小企业信贷风险损失补偿资金池自 2016 年成立以来，共为 7 266 家企业提供贷款授信达 789.29 亿元，

累计发放贷款金额达 611.46 亿元。

联合上交所南方中心、深交所广州服务基地、新三板华南基地、广东股权交易中心等机构，推动科技型企业对接上交所科创板、深交所创业板、新三板创新层、广东股权交易中心“科技创新专板”上市挂牌融资。截至 2021 年，广州市共有 196 家企业挂牌“广东省科技创新专板”，占全省挂牌企业数的 31.7%。

（六）健全合作机制，推进区域技术转移合作

制定出台区域科技创新政策规划。制订了《“广州—深圳—香港—澳门”科技创新走廊（广州段）建设行动方案（2021—2023 年）》《广州市推进与港澳科技创新合作若干措施》等政策规划，深化粤港澳大湾区科技创新与技术转移合作工作。

加强穗港澳合作，支持港澳融入国家创新大局。通过与香港、澳门地区政府、高校、社团组织商讨合作，进一步健全穗港澳科技合作机制，推动穗港澳在更宽领域、更大范围、更深层次开展合作；鼓励港澳高校牵头申报或参与“重点领域研发计划”专项，携手港澳加强基础研究与关键核心技术攻关，其中，助力香港大学首次牵头申报 2022 年度重点领域研发计划“脑科学与类脑研究”专题，推动 3 家港澳高校申报 2021 年度粤穗联合基金粤港澳研究团队项目；连续三年发布《广州市创新环境计划港澳青年来穗创新创业补助专题申报指南》，鼓励广州市单位与港澳伙伴开展研发项目合作，支持港澳青年来穗创新创业。

健全广州与周边地区科技合作机制。加强与深圳科技创新合作，落实广深科技合作协议，深入推进科技领域与深圳“双城联动”；落实广佛同城发展战略，积极落实广佛科技创新合作的工作方案，围绕共建广佛科技合作专区等 6 个方面开展合作；依据《广州市人民政府东莞市人民政府深化战略合作框架协议》以及两市科技部门领导商定的相关合作事项，广州市科学技术局、东莞市科学技术局签订关于推进穗莞科技创新合作协议，推动穗莞交流合作。

推动国际合作，积极融入全球科技创新网络。推动“一带一路”重大科技合作平台建设，2021 年广州市新增 3 家国家级“一带一路”海外联合实验室，总数达到 4 家，居全国第二。与乌克兰、新加坡、英国等国家的科技合作不断深化，国家级、省级国际科技合作基地达 67 家。

（七）规范服务管理，强化技术合同统计支撑

加强对技术合同认定登记工作的管理。统一部署，明确职责，建立从市到区的链条式管理模式，形成健全的技术合同认定登记服务体系，确保国家扶持技术创新、促进科技成果转化优惠政策的连续性和稳定性，推动广州市技术市场统计工作健康有序发展。2022 年广州市技术合同认定登记点 14 家，争取在 2024 年前增设多个新的登记点，全面覆盖广州市各区。

优化技术合同认定登记工作流程。制定《广州市技术合同认定登记工作指引》，为广州市技术合同认定登记提供服务场所、服务人员、业务办理、监督管理、大额合同审批、特殊合同登记等指引；积极落实广东省科技厅“自受理纸质材料之日起 8 个工作日内办结单项技术合同认定登记”“无纸化”“电子证照”的工作要求，提高技术合同认定登记工作效率。

加强技术合同认定登记政策覆盖。开展技术合同认定登记政策宣讲，帮助技术交易主体了解技术合同登记工作的意义和重要性。2021 年全年通过线上和线下渠道开展了 18 场技术合同宣讲培训活动。线下参加人数达到 1 500 人，线上观看人数超过 20 000 人次，共超过 21 500 人参加培训活动。

加强技术市场数据分析。依托全国技术合同网上登记系统和广东省科技业务管理阳光政务平台，探索技术市场数据分析应用。在广州市科学技术局指导下，广州市科学技术发展研究中心、广州科技金融集团有限公司、广州市科学技术交流馆等单位定期联合发布广州技术市场年度榜单，评出在广州技术市场活跃程度高、影响力度大的机构，提升技术合同数据知晓度和影响力，为广州地区技术市场的参与者树立科技成果转移转化的标兵和榜样，推动各技术市场参与方进一步提升科技成果转移转化能力。

二 广州市技术交易特点

（一）技术交易成为科技促进经济发展的重要体现

技术市场在促进科技资源优化配置、加速知识流动和技术转移、促进科技与经济结合等方面的支撑作用进一步显现，广州市技术登记成交额占全年地区生产总值的 8.5%，在国内城市中排名前列。

表 15 - 1　2017—2021 年技术合同成交额与地区生产总值的比较

	2017 年	2018 年	2019 年	2020 年	2021 年
地区生产总值（亿元）	21 503	22 859	23 628	25 019	28 231
广州技术合同成交额（亿元）	357.51	719.38	1 273.36	2 256.53	2 413.11
广州技术合同成交额/地区生产总值（%）	1.7%	3.1%	5.4%	9.0%	8.5%

（二）技术合同质量提升，成交额保持稳定增长

2021 年广州市技术合同登记成交额占地区生产总值的比重为 8.5%，在全国各城市中位居前列。同时，技术合同质量稳步提升，全市大额技术合同（1 000 万元及以上）平均

成交额从 2020 年的 1.56 亿元提高到 2021 年的 1.76 亿元，体现了广州市高端技术服务和产品的含金量明显提升。

（三）技术服务是广州技术合同交易的主要形式

2021 年广州市技术服务合同成交数目达 12 887 项，占总体的 50.70%，成交额 2 030.58亿元，占广州地区总体技术合同成交额的 84.15%；技术开发、技术转让合同成交额位居第二、三位，成交额分别为 214.56 亿元、130.31 亿元，占总体合同成交额的 8.89%、5.40%。

（四）技术交易核心枢纽地位凸显

2021 年，广州市输出技术合同成交额 2 338.10 亿元，吸纳技术合同成交额1 446.86亿元。其中向粤港澳大湾区其他 10 座城市输出技术合同共 6 104 项，同比增长 12.68%；技术合同成交额 538.26 亿元，同比增长 128.75%，体现了广州市作为全国尤其是粤港澳大湾区技术交易核心枢纽城市的地位。

（五）高新技术

近年来，广州市加快创新链与产业链融合发展，推动战略性新兴产业持续优化提升，以电子信息，城市建设与社会发展，生物、医药和医疗器械，现代交通为主的产业领域实现跨越性发展，相关领域技术合同成交额占全市成交额比例超过 80%，其中，电子信息、现代交通、城市建设与社会发展等技术领域成交额排名前三。

（六）企业创新主体作用显著

企业作为科技创新主体的创新活力充分发挥，在技术合同认定登记工作中也得以体现。2021 年，广州全市企业技术合同输出成交额达 2 277.84 亿元，占技术输出总额的 97.42%；其中，内资企业贡献数据最多，技术合同输出成交额达 1 953.76 亿元，占技术输出总额的 83.56%。

三 广州市技术合同基本情况

广州市持续优化科技资源配置、不断完善体制机制建设，以技术创新、成果转化等要素驱动技术市场健康有序发展，2021 年广州市合同成交额 2 413.11 亿元，技术交易额 1 477.32亿元，成交额同比增长 6.94%。

技术合同成交额占地区生产总值比重是高质量发展的重要指标之一，2021 年广州市技术合同成交额占地区生产总值 8.55%，在全国城市排名中位于前列，仅低于北京和西安。

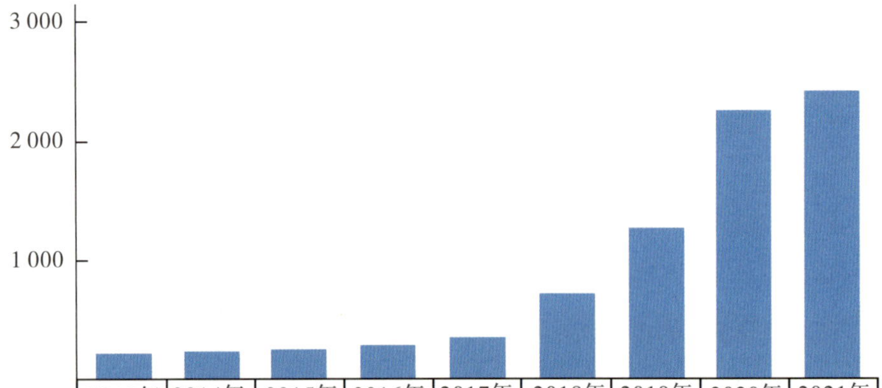

	2013年	2014年	2015年	2016年	2017年	2018年	2019年	2020年	2021年
■成交金额（亿元）	222.84	246.87	266.00	289.61	357.51	719.38	1 273.36	2 256.53	2 413.11

图 15－1　2013—2021 年广州市技术合同成交额

（一）合同类别构成

技术开发、技术转让、技术咨询、技术服务四类技术合同中，技术服务类合同在交易活动中继续保持领先地位，合同成交额 2 030. 58 亿元，占广州地区总体技术合同成交额的 84. 15%；技术开发、技术转让类合同成交额分列第二、三位，分别为 214. 56 亿元、130. 31 亿元，占总体合同成交额的 8. 89%、5. 40%。技术咨询类合同比例相对较少，合同成交额为 37. 66 亿元，占总体合同成交额的 1. 56%。

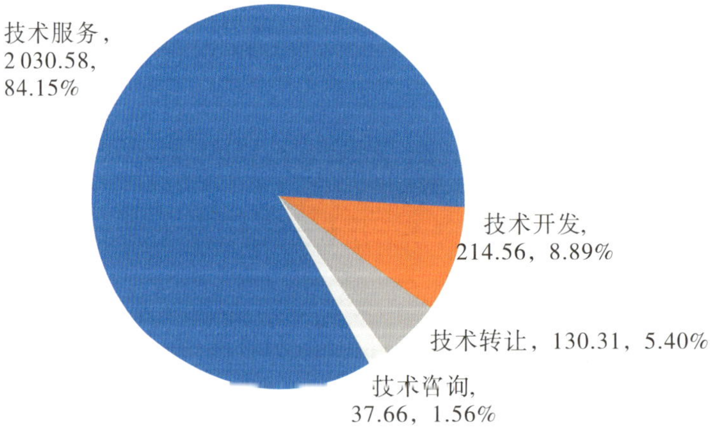

图 15－2　2021 年各类技术合同构成（单位：亿元）

1. 技术开发合同

在技术开发类合同中，委托开发合同成交 6 113 项，成交额 205. 58 亿元，分别占技术开发合同的 94. 92%、95. 81%。合作开发合同成交 327 项，成交额 8. 99 亿元，分别占技术开发合同的 5. 08%、4. 19%（见图 15－3）。

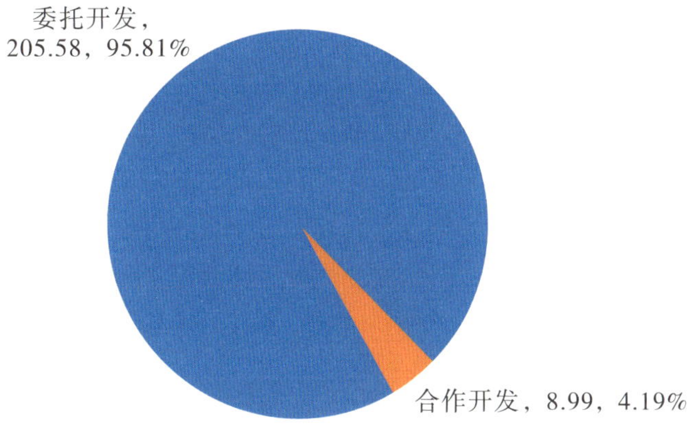

图 15－3 2021 年广州市技术开发合同成交额构成（单位：亿元）

2. 技术转让合同

各类技术转让合同中，专利权转让、其他技术转让合同的成交额排名前列。其中，专利权转让合同成交额排名第一，共成交 468 项，成交额 64.74 亿元，分别占技术转让合同的 48.10%、49.68%。其他技术转让合同排名第二，共成交 51 项，成交额 43.46 亿元，分别占技术转让合同的 5.24%、33.35%。

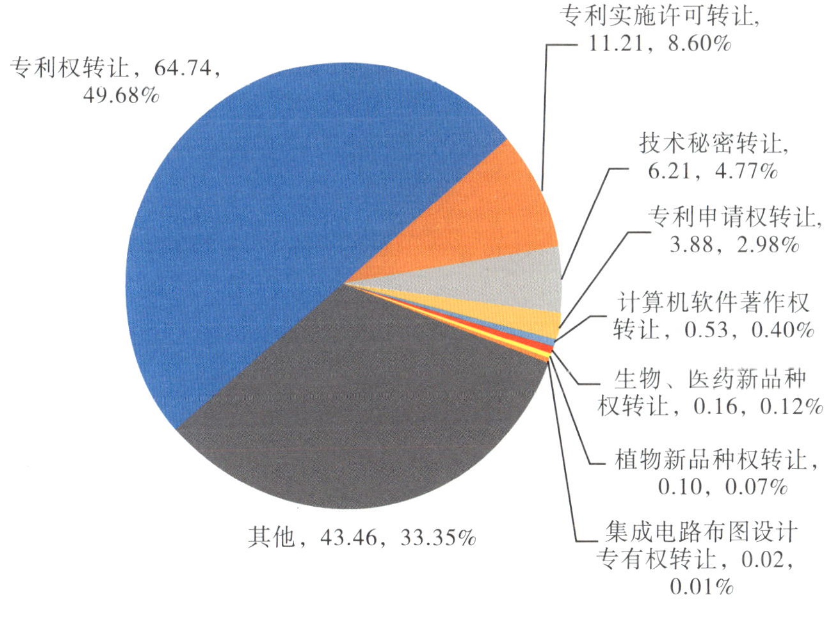

图 15－4 2021 年广州市技术转让合同成交额构成（单位：亿元）

注：其他技术转让合同为技术转让合同中的一类，不是指其他多个合计。

包括专利申请权转让，计算机软件著作权转让，生物、医药新品种权转让，植物新品种权转让，集成电路布图设计专有权转让等在内的其他合同，共成交 169 项，成交额 48.15 亿元，分别占技术转让合同的 17.37%、36.94%。

3. 技术服务合同和技术咨询合同

技术服务合同，全年共成交 12 887 项，成交额 2 030.58 亿元，分别占总体的 50.70%、84.15%；技术咨询合同，全年共成交 5 118 项，成交金额 37.66 亿元，分别占总体的 20.14%、1.56%。

（二）技术领域构成

2021 年广州市成交的技术合同中，电子信息、现代交通、城市建设与社会发展、新能源与高效节能等技术领域的技术合同成交额位居各类技术领域的前四位，成交额占总体比例均超过 10%，分别占广州市技术合同成交总金额的 35.71%、23.34%、17.01% 和 10.66%，这四类技术合同成交额占总体的 86.72%，核应用、新能源与高效节能、现代交通、电子信息、环境保护与资源综合利用成交额同比增幅均超过 20%。

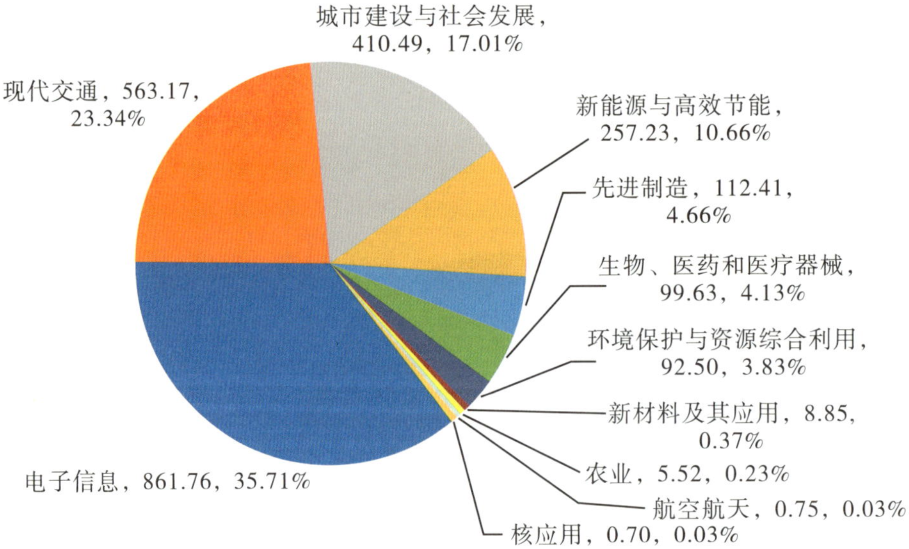

图 15－5　2021 年广州市技术合同技术领域成交额构成（单位：亿元）

（三）各区技术交易情况

2021 年，广州市各区技术交易活跃，共有六个区输出成交额超百亿元。其中，天河区、黄埔区成交额居前两位，天河区登记技术合同 8 666 项，成交额 650.10 亿元，分别占总体的 34.09%、26.94%；黄埔区登记技术合同 5 538 项，成交额 631.95 亿元，分别占总体的 21.79%、26.19%；南沙区、海珠区、越秀区分列成交额排名第三至五名，成交金额分别为 292.04 亿元、236.21 亿元、231.39 亿元，分别占广州地区成交总额的 12.10%、9.79%、9.59%。

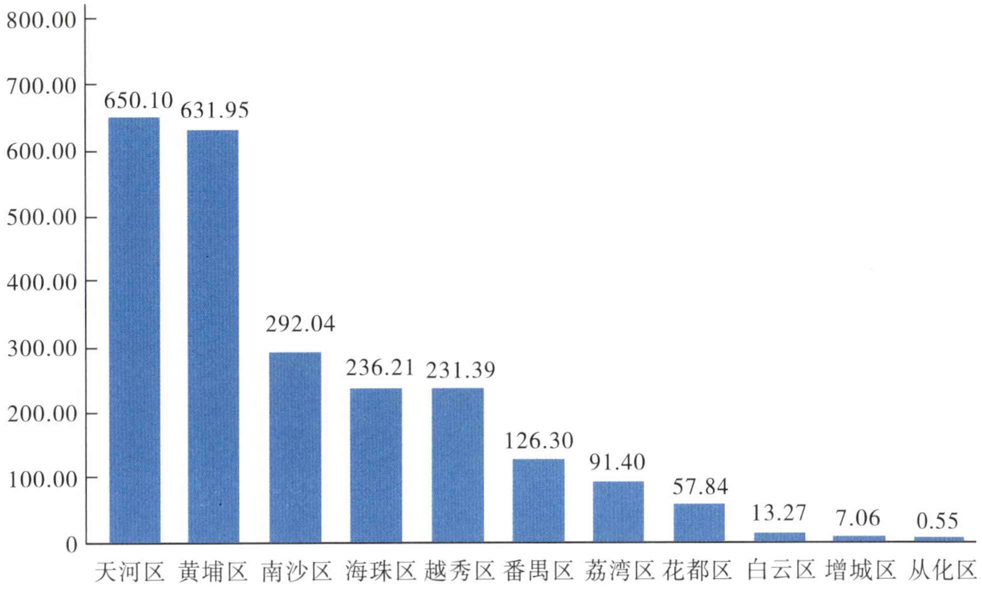

图 15－6　2021 年广州市各区技术合同成交额情况（单位：亿元）

（四）各技术合同登记点登记情况

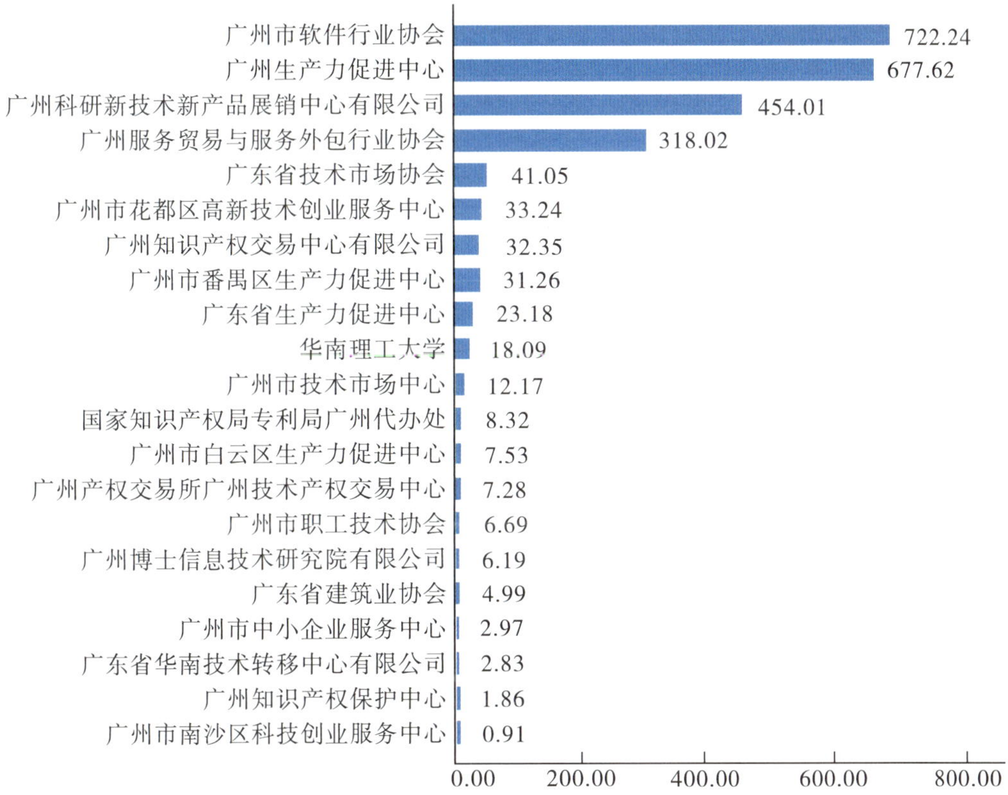

图 15－7　2021 年广州市各登记机构合同成交额排名（单位：亿元）

2021年，广州市技术合同成交额高速增长，其中广州市辖15家技术合同认定登记点全年认定登记技术合同17 192项，合同成交额2 314.34亿元，创历史新高。广州市软件行业协会、广州生产力促进中心、广州科研新技术新产品展销中心有限公司和广州服务贸易与服务外包行业协会所登记的技术合同成交额居各认定登记机构前四位，登记成交额均超过300亿元，交易额占总体的90%。

四 广州市技术市场未来发展方向

（一）继续完善服务体系

实施科技服务优化工程，强化政策引领，构建“政产学研金介用”的科技服务全链条，培育建设一批国家级和省级技术转移转化服务机构。继续壮大技术转移机构和技术经纪人队伍，深挖技术合同登记潜力，通过建立排行榜等方式提升数据知晓度和影响力，推动技术合同成交额稳步增长、量质齐升。

（二）加强技术市场平台建设

继续深化与高校和研究院所的合作，布局建设环华工、环大学城、环中大等一批科技成果转化基地，提高成果转移转化主体内生动力，打通科技成果转化路径，以更大力度实施促进科技成果转移转化行动。

（三）做好技术合同认定登记体系建设

借鉴其他省、市技术市场认定登记管理的经验，从管理体系、人员培养、经费扶持、政策引导等方面给予支持，建立以市科技局为管理核心，由各区县科技部门、行业协会、技术合同认定登记点和高校等组成的广州市技术合同认定管理体系。

从审核架构、审核流程、软硬件配备、人员配置、经费管理、时间安排等方面，积极推动技术合同认定登记工作，提升服务能力。增加技术合同认定登记点，同时广泛开展面对技术企业的培训，宣传普及技术合同登记优惠政策等。

（四）激发创新主体从事技术转移的主动性和积极性

制定针对技术交易买方的奖励办法。鼓励广州市科技企业通过购买技术实现科技成果转化。技术合同经认定，按照其当年委托开发和受让技术实现技术交易额在技术转移专项资金中予以奖励。

支持在穗高校、科研院所面向企业开展技术转移和技术合作。按照高校、科研院所履行技术开发和技术转让合同实际发生技术交易额在技术转移专项资金中予以奖励。

（五）加大对科技中介服务机构的支持力度

完善技术转移中介服务机构体系建设。鼓励中介组织，科技咨询、评估机构，科技金融、科技会展组织等科技中介服务机构向服务专业化、功能社会化、组织网络化、运行规范化方向发展。

鼓励各类科技中介服务机构积极参与技术转移活动。支持机构研究建立科技成果转化数据库，鼓励机构提出科技相关报告，例如技术转移流向、国内外及区域间技术转移趋势等研究和科技报告，根据获得成果在技术转移专项资金中给予奖励。

建立和完善技术经纪人制度。支持行业协会开展相关的培训、评审等工作，促进技术经纪人队伍发展。

第十六章　2021 年深圳市技术市场发展情况*

近年来，面对复杂严峻的国际环境和新冠肺炎疫情防控常态化等诸多风险挑战，深圳市技术交易市场规模和交易质量仍保持快速增长势头，科技成果转化活跃度、技术转移能力明显提升。2021 年，深圳全市登记技术合同 15 284 项，同比增长 30%，合同成交额达 1 627 亿元，同比增长 57%，技术合同登记成交额占地区生产总值比重 5%，高于全国平均水平的 3%。深圳市技术合同登记量位居计划单列市第一位、副省级城市第二位（仅次于广州市）。

一　总体概况

（一）技术开发和技术转让合同占绝对比重

2021 年深圳市技术开发和技术转让合同登记量呈现持续稳步增长态势，合同成交额达 1 594 亿元，占全市比重 98%，占全省同类型合同比重 70% 以上。技术服务和技术咨询合同成交额为 33 亿元，仅占全市比重 2%。根据《技术合同认定登记管理办法》，经认定登记的技术合同可以享受国家有关促进科技成果转化规定的税收方面的优惠政策，据统计，技术开发和技术转让合同可免征增值税和可减免企业所得税约 120 亿元，技术开发合同所形成研发费用加计扣除金额约为 600 亿元。

---

* 本章执笔人为深圳市科技创新战略研究和技术转移促进中心钟赟、詹华霖、冼冰。

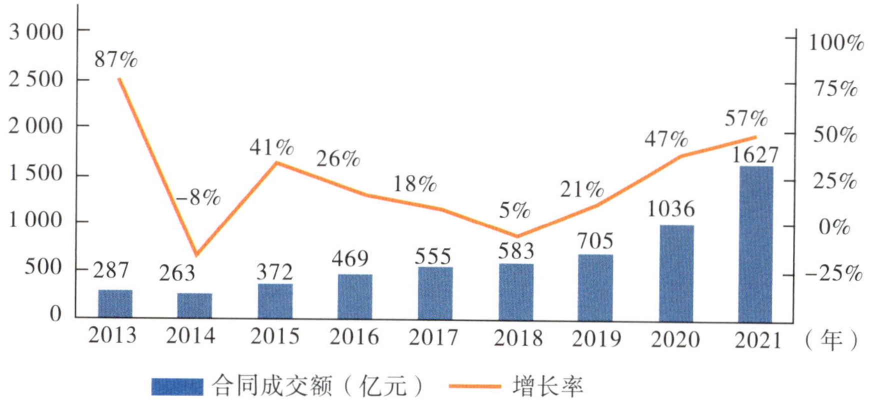

图 16－1 2013—2021 年深圳市技术合同成交额增长趋势（单位：亿元）

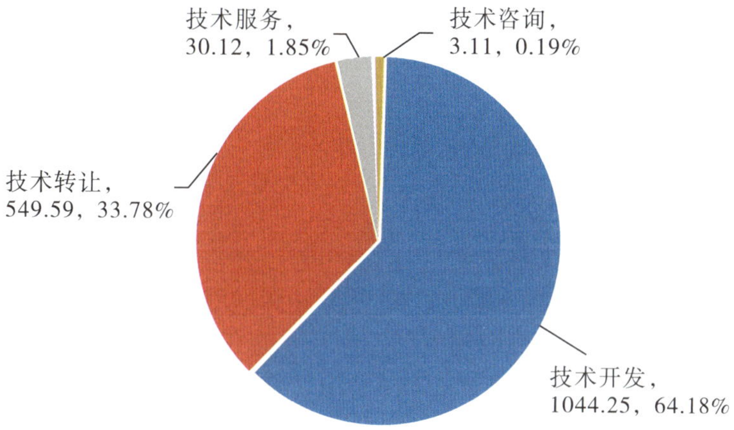

图 16－2 2021 年深圳市技术合同类别构成及占比（单位：亿元）

（二）核心区域技术交易活跃

据统计，龙岗、南山与福田三个区技术交易最为活跃，合同数量超过 12 000 项，占全市比重 81%，合同成交额合计超过 1 500 亿元，占全市比重 92%。龙岗区合同数量仅占全市 9%，但合同成交额最高，达到了 644. 7 亿元，占全市比重接近 40%；此外，南山区合同数量 9 063 项为全市最高，占全市 59%，成交额也高达 512. 9 亿元；福田区的合同成交额为 342. 6 亿元，南山、福田两区合同成交额占全市比重分别超过了 30%、20%。值得注意的是，深汕特别合作区自 2018 年由深圳主导管辖以来，技术合同交易取得了零的突破。

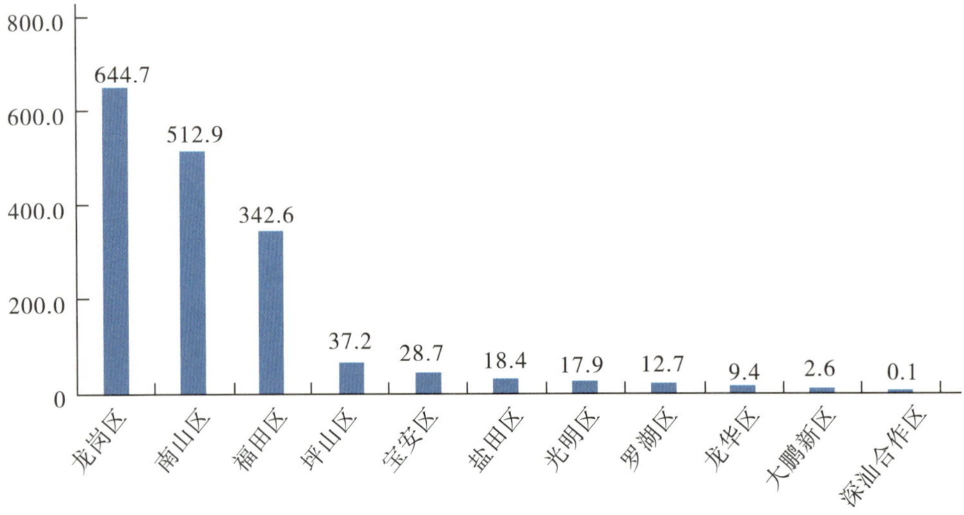

图 16－3　2021 年深圳市各辖区技术合同成交额情况（单位：亿元）

（三）国际技术交易市场活跃度稳步提升

近年来，深圳市在落细落实常态化疫情防控机制的同时，继续加大国际交流与合作，推动国际技术交易市场活跃度稳步攀升。2021 年深圳市技术进口和出口均呈现量价齐增的态势，并且技术进出口合同成交额同比大幅增长。全年进出口合同数量共 1 347 项，同比增长 3%；合同成交额达 870. 55 亿元，同比增长 92%。其中，技术进口合同占进出口合同总量的 58%，同比增长 1. 4%，成交额达 710. 18 亿元，同比增长 75%，占进出口成交额的 82%；技术出口合同数量同比增长 5%，成交额达 160. 37 亿元，同比增幅达 251%。

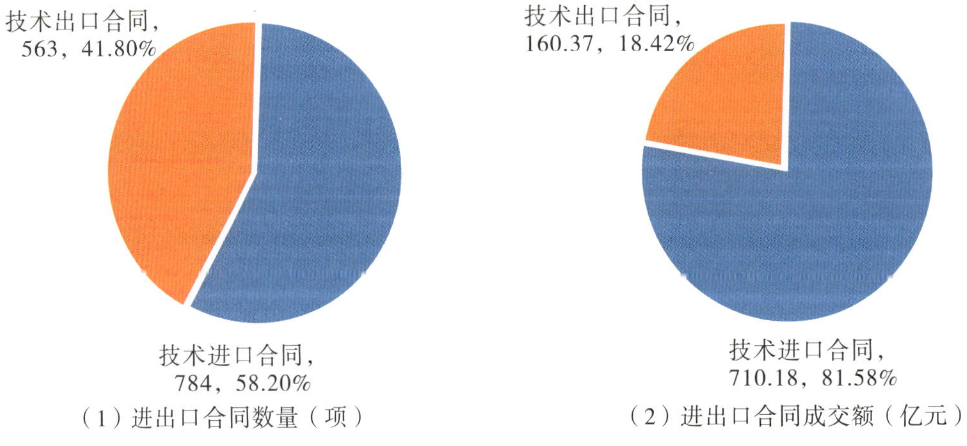

图 16－4　2021 年深圳技术进出口合同数量及成交额分布

（四）发挥科技引擎作用，助推深圳经济发展

近年来，深圳全市的技术合同成交额占全社会 R&D 经费支出的比重始终保持稳步增长态势，从 2011 年占比 27% 迅速扩增到 2015 年的 51%，并连续 5 年保持在 50% 以上，技术市场交易规模的快速扩大有力推动了深圳科技产业的繁荣发展。同时，2021 年技术合同成交额占全市地区生产总值的比重已超过 5%，技术市场对地区经济发展的贡献保持稳中有升的态势。

（五）立足大湾区，技术市场辐射全国

深圳市抢抓“双区”建设契机，着力增强“双区”对其他省市的辐射引领作用。2021 年，深圳市输出到国内其他省市的技术合同总体呈快速增长态势，累计输出技术合同 4 974 项，成交额同比增长 32%，高达 265.75 亿元。2020 年，大湾区内部技术交易活跃度不断提升，深圳全年输出到大湾区的技术合同成交额达 161.39 亿元，占全市合同成交额 10%，并且重点向东莞、香港和广州等地区输出。

（六）技术交易实现“量”“质”双提升

2021 年，深圳市科技成果的源头供给能力和水平大大提高。其中，成交额在 1 000 万元及以上的技术合同数量和成交额均增长明显，分别同比增长 24%、60%，且平均单项成交额达 1.62 亿元，合同价值明显提升；而涉及各类知识产权的技术交易中发明专利的合同数量和成交额均持续增长，同比增幅分别高达 64%、241%；技术开发、技术转让合同成交额合计 1 594 亿元，占比高达 98%，同比增幅高达 46%。

（七）重点领域关键技术交易增势明显

高技术产业作为深圳市技术市场中最为活跃的产业领域，在电子信息、先进制造以及航空航天等高技术领域的技术合同成交数量、合同成交额占全市比重分别为 91%、73%。其中，电子信息技术引领高技术产业发展壮大，合同成交额占高技术产业比重 93% 以上。此外，深圳市战略性新兴产业强势生长，以“20 + 8”为技术主数字创意攻方向，自主创新能力持续跃升，据 2021 年登记的技术合同统计，新一代电子信息、数字与时尚等七大战略性新兴产业（二十大产业集群）技术合同成交额超过 320 亿元，合成生物、区块链等八大未来产业技术合同成交额也超过 8 亿元。

（八）企业科技创新主体地位不断巩固

企业继续保持技术交易主体地位，2021 年企业输出技术合同成交额高达 1 604.62 亿元，同比增长 60%，为全市技术交易贡献了 99% 的市场份额；吸纳技术合同成交额

1 554. 16亿元，同比增长 64%，为全市技术交易贡献了 96% 的市场份额。研发费用加计扣除、技术合同资助等有效政策组合，对提高企业开展市技术合同认定登记工作积极性有明显成效，据 2021 年登记的技术合同统计，享受其他政策优惠（除增值税以外）的技术合同登记数量与合同成交额的增长幅度均超过 63%。

二 探索技术交易创新举措，助力打造科技成果产业化最佳地

（一）税收优惠政策聚焦技术市场，释放企业创新活力

2021 年 6 月 18 日，深圳市科技创新委、深圳市税务局联合印发《深圳市技术合同享受税收优惠事项管理办法》，进一步规范了技术合同认定登记，落实国家技术市场税收优惠政策。该管理办法涉及的增值税及企业所得税减免主要针对技术开发及技术转让合同，2021 年深圳市上述可享受税收优惠的两类合同成交额分别为 1 044 亿元、550 亿元，分别占全省合同成交额 64%、34%，两者合计在全市合同成交额中的比重高达 98%。其中，技术开发、技术转让合同可免征增值税约为 47 亿元，技术转让合同可减免企业所得税约为 71 亿元，技术开发合同所形成研发费用加计扣除金额约为 604 亿元。

（二）业务办理全面“线上化”，助力技术市场增长

从 2021 年 8 月 1 日起，深圳市科技创新委开发业务系统全流程网上办理功能模块，全面启动技术合同登记业务“不见面、事照办”服务，申请人可实现全程在网上办理技术合同认定登记业务，极大地提高了该项业务的办理效率和便捷性。“线上化”的合同申报流程推行迅速，2021 年全市通过网上办理的技术合同 14 979 份，合同成交额 1 563. 27 亿元，占全市比重均超过 96%。同时，积极推进技术合同认定登记证明的“无纸化”，从而助力技术合同成交量与成交额大幅增长。

（三）科技创新政策体系建设持续推进，优化技术转移生态

2021 年，深圳市科技创新委继续重点打好政策组合拳，形成梯次接续的企业扶持政策体系，着力构建技术转移新生态。1 月 4 日印发《深圳市科研诚信管理办法（试行）》，进一步加强科研诚信建设，规范科研领域诚信管理。3 月 26 日印发《深圳市外籍“高精尖缺”人才认定标准（试行）》，旨在加大引进外籍“高精尖缺”人才来深工作力度，发挥人才优势。3 月 29 日印发《深圳市优秀科技创新人才培养项目管理办法》，继续加强深圳科技创新人才队伍建设，为深圳科技创新发展和基础科学研究提供梯队式人才支撑。9 月 7 日印发《深圳市高新技术企业培育资助管理办法》，旨在引导企业持续加大研发投入，增强企业自主创新能力。10 月 25 日印发《深圳市享受支持科普事业发展进口税收政策的科普基地名单核定实施办法》，对“十四五”期间政策文件在享惠主体、核定主体和事后

监管等方面进行了完善。

（四）技术转移人才培养体系初步建立，健全技术转移机制

2021 年，在新冠肺炎疫情持续影响下，深圳积极响应科技部提出的“技术转移 2 + N 的格局”，快速推进技术转移机构备案工作，截至 12 月底，共新增 8 家市级技术转移机构备案。与此同时，积极配合科技部火炬中心相关人才培养要求，从 2020 年至今，国家技术转移南方中心人才培养基地依托南方科技大学等 6 家机构共举办 13 次初级技术转移经纪人培训，合计培训 870 名持证技术经纪人。此外，市科技创新委继续出版《深圳创业故事 2》，积极分享和推广优秀参赛选手的创业经验，推动科技创新、万众创业，进一步形成创业文化生态圈。

（五）科技创新载体持续壮大，有序开展重大基础设施布局

2021 年，深圳市坚定不移实施创新驱动发展战略，加快构建以各类重点实验室为基点的基础研究网络，打造能够开展前沿领域基础研究、培养人才、支撑产业和社会发展的重要创新载体，不断激发源头创新能力，一批重大科技创新基础设施拔地而起。目前，深圳市已有国家、省、市级重点实验室、工程实验室、工程中心、技术中心等各类创新载体 2 693家，包括国家级创新载体 129 家，PCT 国际专利申请量连年保持占全国 30% 以上，连续 17 年居全国城市首位。此外，围绕第三代半导体、人工智能、脑科学等前沿领域，深圳加快科技基础设施建设，目前已设立 13 家基础研究机构，引进建设了 11 家由诺贝尔奖获得者领衔的实验室/研究院。

三　建设现代技术要素市场体系，多措并举促进深圳技术转移发展

（一）营造优质技术交易市场生态环境

积极开展科技成果转化先行先试，加快建设高水平技术交易市场，打通产学研相结合的创新链、产业链和价值链，着力营造科技成果转化良好生态，以科技成果转化引领深圳高质量发展。①加强“政产学研用金”深度融合。构建“政产学研用金”融合创新的技术体系，充分发挥全过程创新生态链下“政产学研用金”深度融合优势，聚焦技术转移体系的薄弱环节和转移转化中的关键症结，搭建技术转移体系的基础架构，打通技术转移的基本通道，形成政、产、学、研、用、金“六位一体”紧密互动的技术转移网络。②应推进知识产权保护等工作。借助中国（深圳）知识产权保护中心、中国（南方）知识产权运营中心等平台，积极探索大数据等新领域新业态知识产权保护规则，全力打造知识产权保护标杆城市。

（二）深化区域技术转移协同创新

聚焦粤港澳大湾区和深圳先行示范区“双区驱动”战略，以建设国际科技创新中心为牵引，并依托独特的地理优势地位，推进国内外、省内外、市内外区域协同合作，打通技术转移转化通道，实现技术创新的共建、共享、共担，打造全球科技创新高地和新兴产业重要策源地。深圳应抓住国内大循环战略契机，积极融入珠三角一体化发展，持续增强深圳湾区核心引擎功能，着力构建产业协同创新共同体，加快科技成果转化和产业化。构建覆盖“技术需求—成果供给—技术交易—孵化育成—创业投资”等关键环节的技术转化孵化生态系统，汇聚大湾区各类科技创新资源，打通粤港澳技术转移通道，推动技术、人才、资金等在大湾区内自由流动。

（三）加强专业技术转移人才培养

聚焦人才引进、技能培训、人才服务等方面，创新方式，全方位打造实力雄厚的技术转移人才队伍，专业对接技术与市场，推进科技成果就地转化，成果落地效益高。①加快技术转移人才引进力度。围绕技术转移行业人才需求，继续做好技术转移人才引进工作，着力打造一批具有成果转移转化知识、法律、财务、市场等专业能力的复合型人才。②加强技术转移专业人才培育。以国家技术转移人才培养基地（广东）为依托，建立健全“基地、大纲、教材、师资”四位一体的国家技术转移人才培养体系，完善多层次的技术市场专业化人才培养机制。③完善技术转移人才激励机制。完善当前的科技人才评价体系，为技术转移转化人才设定专业化的评价体系和奖励机制，确保技术转移转化人才能够得到客观公正的评价。

第十七章　2021 年东莞市技术市场发展情况*

一　东莞市技术市场发展回顾

（一）构建技术市场政策体系

《东莞市科学与技术发展“十三五”规划》提出“实施科技服务业提升计划”，培育壮大科技服务机构，重点发展与引进研发设计、技术转移、检验检测、创业孵化、知识产权、科技咨询、科技金融、科学技术普及等专业型或综合性科技服务机构。大力培育龙头企业和科技服务知名品牌，引导科技服务业机构做大做强。建立完善技术交易市场，利用“互联网＋”模式建设有利于技术转移与交易、成果转化与产业化的科技服务体系，引导科技服务机构创新服务模式和商业模式，发展全链条全方位的科技服务产业。东莞市委、市政府在《关于打造创新驱动发展升级版的行动计划（2017—2020 年）》中，提出建设东莞国际技术转移中心。吸引一批国（境）外科研机构、技术转移机构以及商（协）会进驻，形成凝聚国（境）外产业、技术与人才汇聚东莞、落户东莞的桥头堡。支持设立国际技术转移基金，加速推动海外早期高科技创业项目落户。《东莞市人民政府关于贯彻落实粤港澳大湾区发展战略全面建设国家创新型城市的实施意见》（东府〔2019〕24 号）提出，要加快建设东莞市国际技术转移中心和东莞粤港澳大湾区科技成果转化中心等科技成果转化平台，吸引一批粤港澳及国际先进科技成果来莞转移转化，推动一批跨国技术转移服务机构聚集东莞。大力培育发展技术转移转化服务机构和技术经理人，实现科技成果高效转化。

（二）建设国家技术转移人才培养基地

2020 年 9 月，国家技术转移人才培养基地（广东）在东莞松山湖国际创新创业社区

---

* 本章执笔人为东莞市高新技术产业协会袁浩辉，东莞市技术与知识产权交易服务中心黄森铭、陆松。

正式揭牌，全面启动东莞市技术转移人才培养的有序化、规范化、体系化建设。基地通过设立“联合培训分中心”和“联合实训基地”，形成“1＋N”的人才培养模式，并构建“招生—培训—实践—考评—管理—生态”的技术转移人才培养体系，建成覆盖全省、辐射全国、具有湾区特色的技术转移人才培养网络。截至 2021 年，基地共成功举办 3 期初级技术经纪人培训班和 2 期中级技术经纪人培训班，累计培养初级技术经纪人 312 名，中级技术经纪人 72 名。

（三）技术交易市场规模持续攀升

2018 年，东莞市技术合同认定登记额首次突破 10 亿元大关，2019 年，技术合同登记突破新高，全市技术合同认定 417 项，同比增长 53.31%；成交额 222.07 亿元，同比增长 1 112.17%；技术交易额 221.47 亿元，同比增长 1 138.65%。2020 年和 2021 年继续保持良好的发展态势。其中，2020 年，全市共完成技术合同认定 259 项，合同成交额 69.19 亿元，认定技术交易额 67.69 亿元，其中技术开发合同 225 项，认定额 23.39 亿元；技术转让合同 10 项，认定额 43.97 亿元；技术咨询合同 10 项，认定额 0.04 亿元；技术服务合同 14 项，认定额 0.28 亿元。

二 2021 年东莞市技术市场发展现状与存在的问题

（一）发展现状

1. 技术合同认定登记情况

2021 年东莞全市技术合同认定 356 项，成交额 67.79 亿元，技术交易额 62.36 亿元。

（1）合同类别。2021 年，技术开发合同成交额 54.27 亿元，同比增长高达 115.87%，占全市技术合同成交额的 80.06%，居四类技术合同首位；其次为技术转让合同，成交额为 13.30 亿元，占全市技术合同成交额 19.62%；技术服务合同成交额为 0.18 亿元，占全市技术合同成交额 0.27%；技术咨询合同成交额为 0.04 亿元，占全市技术合同成交额 0.06%。

（2）卖方市场认定数量。认定合同 254 项，合同交易额 11.96 亿元，技术交易额 10.72 亿元。

（3）大专院校及新型研发机构认定数量。合同认定 32 项，合同交易额 0.17 亿，技术交易额 0.14 亿元。

2. 技术市场服务机构情况

目前，东莞市拥有中国科学院云计算产业技术创新与育成中心（以下简称“东莞中科云计算研究院”）、北京大学东莞光电研究院、广东华中科技大学工业技术研究院、电子科技大学广东电子信息工程研究院、东莞深圳清华大学研究院创新中心等 32 家新型研发机构，其中省级新型研发机构达到 26 家。其中，东莞中科云计算研究院等 5 家研究院作为改革试点单位，正在试点开展团队持股、平台运营、改制转企等体制机制改革实践。组织新型研发机构与高新技术企业开展联合发展座谈会、新型研发机构提质增效座谈会等活动，推动新型研发机构代表与国际欧亚科学院院士专家、东莞市高新技术企业的交流对接。同时，全市拥有东莞市石碣科技创新中心、东莞市大岭山科技创新中心、东莞市清研公共科技服务中心等技术市场社会类服务机构 20 家。这些服务机构利用自身的产业技术资源、渠道及互联网技术，支持相关上下游企业加强产业协同和技术攻关，推动产业链企业融合融通发展。

东莞创新创业技术转移载体齐全，拥有各类孵化器 122 家，其中国家级孵化器 24 家，居全省地级市第一。推动军民科技成果转化，引导优势企业进入军品科研、生产领域，中航集团、中船集团等 5 家军民融合研究院落地东莞。国际技术转移合作取得显著成效，东莞与俄罗斯、以色列、加拿大等国合作建设多个国际技术转移协作与资源对接平台，通过成立技术转移中心促进技术产业化。如中俄国际高技术转移中心完成激光采血、便携式血凝仪等多个项目在莞对接落地。

3. 技术市场人才队伍建设情况

大力开展技术转移人才培养。东莞市重视技术市场人才培养工作，自 2020 年松山湖高新技术产业开发区科技成果转化中心成功入选第二批国家技术转移人才培养基地（以下简称“国家基地”）的建设依托单位以来，国家基地累计举办了 3 期初级技术经纪人培训班、2 期中级技术经纪人培训班及 2 期国际注册技术转移经理人（RTTP）培训班，累计培养初级技术经纪人 312 名、中级技术经纪人 72 名，培训国际注册技术转移经理人（RTTP）110 人次。这标志着东莞拥有一支超过 300 人的技术转移专业人才队伍。

4. 技术市场政策体系构建情况

目前，东莞技术市场主要聚焦于推进科技服务业发展，加强技术交易市场和技术转移机构建设。2021 年，松山湖高新区印发《东莞松山湖促进源头创新实施办法》《东莞松山湖支持技术研发实施办法》《东莞松山湖促进科技成果转移转化实施办法》《东莞松山湖科技企业培育实施办法》《东莞松山湖营造创新环境实施办法》《东莞松山湖支持企业融资发展实施办法》《东莞松山湖鼓励企业上市挂牌实施办法》七份科技创新政策，围绕基础与基础应用、技术研发、科技企业培育、科技成果转移转化、创新环境营造、融资等方面对园区高等院校、新型研发机构、中介服务机构、企业等主体给予资金支持。

（二）存在的问题

1. 技术交易类型不均衡

纵观近 3 年东莞市技术市场合同成交情况，技术咨询合同成交额几乎为 0，2020 年和 2021 年分别成交 13 项和 4 项技术咨询合同，成交额分别为 0.09 亿元（占当年全市合同成交额的 0.12%）和 0.04 亿元（占当年全市合同成交额的 0.06%）；技术服务合同所占份额不足 1%，2021 年技术服务合同成交额较往年有所下降，成交额为 0.18 亿元，同比下降 44.79%，同时，技术服务合同成交额占比同样偏低，仅占全市技术合同成交总额的 0.27%，比上年下降 0.21 个百分点，技术交易结构不平衡的问题依然存在。

2. 技术交易供给端资源不足

高等院校和科研机构是重要的技术交易供给端。2021 年，东莞市高等院校和科研机构技术合同成交数量 32 项，同比增长 100%，虽然成交数量有较大幅度增长，但高等院校和科研机构技术合同成交总额占全市的比重仅为 3.8%。据调研了解，科研机构技术开发和技术转让的合同总量小，大部分技术无法直接转化或以别的形式转化，无法通过技术合同的形式体现；又因技术咨询和技术服务合同无法享受税收优惠政策，并且技术合同认定登记流程烦琐、办结时间长等，科研机构进行技术合同认定登记的积极性不高。

3. 高水平专业化服务机构少且服务能力不强

东莞科技服务业发达，科技服务机构虽然整体数量不少，但大多数集中在传统中低端服务上，从事研发服务、科技成果转化、技术转移、检验检测等专业化服务的技术转移机构偏少，不能提供专业化、差异化、深层次的服务。同时，技术市场体系在布局规划、全链条引领方面缺乏持续、统一和有效的顶层引导，多数科技服务机构功能单一、服务功能弱、服务能力不高，只能提供片段化、碎片式的服务，无法提供专业化、深层次的服务。

4. 技术转移综合服务平台缺乏

目前，东莞市还没有建立起一个综合性的技术转移服务平台，不能有效地打通“技术需求—成果供给—技术交易—支撑服务—孵化育成”的全链条技术转移转化生态系统，一定程度上影响了东莞市技术市场的发展。

5. 专业化复合型技术市场人才缺乏

虽然东莞市已初步建立起一支技术市场人才队伍，但多数仅接受了短期普及培训，离具备技术、法律、商务、财务、管理等技能的专业化复合型技术转移人才还有很大的差距。其中，熟悉成果价值评估、知识产权等领域的专业化技术转移人才依然严重不足。再加上东莞技术转移人才培养培训处于起步阶段，从理论培训到实践操作的分层次培养体系还没有真正建立起来。全市的技术转移人才规模未能满足日益增长的科技成果转移转化的需求。

三 2021 年东莞市技术市场发展特征

（一）电子信息技术交易位居首位

2021 年，东莞市电子信息技术领域认定登记合同 176 项，成交额为 43.48 亿元，比上一年增长 131.23%，占全市技术合同成交额的 64.14%，居全市各领域首位，远超居第二位的先进制造领域（成交额为21.97亿元，占全市技术合同成交额的32.40%）。

（二）重大技术合同占比超九成

2021年，东莞市1 000万元以上的重大技术合同成交62项，比上年增长67.57%；成交额62.61亿元，占全市技术合同成交总额的92.35%，比上年下降4.76%。

（三）技术吸纳情况

2021年，东莞市吸纳外市技术合同1 737项（吸纳技术数据统计口径为全省，下同），合同成交额173.65亿元，技术交易额168.86亿元。其中，技术开发合同578项，合同成交额156.19亿元，技术交易额155.28亿元；技术转让合同63项，合同成交额13.42亿元，技术交易额9.70亿元；技术咨询合同639项，合同成交额0.50亿元，技术交易额0.50亿元；技术服务合同457项，合同成交额3.53亿元，技术交易额3.37亿元。

在吸纳的开发合同中，吸纳深圳开发合同199项，合同成交额109.37亿元（以软件开发的电子信息合同为主），占全市吸纳开发合同成交额的70.02%；从广州吸纳合同165份，合同成交额1.99亿元（以软件开发的电子信息合同为主），占全市吸纳开发合同成交额的1.27%。

在吸纳的转让合同中，吸纳境外转让合同30项，合同成交额12.78亿元（以技术秘密转让合同为主），占全市吸纳转让合同成交额的95.23%；从广州吸纳转让合同18项，合同成交额0.39亿元（全部是专利转让合同），占全市吸纳转让合同成交额的2.93%。

四 东莞市技术市场发展机遇

东莞已成为地区生产总值过万亿、人口超千万的城市，人均地区生产总值达到高收入经济体水平。随着经济实力的进一步提升和高水平大学、平台的建立，东莞市技术交易市场活力日益增强，发展态势良好。

（一）创新驱动发展步伐不断加快

当前，东莞市以松山湖科学城为主阵地打造大湾区综合性国家科学中心先行启动区，夯实国家战略力量支撑。散裂中子源二期、先进阿秒激光设施纳入“十四五”国家重大科技基础设施建设规划。推动材料实验室积极争创国家实验室和全国重点实验室。持续推进中科院科技服务网络计划（STS）—东莞专项，支持科技企业与中科院院所共同开展技术攻关。预计到2025年，东莞建设具有国际影响力的科创制造强市取得显著成效，国际一流的松山湖科学城初步建成，整体创新能力显著提高，科技成果转化体系更加成熟，创新创业生态更加完善，科技支撑产业转型升级能力显著提高，成为粤港澳大湾区国际科技创新中心的重要支撑。

（二）技术市场活动不断规范

随着国家技术转移人才培养基地（广东）的建设和完善，通过持续举办技术经纪人培训班、国际注册技术转移经理人（RTTP）等技术转移人才培训班，为全市输送了一大批优秀的技术转移转化专业人才。同时，东莞市研究编制技术市场相关政策，鼓励科技服务中介机构积极开展技术转移转化工作，着力引进市内外优秀科研成果转移转化，不断完善和规范技术市场管理，提升全市技术交易市场活跃度。

（三）技术合同分布逐渐均衡

近年来，东莞对科研的投入不断加大。未来，技术合同交易将呈几何式增长。一直以来，东莞市技术合同认定类型以企业间的技术开发和技术转让为主，随着全市科技成果转移转化相关政策的有效落实以及对技术合同登记工作的深入宣传，东莞市各高校、研究院所对技术合同登记重视程度不断加强，各科研单位的技术服务和技术咨询类合同数量不断稳步上升，并呈现持续增长的趋势，达到五技合同均衡发展。

五 东莞市技术市场发展的重点方向

下一步，东莞市将围绕产业研发需求，搭建科技成果转化赋能平台，打通科技成果转化链条，优化科技成果转化生态，强化企业科技成果转化能力，推进创新链与产业链融合，为企业创新能力提升、新兴产业培育提供科技支撑。

（一）组建科技成果转化组织网络

科技成果转化组织网络是科技成果与企业之间的桥梁。东莞市企业数量众多，拥有丰富的科技成果应用场景，对科技成果的需求量较大。因此需立足企业，面向高校和科研院所，建立东莞科技成果转化组织网络，精准推进企业与高校、科研机构的合作。一是整合技术转移机构资源，分类培育专业化技术转移机构，推进技术转移机构之间的合作，促进资源共享，优化资源配置。二是立足企业，建立与企业间的常态化合作关系，长期跟踪企业技术需求和科技成果转化活动，推进企业形成“R&D 投入—科技成果转化活动—收入增长—R&D 投入”的良性循环。三是面向高校和科研院所，与各地高校和科研院所建立紧密的合作关系，研究科技成果转化价值，匹配企业技术需求与科技成果，引进科技成果在东莞转移转化。四是建立科技成果快速转移转化的路径，研究各类科技成果转化政策，设计各类科技成果的转化模式、交易手段，促使其成为行业标准。

（二）夯实科技成果转化基础

企业是科技成果转化的主体，也是东莞科技成果转化的最大优势。企业拥有工程化的人才、设备等资源，能够将科技成果转化为能够规模化生产的产品。东莞将充分激发企业科技成果转化动力，提升科技成果转化能力。一是推进规模以上工业企业技术创新体系建设，鼓励规模以上工业企业建立有人员、有场地、有投入、有装备、有项目的企业研发机构，扩大科技成果承接和转化群体。二是引导高新技术企业建立高水平研发机构，鼓励企业按照省级工程中心的标准建设企业研发机构，提升企业科技成果承接和转化能力。三是鼓励重点企业加大研发投入，参与国家和省级重大科技项目，引进重大项目在莞开展科技成果转化。

（三）全面深化产学研合作

东莞的产学研合作是为了利用科研、教育资源弥补企业在创新能力上的不足。一方面是解决东莞企业在发展和产业转型升级过程中遇到的各项难题，精准挖掘企业技术需求和产业共性问题，精准设计科技成果转化优先级，精准匹配高校科研院所、科研团队和科技成果。另一方面是利用高校和科研院所资源为企业建立创新人才梯队，完善企业研发体系，提升企业研发能力。

（四）转化一批重大科技成果

东莞将充分发挥在粤港澳大湾区综合性国家科学中心和珠三角国家科技成果转移转化示范区中的影响力，加快科技创新资源汇聚，构建开放、高效的成果转化体系，推动重大科技成果在莞转化。一是推进中科院科技成果在莞转化，加强与中科院的对接，围绕东莞市产业关键共性需求，促进科技成果产业化。二是推进松山湖材料实验室科技成果转化，加强松山湖材料实验室与东莞企业的合作关系，引导松山湖材料实验室在制订科技规划、选择研发方向、设立科技项目等方面，更多地听取东莞企业的建议。三是要发挥科技对产业发展的引导作用，研究东莞市产业发展的方向，抓住产业发展的风口，及时推动重大科技成果转化。

六 东莞市技术市场发展的对策建议

东莞市作为广深港澳科技创新走廊的重要节点城市，地缘优势明显，开放度和市场化程度高，是广东引进国际科技成果和推动国内科技成果资源在全球布局的前沿阵地。因此，加快东莞技术市场建设发展对全面增强东莞在大湾区城市群中的综合实力，推动东莞在国家创新型城市和粤港澳大湾区国际科技创新中心建设中发挥作用具有重要的意义。

（一）加强组织领导

围绕东莞技术市场痛点、难点，在知识产权、科技金融、成果转化机制、职务科技成果权属、科技创新治理体系等方面，东莞市将根据各部门职能定位和任务分工，完善技术市场工作机制，落实工作责任，加强政策、资源统筹协调和指导，建立技术市场发展协同推进机制，形成多要素、高效益的技术市场发展格局。同时，强化市镇（街）联动，加强重点任务的统一部署及创新资源的统筹配置，形成共同推进技术市场发展的合力。

（二）加强技术合同认定登记服务和管理

一是加强技术合同认定登记点的布局和建设。顺应企业技术交易量增加的形势，加强二级技术合同登记点的力量，支持各登记点深入高校院所和企业园区开展宣传。鼓励登记点深入企业开展政策宣传和技术交易指导，并给予一定的奖励。对全市登记点开展监督评估，依据评估结果激励引导，推动登记点提升登记服务质量。

二是努力实现技术合同“应登尽登”，促进全市技术合同数据更为全面客观地反映全市技术交易情况。重点深入市内高校、科研机构和大型龙头企业调研技术交易情况，并做好技术合同认定登记服务。联合有关部门研究提高工程类技术合同的登记率，通过宣传推广提高技术入股类技术合同的认定登记率。

三是加强技术市场动态监测。强化技术合同认定登记评价监测和动态发布工作，加强对镇（街）、行业、重点企业和科研单位的动态评估和数据分析，逐步建立技术转移服务业专项统计制度。

四是广泛开展培训宣传工作。面向科研单位、技术转移中介机构、大型企业举办技术合同认定登记等专题培训，宣传技术合同认定登记免税政策，提高企业开展技术合同认定登记的积极性。

（三）推进服务机构建设

1. 加强东莞市高校院所技术转移机构建设

高校院所技术转移机构建设是东莞技术转移体系的重要组成部分，进一步提升高校科技成果转移转化能力，可在现有高校和科研院所中开展高水平专业化技术转移机构建设，整合知识产权披露、保护、转让、许可、作价投资入股和无形资产管理等相关职能，建立专业化运营团队，形成市场化运营机制，在岗位管理、考核评价和职称评定等方面加强对技术转移机构人员的激励和保障，形成全链条的科技成果转化管理和服务体系。同时实行技术经理人聘用制，明确利益分配机制，引导专业人员从事技术转移服务。

2. 加强社会化技术转移机构建设

做好企业的技术挖掘、采集和高质量技术供给方的挖掘、培育引导工作，需要投入高素质的人力资源，引入大量的社会化技术转移机构开展服务。加快社会化技术转移机构建设发展，鼓励其为高等院校、科研院所等技术供给方提供技术信息加工整理、知识产权管理、技术推介、技术评估等专业服务，为企业等技术需求方获得或输出技术提供专业经纪服务等。

3. 建设统一开放的技术转移服务平台

为促进东莞市技术市场发展，可以依托正在筹建的东莞粤港澳大湾区科技成果转化中心，建立区域性技术转移综合服务平台，增强资源积累和整合能力，借助“互联网+大数据+科技服务”模式，共享科技资源、集成科技服务、开展技术交易、促进技术转化，依托线上平台，开展线上与线下相结合的技术转移服务模式。

4. 加强技术转移服务机构管理

当前东莞市技术转移服务机构数量不足、服务能力不强、服务工具匮乏、服务协同未形成、盈利机制不清晰等问题十分突出。为加强技术转移服务机构管理，应面向全市开展技术转移服务机构入库工作，全面、动态地掌握全市技术转移服务机构信息，引导机构向规范化、专业化发展。对入库的技术转移服务机构坚持建管结合、以“管服”为主的动态管理方式，加强考核评价，围绕其年度服务业绩、服务模式及示范带动等方面进行评优，树立先进典型，发挥示范带动作用。

5. 提升技术转移服务机构能力水平

加强对全市技术交易市场、技术转移服务机构发展的统筹、指导、协调，提升服务能力和水平，培育一批具有示范带动作用的技术转移服务机构。同时依托东莞市国际技术转移中心，推动一批跨国技术转移服务机构聚集东莞，引导各类创新主体和技术转移机构联合组建技术转移联盟，强化信息共享与业务合作。

（四）培育技术市场人才队伍

1. 加强技术合同认定登记人员培训

面向技术合同认定登记点和企业组织开展技术合同认定登记业务培训，培养一支技术合同认定登记专员队伍，广泛宣传技术合同认定登记税收优惠政策及其重要意义，增强企业申请认定的主动性。加强技术合同认定登记工作宣传的深度及覆盖面，组织专业人员，深入市内重点企业，宣传技术合同认定登记优惠政策，并结合企业实际情况，现场进行业务培训，指导企业进行具体操作，提升企业进行技术合同认定登记工作的能力和操作水平，增强企业进行技术合同认定登记的积极性和主动性。

2. 推进技术经纪人培训和管理

依托国家技术转移人才培养基地（东莞），以《国家技术转移专业人员能力等级培训大纲（试行）》为基础，积极培育技术经纪人队伍，建设覆盖粤港澳、辐射全国，具有湾区特色的技术转移人才网络，为粤港澳大湾区技术市场发展提供人才支撑。加强高端人才培养，培育具备技术、法律、商务、财务、管理等技能的专业化复合型技术转移人才。开展全市技术经纪人常态化备案、管理工作，建立市技术转移人才库，采取“科技特派员”等形式组织技术经纪人深入企业开展科技创新活动，帮助企业解决技术难题。开展技术经纪人考核评价，完善技术转移人才权益保障机制和激励措施，进一步激发技术经纪人参与技术转移的积极性。建立市技术经纪人协会，加强行业自律管理，提高技术经纪人服务能力和水平。

3. 引进高端技术转移人才

整合东莞市人才引进政策和东莞市国际技术转移中心等平台作用，探索利用粤港澳大湾区出入境、工作、居住、物流等便利化的政策措施，柔性引进港澳两地与技术转移密切相关的金融、商贸、法律、知识产权运营等专业人才，拓展海外技术交流渠道，深化技术转移对接合作，吸引并推动更多科研成果在莞转移转化。

4. 加强技术转移师资队伍建设

依托东莞理工学院等东莞市内高校探索开设技术市场课程，研究建立适合东莞实际和特色产业的技术市场课程教学体系，培养壮大一支高层次、专业化的技术转移师资力量。探索国家技术转移人才培养基地（广东）与东莞高校合作办学培训模式，发挥东莞高校优质教学资源丰富的优势，进一步提高技术转移培训质量。

（五）深化国际交流合作

围绕东莞深度参与粤港澳大湾区国际科技创新中心建设的定位，积极推进广深港澳科技创新走廊（东莞段）建设。依托东莞市国际技术转移中心，开展各类国际科技合作和技术转移活动。支持东莞各类创新主体联合境外相关企业、科研机构、高等院校、技术转移服务机构共建协作平台。积极对接国际创新资源，组织各种形式的技术交易会和成果对接会，吸引国际高端创新机构、跨国公司研发中心、国际科技组织落户东莞。鼓励和支持外商独资企业、合资企业来粤设立企业研发机构、技术交易服务机构等，推动国际研发机构、技术交易服务机构在东莞集聚发展。

第十八章　华南理工大学科技成果转化情况*

华南理工大学是国家“211”“985”“双一流”建设A类高校，有7个学科位居全国高校前10位，工程学、材料科学、化学、农业科学、计算机科学5个学科领域进入ESI（基本科学指标数据库）全球排名前1‰，工科排名居全球第22位，国家级科研平台、省部级科研平台数量居全国前列、广东省第一。“十三五”期间，学校不断探索促进科技成果转化的高质量发展体制机制，组建了“一站式”服务的科技成果转化职能部门和管理服务团队，加大了科技成果转化的激励力度，积极推动“点线面”体系内涵式发展，创新了派驻企业科技特派员、建设“校企联合实验室”、共建“五院一园”科技成果转化创新示范区等科技成果转化举措，有效推动了国家重大战略和粤港澳大湾区产业发展前沿需求与学校科技成果的有效对接。具体举措如下：

一　完善科技成果转化管理体制机制，充分调动科研人员积极性

华南理工大学近几年努力夯实科技创新基础、积极探索创新体制、扎实推动科技成果转化，在全国高校中率先出台了《华南理工大学关于促进科技成果转化的若干意见》及一系列具体措施，构建起了完善的科技成果转化管理与激励政策体系，极大地激发了科研人员创新创业的活力和积极性。

一是优化科研管理机构设置。学校为加快推进科技成果转化工作，提升科研管理专业化服务水平，由分管学校科技、资产、产业的校领导牵头，组建科技成果转化及企业国有资产管理领导小组；成立科学技术研究院，优化学校科技管理职能部门和相关机构的设置，打破制约创新的体制机制障碍。

二是推进科技评价体系建设。学校坚持“破五唯”和“立新标”并举，建立健全以创新能力、质量、实效、贡献为导向的科技评价体系。通过修订《华南理工大学专业技术职务评审规定》，探索分类分层的人才考评体系，完善人才评聘体系，增设工程及成果推广系列，对担任企业科技特派员和在学校各示范区内从事成果转化工作的科研人员，进一步放宽评价标准，支持创新创业活动，打通成果转化人员晋升通道。

---

* 本章第一执笔人为华南理工大学。

三是建立价值导向激励制度。学校突出科研激励的价值导向，通过出台科技成果转化管理办法，完善知识产权管理办法、横向科研管理办法，修订教学、科研与学科建设奖励、专业技术职务评审等10余个制度文件，明确科研资金的使用规范，增加科研人员的成果收益，增强科研人员的成就感和获得感。

二 深化“点线面”科技成果转化创新体系，全力对接湾区重点产业需求

华南理工大学立足广东，面向大湾区，发挥地域优势，以科技特派员为“点”，以行业龙头企业深度协同为“线”，以学校五大研究院和国家大学科技园为“面”，进一步深化内涵，形成了“点线面”相结合、层层递进的技术转移与科技成果转化创新体系。

（1）以派出科技特派员实现与企业的“点”对接，派遣科技特派员入驻企业。

早在20世纪80年代，学校“星期六工程师”不断涌现，为广东省乡镇企业发展提供了重要的技术支撑。2008年，学校正式启动省部科技特派员派出工作，截至2021年底，共派出企业科技特派员1 600多人次，特派员学生助理近万名，进驻了广东21个地市1 000多家企业。涵盖广汽、格力、美的等广东龙头企业及各类中小微企业；累计在粤派出人数占全国科技特派员的十分之一以上，居全国高校首位；学校荣获“企业科技特派员工作先进单位”，多名科技特派员荣获“优秀企业科技特派员”称号。这一批批优秀的科技特派员，深入企业一线，直接参与企业技术创新，给企业带来了一大批创新技术和产业化生产的新产品、新技术。特派员学生助理也给企业带去了新鲜的人才队伍血液，极大地提升了企业的核心竞争力。

此外，学校坚持以习近平新时代中国特色社会主义思想为指导，充分发挥学校雄厚的工科科研实力，先后选派了60名省市级农村科技特派员，形成20个团队，特定对接派驻到省定建档立卡贫困村，其中黄少斌教授、刘冬梅教授分别获得省、市“优秀农村科技特派员”称号。这批团队深入农村基层，特定对接派驻到全省各定点乡镇，在农产品加工、农业旅游等领域积极拓展产业发展，带动对接村镇农户增收，在推动广东省农业科技发展、助推脱贫攻坚和乡村振兴工作中发挥了重要的科技支撑作用。

（2）联合行业龙头企业，整合行业上下游资源，促进相关行业创新链“线”结合。

在推进区域创新发展的工作中，华南理工大学积极发挥学校在工科相关领域雄厚的科研优势，结合大湾区产业布局，重点瞄准新一代信息技术、生物与健康、高端装备制造、新材料、新能源与节能环保等领域，以“五个强化措施”为工作抓手，探索建立校企长效合作机制，构建以行业龙头企业为主体、市场为导向产学研相结合的技术创新“线”体系，打造转化推广科技成果有效途径，成为科技服务产业的创新模式。

一是强化统筹安排，突出学科重点。华南理工大学是以工为主、理工结合的高校，在机械、材料、化工、食品等学科具有雄厚的科研实力，华南理工大学充分发挥了学科优势，积极推动在这些学科领域建设联合实验室。

二是强化沟通联络，对接行业龙头企业。华南理工大学充分发挥身处粤港澳大湾区腹

地的地缘优势，主动出击，积极对接联络广汽、美的、华为、金山等各行业龙头企业，主动为企业提供技术服务，产生深度的产学研合作。

三是强化项目引导扶持，建立激励机制。华南理工大学设立了中央高校基本业务费科技成果转化专项，以资金支持的形式与行业龙头企业开展产学研合作，撬动企业更多资源投入，联合攻关一大批创新技术成果。

四是强化地方支持，融入区域创新体系。学校主动积极融入地方整体创新体系，寻求校地深度合作，通过以地方政府作为沟通桥梁，与地方龙头企业产生更紧密的产学研合作关系。

五是强化与行业龙头企业知识产权的合作，助力企业知识产权转化与保护。围绕国家战略需求等关键技术领域，立足服务于粤港澳大湾区发展规划和广东省经济社会发展，学校鼓励科研团队与南方电网、中兴、华为等行业龙头企业联合申请专利，建立长期稳定、互助双赢的产研合作模式，协助龙头企业构建知识产权保护的专利池，助力企业搭建更全面的知识产权防御保护体系。

案例

高价值专利在行业龙头企业转让实施

2020 年 5 月，华南理工大学中国专利金奖项目“基于拉伸流变的高分子材料塑化输送方法及设备”专利技术以超 2 000 万元的价格完成专利转让签约，这也是华南理工大学以专利直接转让方式首次转化超 2 000 万元的项目。学校通过长期与企业开展产学研合作，先以专利许可方式将技术产业化实施；再委托广州知识产权交易中心以公开挂牌的方式最终完成专利技术转让。这种“先合作后转让”的运营模式，有力推动了创新链、产业链、资金链精准对接，实现创新成果服务于经济社会发展。目前，该项技术已在新疆等西北地区大规模推广，有望彻底解决新疆地膜“白色污染”几十年来没有解决的难题。

案例

华南理工大学—美的集团深度产学研合作

学校近年来与美的集团不断持续深化合作，合作项目已经超过 60 个，合作金额超过 5 000 万元，“名高校”和“大企业”之间的产学研合作大桥早已架起。自 2017 年以来，双方进一步优化整合优势资源，成立了多个联合创新中心，如华工大—美的微波食品联合研究中心、美的冰箱—华南理工先进保鲜技术联合实验室、华南理工大学—美的环境能源与健康技术联合创新中心、华南理工大学—美的厨热事业部先进成形与模具及装备技术联合实验室等，累计投入经费超 2 000 万元，实现了巨大的社会效益。通过共建联合实验室，充分发挥学校的学术、人才优势和企业的工程研发优势，联合产出了一批顶尖应用技术成果，为推动智能家电领域的创新与应用做出了重要贡献。

案例

华南理工—华为天线基础技术创新实验室

2019年4月，学校与华为基于校企双方深厚的合作基础，共同组建了“华南理工—华为天线基础技术创新实验室”联合实验室，华为公司将投入660万经费到校，用于支持联合实验室建设。该实验室是华为公司在华南片区成立的第一家校企联合实验室，实验室基于学校毫米波与太赫兹技术团队相关成果技术，将在5G通信、高性能滤波、天线的技术方案等方面，于5年之内启动6～7个子课题研究。同时校企双方也将该创新实验室作为双方对口专业人员密切互动和合作的平台，进一步整合人才资源，凝聚团队力量，合力攻关其他核心技术，为学校该领域的科研团队和教师提供更多创新支持，形成良好的校企成果转移转化创新链，更好更快地促进学校与现代通信领域产业的成果转化。通过联合实验室的合作，近年来学校与华为建立起了紧密的产学研合作关系，开展产学研项目超过84个，投入到校经费超过6 600万元，学校一批极具潜力的科技成果已经在华为公司的产品中实现了产业化。

案例

广东省柔性制造产业技术创新联盟

创新联盟由广东省内行业的骨干企业、核心企业与国内相关领域优势高校、科研机构等按市场经济规则联合组建，以突破制约产业发展的共性关键技术问题、研发重要产品、制定行业标准、整体提升产业自主创新能力为主要任务，以企业的发展需求和各方的共同利益为基础，以具有法律约束力的契约为保障，是优势互补、利益共享、风险共担、长期合作、共同发展的新型技术创新合作组织。2016年，为贯彻落实“中国制造2025”的理念，华南理工大学与多家知名企业、科研机构联合组建广东省柔性制造产业技术创新联盟，以研发项目、成果转化产业化项目、柔性制造产品生产和应用项目为载体，通过技术合作、项目合作、信息共享、人才培养等方式，凝聚联盟成员资源，推进我国制造产业的柔性制造技术自主创新，提升制造业的核心竞争力。

（3）以校地共建大型创新平台“面”辐射，积极推动“五院一园”科技成果转化试验区建设，以创新动力支撑粤港澳大湾区建设。

华南理工大学在校企深度合作基础上，积极参与粤港澳大湾区建设，先后与广州、东莞、珠海、中山、佛山等地市合作布设了“五院一园”产业技术转型升级平台，包括：广州现代产业技术研究院、中新国际联合研究院、华南协同创新研究院、珠海现代产业创新研究院、中山市华南理工大学现代产业技术研究院和国家大学科技园顺德创新园区等区域科创中心，并形成了“五院一园”创新创业示范区成果转化模式，承接学校创新成果在地方开展产业化研究并转化孵化。学校通过给予创新团队科研经费，博士研究生、专业硕士研究生招生指标，给予专门人才评定政策，在中央高校基本科研业务费上设立成果转化类专项等措施，同时引导地方政府投资基金、人才引进专项等投入，将学校“五院一园”建成学校科技成果转化“最后一公里”的重要枢纽和平台，把创新链、产业链、资金链三者拧成一线，加快构建“应用成果培育—科技成果转化—科技企业孵化”的链条式科技成果转化体系。

其中，“五院”强化中试放大、产业化验证、中小企业孵化等方面的创新能力，建设成为湾区重要的创新节点和成果转移转化示范基地，发挥各研究院的地缘和人才优势，为区域经济产业发展提供精准支撑服务。“一园”充分发挥孵化转化功能，侧重于引入成熟的技术成果入股创办企业，引入社会资本设立股权投资基金，用于学校科技成果转化实施股权投资，加快中小企业的成长。

华南理工大学坚持以习近平总书记对广东工作提出的“四个走在全国前列”为指导，坚持“四个面向”，全面推进科技创新服务产业、区域创新发展。2018—2019 年连续两年在《在穗主要高校支撑地方经济社会发展评价报告》中，总体支撑指数和科技成果转化指数均为 100 分，稳居广州高校首位，先后被认定为首批“高校专业化国家技术转移机构建设试点”、首批“高等学校科技成果转化和技术转移基地”、首批“国家知识产权示范高校”、“国家知识产权战略实施先进集体”。

案例

华运通达科技集团有限公司

依托华南理工大学技术成果“高性能超薄沥青路面磨耗层技术”作价 3 572.7 万元、社会资本 1 531.16 万元合作创办的华运通达科技集团有限公司，目前已经入驻学校科技园顺德园区，该公司专注于高性能沥青路面材料的研发、推广和应用。该技术是一种实施厚度为 0.8～1.2 厘米的高性能加铺层，全球最薄，且性能优异，目标寿命超过 8 年，为目前超薄沥青路面技术的引领型技术体系；采用同步摊铺技术，不仅施工速度快，作业效率高，且可大幅度提升原有路面的平整度，对比传统材料可节省 60% 的原材料和 65% 的人工。公司已申请专利近 50 项，其中授权发明专利 12 项，该技术的沥青材料性能处于国际领先水平，2019 年被交通运输部列入交通运输类重大科技创新成果推广目录（交通运输类 33 项之一）；入选 2019 年全国大众创业万众创新活动周“双创周”主会场展示项目（李克强总理出席，国家科技创新能力显著提升 30 项之一，广东高校唯一参展项目）。

该技术体系已成功在港珠澳大桥人工岛通道、上海延安路、白云国际机场、澳门亚马喇前地、广澳高速等 100 余个重要项目实施，遍布广东、上海、浙江、湖南、湖北、澳门等 20 个省市和特区，实施面积近 1 000 万平方米。公司两年营收近 2 亿元，获评全国企业诚信公共服务平台“企业信用等级”等 7 项“AAA 级”资格认证，并荣获中国管理科学研究院商学院“中国管理创新最佳创新单位”。

在“点线面”产学研体系的作用下，“十三五”以来学校签订技术合同超过 14 000 项，总经费超过 75 亿元，无论是数量还是经费均稳居广东省第一、全国前列；与华为、美的、科大讯飞、埃克森美孚、联想集团等上百家行业龙头企业签署了战略合作协议，建设了超过 150 个校企联合实验室，投入到校研发总经费超过 5 亿元，产出了一大批典型应用技术成果和产业化样板工程，解决了一大批国家创新发展亟须解决的行业关键难题；“五院一园”共吸引各方投资超过 10 亿元，孵化高技术企业 260 余家（其中新三板上市企业 1 家，独角兽企业 2 家），加速了学校的创新成果进入市场，助力粤港澳大湾区构建面向全球的现代化产业体系，为区域从“制造驱动”向“创新驱动”转变、加快建设创新型国家提供了有力的支撑。

三 构建知识产权“华工模式”，推动专利技术转化落地

围绕学校“新工科”建设目标，通过修订专利资助办法、奖励政策等，引入发明专利占比、发明授权率和专利转让指标，探索专利引导培育新模式，充分发挥高价值专利成果对“双一流”学科的支撑作用，激发师生提高专利质量和推动专利转化的内生动力，知识产权保护工作稳居全国高校前列。

（1）加强机构建设，引入市场化专业资源和人才队伍，提供知识产权“全链条一站式”服务。

设立知识产权处，强化知识产权运营管理职能，提供市场需求对接、校企联合研发、专利成果产出、专利转化运用的“全链条一站式”服务。加强与国家知识产权运营中心（横琴）、广州知识产权交易中心等市场化知识产权运营机构的战略合作，开展专利挂牌交易等运营工作，形成了以质量和转化为导向的知识产权运营“华工模式”。

（2）围绕国家重大战略需求，培育高价值知识产权组合。

围绕重点学科、重点产业、重大科研项目开展专利导航分析，与高价值专利培育布局工作相结合，产出一批文本质量好、先进性程度高、应用前景明朗的专利组合。“十三五”以来，学校共计申请各类专利 24 388 件，其中：申请发明专利 19 474 件，发明专利申请量占比超过 79.85%。学校授权专利 16 196 件，其中：授权发明专利 10 774 件；发明专利授权量占比超过 66.52%。学校 PCT 申请量达 830 件，2021 年 PCT 申请量全球高校第 7，中国高校第 3。“十三五”以来，学校共获得中国专利奖 26 项（金奖 1 项、银奖 5 项、优秀奖 20 项），获奖总数位列全国高校前列、广东高校首位，且约占广州市企事业单位获奖总数 10%。

（3）创新转化模式，首开广东省专利开放许可，唤醒“沉睡专利”。

2021 年 6 月，新《专利法》正式实施，专利开放许可制度首次被纳入其中。学校积极探索实施专利开放许可模式，2021 年 12 月，联合广州知识产权交易中心推动广东省“专利开放许可”的首次尝试，发布了华南理工大学专利开放许可专板，公布广东省首单专利开放许可声明受理回执，并联合平安财险共同推出全国首个高校专利开放许可专属保

险产品，保险产品为每个许可的专利提供最高 50 万元保障。此项工作被评价为“是加快探索高校院所专利转移转化新路径的有益尝试，意义重大”，对于唤醒高校“沉睡专利”、助力企业技术升级、提升知识产权保护意识具有重要的创新价值。

（4）建立完善专利转化与技术入股管理机制。

华南理工大学根据《中华人民共和国促进科技成果转化法》《中华人民共和国公司法》和《中央行政事业单位国有资产处置管理办法》等法律法规，结合学校实际情况，出台了《华南理工大学科技成果转化管理办法（试行）》和《华南理工大学科技成果资产评估项目备案实施办法（试行）》，畅通了让科研人员享有科技成果所有权的科技成果转化路径。“十三五”以来，学校共有 1 138 件专利和计算机软件版权通过技术转让、许可、作价入股等方式实施转化，合同总经费超过 6.88 亿元。其中，针对专利作价入股创办企业事项，探索了“可行性论证—分级协同审批—成果转化示范区助力成长—股权退出”全流程的服务机制，学校资产经营有限公司和国家大学科技园负责对形成的国有股权进行管理。“十三五”以来，学校共有 130 件专利和软件著作版权以该模式实现转化，作价出资超过 2.4 亿元，与科大讯飞、中车集团等一批企业合作创办高技术企业 17 家，企业注册资本总计超过 6.7 亿元。

四　完善科技成果转化支撑体系，推动产学研能力提升

（1）围绕产学研合作提供精准服务，全程介入科研团队研发活动。

华南理工大学全面强化质量导向，加强从头到尾介入管理，打造“基础研究—应用研究—中试生产—企业孵化”全创新链，推动高质量的科研创新活动。

一是提升产出成果质量，通过技术交易、实施许可、金融、产业化等多种方式积极开展技术转移与成果转化，有效发挥高校科研机构对创新发展的支撑作用。

二是联合图书馆情报部，建设学科情报服务体系，为团队配备专门的学术情报人员，及时收集相关学科信息，为团队的基础探索与应用研究提供方向和建议。

三是强化对接服务，对外主动对接企业。积极运用走访调研、业务交流会、多平台宣传、制作宣传手册等手段，在校内形成了良好的科技成果转化氛围，有效支撑学校成果转化工作。

（2）围绕“五院一园”，推动“品牌渠道 + 人才服务 + 金融支持 + 政策优惠 + 社区管理”的全方位服务支撑体系建设。

一是要充分发挥和利用华南理工大学自身以及校友在珠三角的资源优势，注重品牌宣传和媒体引导，围绕地方产业特色，强化“五院一园”建设，全面支撑大湾区经济高质量发展。

二是积极对接政府，用好用足当地人才优惠政策，发挥“五院一园”科技成果转化平台优势，促进产业化人才向“五院一园”汇聚；同时着力打造人才培养体系，充分利用学校学科优势，基于“五院一园”建设研究生“创造、创新、创业”培养体系，推进研究

生创新创业工作；积极解决交通配套、生活配套，打造快乐生活氛围，建设人才“一站式”服务平台，解决入驻人才长期发展所面临的生活与工作问题，进一步提升人才服务能力。

三是进一步完善投融资功能。采用孵化基金募集的做法，充分利用华南理工大学品牌优势和与众多有实力的校友所建立的合作关系，募集新的平台创新创业投资基金。同时面向社会主动联系知名创投机构，合作举办路演会、创业大赛和创业相亲会等投融资活动。

四是强化政策支持。“五院一园”通过对接当地政府政策，帮助入驻企业积极申请市区创业补贴、人才补贴、税收优惠、加计扣除等扶持，同时“五院一园”制定成果转化激励政策，在资金、职称、场地等方面强化支持，为高校科研人员提供强有力支撑。

五是强化“五院一园”之间的交流与服务。定期举办分享会，打造优秀创业家、企业高管、资深投资人和专家导师的精英交流组织，建立自组织社群，形成积极向上的“五院一园”内生动力源。同时引入各类服务咨询机构以及政府公共服务平台，为企业管理、工商税务以及各类手续办理提供一站式服务，同时不定期举办各类培训活动，提升企业员工素质，增加交流，拓展眼界。

（3）进一步做好技术合同登记服务，支撑广东全省技术合同交易，服务学校科技成果转化项目。

学校积极做优技术交易服务，“十三五”期间，学校作为广东省唯一一个落户在高校的合同登记点，累计审核技术合同登记超过 1 万项，审定技术交易额超过 60 亿元，登记项数与金额常年保持在全省登记点前十，仅 2020 年我校就登记合同 2 072 项，登记合同成交额 17.47 亿元，技术交易额 16.92 亿元，有力地支撑广东全省技术交易市场繁荣发展，也间接为学校横向项目合作起到了推动作用。

统计篇

第十九章　广东省技术合同构成*

一　合同类别构成

2021 年，广东省技术开发、技术转让和技术服务合同均有不同程度的增长，仅技术咨询合同呈下降态势。技术服务合同成交额位居第一，成为技术交易的主要方式，其次是技术开发合同，且技术开发合同成交额增幅居四类技术合同之首，技术转让合同增幅紧跟其后，排名第二（见图 19 - 1）。

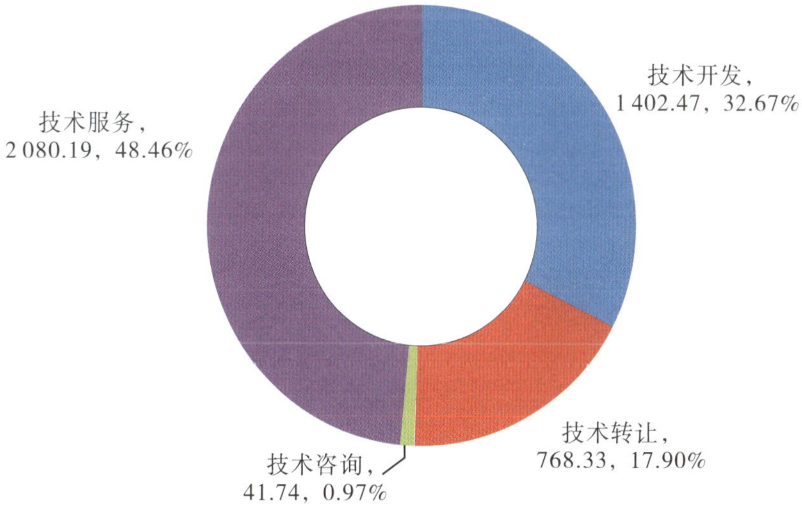

图 19 - 1　2021 年广东省技术合同类别构成（单位：亿元）

* 本章第一执笔人为广东省技术市场协会甘月丽。本章统计数据来自全国技术合同认定登记系统，文中的计算值均为未四舍五入计算后的结果，即为精确值，在图表中均为保留两位小数展示，所以导致部分数值有差异，特此说明。

（一）技术开发合同

技术开发合同成交额在广东省四类技术合同中的占比高于上年。2021 年，全省共认定登记技术开发合同 19 366 项，成交额 1 402. 47 亿元，比上年增长 49. 14%，占全省技术合同成交总额的 32. 67%，居四类合同第二位。其中，委托开发合同成交 18 394 项，成交额 1 179. 76 亿元，占技术开发合同成交额的 84. 12%；合作开发合同成交 972 项，成交额 222. 71 亿元，占技术开发合同成交额的 15. 88%。委托开发合同成交额是合作开发合同成交额的 5. 30 倍，远远超过合作开发合同（见图 19 – 2）。

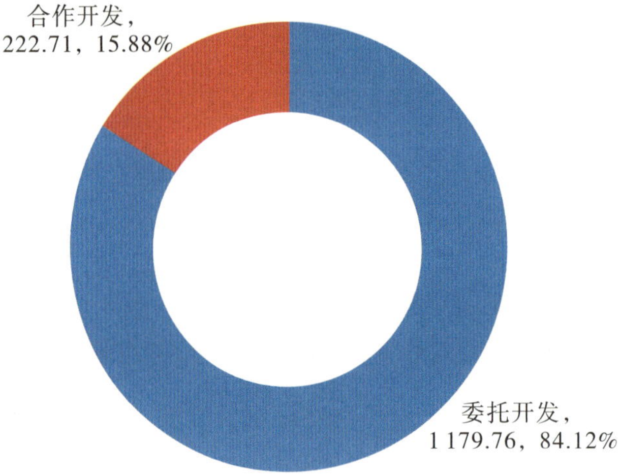

图 19 – 2　2021 年广东省技术开发合同类别构成（单位：亿元）

（二）技术转让合同

技术转让合同成交额在全省四类技术合同中的占比略有上升。2021 年，广东省共认定登记技术转让合同 2 083 项，成交额 768. 33 亿元，比上年增长 31. 35%，占全省技术合同成交总额的 17. 90%。

技术转让合同中，最主要的交易方式为技术秘密转让合同，成交额 408. 96 亿元，比上年增长 109. 48%，占技术转让合同成交额的 53. 23%；其次是专利实施许可转让合同，成交额 176. 57 亿元，占技术转让合同成交额的 22. 98%。专利申请权转让合同增幅最大，成交额 4. 69 亿元，同比增长 827. 23%；专利权转让合同增幅居第二，成交额 112. 31 亿元，同比增长 111. 82%；生物、医药新品种权转让，集成电路布图设计专有权转让及其他类转让合同的成交额均有不同程度下降（见图 19 – 3）。

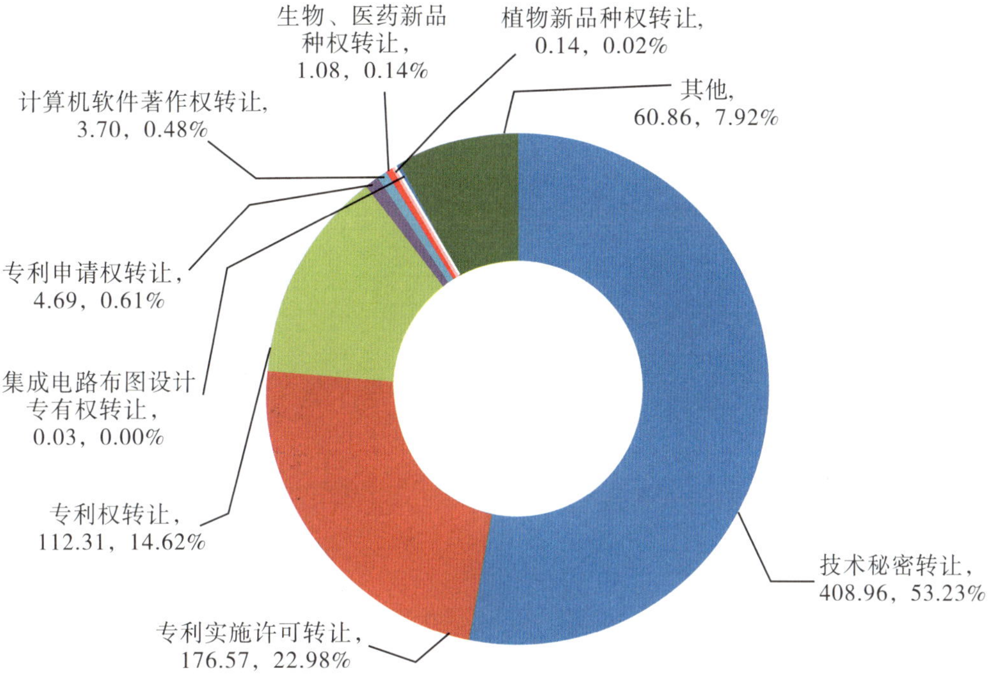

图 19－3 2021 年广东省技术转让合同类别构成（单位：亿元）

（三）技术咨询合同

技术咨询合同成交额在四类技术合同中占比仍最少，并且是四类技术合同中唯一呈下降态势的合同类型。2021 年，广东省共认定登记技术咨询合同 5 699 项，成交额 41.74 亿元，成交额仅占全省技术合同成交总额的 0.97%。

（四）技术服务合同

技术服务合同成交额再创新高，突破两千亿元，占比近五成。2021 年，广东省共认定登记技术服务合同 22 113 项，成交额 2 080.19 亿元，比上年增长 14.17%，成交额占全省技术合同成交总额的 48.46%，居四类合同首位。各类技术服务合同中，广东省以一般性技术服务合同为主要形式，共认定登记 21 887 项，成交额 2 080.05 亿元，占技术服务合同成交额的 99.99%；技术中介合同和技术培训合同的成交额占比仅 0.01%（见图 19－4）。

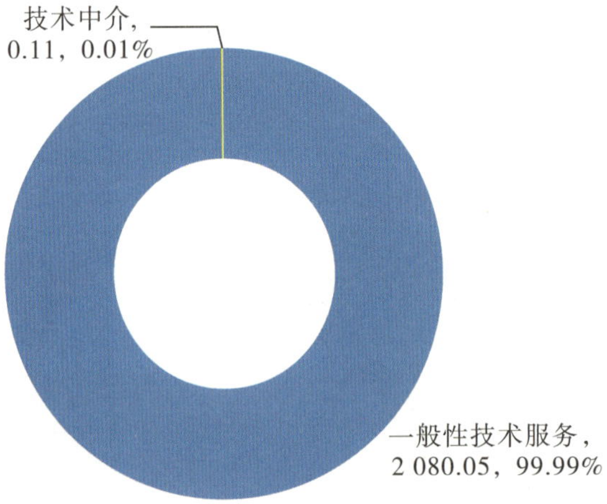

图 19－4　2021 年广东省技术服务合同类别构成（单位：亿元）

注：2021 年技术培训合同成交额仅为 0.03 亿元，占比不足 0.01%。

二 知识产权构成

涉及知识产权的技术合同成交额占全省技术合同认定登记成交总额的比重超四成。2021 年，全省涉及知识产权的技术合同共认定登记 20 606 项，成交额 2 001. 85 亿元，占全省技术合同成交总额的 46. 63%。其中，技术秘密合同 11 054 项，成交额 1 474. 25 亿元，占全省技术合同成交总额的 34. 34%，居涉及知识产权合同的第一位；其次是专利合同，合同项数为 3 100 项，成交额 265. 01 亿元，占全省技术合同成交总额的 6. 17%，且居合同成交额增幅第二位。集成电路布图设计专有权合同成交额增长排名第一，合同项数为 106 项，成交额 10. 22 亿元，同比增长 268. 47%。计算机软件著作权合同成交额居涉及

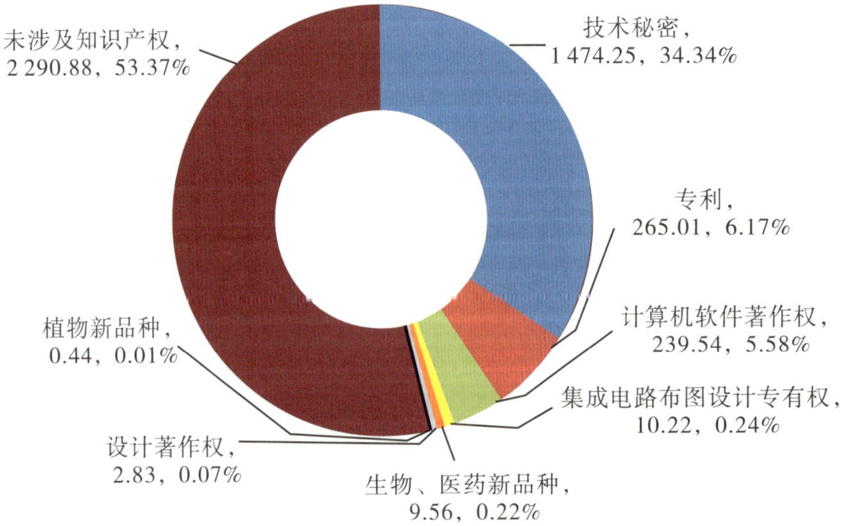

图 19－5　2021 年广东省技术合同知识产权类别构成（单位：亿元）

知识产权合同的第三位，合同项数为 5 795 项，成交额 239. 54 亿元。设计著作权合同成交额大幅下降，降幅近九成，其次是植物新品种合同，成交额同比下降 29. 16%。未涉及知识产权合同成交额有所增长，同比增长 17. 57%（见图 19－5）。

三　技术领域构成

电子信息领域技术交易总量继续保持领先地位。2021 年，全省电子信息领域共认定登记技术合同 22 716 项，成交额 2 038. 16 亿元，同比增长 43. 93%，占全省技术合同成交总额的 47. 48%；城市建设与社会发展领域合同成交额排名第二，成交合同 6 977 项，成交额为 840. 92 亿元，占全省技术合同成交总额的 19. 59%；排名第三的是现代交通领域，成交合同 1 053 项，成交额 568. 74 亿元，占全省技术合同成交总额的 13. 25%。各领域技术合同中对比上年成交额有所增长的还有航空航天领域、新能源与高效节能领域和环境保护与资源综合利用领域，航空航天领域合同成交 405 项，成交额 43. 13 亿元，占全省技术合同成交总额的 1. 00%；新能源与高效节能领域合同成交 4 293 项，成交额 296. 65 亿元，占全省技术合同成交总额的 6. 91%；环境保护与资源综合利用领域合同成交 3 259 项，成交额 102. 70 亿元，占全省技术合同成交总额的 2. 39%。核应用领域和新材料及其应用领域技术合同成交额同比下降幅度较大，核应用领域合同成交 28 项，成交额 8. 57 亿元，占全省技术合同成交总额的 0. 20%；新材料及其应用领域合同成交 1 319 项，成交额 25. 47 亿元，占全省技术合同成交总额的 0. 59%。生物、医药和医疗器械领域，农业领域和先进制造领域合同成交额略有下降（见图 19－6、表 19－1）。

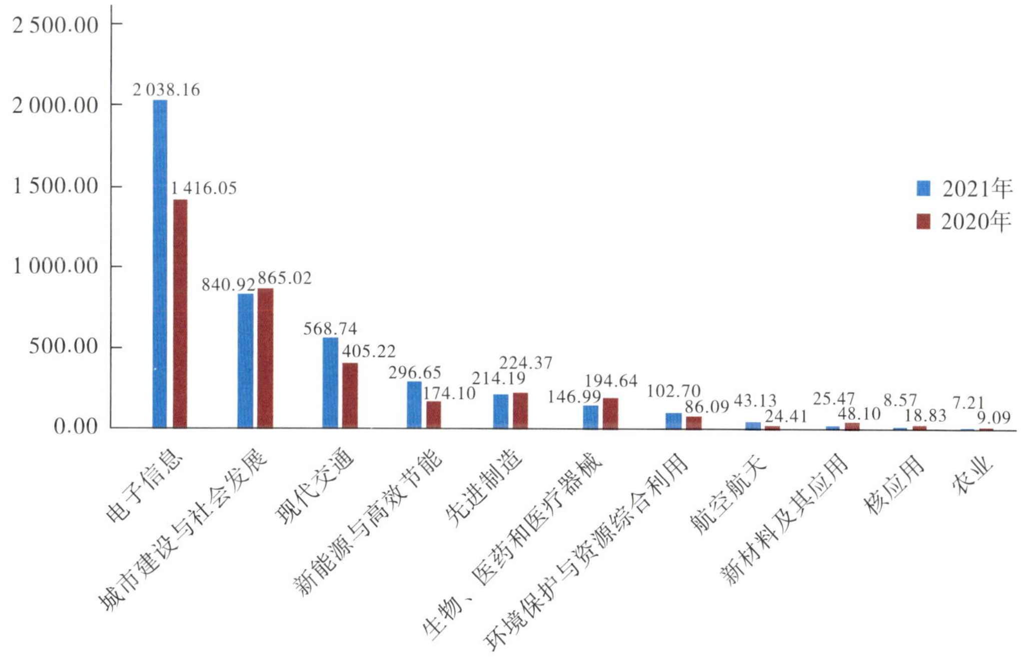

图 19－6　2020—2021 年广东省技术合同技术领域成交额对比（单位：亿元）

表 19－1　2021 年广东省技术合同技术领域构成

技术领域	合同数		成交额		
	项数（项）	增长（%）	金额（亿元）	增长（%）	占比（%）
电子信息	22 716	17.37	2 038.16	43.93	47.48
城市建设与社会发展	6 977	39.43	840.92	－2.79	19.59
现代交通	1 053	－0.47	568.74	40.35	13.25
新能源与高效节能	4 293	45.92	296.65	70.39	6.91
先进制造	4 428	59.11	214.19	－4.54	4.99
生物、医药和医疗器械	3 570	0.68	146.99	－24.48	3.42
环境保护与资源综合利用	3 259	16.56	102.70	19.29	2.39
航空航天	405	33.66	43.13	76.72	1.00
新材料及其应用	1 319	22.02	25.47	－47.04	0.59
核应用	28	－20.00	8.57	－54.47	0.20
农业	1 213	28.77	7.21	－20.68	0.17
合计	4 9261	23.63	4292.73	23.86	100.00

四　科技计划项目构成

计划外项目合同是全省技术合同认定登记的主要部分。2021 年，计划外项目合同成交 38 934 项，成交额 3 758.80 亿元，同比增长 36.15%，占全省技术合同成交总额的 87.56%。各类科技计划项目的合同成交额占全省技术合同成交总额的占比略有下降。各类科技计划项目技术合同共成交 10 327 项，成交额 533.93 亿元，占全省技术合同成交总额的 12.44%。其中，省、自治区、直辖市及计划单列市、新疆兵团计划项目合同和地市县计划项目合同均有下降，2021 年省、自治区、直辖市及计划单列市、新疆兵团计划项目合同成交 3 018 项，成交额 291.95 亿元，占全省技术合同成交总额的 6.80%；地市县计划项目合同成交 1 802 项，成交额 75.27 亿元，占全省技术合同成交总额的 1.75%。部门计划和国家科技计划项目合同均有增长，部门计划项目合同成交 1 036 项，成交额为 42.98 亿元，同比增长 253.59%，在各类合同中增幅最大，占全省技术合同成交总额的 1.00%；国家科技计划项目合同成交 4 471 项，成交额 123.72 亿元，占全省技术合同成交总额的 2.88%（见图 19－7、表 19－2）。

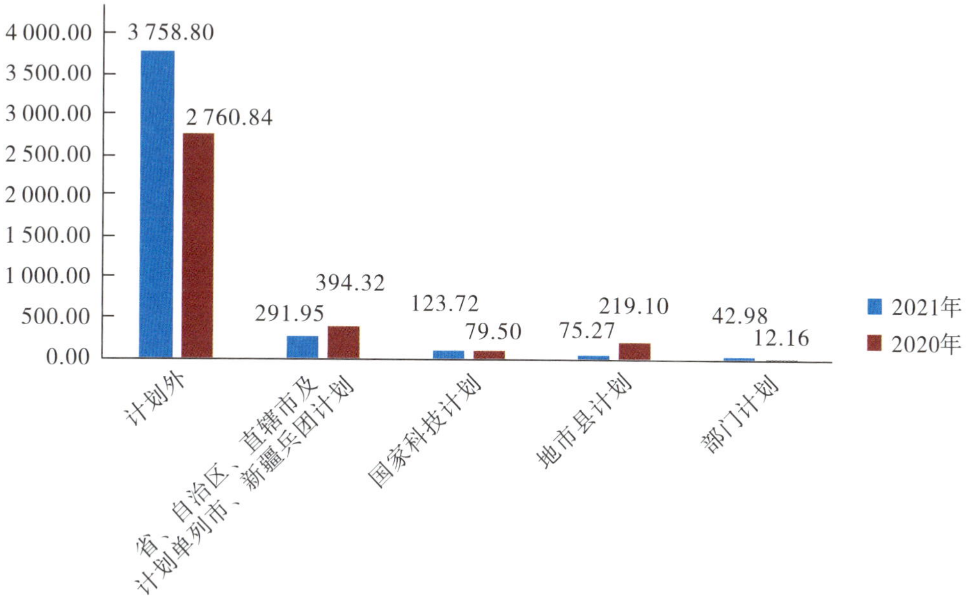

图 19－7　2020—2021 年广东省技术合同科技计划项目成交额对比（单位：亿元）

表 19－2　2021 年广东省技术合同科技计划项目类别构成

计划来源	合同数		成交额		
	项数（项）	增长（%）	金额（亿元）	增长（%）	占比（%）
计划外	38 934	26. 99	3 758. 80	36. 15	87. 56
省、自治区、直辖市及计划单列市、新疆兵团计划	3 018	－0. 17	291. 95	－25. 96	6. 80
国家科技计划	4 471	47. 41	123. 72	55. 62	2. 88
地市县计划	1 802	－28. 52	75. 27	－65. 64	1. 75
部门计划	1 036	70. 11	42. 98	253. 59	1. 00
合计	49 261	23. 63	4 292. 73	23. 86	100. 00

五　重大技术合同构成

重大技术合同成交额占比超九成。2021 年，全省共认定登记 1 000 万元以上重大技术合同 2 422 项，合同成交额 3 885. 89 亿元，占全省技术合同成交总额的 90. 52%；平均每份重大技术合同的成交额为 16 044. 15 万元，远高于 871. 42 万元的全省平均水平。

技术服务合同为各类重大技术合同的主要交易类型，成交额 1 962. 76 亿元，占重大技术合同总成交额的 50. 51%，居各类重大技术合同的首位；平均每份重大技术服务合同成交额为21 735.99万元，比全省平均每份重大技术合同成交额高5 691.84万元。重大技术开发合同成交额1 151.58亿元，占重大技术合同总成交额的29.63%，居各类重大技术合同的第二位；平均每份重大技术开发合同成交额9 792.35万元，比全省平均每份重大技术合同成交额少6 251.80万元。重大技术转让合同成交额744.55亿元，占重大技术合同总成交额的19.16%；平均每份重大技术转让合同成交额为23 340万元，是各类重大技术合同平均每份成交额最高的合同类型。重大技术咨询合同成交额呈下降态势，成交额为27.01亿元，比上年下降75.58%，合同项数为24项，平均每份重大技术咨询合同成交额为11 254.16万元（见图19－8、表19－3）。

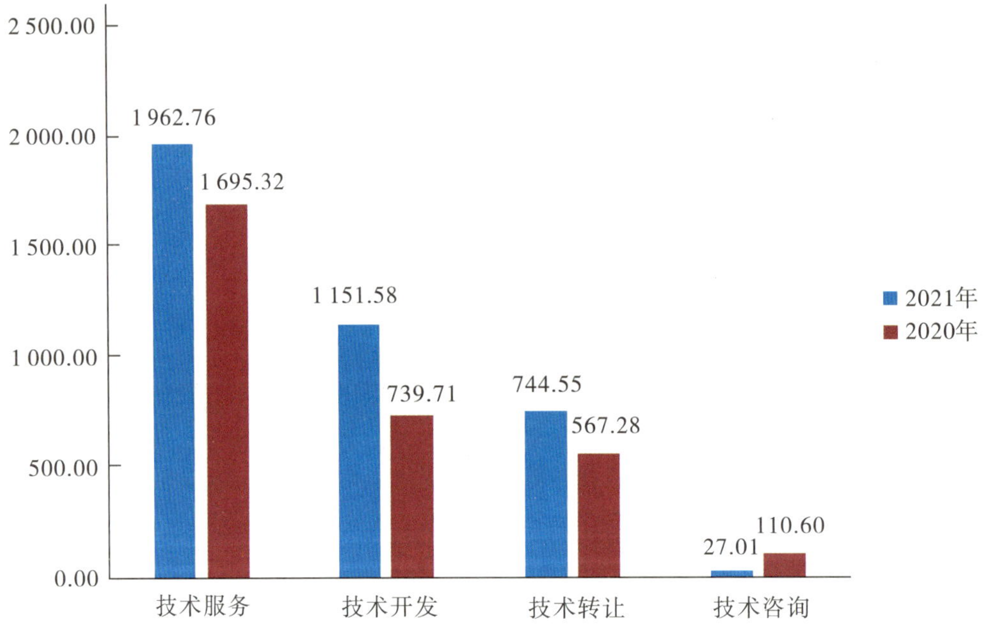

图19－8　2020—2021年广东省各类重大技术合同成交额对比（单位：亿元）

表19－3　2021年广东省各类重大技术合同构成

合同类别	合同数		成交额		
	项数（项）	增长（%）	金额（亿元）	增长（%）	占比（%）
技术服务	903	－5.25	1 962.76	15.77	50.51
技术开发	1 176	19.15	1 151.58	55.68	29.63
技术转让	319	1.92	744.55	31.25	19.16
技术咨询	24	－33.33	27.01	－75.58	0.70
合计	2 422	5.81	3 885.89	24.83	100.00

六 技术交易主体构成

2021 年企业法人和其他组织输出和吸纳技术均有增长，其中，企业法人的技术交易主体地位稳固，交易量占全省技术合同成交总额的 90% 以上，是最大的技术输出方和技术吸纳方，企业法人技术输出高于技术吸纳；机关法人和事业法人技术吸纳高于技术输出（见图19－9），机关法人、事业法人输出和吸纳技术对比上年均有下降（见图 19－10、图 19－15）。

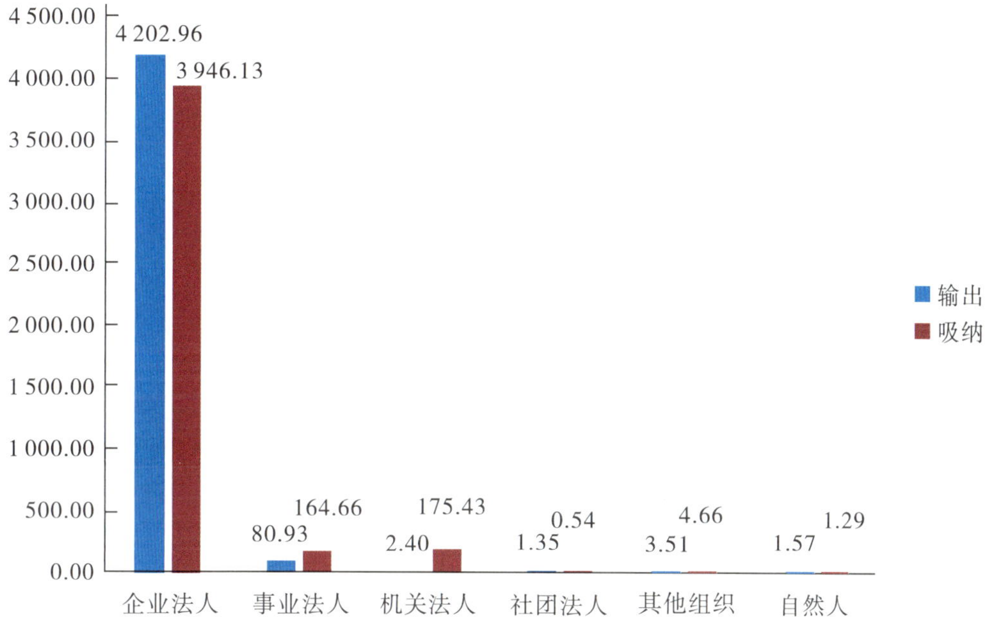

图 19－9 2021 年广东省技术合同各技术交易主体技术输出及吸纳成交额（单位：亿元）

（一）技术输出方

企业法人输出技术合同项数和成交额均高居各类交易主体榜首。其他组织输出技术成交额增幅最大，合同项数 45 项，成交额 3. 51 亿元，同比增长 406. 20%，其中，主要是其他外国组织输出技术成交额增幅较大，合同项数 8 项，成交额 2. 19 亿元，同比增长 916. 30%。事业法人输出技术合同项数和成交额均居各类交易主体第二位，合同项数 16 867项，成交额 80. 93 亿元。机关法人和社团法人合同成交额均出现不同程度的下降，机关法人输出技术合同 70 项，成交额为 2. 40 亿元；社团法人全年共输出技术 240 项，成交额 1. 35 亿元。自然人输出技术成交额为 1. 57 亿元，较上年略有增长，全年输出技术合同 128 项（见图 19－10、表 19－4）。

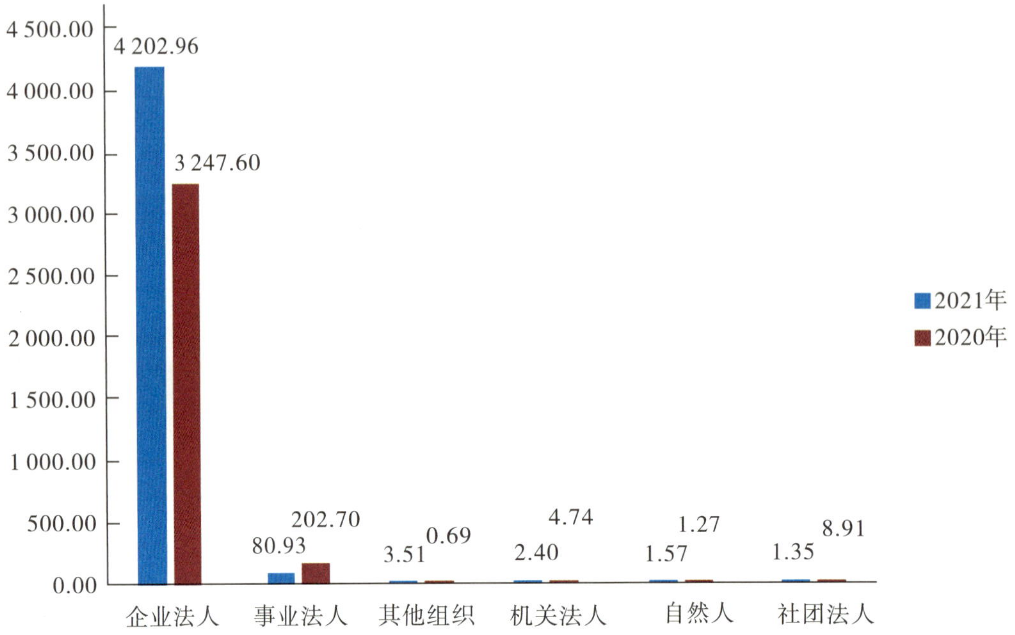

图 19－10　2020—2021 年广东省技术合同技术输出方成交额对比（单位：亿元）

表 19－4　2021 年广东省技术合同各类别技术输出方成交情况

输出方类别		合同数		成交额		
		项数（项）	增长（%）	金额（亿元）	增长（%）	占比（%）
企业法人	合计	31 911	16.61	4 202.96	29.42	97.91
	内资企业	29 487	15.87	3 500.40	28.41	81.54
	外商投资企业	842	9.21	322.06	45.79	7.50
	港澳台商投资企业	1054	57.55	230.20	132.33	5.36
	境外企业	359	13.61	147.91	－25.26	3.45
	个体经营	169	4.97	2.40	－37.63	0.06
事业法人	合计	16 867	41.21	80.93	－60.07	1.89
	高等院校	4 231	24.08	29.21	－0.82	0.68
	科研机构	7 323	30.33	41.69	－72.35	0.97
	其他	5 236	113.54	9.02	－43.06	0.21
	医疗、卫生机构	77	－83.41	1.00	－84.84	0.02
其他组织		45	87.50	3.51	406.20	0.08
机关法人		70	－43.55	2.40	－49.46	0.06

（续上表）

输出方类别	合同数		成交额		
	项数（项）	增长（%）	金额（亿元）	增长（%）	占比（%）
自然人	128	31.96	1.57	24.00	0.04
社团法人	240	-16.96	1.35	-84.84	0.03
合计	49 261	23.63	4 292.73	23.86	100.00

1. 企业法人输出技术情况

企业输出技术持续活跃，共输出技术合同 31 911 项，成交额 4 202.96 亿元，同比增长 29.42%，占全省技术合同成交总额的 97.91%。其中，内资企业是技术交易的主要力量，共输出技术合同 29 487 项，成交额 3 500.40 亿元，占全省技术合同成交总额的 81.54%，平均每份合同成交额为 1 187.10 万元。港澳台商投资企业输出技术合同 1 054 项，成交额 230.20 亿元，同比增长 132.33%，增幅居首位，平均每份合同成交额达到 2 184.06万元，是内资企业的 1.84 倍。外商投资企业输出技术合同 842 项，成交额 322.06 亿元，占全省技术合同成交总额的 7.50%，同比增长 45.79%，增幅居第二位，平均每份合同成交额为 3 824.94 万元，是内资企业的 3.22 倍（见图 19-11）。

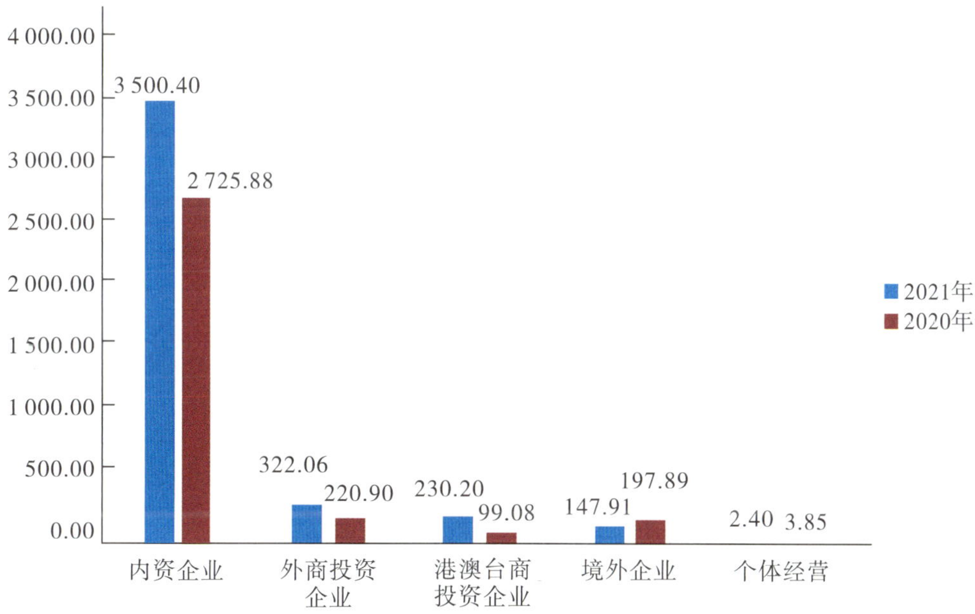

图 19-11 2020—2021 年广东省技术合同企业法人输出技术情况对比（单位：亿元）

企业法人技术合同输出对象主要为企业法人、事业法人和机关法人。企业法人与企业法人之间的技术输出活跃，输出到企业法人的技术合同 27 587 项，成交额为 3 888.43 亿元，占企业法人技术输出合同成交额的 92.52%；输出到事业法人的技术合同 1 923 项，成交额为 155. 80 亿元，占企业法人技术输出合同成交额的 3. 71%；输出到机关法人的技术合同 2 112 项，成交额为 152. 74 亿元，占企业法人技术输出合同成交额的 3. 63%（见图 19－12）。

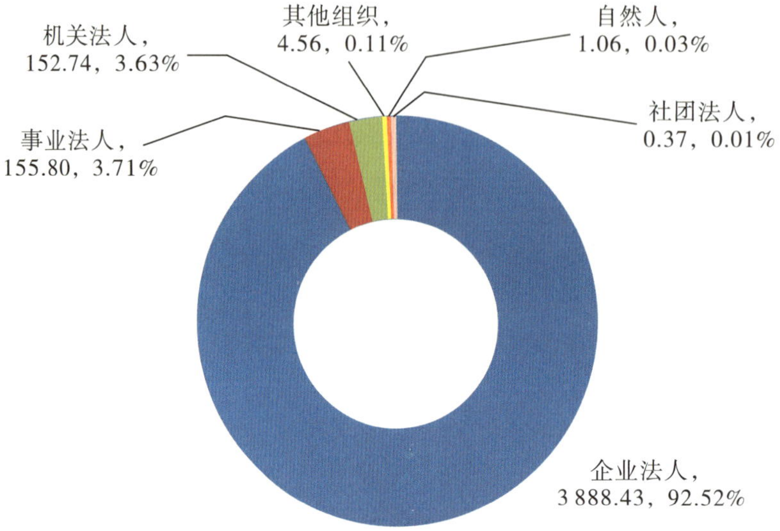

图 19－12　2021 年企业法人输出技术流向（单位：亿元）

2. 事业法人输出技术情况

各类事业法人输出技术成交额均呈下降态势。科研机构是事业法人技术输出交易的主要力量，成交额 41. 69 亿元，占各类事业法人技术输出成交额的 51. 52%，同比下降 72. 35%，下降幅度排名第二，全年共输出技术合同 7 323 项，平均每份合同成交额为 56. 93 万元。高等院校是事业法人技术输出交易的第二主力，成交额 29. 21 亿元，占各类事业法人输出成交额的 36. 10%，同比下降 0. 85%，全年共输出技术合同 4 231 项，平均每份合同成交额为 69. 05 万元，位居各类事业法人平均每份合同成交额的榜首。以医疗、卫生机构为交易主体的事业法人输出技术成交额下降幅度最大，同比下降 84. 89%，全年共输出技术合同 77 项，成交额 1. 00 亿元（见图 19－13）。

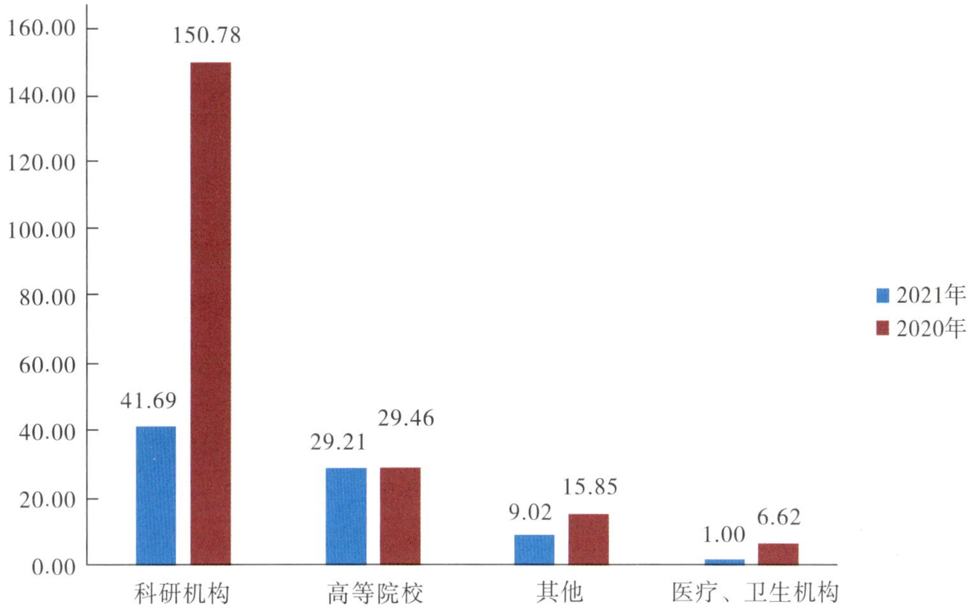

图 19-13 2020—2021 年广东省技术合同事业法人输出技术情况对比（单位：亿元）

事业法人技术合同输出对象主要为企业法人、机关法人和事业法人，其中，超六成技术流向企业法人。输出到企业法人的技术合同 13 556 项，成交额为 50.06 亿元，占事业法人技术输出合同成交额的 61.85%；输出到机关法人的技术合同 1 404 项，成交额为 22.05 亿元，占事业法人技术输出合同成交额的 27.25%；输出到事业法人的技术合同 1 692 项，成交额为 8.44 亿元，占事业法人技术输出合同成交额的 10.42%（见图 19-14）。

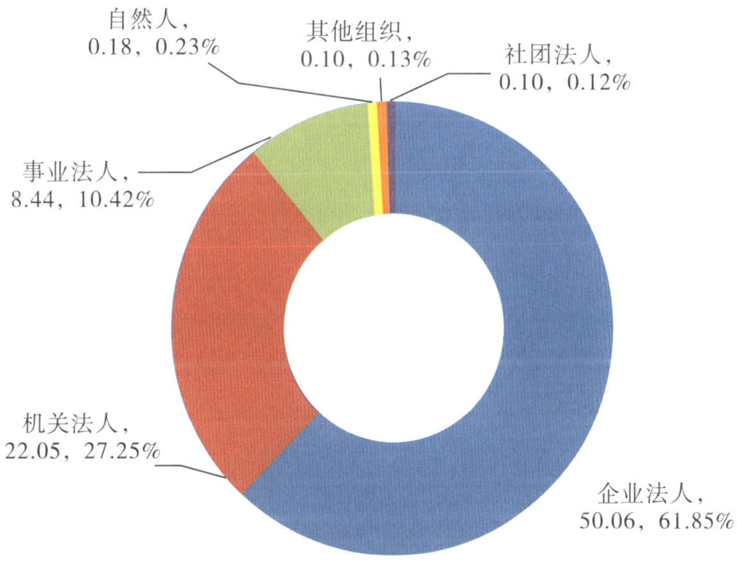

图 19-14 2021 年事业法人输出技术流向（单位：亿元）

（二）技术吸纳方

企业法人技术需求持续旺盛，吸纳技术合同项数和金额均居首位。2021 年，企业法人全年吸纳技术合同 41 550 项，成交额为 3 946. 13 亿元，同比增长 31. 02%，占全省技术合同成交总额的 91. 93%；其次是机关法人，全年吸纳技术合同 3 557 项，成交额为 175. 43 亿元，但同比下降 34. 16%，占全省技术合同成交总额的 4. 09%；事业法人吸纳技术成交额紧随机关法人之后，占全省技术合同成交总额的 3. 84%；自然人吸纳技术合同成交额呈下降趋势，共吸纳技术合同 146 项，成交额 1. 29 亿元，同比下降 52. 92%，占全省技术合同成交总额的 0. 03%；其他组织有所增长，全年吸纳技术合同 232 项，成交额 4. 66 亿元，同比增长 32. 01%，居各类技术吸纳方增幅首位，但仅占全省技术合同成交总额的 0. 11%（见图 19－15、表 19－5）。

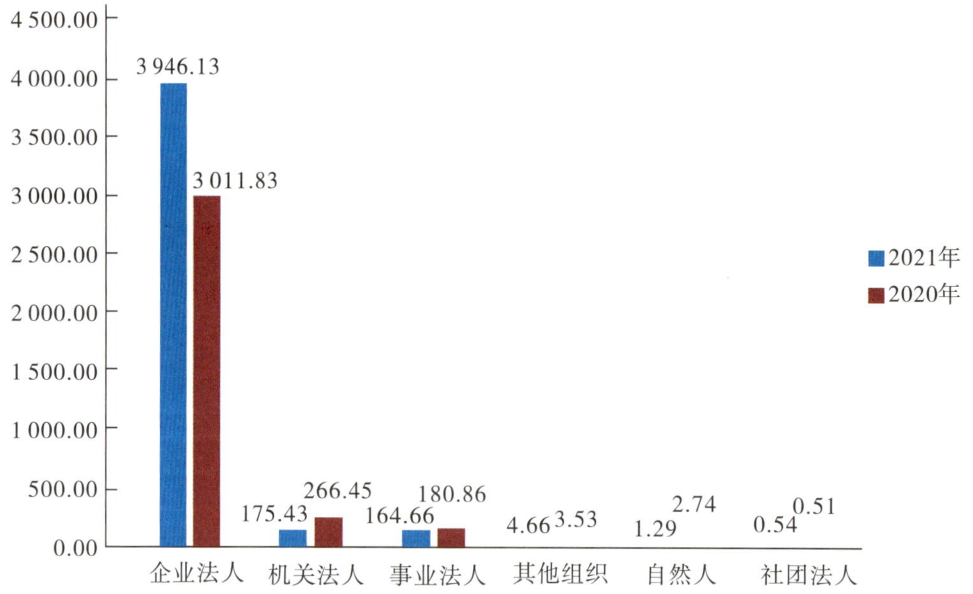

图 19－15 2020—2021 年广东省技术合同技术吸纳方成交额对比（单位：亿元）

表 19－5 2021 年广东省技术合同各类别技术吸纳方成交情况

吸纳方类别		合同数		成交额		
		项数（项）	增长（%）	金额（亿元）	增长（%）	占比（%）
企业法人	合计	41 550	32. 01	3 946. 13	31. 02	91. 93
	境外企业	15 544	30. 01	1 773. 17	54. 39	41. 31
	内资企业	23 472	34. 77	1 746. 65	20. 01	40. 69
	外商投资企业	1 401	22. 47	222. 45	－42. 28	5. 18
	港澳台商投资企业	805	6. 34	196. 85	807. 90	4. 59
	个体经营	328	63. 18	7. 01	819. 72	0. 16

（续上表）

吸纳方类别		合同数		成交额		
		项数（项）	增长（%）	金额（亿元）	增长（%）	占比（%）
机关法人		3 557	-25.10	175.43	-34.16	4.09
事业法人	合计	3 644	20.98	164.66	-8.96	3.84
	其他	1 771	20.72	126.57	-3.28	2.95
	高等院校	497	44.48	21.37	75.22	0.50
	科研机构	770	15.96	8.47	-75.40	0.20
	医疗、卫生机构	606	12.85	8.26	144.86	0.19
其他组织		232	-18.88	4.66	32.01	0.11
自然人		146	-29.47	1.29	-52.92	0.03
社团法人		132	12.82	0.54	7.25	0.01
合计		49 261	23.63	4 292.73	23.86	100.00

1. 企业法人吸纳技术情况

2021 年，广东全省企业法人吸纳技术合同成交额整体保持增长态势。除外商投资企业外，其他各类型企业法人吸纳技术合同成交额均比上年增长。其中，境外企业吸纳技术合同成交额最多，共吸纳技术合同 15 544 项，成交额达 1 773.17 亿元，占全省技术合同成交总额的 41.31%，同比增长 54.39%，平均每份合同成交额为 1 140.74 万元；其次是内资企业，共吸纳技术合同 23 472 项，成交额 1 746.65 亿元，同比增长 20.01%，占全省技术合同成交总额的 40.69%。个体经营和港澳台商投资企业吸纳技术合同成交额增幅分别居首位和第二位。个体经营共吸纳技术合同 328 项，成交额 7.01 亿元，同比增长 819.72%，占全省技术合同成交总额的 0.16%，平均每份合同成交额为 213.59 万元；港澳台商投资企业共吸纳技术合同 805 项，成交额 196.85 亿元，同比增长 807.90%，占全省技术合同成交总额的 4.59%，平均每份合同成交额为 2 445.35 万元，位居各类企业法人平均每份合同成交额的榜首。外商投资企业吸纳技术有一定程度的下降，共吸纳技术合同 1 401 项，成交额 222.45 亿元，同比下降 42.28%，占全省技术合同成交总额的 5.18%，平均每份合同成交额为 1 587.83 万元（见图 19－16）。

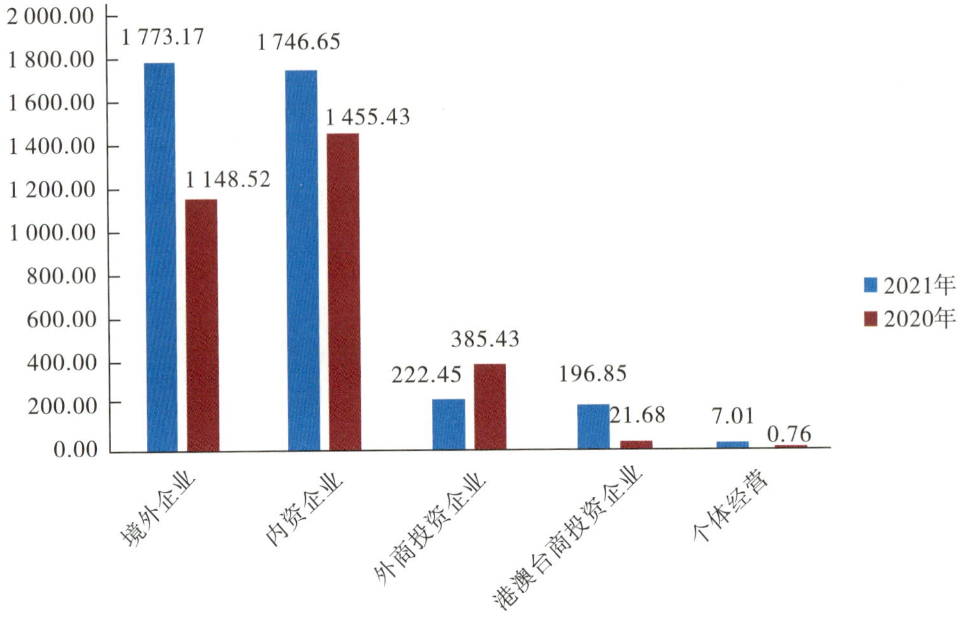

图 19－16　2020—2021 年广东省技术合同企业法人吸纳技术情况对比（单位：亿元）

企业间技术吸纳成交额占比超九成。企业法人吸纳企业法人的技术合同 27 587 项，成交额为 3 888.43 亿元，占企业法人吸纳技术合同成交额的 98.54%；吸纳事业法人的技术合同 13 556 项，成交额为 50.06 亿元，居第二位，占企业法人吸纳技术合同成交额的 1.27%（见图 19－17）。

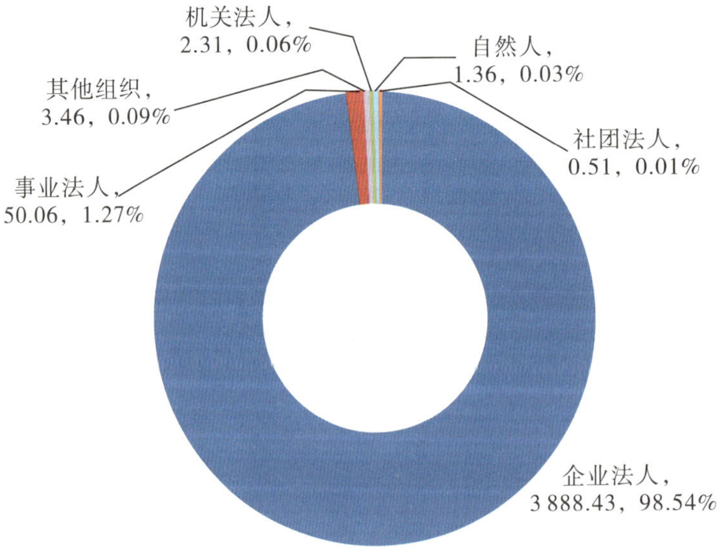

图 19－17　2021 年企业法人吸纳技术来源（单位：亿元）

2. 事业法人吸纳技术情况

事业法人吸纳技术虽略有下降，但仍是各类吸纳方中备受关注的一部分，全年共吸纳技术合同 3 644 项，成交额 164.66 亿元，同比下降 8.96%，占全省技术合同成交总额的 3.84%。其中，科研机构下降幅度最大，吸纳技术合同 770 项，成交额 8.47 亿元，同比下降 75.40%，占全省技术合同成交总额的 0.20%，平均每份合同成交额为 110.02 万元。医疗、卫生机构增幅排名第一，全年共吸纳技术合同 606 项，成交额 8.26 亿元，同比增长 144.86%，占全省技术合同成交总额的 0.19%，平均每份合同成交额为 136.24 万元；其次是高等院校，全年共吸纳技术合同 497 项，成交额 21.37 亿元，同比增长 75.22%，占全省技术合同成交总额的 0.50%，平均每份合同成交额为 429.91 万元；其他事业法人机构是事业法人吸纳技术的主要力量，全年共吸纳技术合同 1 771 项，成交额为 126.57 亿元，但同比下降 3.28%，占全省技术合同成交总额的 2.95%，平均每份合同成交额为 714.68 万元（见图 19－18）。

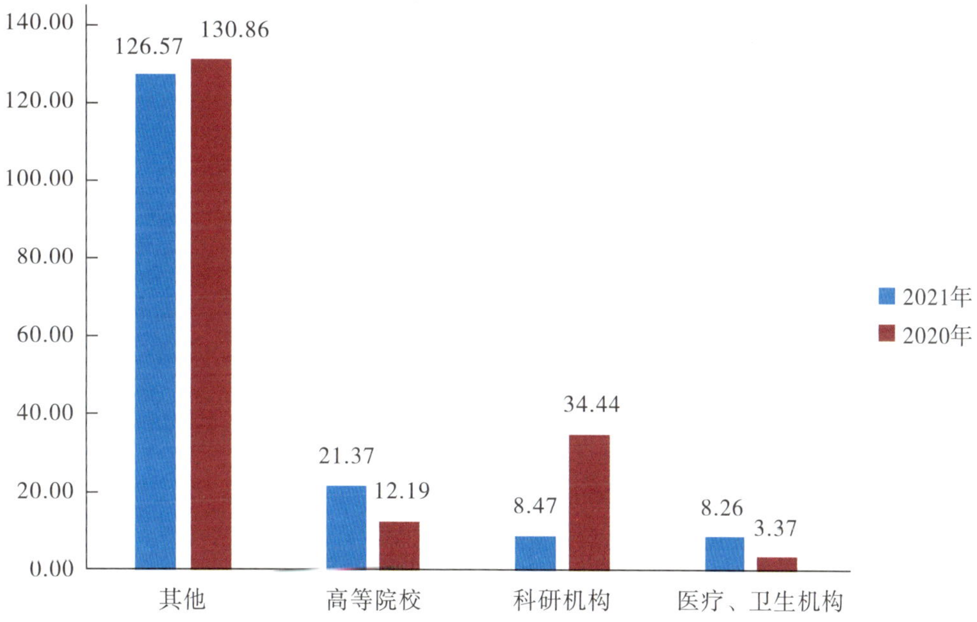

图 19－18　2020—2021 年广东省技术合同事业法人吸纳技术情况对比（单位：亿元）

事业法人吸纳技术主要来源于企业法人和事业法人。其中，吸纳企业法人的技术合同 1 923 项，成交额为 155.80 亿元，占事业法人吸纳技术合同成交额的 94.62%；吸纳事业法人的技术合同 1 692 项，成交额为 8.44 亿元，位居第二，占事业法人吸纳技术合同成交额的 5.12%（见图 19－19）。

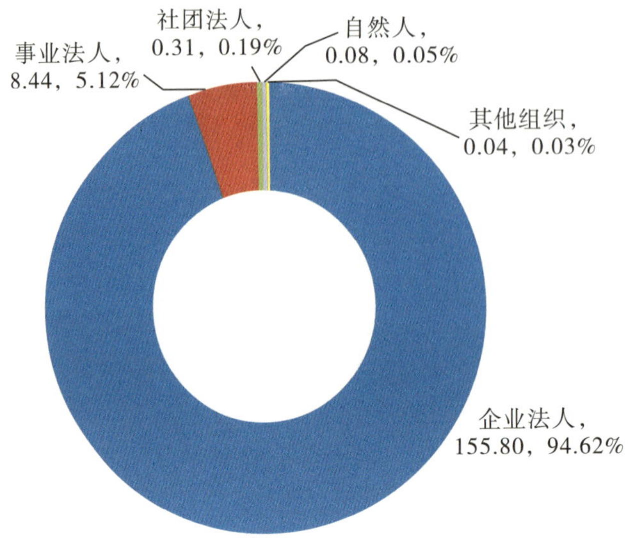

图 19－19 2021 年事业法人吸纳技术来源（单位：亿元）

七 社会—经济目标构成

促进工商业发展是技术交易的主要目标。2021 年，广东省各类社会—经济目标中，促进工商业发展的技术合同 13 290 项，成交额 1 809.94 亿元，成交额居首位，同比增长 65.35%，占全省技术合同成交总额的 42.16%；促进社会发展和社会服务的技术合同 12 597项，成交额 1 089.07 亿元，居第二位，同比增长 38.60%，占全省技术合同成交总额的 25.37%；服务于基础设施以及城市和农村规划的技术合同 2 591 项，成交额 392.35 亿元，同比下降 9.39%，占全省技术合同成交总额的 9.14%，居第三位。服务于地球和大气层的探索与利用的技术合同成交额仍最少，成交额 1.53 亿元，仅占全省技术合同成交总额的 0.04%，同比下降 35.14%。服务于国防的技术合同大幅增长，成交额 12.70 亿元，同比增长 223.82%，增幅居首位，但仅占全省技术合同成交总额的 0.30%；服务于民用空间探测及开发的技术合同增幅居第二，成交额 6.75 亿元，同比增长 108.48%，但仅占全省技术合同成交总额的 0.16%，合同项数为 238 项。服务于其他民用目标和服务于环境保护、生态建设及污染防治的技术合同对比上年也有增长，增幅分别为 51.14% 和 6.78%。服务于能源生产、分配和合理利用，服务于非定向研究，服务于农林牧渔业发展，服务于教育事业发展和卫生事业发展的技术合同成交额均有所下降，分别同比下降 53.81%、37.55%、35.13%、28.89% 和 2.49%（见图 19－20、表 19－6）。

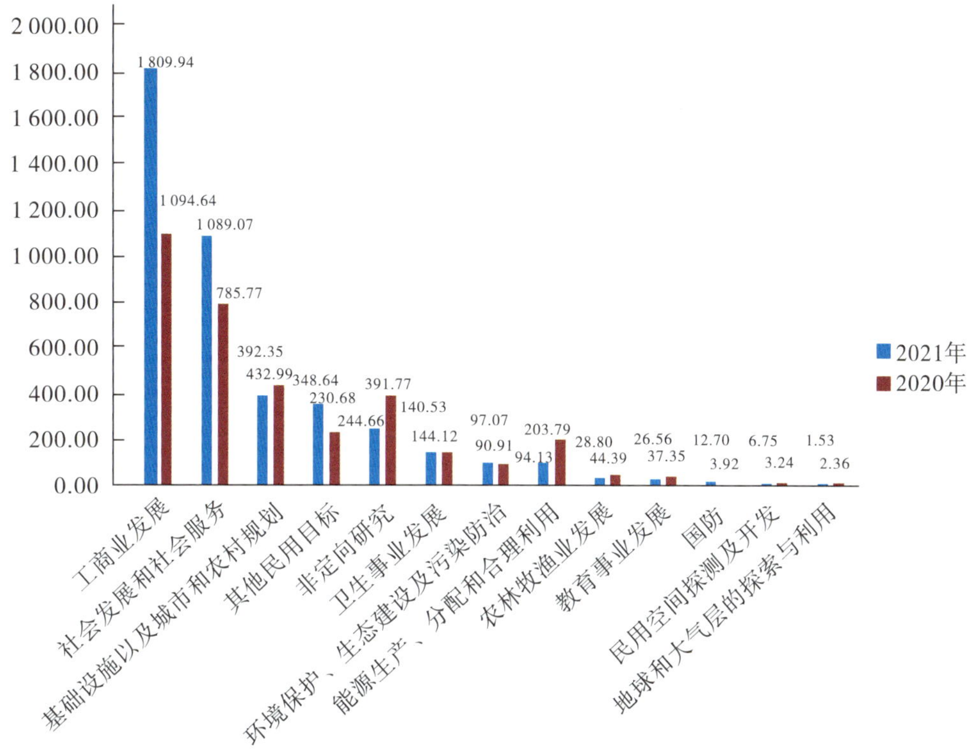

图 19－20　2020—2021 年广东省技术合同技术交易社会—经济目标成交额情况对比（单位：亿元）

表 19－6　2021 年广东省技术合同社会－经济目标构成

社会—经济目标	合同数		成交额		
	项数（项）	增长（%）	金额（亿元）	增长（%）	占比（%）
工商业发展	13 290	22. 12	1 809. 94	65. 35	42. 16
社会发展和社会服务	12 597	13. 78	1 089. 07	38. 60	25. 37
基础设施以及城市和农村规划	2 591	34. 18	392. 35	－9. 39	9. 14
其他民用目标	6 880	27. 41	348. 64	51. 14	8. 12
非定向研究	1 488	16. 71	244. 66	－37. 55	5. 70
卫生事业发展	2 022	－3. 53	140. 53	－2. 49	3. 27
环境保护、生态建设及污染防治	3 409	28. 11	97. 07	6. 78	2. 26
能源生产、分配和合理利用	4 550	74. 00	94. 13	－53. 81	2. 19
农林牧渔业发展	1 318	21. 25	28. 80	－35. 13	0. 67
教育事业发展	486	13. 82	26. 56	－28. 89	0. 62
国防	270	91. 49	12. 70	223. 82	0. 30

（续上表）

社会—经济目标	合同数		成交额		
	项数（项）	增长（%）	金额（亿元）	增长（%）	占比（%）
民用空间探测及开发	238	63.01	6.75	108.48	0.16
地球和大气层的探索与利用	122	8.93	1.53	-35.14	0.04
合计	49 261	23.63	4 292.73	23.86	100.00

八 技术流向地域构成

（一）流向国内外

广东省技术流向主要为国内，且主要流向省内，合同成交额占比超六成。2021 年广东省技术流向国外的合同成交额仅占 6.06%，其中流向亚洲（不含本国）的合同项数为 165 项，成交额为 102.53 亿元，占全省技术合同成交总额的 2.39%，同比下降 38.31%。其次是流向北美洲，合同项数为 108 项，成交额为 86.77 亿元，占全省技术合同成交总额的 2.02%，同比增长 582.34%。第三位是流向欧洲，合同项数为 58 项，成交额为 55.36 亿元，占全省技术合同成交总额的 1.29%，同比下降 48.94%（见图 19-21）。

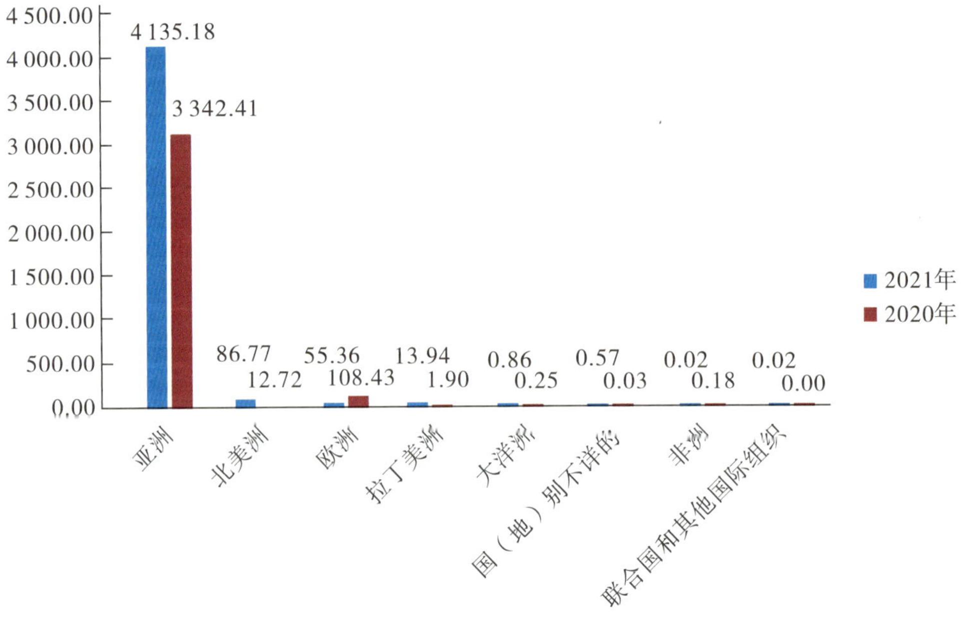

图 19-21 2020—2021 年广东省技术流向各洲合同成交额情况（单位：亿元）

广东省技术流向国内的合同项数为 48 896 项，成交额为 4 032. 66 亿元，同比增长 35. 44%，占全省技术合同成交总额的 93. 94%。流向省内的合同项数为 34 771 项，成交额为 2 999. 52 亿元，同比增长 24. 17%，占全省技术合同成交总额的 69. 87%。其次是流向北京，合同项数为 2 384，成交额为 218. 92 亿元，同比增长 15. 77%，占全省技术合同成交总额的 5. 10%。第三位是流向香港特别行政区，合同项数为 497 项，成交额为 92. 18 亿元，同比增长 75. 11%，占全省技术合同成交总额的 2. 15%（见图 19 – 22）。

其中，广东省技术流向省内前三名城市分别是深圳、广州和东莞。流向深圳市的合同项数为 8 522 项，成交额为 1 215. 76 亿元，同比增长 61. 36%，占全省技术合同成交总额的 28. 32%。流向广州市的合同项数为 11 998 项，成交额为 1 044. 88 亿元，同比下降 19. 94%，占全省技术合同成交总额的 24. 34%。流向东莞市的合同项数为 1 737 项，成交额为 173. 65 亿元，同比增长 1. 36%，占全省技术合同成交总额的 4. 05%（见图 19 – 23、表 19 – 7）。

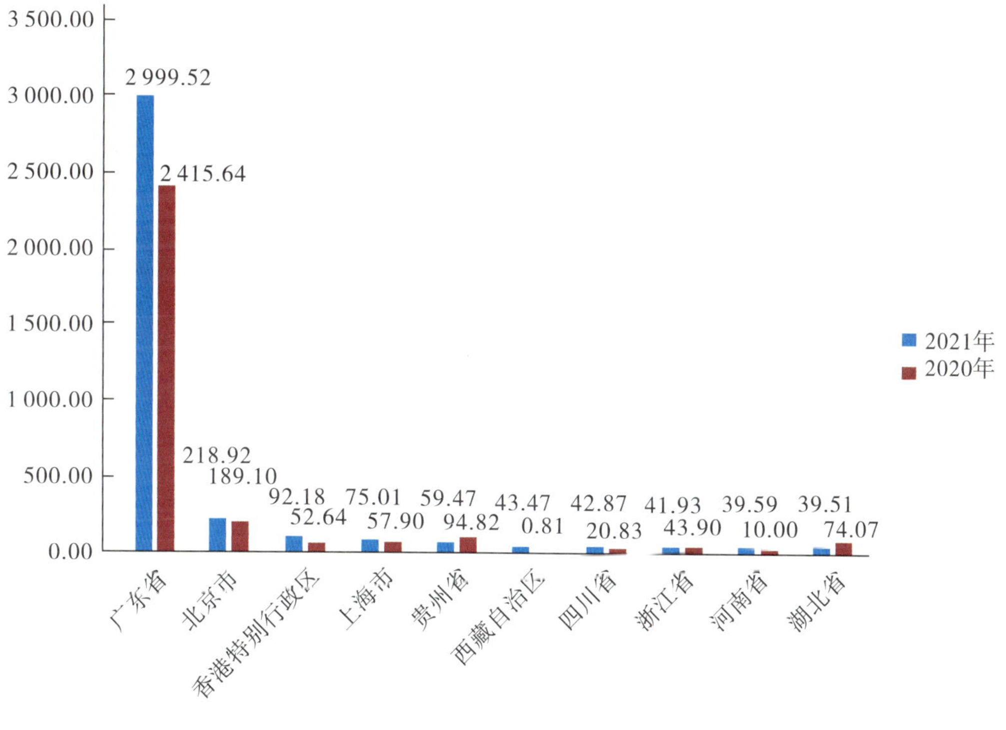

图 19 – 22　2020—2021 年广东省技术流向国内各地区合同成交额前十名（单位：亿元）

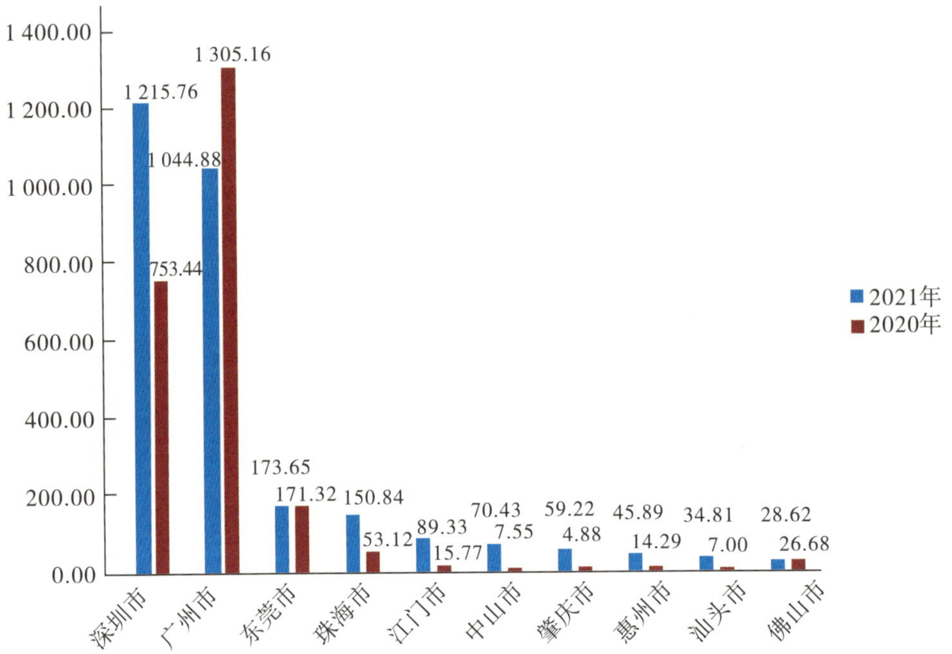

图 19－23　2020—2021 年广东省技术流向省内各地市合同成交额前十名（单位：亿元）

表 19－7　2021 年广东省技术流向地域情况

买方地区			合同数		成交额		
			项数（项）	增长（%）	金额（亿元）	增长（%）	占比（%）
亚洲	其中：广东省	深圳市	8 522	23. 60	1 215. 76	61. 36	28. 32
		广州市	11 998	6. 37	1 044. 88	－19. 94	24. 34
		东莞市	1 737	36. 66	173. 65	1. 36	4. 05
		珠海市	883	14. 08	150. 84	183. 93	3. 51
		江门市	937	36. 39	89. 33	466. 64	2. 08
		中山市	828	33. 12	70. 43	833. 18	1. 64
		肇庆市	517	38. 61	59. 22	1 112. 88	1. 38
		惠州市	924	85. 92	45. 89	221. 13	1. 07
		汕头市	348	50. 65	34. 81	397. 08	0. 81
		佛山市	5 105	53. 63	28. 62	7. 27	0. 67
		湛江市	423	36. 89	24. 84	608. 14	0. 58

（续上表）

买方地区			合同数		成交额		
			项数（项）	增长（%）	金额（亿元）	增长（%）	占比（%）
亚洲	其中：广东省	梅州市	275	15.55	16.01	624.48	0.37
		云浮市	208	-8.37	12.29	15.20	0.29
		茂名市	505	30.49	9.06	-34.48	0.21
		清远市	363	10.33	6.40	43.02	0.15
		韶关市	298	-2.93	4.77	-9.95	0.11
		阳江市	286	38.16	3.98	-36.47	0.09
		河源市	218	63.91	2.91	64.85	0.07
		汕尾市	132	4.76	2.11	-62.26	0.05
		潮州市	97	-12.61	2.10	63.44	0.05
		揭阳市	167	35.77	1.62	5.84	0.04
		合计	34 771	22.22	2 999.52	24.17	69.87
	北京市		2 384	26.41	218.92	15.77	5.10
	香港特别行政区		497	4.41	92.18	75.11	2.15
	上海市		1 295	22.52	75.01	29.56	1.75
	贵州省		233	22.63	59.47	-37.28	1.39
	西藏自治区		18	-18.18	43.47	5 247.42	1.01
	四川省		545	40.83	42.87	105.77	1.00
	浙江省		805	23.47	41.93	-4.50	0.98
	河南省		274	3.79	39.59	295.75	0.92
	湖北省		637	22.03	39.51	-46.66	0.92
	合计		49 061	23.80	4 135.18	23.72	96.33
北美洲			108	2.86	86.77	582.34	2.02
欧洲			58	-35.56	55.36	-48.94	1.29
拉丁美洲			22	175.00	13.94	633.82	0.32
大洋洲			5	0.00	0.86	239.70	0.02
国（地）别不详的			3	0.00	0.57	1 617.55	0.01
非洲			3	-25.00	0.02	-90.61	0.00
联合国和其他国际组织			1	—	0.02	—	0.00
总和			49 261	23.63	4 292.73	23.86	100.00

注：表格中亚洲地区仅列示合同成交额前十名地区。

（二）流向计划单列市

2021 年，广东省技术流向计划单列市的技术合同为 9 128 项，合同成交总额为 1 226.16亿元，同比增长 56.16%，其中，超 99% 流向深圳市。2021 年，流向深圳市的技术为 8 522 项，成交额为 1 215.76 亿元，同比增长 61.36%，占流向计划单列市合同成交总额的 99.15%；其次是青岛市，流向技术合同为 191 项，成交额为 4.20 亿元，同比增长近九成，增幅最大，占流向计划单列市合同成交总额的 0.34%；紧跟着是厦门市，流向技术合同为 192 项，成交额为 2.93 亿元，同比增长 16%，占流向计划单列市合同成交总额的 0.24%；流向宁波市和大连市的合同成交额均有所下降，分别为 1.80 亿元和 1.47 亿元（见图 19－24、表 19－8）。

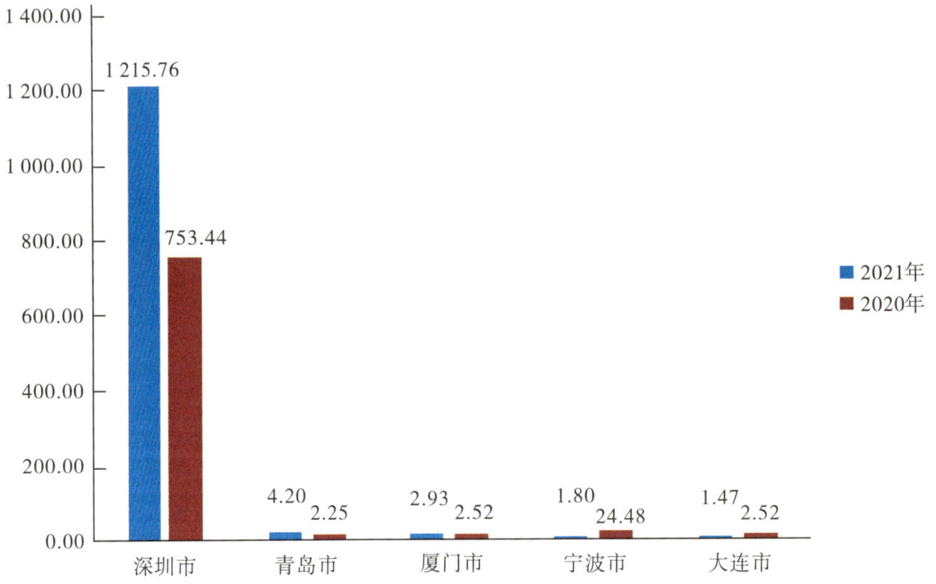

图 19－24　2020—2021 年广东省技术流向计划单列市的成交额情况对比（单位：亿元）

表 19－8　2021 年广东省技术流向计划单列市情况

计划单列市	合同数		成交额		
	项数（项）	增长（%）	金额（亿元）	增长（%）	占比（%）
深圳市	8 522	23.60	1 215.76	61.36	99.15
青岛市	191	32.64	4.20	87.05	0.34
厦门市	192	28.86	2.93	16.10	0.24
宁波市	117	31.46	1.80	－92.63	0.15
大连市	106	49.30	1.47	－41.89	0.12
总计	9 128	24.22	1 226.16	56.16	100.00

第二十章 广东省各地市技术交易*

一 合同认定登记情况

广东省大部分地市技术合同成交额实现快速增长。2021 年，全省共登记技术合同49 261项，成交额 4 292. 73 亿元。技术合同成交额排名前 10 位的地市依次为广州、深圳、珠海、东莞、佛山、惠州、中山、云浮、江门、肇庆，登记项数和成交总额分别占全省的 97. 73% 和 99. 85%；除粤北地区的云浮，其余均为珠三角地市，其中云浮成交额为 10. 38 亿元，高于珠三角的江门、肇庆两市，排名第 8（见图 20 – 1）。

广州和深圳技术合同成交额继续领先全省。2021 年，广州、深圳两地共登记技术合同 40 702 项，成交额 4 040. 19 亿元，占全省技术合同成交总额的 94. 12%，占珠三角地市总额的 94. 48%；同处珠三角的另外七地市技术合同成交额为 235. 87 亿元，占全省技术合同成交总额的 5. 49%，粤东西北地区技术合同成交额占比仅为 0. 39%；广深两地登记的技术合同成交额是珠三角其余七市的 17. 13 倍，是粤东西北地区的 242. 52 倍。广州技术合同成交额连续 4 年位居全省第一，居全国城市第三，全年共认定登记技术合同 25 418 项，成交额 2 413. 11 亿元，占全省技术合同成交总额的 56. 21%。

珠三角九地市中，除东莞、佛山合同成交额出现下降外，其余七地市全年合同成交额均保持稳定的增长。技术合同成交额排名最后三位的地市分别为阳江、揭阳、潮州，成交额仅为 1 238. 04 万元、136. 6 万元、80 万元（见表 20 – 1）。

---

* 本章第一执笔人为广东省技术市场协会罗春兰。

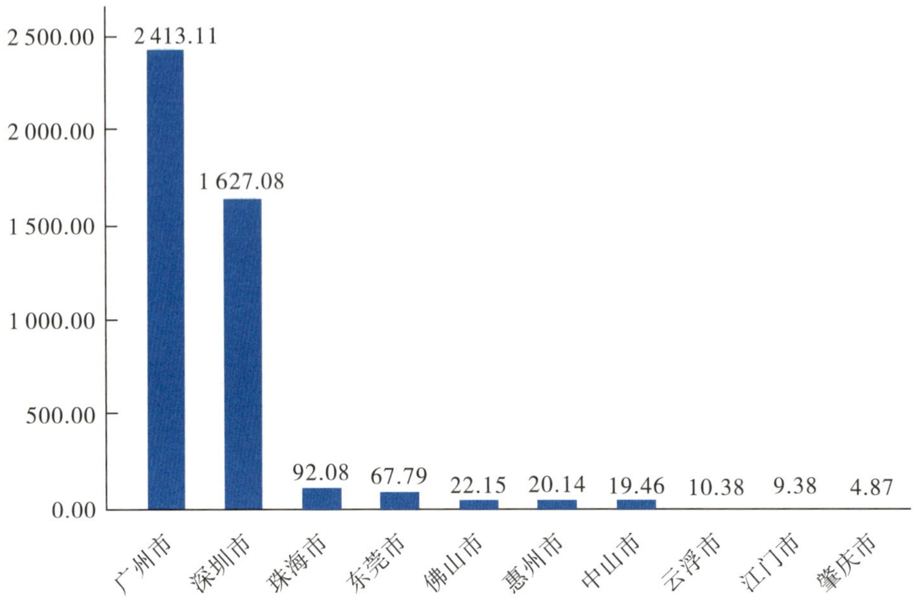

图 20－1　2021 年广东省技术合同成交额前 10 名（单位：亿元）

表 20－1　2021 年广东省各地市技术合同认定登记成交额情况

地市	合同数（项）	成交额（亿元）			技术交易额（亿元）
		金额	同比增长（%）	排名	
广州市	25 418	2 413. 11	6. 94	1	1 477. 32
其中：省直登记点	8 226	98. 77	－1. 19	—	57. 34
深圳市	15 284	1 627. 08	57. 01	2	1 588. 56
珠海市	460	92. 08	129. 66	3	40. 66
东莞市	356	67. 79	－2. 49	4	62. 36
佛山市	4 720	22. 15	－1. 12	5	16. 28
惠州市	600	20. 14	79. 77	6	19. 01
中山市	446	19. 46	148. 24	7	18. 47
云浮市	64	10. 38	27. 61	8	0. 55
江门市	610	9. 38	66. 61	9	8. 89
肇庆市	185	4. 87	61. 80	10	2. 78
湛江市	321	1. 89	64. 89	11	1. 74
汕头市	173	1. 49	36. 78	12	1. 33
茂名市	311	0. 78	－15. 09	13	0. 78
清远市	20	0. 61	50. 53	14	0. 50
韶关市	91	0. 56	－15. 73	15	0. 46

（续上表）

地市	合同数（项）	成交额（亿元）			技术交易额（亿元）
		金额	同比增长（%）	排名	
河源市	36	0. 49	383. 41	16	0. 45
汕尾市	9	0. 18	877. 59	17	0. 11
梅州市	29	0. 14	-76. 26	18	0. 10
阳江市	124	0. 12	-52. 19	19	0. 10
揭阳市	3	0. 01	-76. 34	20	0. 01
潮州市	1	0. 01	115. 05	21	0. 00
合计	49 261	4 292. 73	23. 86		3 240. 46

二 技术输出

广州、深圳技术输出成交额领先全省。全省共输出技术 48 857 项，技术输出总额 4 099. 61亿元，同比增长 25. 48%。广州、深圳输出技术合同成交额遥遥领先于其他地市，共输出技术合同 40 343 项，占全省输出技术合同总项数的 82. 57%；成交额为 3 971. 34 亿元，占全省输出技术合同成交总额的 96. 87%。

全省输出技术合同排名前 10 的地市依次为广州、深圳、珠海、中山、佛山、东莞、惠州、江门、肇庆、湛江，技术合同成交总项数为 47 972 项，成交总额为 4 094. 23 亿元，分别占全省输出技术合同成交项数和成交总额的 98. 19%、99. 87%。广州、深圳输出技术合同成交额远大于吸纳技术（见图 20－2、表 20－2）。

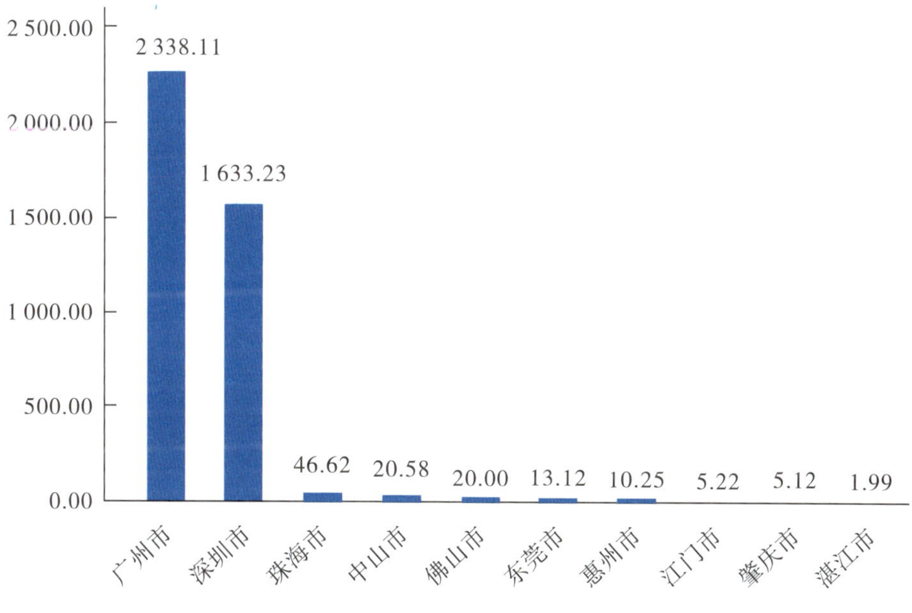

图 20－2 2021 年广东省输出技术合同成交额前 10 名（单位：亿元）

表 20－2　2021 年广东省技术交易流向情况

地区	技术输出			技术吸纳		
	合同数（项）	成交额（亿元）	排名	合同数（项）	成交额（亿元）	排名
广州市	24 979	2 338. 11	1	11 998	1 044. 88	2
深圳市	15 364	1 633. 23	2	8 522	1 215. 76	1
珠海市	459	46. 62	3	883	150. 84	4
中山市	460	20. 58	4	828	70. 43	6
佛山市	4 733	20. 00	5	5 105	28. 62	10
东莞市	301	13. 12	6	1 737	173. 65	3
惠州市	563	10. 25	7	924	45. 89	8
江门市	583	5. 22	8	937	89. 33	5
肇庆市	191	5. 12	9	517	59. 22	7
湛江市	339	1. 99	10	423	24. 84	11
汕头市	180	1. 98	11	348	34. 81	9
清远市	21	0. 58	12	363	6. 40	15
茂名市	313	0. 57	13	505	9. 06	14
韶关市	92	0. 56	14	298	4. 77	16
河源市	37	0. 54	15	218	2. 91	18
云浮市	66	0. 33	16	208	12. 29	13
阳江市	127	0. 27	17	286	3. 98	17
汕尾市	10	0. 23	18	132	2. 11	19
梅州市	30	0. 14	19	275	16. 01	12
潮州市	5	0. 14	20	97	2. 10	20
揭阳市	4	0. 04	21	167	1. 62	21
总计	48 857	4 099. 61		34 771	2 999. 52	

注：表中各地区合同数和成交额为四舍五入计算后的结果，总计为精确值。

三　技术吸纳

深圳、广州两地吸纳技术成交额排名居前 2 位。2021 年，全省共吸纳技术 34 771 项，成交额 2 999. 52 亿元。广州、深圳吸纳技术 20 520 项，成交额为 2 260. 64 亿元，占全省吸纳技术合同成交总额的 75.37%。全省吸纳技术合同成交额排名前 10 位依次为深圳、广州、东莞、珠海、江门、中山、肇庆、惠州、汕头、佛山，共吸纳技术 31 799 项，成交额为 2 913.43 亿元，分别占全省吸纳技术合同成交总项数和成交总额的 91.45%、97.13%。（见图 20－3、表 20－2）。

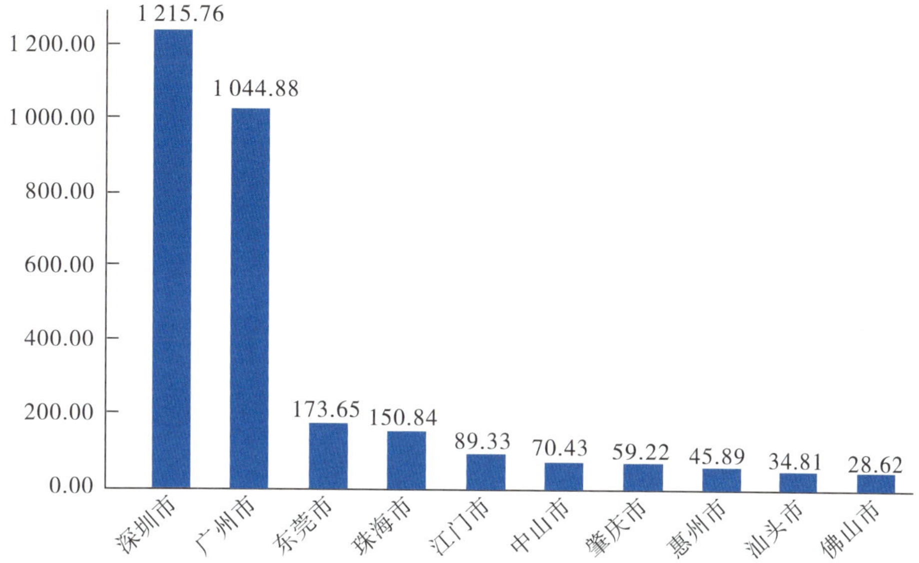

图 20－3　2021 年广东省吸纳技术合同成交额前 10 名（单位：亿元）

第二十一章　区域技术交易*

2021 年，区域技术交易持续活跃，粤北、粤西地区技术输出小幅回落。珠三角地区技术创新和辐射扩散能力明显高于粤东西北地区，输出技术合同成交额占全省输出技术合同成交总额的 99.82%，吸纳技术合同成交额占全省吸纳技术合同成交总额的 95.97%，占比均居首位。粤东西北地区以吸纳技术为主，吸纳技术远大于输出技术，吸纳技术合同成交额占比均超 1%。粤东地区输出技术和吸纳技术增幅排名第一，2021 年输出技术合同成交额 2.39 亿元，吸纳技术 40.65 亿元（见表 21－1）。

表 21－1　2021 年广东区域技术合同交易情况

地区	输出技术				吸纳技术			
	合同数（项）	成交额（亿元）	成交额增长（%）	成交额占比（%）	合同数（项）	成交额（亿元）	成交额增长（%）	成交额占比（%）
粤东地区	199	2.39	38.82	0.06	744	40.65	163.58	1.36
粤西地区	779	2.84	－9.89	0.07	1 214	37.88	60.49	1.26
粤北地区	246	2.15	－24.50	0.05	1 362	42.38	73.59	1.41
珠三角地区	47 633	4 092.23	25.55	99.82	31 451	2 878.62	22.38	95.97
合计	48 857	4 099.61	25.48	100.00	34 771	2 999.53	24.17	100.00

一　珠三角地区

珠三角地区技术交易活跃，双向技术合同成交额仍然居全省首位。2021 年，珠三角地区输出技术合同 47 633 项，成交额为 4 092.23 亿元，比上年增长 25.55%。广州和深圳是珠三角地区技术交易的主体，广州输出技术合同成交额居首位，成交额为 2 338.11 亿元，占全省输出技术合同成交总额的 57.03%；深圳输出技术排名第二，成交额为 1 633.23 亿

* 本章第一执笔人为广东省技术市场协会罗春兰。本章文中的计算值均为未四舍五入计算后的结果，即为精确值，在图表中均为保留两位小数展示，所以导致部分数值有差异，特此说明。

元，占全省输出技术合同成交总额的 39.84%。除佛山、东莞技术输出成交额有不同程度回落外，其余珠三角地市技术输出成交额保持增长。

珠三角地区吸纳技术合同 31 451 项，成交额为 2 878.62 亿元，比上年增长 22.38%。2021 年，除广州外，其余珠三角地区城市吸纳技术均呈增长态势。深圳吸纳技术合同成交额位居第一，成交额为 1 215.76 亿元，占全省吸纳技术合同成交总额的 40.53%；广州吸纳技术合同成交额为 1 044.88 亿元，占全省吸纳技术合同成交总额的 34.83%，比上年下降 19.94%（见表 21－2）。

广州、深圳输出技术合同成交额大于吸纳技术合同成交额，其余珠三角地市吸纳技术合同成交额大于输出技术合同成交额。

表 21－2　2021 年珠三角地区技术交易情况

地区	输出技术				吸纳技术			
	合同数（项）	成交额（亿元）	成交额增长（%）	成交额占比（%）	合同数（项）	成交额（亿元）	成交额增长（%）	成交额占比（%）
广州市	24 979	2 338.11	11.92	57.14	11 998	1 044.88	－19.94	36.30
深圳市	15 364	1 633.23	56.45	39.91	8 522	1 215.76	61.36	42.23
珠海市	459	46.62	42.58	1.14	883	150.84	183.93	5.24
中山市	460	20.58	182.32	0.50	828	70.43	833.18	2.45
佛山市	4 733	20.00	－13.59	0.49	5 105	28.62	7.27	0.99
东莞市	301	13.12	－76.03	0.32	1 737	173.65	1.36	6.03
惠州市	563	10.25	226.86	0.25	924	45.89	221.13	1.59
江门市	583	5.22	54.77	0.13	937	89.33	466.64	3.10
肇庆市	191	5.12	138.47	0.12	517	59.22	1 112.88	2.06
合计	47 633	4 092.23	25.48	100.00	31 451	2 878.62	24.17	100.00

注：本章合计数据为精确值计算后结果。

二　粤东地区

粤东地区技术交易再创新高。粤东地区输出技术合同 199 项，成交额为 2.39 亿元，比上年增长 38.82%。其中，汕头输出技术合同成交额排名第一，成交额为 1.98 亿元，占粤东地区技术输出合同总额的 82.92%。汕尾市输出技术合同成交额增幅排名第一，成交额为 0.23 亿元，比上年增长 1 154.52%。

粤东地区吸纳技术合同共 744 项，成交额 40.65 亿元，首次吸纳技术突破 40 亿元，比上年增长 163.58%。其中，汕头吸纳技术合同成交额居首位，为 34.81 亿元，比上年增长397.08%，占粤东地区吸纳技术合同总额85.65%（见表21－3）。

表21－3　2021年粤东地区技术交易情况

地市	输出技术				吸纳技术			
	合同数（项）	成交额（亿元）	增长（%）	占比（%）	合同数（项）	成交额（亿元）	增长（%）	占比（%）
汕头市	180	1.98	30.73	82.92	348	34.81	397.08	85.65
潮州市	5	0.14	15.19	5.79	97	2.10	63.44	5.16
揭阳市	4	0.04	－35.54	1.82	167	1.62	5.84	3.99
汕尾市	10	0.23	1 154.52	9.47	132	2.11	－62.26	5.20
合计	199	2.39	38.82	100.00	744	40.65	163.58	100.00

三　粤西地区

粤西地区吸纳技术总体呈增长态势。2021年，粤西地区输出技术合同779项，成交额为2.84亿元，仅占全省输出技术合同成交总额的0.07%。

粤西地区吸纳技术合同1 214项，成交额为37.88亿元，比上年增长60.49%，占全省吸纳技术合同成交总额的1.26%。其中，湛江吸纳技术合同成交额居粤西地区首位，成交额为24.84亿元，比上年增长608.14%（见表21－4）。

表21－4　2021年粤西地区技术交易情况

地市	输出技术				吸纳技术			
	合同数（项）	成交额（亿元）	增长（%）	占比（%）	合同数（项）	成交额（亿元）	增长（%）	占比（%）
湛江市	339	1.99	9.37	70.12	423	24.84	608.14	65.57
茂名市	313	0.57	－43.77	20.24	505	9.06	－34.48	23.93
阳江市	127	0.27	－11.37	9.64	286	3.98	－36.47	10.50
合计	779	2.84	－9.89	100.00	1 214	37.88	60.49	100.00

四　粤北地区

粤北地区技术吸纳总量明显高于技术输出。2021年，粤北地区技术输出合同246项，成交额为2.15亿元，比上年下降24.50%，占全省输出技术合同成交总额的0.05%。其中，河源技术输出合同成交额为0.54亿元，比上年增长432.95%，增幅排名第一。除河源外，粤北地区其余城市技术输出均出现了不同程度的回落。

粤北地区吸纳技术合同 1 362 项，成交额为 42.38 亿元，比上年增长 73.59%，占全省吸纳技术合同成交总额的 1.41%。其中，梅州吸纳技术合同成交额为 16.01 亿元，占粤北地区吸纳技术合同成交总额的 37.78%，增幅高达 624.48%，成交额和增幅均居首位（见表 21－5）。

表 21－5　2021 年粤北地区技术交易情况

地市	输出技术				吸纳技术			
	合同数（项）	成交额（亿元）	增长（%）	占比（%）	合同数（项）	成交额（亿元）	增长（%）	占比（%）
韶关市	92	0.56	－41.64	25.95	298	4.77	－9.95	11.26
清远市	21	0.58	－12.93	27.03	363	6.40	43.02	15.09
云浮市	66	0.33	－46.32	15.43	208	12.29	15.20	28.99
梅州市	30	0.14	－72.28	6.51	275	16.01	624.48	37.78
河源市	37	0.54	432.95	25.08	218	2.91	64.85	6.88
合计	246	2.15	－24.50	100.00	1 362	42.38	73.59	100.00

五　港澳地区

香港技术输出和吸纳保持稳定增长。吸纳技术合同成交额高于输出技术合同成交额。2021 年，香港输出到广东的技术合同 23 项，成交额 5.24 亿元，比上年增长 118.39%。

港澳地区从广东吸纳技术合同 516 项，成交额为 92.32 亿元，比上年增长 75.54%。其中，香港从广东吸纳技术合同 497 项，成交额为 92.18 亿元，比上年增长 75.11%；澳门从广东吸纳技术合同 19 项，成交额为 0.13 亿元，比上年下降 46.87%（见表 21－6）。

表 21－6　2020 年港澳地区技术交易情况

地区	输出技术			吸纳技术		
	合同数（项）	成交额（亿元）	增长（%）	合同数（项）	成交额（亿元）	增长（%）
香港—广东	23	5.24	118.39	497	92.18	75.11
澳门—广东	0	0.00	—	19	0.13	－46.87
合计	23	5.24	114.81	516	92.32	74.54

注：“香港—广东”输出技术是指香港向广东输出技术情况；“香港—广东”吸纳技术指香港自广东吸纳技术情况；“澳门—广东”同理。

第二十二章　技术交易机构*

一　技术（产权）交易机构

技术（产权）交易机构是指提供技术孵化、技术转让、技术咨询、技术评估、技术投融资、技术产权交易、知识产权运营以及技术信息平台等服务的机构，是技术转移服务体系的重要组成部分。2021 年，广东全省共有深圳联合产权交易所股份有限公司①和广州产权交易所广州技术产权交易中心两家技术（产权）交易机构。据对两家技术（产权）交易机构的统计，共有从业人员 146 人，2021 年共促成技术交易 192 项，成交金额为 7. 30 亿元，比上年增长 98. 91%，服务企业 115 家，解决企业需求 74 项（见表 22 – 1）。

表 22 – 1　2021 年广东省技术（产权）交易机构情况

技术（产权）交易机构名称	成交技术合同项目（项）	成交金额（万元）					服务企业数量(家)	解决企业需求(项)	从业人员(人)
		总金额	其中：促成战略性新兴产业技术成交额	其中：促成公共财政投入计划项目成交额	其中：促成国际技术转移项目成交额	其中：促成重大技术转移项目成交额			
广州产权交易所广州技术产权交易中心	192	73 021. 2	73 021. 2	0	0	0	115	74	5

---

* 本章第一执笔人为广东省生产力促进中心张宗法。

① 深圳联合产权交易所股份有限公司主营业务为国有股权交易，故成交技术合同项及成交金额均为 0。

（续上表）

技术（产权）交易机构名称	成交技术合同项目（项）	成交金额（万元）					服务企业数量(家)	解决企业需求(项)	从业人员(人)
		总金额	其中：促成战略性新兴产业技术成交额	其中：促成公共财政投入计划项目成交额	其中：促成国际技术转移项目成交额	其中：促成重大技术转移项目成交额			
深圳联合产权交易所股份有限公司	0	0	0	0	0	0	0	0	141

二　技术卖方机构

（一）技术卖方机构以企业为主导

2021 年，广东省认定登记的技术合同中共有卖方机构 5 631 家，全省技术交易卖方机构类别以企业法人为主，其中，企业法人性质卖方机构 5 159 家，占机构总数的 91.62%；事业法人性质卖方机构 342 家，占机构总数的 6.07%；机关法人、社团法人、自然人及其他组织卖方机构共 130 家，占机构总数的 2.31%（见表 22－2）。

表 22－2　2021 年广东省各类技术交易机构构成及交易情况

卖方类别		机构数（个）	项数（项）	金额（亿元）
机关法人		33	70	2.40
事业法人	科研机构	179	7 323	41.69
	高等院校	82	4 231	29.21
	医疗、卫生机构	24	77	1.00
	其他	57	5 236	9.03
	合计	342	16 867	80.93
社团法人		36	240	1.35

（续上表）

卖方类别		机构数（个）	项数（项）	金额（亿元）
企业法人	内资企业	4 526	29 487	3 500.40
	港澳台商投资企业	195	1 054	230.20
	外商投资企业	211	842	322.05
	个体经营	53	169	2.40
	境外企业	174	359	147.91
	合计	5 159	31 911	4 202.96
自然人		43	128	1.57
其他组织		18	45	3.50
合计		5 631	49 261	4 292.71

（二）内资企业技术交易主体作用凸显

各类企业法人卖方机构中，以内资企业为主，其中，内资企业 4 526 家，占企业法人机构总数的 87.73%；港澳台商投资企业和外商投资企业 406 家，占企业法人机构总数的 7.87%；境外企业 174 家，占企业法人机构总数的 3.37%。华为技术有限公司、中国能源建设集团广东省电力设计研究院有限公司、Qualcomm Incorporated 输出技术合同成交额居企业法人机构前三名（见表 22－3、表 22－4）。

表 22－3　2021 年企业输出技术成交额前 20 名

排名	卖方名称
1	华为技术有限公司
2	中国能源建设集团广东省电力设计研究院有限公司
3	Qualcomm Incorporated
4	中铁隧道局集团有限公司
5	广州腾讯科技有限公司
6	广东华之源信息工程有限公司
7	中国建筑第四工程局有限公司
8	汇丰软件开发（广东）有限公司
9	深圳市智信新信息技术有限公司
10	广州津虹网络传媒有限公司

（续上表）

排名	卖方名称
11	中船黄埔文冲船舶有限公司
12	中交第四航务工程局有限公司
13	百济神州（广州）生物科技有限公司
14	保利长大工程有限公司
15	广州建筑股份有限公司
16	广州飞机维修工程有限公司
17	广州趣丸网络科技有限公司
18	广州品唯软件有限公司
19	广州黄船海洋工程有限公司
20	Neople，Inc.

表 22－4　2021 年广东省技术输出机构成交额前 40 名

排名	卖方名称
1	华为技术有限公司
2	中国能源建设集团广东省电力设计研究院有限公司
3	Qualcomm Incorporated
4	中铁隧道局集团有限公司
5	广州腾讯科技有限公司
6	广东华之源信息工程有限公司
7	中国建筑第四工程局有限公司
8	汇丰软件开发（广东）有限公司
9	深圳市智信新信息技术有限公司
10	广州津虹网络传媒有限公司
11	中船黄埔文冲船舶有限公司
12	中交第四航务工程局有限公司
13	百济神州（广州）生物科技有限公司
14	保利长大工程有限公司
15	广州建筑股份有限公司
16	广州飞机维修工程有限公司

（续上表）

排名	卖方名称
17	广州趣丸网络科技有限公司
18	广州品唯软件有限公司
19	广州黄船海洋工程有限公司
20	Neople, Inc.
21	深圳市大疆创新科技有限公司
22	广州市第二建筑工程有限公司
23	中通服建设有限公司
24	中兴通讯股份有限公司
25	中航通飞华南飞机工业有限公司
26	华为技术加拿大有限公司
27	广东省水利电力勘测设计研究院
28	中铁建设集团南方工程有限公司
29	Smilegate Entertainment, Inc.
30	广东冠粤路桥有限公司
31	超讯通信股份有限公司
32	广东省建科建筑设计院有限公司
33	Riot Games, Inc.
34	宜通世纪科技股份有限公司
35	NIPPON MEKTRON LTD
36	广东省广告集团股份有限公司
37	深圳虾皮信息科技有限公司
38	Futurewei Technologies, Inc.
39	杜塞尔多夫华为技术有限公司
40	深圳市海思半导体有限公司

（三）科研机构技术交易规模大幅增加

2021 年，广东省科研机构共输出技术 7 323 项，同比增长 30.33%；合同成交额为 41.69 亿元，同比下降 72.35%。其中，合同成交额排名前三的科研机构为广州船舶及海洋工程设计研究院、广东省水利水电科学研究院和散裂中子源科学中心（见表22－5）。

表22－5　2021年广东省科研机构输出技术成交额前20名

排名	卖方名称
1	广州船舶及海洋工程设计研究院
2	广东省水利水电科学研究院
3	散裂中子源科学中心
4	生态环境部华南环境科学研究所
5	中国科学院深圳先进技术研究院
6	深圳清华大学研究院
7	中国科学院南海海洋研究所
8	广州市交通规划研究院
9	广东省大湾区集成电路与系统应用研究院
10	中国水产科学研究院珠江水产研究所
11	中国水产科学研究院南海水产研究所
12	广东省科学院微生物研究所
13	珠江水利委员会珠江水利科学研究院
14	广东省科学院新材料研究所
15	东莞材料基因高等理工研究院
16	广州特种承压设备检测研究院
17	广东省计量科学研究院
18	岭南现代农业科学与技术广东省实验室
19	中国科学院广州能源研究所
20	深圳先进技术研究院

（四）高等院校输出技术成交额有所下降

2021年，广东省高等院校共输出技术4 231项，同比增长24.08%；成交金额29.21亿元，同比下降0.82%。其中，合同成交额排名前三的高等院校为华南理工大学、暨南大学、中山大学，合同成交额分别为8.70亿元、4.76亿元及3.54亿元，同比分别增长3.71%、304.04%、－10.74%，分别占高等院校输出技术合同成交总额的29.78%、16.30%、12.12%（见表22－6）。

表 22－6　2021 年广东省高等院校输出技术成交额前 20 名

排名	卖方名称
1	华南理工大学
2	暨南大学
3	中山大学
4	深圳大学
5	南方科技大学
6	广东工业大学
7	清华大学深圳国际研究生院
8	华南农业大学
9	华南师范大学
10	哈尔滨工业大学（深圳）
11	佛山科学技术学院
12	北京大学深圳研究生院
13	广东海洋大学
14	深圳信息职业技术学院
15	广州大学
16	深圳职业技术学院
17	五邑大学
18	南方医科大学
19	香港中文大学（深圳）
20	广东药科大学

三　国家技术转移机构

国家技术转移机构是为促进知识流动和技术转移提供技术经纪、技术集成、中试孵化、技术评价、检验检测、技术投融资等服务的机构，是技术转移体系的重要组成部分。截至 2021 年底，全省共有国家技术转移机构 31 家，全年促成技术转移项目 18 748 项，成交额为 32. 19 亿元，为加速科技创新与科技成果转移转化、促进科技与经济融合发展、支撑引领经济高质量发展发挥了重要作用（见表 22－7）。

表 22－7　2021 年广东省国家技术转移机构名单

地区	序号	机构名称
广州	1	广州中国科学院工业技术研究院
	2	华南理工大学工业技术研究总院
	3	广东省自动化与信息技术转移中心
	4	广州产权交易所广州技术产权交易中心
	5	广东省农业技术转移与扩散中心
	6	中国科学院广州能源研究所
	7	广州博士信息技术研究院有限公司
	8	广州现代产业技术研究院
	9	中国科学院广州生物医药与健康研究院
	10	广东省微生物研究所
	11	中国科学院广州技术转移中心
	12	中山大学技术转移中心
深圳	1	深圳市华创科技创新成果产业转化中心
	2	清华大学深圳研究生院技术转移办公室
	3	深圳市南山科技事务所
	4	深圳中科院知识产权投资有限公司
	5	深圳清华国际技术转移中心
	6	深圳市南方国际技术交易市场有限公司
	7	深圳联合产权交易所股份有限公司
	8	深圳大学技术转移中心
	9	深圳市对接平台科技发展有限公司
	10	深港产学研基地产业发展中心
	11	深圳先进技术研究院工程中心
东莞	1	广东华中科技大学工业技术研究院
	2	电子科技大学广东电子信息工程研究院
	3	中国科学院云计算产业技术创新与育成中心
	4	东莞深圳清华大学研究院创新中心
佛山	1	佛山中国科学院产业技术研究院

（续上表）

地区	序号	机构名称
中山	1	中山市北京理工大学研究院
	2	中山市工业技术研究中心
	3	中山康方生物医药有限公司

（一）法人类型

企业法人机构占比居首位。31 家国家技术转移机构中，市场化运作的企业法人机构 13 家，事业法人机构 15 家，民办非企法人机构 3 家。高等院校、科研机构类型的技术转移机构占事业法人机构的 53.33%，占总示范机构数的 25.81%（见图 22－1、表 22－7）。

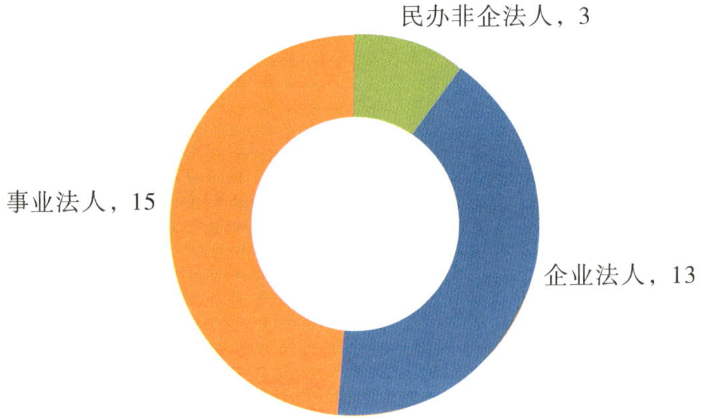

图 22－1　国家技术转移机构按法人类型划分（单位：家）

（二）机构类型

政府所属机构占比位居第一。国家技术转移机构按机构主体类型分为高等院校、科研院所、政府所属机构、独立第三方市场化机构、技术（产权）交易机构 5 种类型。其中，高等院校技术转移机构 4 家，科研院所技术转移机构 5 家，政府所属机构 18 家，技术（产权）交易机构 2 家，独立第三方市场化机构 2 家。政府所属（事业单位、协会组织）技术转移机构主要包括科技开发交流中心、生产力中心、成果转化中心、咨询中心、检测中心等具有部分政府职能的机构，如广东省农业技术转移与扩散中心、深港产学研基地产业发展中心等，数量占总机构数近六成。技术转移机构中，中科院技术转移机构 7 家，占比为 22.58%（见图 22－2、表 22－7）。

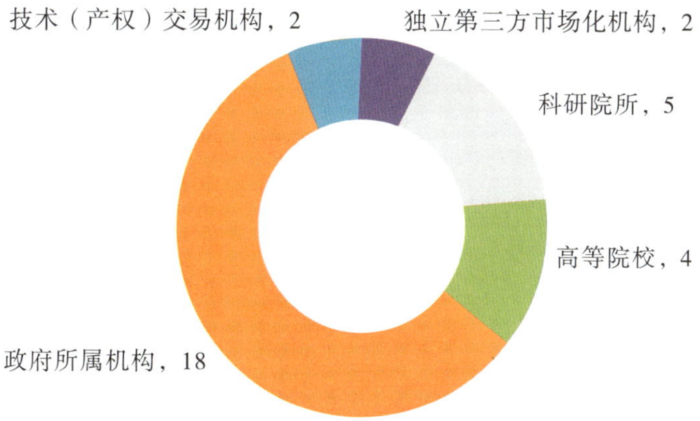

图 22－2　国家技术转移机构按机构类型划分（单位：家）

（三）地区分布

深圳、广州国家技术转移机构超七成，技术转移最为活跃。广东省 31 家国家技术转移机构主要分布在珠三角地区，其中广州 12 家，深圳 11 家，东莞 4 家，中山 3 家，佛山 1 家（见图 22－3）。

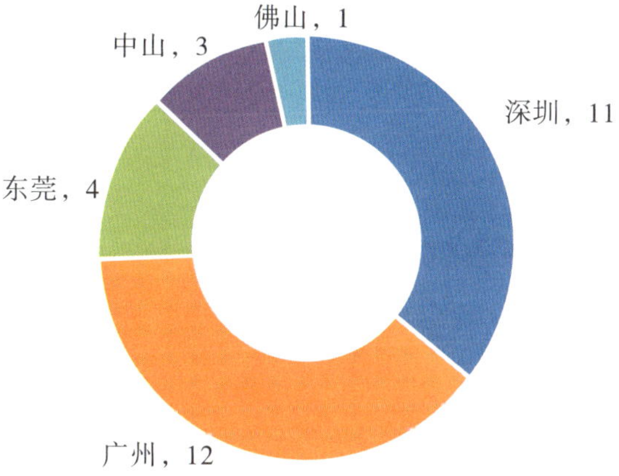

图 22－3　国家技术转移机构按区域划分（单位：家）

（四）人员构成

广东省技术经纪人规模小，占比仅一成。截至 2021 年底，31 家国家技术转移机构共有从业人员 4 733 人，其中专职技术转移人员 1 227 人，占机构总人数的 25.92%；技术经纪人 265 人，占机构总人数的 5.60%；大学本科以上人员 3 770 人，占机构总人数的 79.65%；中级职称以上人员 1 577 人，占机构总人数的 33.32%。大学本科以上人员超七成，国家技术转移机构从业人员素质普遍较高，同时，专业化、职业化的技术经纪人不足（见图 22－4）。

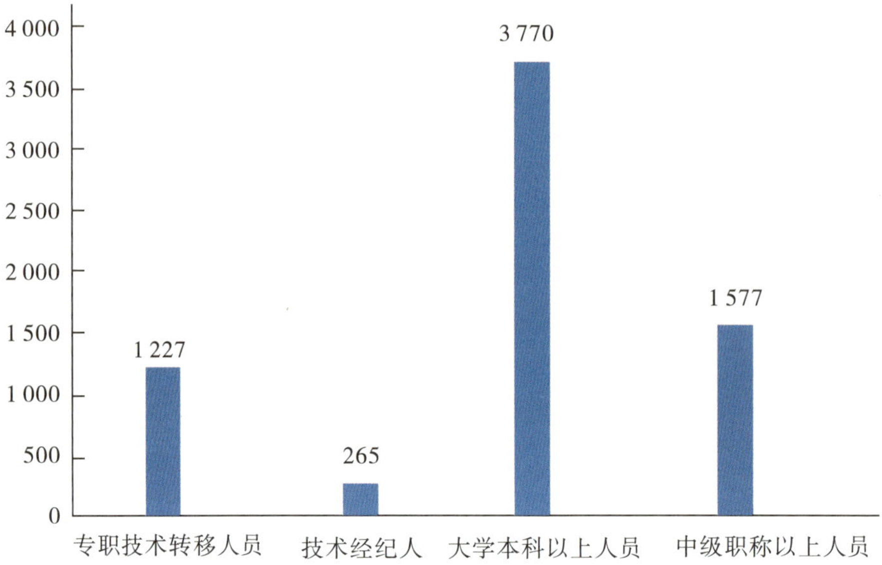

图 22－4　国家技术转移机构人员构成（单位：人）

（五）服务绩效

2021 年，广东省 31 家国家技术转移机构共促成技术转移项目 18 748 项，成交金额为 32. 19 亿元。其中，促成战略性新兴产业技术转移 2 074 项，成交额为 27. 04 亿元；促成公共财政投入计划项目 535 项，成交金额 4. 52 亿元；促成重大技术转移项目（1 000 万元以上）58 项，成交金额 6. 03 亿元；促成国际技术转移项目 35 项，成交金额 0. 21 亿元（见图 22－5）。2021 年，广东省 31 家国家技术转移机构共组织技术推广和交易活动 995 次；组织技术转移培训 21 038 人次；服务企业 22 713 家；解决企业需求21 240次。

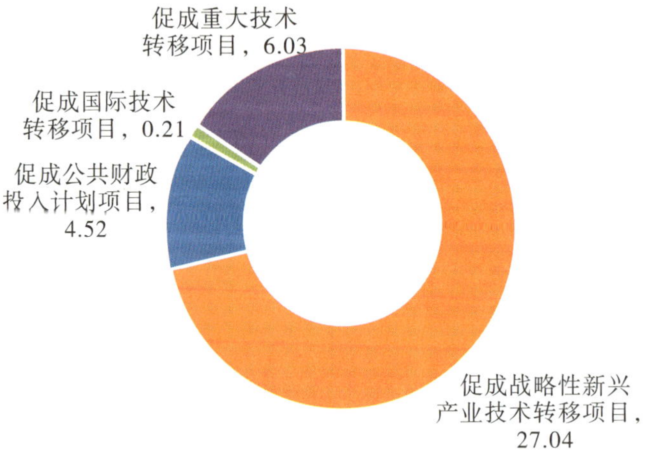

图 22－5　国家技术转移机构促成技术转移项目成交额（单位：亿元）

参考文献

[1] 北京技术市场发展报告编辑委员会. 北京技术市场发展报告（2011）[M]. 北京：中国经济出版社，2012.

[2] 许倞，张志宏. 2017 全国技术市场统计年度报告 [R]. 北京：兵器工业出版社，2017.

[3] 许倞，张志宏. 2018 全国技术市场统计年度报告 [R]. 北京：兵器工业出版社，2018.

[4] 许倞，贾敬敦. 2019 全国技术市场统计年报 [R]. 北京：兵器工业出版社，2019.

[5] 许倞，贾敬敦. 2020 全国技术市场统计年报 [R]. 北京：兵器工业出版社，2020.

[6] 许倞，等. 2021 全国技术市场统计年报 [R]. 北京：科学技术文献出版社，2021.

[7] 贾敬敦，吕先志. 2022 全国技术市场统计年报 [R]. 北京：科学技术文献出版社地，2022.

[8] 广东省生产力促进中心 . 2020 广东技术市场统计年报 [R]. 广州：广东省生产力促进中心，2020.

[9] 马松尧. 科技中介在国家创新系统中的功能及其体系构建 [J]. 中国软科学，2004（1）：109 –114，120.

[10] 朱远程，王磊. 论企业 R&D 支出与企业技术市场成交额的关系 [J]. 科学学研究，2005（A1）：141 –145.

[11] 黄敖齐，金红. 区域经济发展中的技术市场研究 [J]. 科技与经济，2005，18（4）：57 –59.

[12] 徐忠明. 技术市场对装备制造业开放式创新的影响研究 [J]. 企业家天地下半月刊（理论版），2010（3）：235 –236.

[13] 谭开明，魏世红. 中国技术市场发展的影响因素及对策研究 [J]. 技术与创新管理，2010，31（1）：56 –60.

［14］谭开明，魏世红．技术市场与技术创新互动发展的机理分析［J］．科技与管理，2009，11（3）：37－40.

［15］张纯记．国际贸易、技术市场与区域创新绩效：以浙江省宁波市为例［J］．商业经济研究，2015（34）：137－140.

［16］卢华玲，周燕，姜军．重庆市 R&D 投入、专利产出与技术市场发展关系研究［J］．科技管理研究，2014（4）：90－96.

［17］刘凤朝，潘雄锋．中国技术市场发展与经济增长关系的实证研究［J］．科学学研究，2006（1）：62－66.

［18］金为民．我国技术市场的发展与经济增长的协整分析［J］．科学学与科学技术管理，2009，30（4）：73－76，80.

［19］张优智．技术市场发展与经济增长的协整检验：基于1987—2009年的数据分析［J］．大连理工大学学报（社会科学版），2011，32（4）：25－31.

［20］易明，彭甲超，俞艳霞．我国高新技术产业技术创新效率评价及提升对策研究［J］．宏观经济研究，2017（11）：60－68.

［21］邓雨露．区域技术市场发展与经济增长的相互关系研究：以福建省为例［J］．中国经贸导刊（理论版），2021（3）：63－68.

［22］邓媚．我国高校技术转移服务体系构建的几点思考［J］．云南科技管理，2018，31（6）：1－4.

［23］邓媚．广东省技术市场发展情况分析及对策建议［J］．管理观察，2019（35）：38－42.

［24］邓媚，赖婷，罗春兰．广东省技术市场发展面临的挑战与解决对策：基于技术合同交易数据分析［J］．科技创新发展战略研究，2020，4（1）：11－17.

［25］周宇英，刘文兵，甘月丽．广东技术市场发展路径研究［J］．科技管理研究，2021，41（15）：151－157.

［26］张宗法，周慷，陈敏，等．广东国家技术转移机构发展现状、问题和对策［J］．科技创新发展战略研究，2021，5（4）：10－15.

［27］张宗法，周宇英，赖婷，等．构建广东技术转移体系的经验借鉴：以江苏为例［J］．科技管理研究，2020，40（7）：110－115.

［28］李晓慧，贺德方，彭洁．日本高校科技成果转化模式及启示［J］．科技导报，2018，36（2）：8－12.

［29］林潇潇．建党百年广东省科技创新事业迈向新征程［J］．科技智囊，2021（7）：33－41.

［30］卢华玲，周燕，姜军．重庆市 R&D 投入、专利产出与技术市场发展关系研究［J］．科技管理研究，2014（4）：90－96.

［31］傅正华，王英红，林耕，等．北京技术市场三十年——成就、问题及发展趋势［J］．中国科技论坛，2010（2）：92－98.

[32] 王喜凤. 广东生物医药产业发展情况及对策初探 [J]. 广东经济, 2021 (10): 36 - 41.

[33] 朱远程, 王磊. 论企业 R&D 支出与企业技术市场成交额的关系 [J]. 科学学研究, 2005, 23 (S1): 141 - 145.

[34] 马松尧. 科技中介在国家创新系统中的功能及其体系构建 [J]. 中国软科学, 2004 (1): 109 - 113, 120.

[35] 鲁冰. 黑龙江省技术市场发展对策研究 [D]. 哈尔滨工业大学, 2014.

[36] 赵志娟. 技术市场对区域创新能力的影响研究 [D]. 杭州: 浙江大学, 2014.

[37] 科学技术部火炬高技术产业开发中心. 美国的技术转移[EB/OL]. (2013 - 12 - 17). http://www.ctp.gov.cn/jssc/gjjy/201312/10ac9a49609749b2aa8f459a0fde07eb.shtml.

[38] 2021 年北京技术市场认定登记技术合同总量首次突破 9 万项, 成交额突破 7000 亿[EB/OL]. (2022 - 02 - 17). https://www.most.gov.cn/dfkj/bj/zxdt/202202/t20220217_179421.html.

[39]《北京市关于落实完善科技成果评价机制的实施意见》解读[EB/OL]. (2022 - 09 - 27). http://kw.beijing.gov.cn/art/2022/9/27/art_2396_13264.html.

[40]《北京市技术转移机构及技术经理人登记办法》政策解读[EB/OL]. (2022 - 09 - 28). http://kw.beijing.gov.cn/art/2022/9/28/art_2396_13268.html.

[41]《关于推动北京市技术经理人队伍建设工作方案》政策解读[EB/OL]. (2022 - 09 - 28). http://kw.beijing.gov.cn/art/2022/9/28/art_2396_13266.html.

[42] 广东省人民政府关于印发广东省制造业高质量发展“十四五”规划的通知[EB/OL]. (2021 - 07 - 30). http://www.gd.gov.cn/zwgk/gongbao/2021/23/content/post_3496256.html.

[43] 广东省人民政府办公厅关于印发广东省能源发展“十四五”规划的通知[EB/OL]. (2022 - 04 - 13). http://www.gd.gov.cn/zwgk/wjk/qbwj/yfb/content/post_3909371.html.

[44] 广东省发展先进材料战略性支柱产业集群行动计划 (2021—2025 年) [EB/OL]. (2020 - 09 - 28). http://gdii.gd.gov.cn/zcgh3227/content/post_3096939.html.

[45] 广东省培育安全应急与环保战略性新兴产业集群行动计划 (2021—2025) [EB/OL]. (2022 - 10 - 09). http://www.gd.gov.cn/zwgk/jhgh/content/post_3097995.html.

[46] 2020 全球百佳技术转移案例 13—斯坦福大学技术许可办公室[EB/OL]. (2020 - 12 - 28). https://www.ciste.org.cn/index.php?m=content&c=index&a=show&catid=98&id=1920.

[47] 2022 年北京技术市场工作会议召开[EB/OL]. (2022 - 04 - 05) http://kw.beijing.gov.cn/art/2022/4/5/art_9318_694916.html.

[48] 40 年砥砺奋进, 广东科技深化改革再出发! [EB/OL]. (2018 - 12 - 25). http://static.nfapp.southcn.com/content/201812/25/c1790827.html.

[49] 构建有利于科技经济融合的创新组织——案例 7: 德国史太白技术转移中心

（技术转移机构）［EB/OL］.（2022 -08 -04）. https://www. ciste. org. cn/index. php?m = content&c = index&a = show&catid = 98&id = 1195.

［50］构建有利于科技经济融合的创新组织——案例 9：英国技术集团（科技中介机构）［EB/OL］.（2020 -08 -07）. https://www. ciste. org. cn/index. php?m = content&c = index&a = show&catid = 98&id = 1215.

［51］广东省科学技术厅关于广东省十三届人大四次会议第 1260 号建议答复的函［EB/OL］.（2021 -06 -10）. ttp://gdstc. gd. gov. cn/zwgk_ n/jyta/content/post_ 3323498. html.

［52］解读《北京市促进科技成果转化条例》［EB/OL］.（2019 -11 -28）. http://www. beijing. gov. cn/zhengce/zcjd/201912/t20191205_ 868180. html.

［53］解读日本的科研体系与技术转移［EB/OL］.（2016 -11 -24）. https://www. sohu. com/a/119842310_ 466951.

［54］科技中介要为自主创新提供服务支撑［EB/OL］.（2006 -12 -06）. http://www. cutech. edu. cn/cn/cxyhz/sc/webinfo/2006/12/1221210129893218. htm.

［55］日本科技成果转化的政策与实践（一）［EB/OL］.（2021 -08 -03）. https://www. cn-healthcare. com/articlewm/20210802/content-1248742. html.

［56］市科委 2005 年度科技中介服务专项首批支持 68 家优秀机构［EB/OL］.（2005 -12 -09）. http://kw. beijing. gov. cn/art/2005/12/9/art_ 2330_ 43050. html.

［57］为什么北京能够成为世界十大科技城市之首?［EB/OL］.（2020 -11 -10）. https://baijiahao. baidu. com/s?id = 1682951458041920716&wfr = spider&for = pc.

［58］ROTH A E. What have we learned from market design?［J］. The economic journal. 2008（118）：285 -310.

［59］ARORA A, FOSFURI A, GAMBARDELLA A. Markets for technology：the economics of innovation and corporate strategy［M］. Cambridge：MIT Press, 2001.

［60］TEECE D J. Combining inventories in multi-inventory products［J］. Organizational management, 2000, 53（2）.

［61］VALENTE T. Innovation, technology transfer and development：the spin-off companies［J］. TECHNE-journal of technology for architecture and environment, 2014（7）：21 -26.

［62］HOWELLS J. Intermediation and the role of intermediaries in innovation［J］. Research policy, 2006（35）：715 -728.

［63］SUNG T K, GIBSON D V. Knowledge and technology transfer：levels and key factors［C］. International Conference on Technology Policy and Innovation（ICTPI）, 2015.

［64］FU XL, MU RP. Enhancing China's innovation performance：the policy choices［J］. China & World Economy, 2014, 22（2）：42 -60.

［65］International Conference on Technology Policy and Innovation（ICTPI）, 2015. Journal. 2008 (118): 285 –310.

[66] An Economic History of Patent Institutions[EB/OL]. https://eh. net/encyclopedia/an-economic-history-of-patent-institutions/.

[67] BTG Plc | Encyclopedia. com[EB/OL]. https://www. encyclopedia. com/books/politics-and-business-magazines/btg-plc.

[68] OTL and the Inventor: Roles in Technology Transfer[EB/OL]. https://otl. stanford. edu/otl-and-inventor-roles-technology-transfer.

[69] The Global History of Patents[EB/OL]. (2019 –09 –04). https://www. davison. com/blog/the-global-history-of-patents/#: ~: text = The% 20Global% 20History% 20of% 20Patents% 20September% 204% 2C% 202019, concept% 20of% 20a% 20patent% 20was% 20in% 20600% 20BC.